李炳南居士年譜

1962-1970

林其賢 編著

目 次

第叁冊

第五卷　浮海集・下（臺）1962-1970

1962 年（民國 51 年・辛丑－壬寅）73 歲 1486

1963 年（民國 52 年・壬寅－癸卯）74 歲 1548

1964 年（民國 53 年・癸卯－甲辰）75 歲 1631

1965 年（民國 54 年・甲辰－乙巳）76 歲 1720

1966 年（民國 55 年・乙巳－丙午）77 歲 1799

1967 年（民國 56 年・丙午－丁未）78 歲 1887

1968 年（民國 57 年・丁未－戊申）79 歲 1941

1969 年（民國 58 年・戊申－己酉）80 歲 2007

1970 年（民國 59 年・己酉－庚戌）81 歲 2119

1962-1970

第五卷

浮海集（下）
（臺）

孔子嗟道不行，說乘桴以寄意，又曰欲居九夷，亦言其志而已，未若予之果行也。此行也如是，又焉得無所鳴乎？茲錄所鳴，曰：浮海集。

——《雪廬詩集·浮海集小引》

第五卷　國內外重要大事

- 一九六二年，靈山寺停辦歷年例行舉辦之春季佛七，冬季佛七則仍照常舉行。
- 一九六三年，智光長老捨報。
- 一九六六年，毛澤東發動「文化大革命」，提出清除「舊思想、舊文化、舊風俗、舊習慣」等四舊。蔣中正總統隨即以國父誕辰紀念日為中華文化復興節，倡導中華文化復興運動。

  證嚴法師在花蓮成立慈濟功德會。
- 一九六七年，佛光山開山。

  太虛佛學院開辦。

第五卷　譜主大事

- 一九六三年,「佛教菩提醫院」門診部開幕,擬試辦兩年後擴大辦理。
- 一九六四年,元旦,應慎齋堂禮請,開示三日。從此成為每年例行弘化要務,直至往生當年。

  四位大學生自臺北至台中蓮社求學,係慈光講座假期密集班之第一屆。

  印順法師與演培法師、續明法師,共同捐助巨款支持佛教菩提醫院,建築「太虛紀念館」。

  「佛教菩提醫院」擴大改組為「臺灣省私立菩提救濟院」。先生為董事長,聘林看治為救濟院首任院長。

  奉派擔任國家特種考試中醫師考試典試委員。

  臺灣大學晨曦學社以及政治大學東方文化社十二位學員,至臺中慈光圖書館求學,為慈光講座第二屆。

  與許祖成教授共同領導中興大學智海學社同學至后里郊遊,先生宣說學佛之應為與不應為。四為:為求學問、為求解脫、為轉移汙俗、為宏護正法;三不:不借佛法貪圖名利、不以佛法受人利用、不昧佛法同流合汙。
- 一九六五年,於中興大學主持「國學講座」。該講座由智海社承辦,舉辦至一九七〇年,歷時六年。講授〈大學〉、〈中庸〉、〈曲禮〉、〈樂記〉等課程。

  遷入臺中市南區正氣街九號,命名「寄漚軒」。房舍占地約五十六平方米。
- 一九六六年,菩提救濟院附設菩提醫院之醫療大樓全部竣

工。主持菩提救濟院院舍落成暨附設菩提醫院開幕典禮。辭去菩提救濟院、台中蓮社、慈光圖書館、慈光育幼院、《菩提樹》雜誌各機構董事長、董事、社長等職,將專心致力於教學講經等弘化事宜。

- 一九六七年,菩提救濟院附設醫院開幕以來,經營困難,負債五十餘萬元,醫院院長辭職,救濟院院長徐灶生兼代亦請辭兼職。菩提醫院經營陷入困境,暫停營業。

  成立「佛教善果林」,推舉周宣德為首任董事長。「善果林」係由太虛紀念館、靈巖書樓、功德堂、聖蓮室等四單位聯合組織,為菩提救濟院興辦弘法、助念等法務之組織。

- 一九六八年,於慈光圖書館週三講座開講《大方廣佛華嚴經》。此為先生經筵最長一部經,也是最後一部,歷時十八年,至一九八六年往生前一個月為止。

- 一九六九年,先生八十壽辰。門下弟子組成「李炳南老居士八秩祝嘏委員會」,纂輯《雪廬述學彙稿》八種:一、阿彌陀經摘注接蒙及義蘊,二、大專學生佛學講座六種,三、佛學問答類編,四、弘護小品彙存,五、內經摘疑抒見,六、內經選要表解,七、詩階述唐,八、雪廬詩文集。

  四月起,新增一處講經道場善果林,開講《四十二章經》。菩提救濟院董事會組建財務管理委員會,請先生出任主任委員。菩提醫院重興一年來,醫務漸見起色;財務方面經先生暨諸董事極力籌還債務一百餘萬元,亦趨穩定。

  受聘為中興大學中國文學系夜間部二年級開設「詩選」課程,主要授課內容為《詩階述唐》。此一課程持續十二年,

至一九八一年七月六十九學年度結束。
- 一九七〇年，因慈光講座停辦，各大專院校佛學社團同學進修無門，慧炬社周宣德來訪懇求恢復，先生乃設立「明倫社」，負責接引大專青年。

明倫社發行《明倫》月刊。先生撰有〈明倫發刊詞〉，闡述「明倫」在弘揚佛家五明之內明精微及推闡儒家的五倫法則。

淨土宗第十三祖印光大師涅槃三十週年紀念，集會善果林之靈巖書樓，為大師法像舉行安座典禮。

1962年・民國51年・辛丑－壬寅
73歲

【國內外大事】
- 二月，靈山寺停辦歷年舉辦之春季佛七。[1] 冬季佛七則照常舉行。
- 七月，臺中慎齋堂堂主張月珠率眾弟子落髮圓頂，禮請臺北佛教文化館東初老法師主典。

【譜主大事】
- 一月，宣講《維摩詰所說經》圓滿。歷一年七閱月，七十二講次。
- 二月至十二月，於慈光圖書館週三講座宣講《金剛經》。
- 三月，在慈光圖書館「國學講座」，宣講《禮記》。
  週六大專慈光學術講座講授《佛學概要十四講表》、《詩學宗唐》。
  台中蓮社第十一期國文補習班擔任《論語》課程。
- 四月，《詩階宗唐》由臺中瑞成書局印行。
- 五月，至省會中興新村，參加中興佛社成立大會，該社係省府各廳處公務員及眷屬組成。
- 六月，《佛學問答類編》（陳慧劍編本）出版發行，將先生十二年來「佛學問答」專欄分類整編。

---

[1] 〈報導〉，《慈光》第70號（1962年3月15日），第1版。

出席中國醫藥學院學生佛學社團「醫王學社」成立大會。
- 七月起，每週二赴省政府所在地南投中興新村「中興佛社」宣講「佛學大意」十四講，聽眾百餘人。
- 八月，台中蓮社舉辦「暑期修身補習班」，教導中小學生生活教育。
- 十一月，詩稿《雪廬詩集》開始在《菩提樹》月刊連載。
  因推行社會教育有功，與趙麗蓮、陳致平、郝更生，同獲教育部頒獎。先生事前未悉，不及婉謝。
  成立「佛教菩提醫院」董事會，以創設佛教醫院。推舉林看治為董事長，聘請于凌波醫師為院長。
  應慎齋堂邀請，宣講《佛說八大人覺經》七日。
  應邀至中國醫藥學院「大體解剖慰靈祭典」演講，此後賡續數年與祭並演講。
- 是年，住處遷至和平街九十八號。

一月三日（三），晚，於慈光圖書館週三講座，宣講《維摩詰所說經》。

一月十日（三），晚，於慈光圖書館週三講座，宣講《維摩詰所說經》。

一月十七日（三），晚，於慈光圖書館週三講座，宣講《維摩詰所說經》圓滿。自一九六〇年六月十五日（夏曆五月二十二日）開講迄今，歷一年七閱月，共七十二講次。台中佛教蓮社特備五彩三聖像四百張、《阿彌陀經摘註接蒙暨義蘊合刊》一千冊、《小宣傳集錦》一千冊及麵龜，福餅廣贈聽眾。[1]

一月二十日（六），至霧峰參加佈教所新建講堂動土典禮。
　　台中蓮社霧峰佈教所，自民國四十年九月成立以來，經常有共修及講經集會，在所長黃火朝、講師林看治兩居士領導下，參加者日益增加，原有大殿已不敷應用，經當地蓮友集議，決定擴建一大講堂，業於上月二十日舉行破土典禮，請台中蓮社董事長朱炎煌、社長許克綏兩氏蒞所主持典禮，本刊社長、主編均前往隨喜，是日中午，該所備齋招待臺中、霧峰兩地蓮友。[2]

---

1 〈新聞〉，《慈光》第 66 號（1962 年 1 月 15 日），第 1 版；〈台中市佛教蓮社民國五十年度工作報告〉，《慈光》第 73 號（1962 年 4 月 30 日），第 3 版。

2 〈新聞〉，《菩提樹》第 111 期（1962 年 2 月 8 日），頁 49。

1962年・民國51年 | 73歲

一月下旬，陳慧劍受《菩提樹》雜誌主編朱斐邀請至臺中，將先生《佛學問答類編》重新整編。期間陳慧劍納贄入先生門下，並受邀繼《虛雲和尚畫傳》後，為《菩提樹》月刊撰寫《弘一大師傳》。

  于凌波，〈陳慧劍居士的生平與志業〉：五十一年元月，（陳慧劍）受《菩提樹》雜誌朱斐居士之邀，到臺中編輯李炳南老居士的《佛學問答類編》。在臺中，他住在和平街菩提樹雜誌社社址的木樓上。他晝以繼夜地忙了十多日，閱讀、分類、編輯，把《菩提樹》雜誌連載十年的《佛學問答》編輯上下二冊。編完之後，他寫了一篇〈智慧的燈〉附於《佛學問答》書後。在此期間，他納贄拜於李炳南老師門下為受業弟子（李老師的住所在菩提樹雜誌同一幢木樓上）。就在這段時間，我和慧劍師兄見面締交。我是四十九年九月納贄入李老師門下受業，較慧劍早了年餘，但他年長於我一歲，我一向稱他為師兄。[1]

  朱斐，〈編者的話〉：繼《虛公畫傳》後，本刊請陳慧劍、王烱如二居士合作執筆寫繪《弘一大師傳》。我們在《中央日報》副刊上經常可以讀到慧劍兄的大作。最近他接受編者的邀請，跨越橫貫公路，來中作客，以十天工夫，編完四十五萬字的一部巨著《佛學問答類編》。在這期間，慧劍兄答應為本刊用文藝的體

---

1 于凌波：〈陳慧劍居士的生平與志業〉，侯秋東主編：《陳慧劍老居士永懷錄》（臺北：弘一大師紀念學會，2007年），頁133-146。

裁,來寫述另一現代巨人的傳記,並請王烱如居士作畫,使格外多彩多姿,自本期起在本刊連載。[1]

【案】《佛學問答類編》前曾於一九五五年十二月出版,為朱斐主編;是時出版者為陳慧劍所編。《佛學問答》各版本詳見一九五一年六月二十日譜文。

一月三十一日(三),於《慈光》刊布〈壬寅新年元旦敬獻蓮友福語〉,不隨俗祝福,但說道語福語,勉大眾補過進德,如此則自然能得福果道果。

「是日已過。命亦隨減」,是沒法挽回的,「當勤精進,慎勿放逸」,是有法自救的。這話的意思,就是說難求壽命不減,只怕道果不成,應知壽命不由己,道果卻是我作主。

大家今天,正歡喜著過新年,也要在熱鬧中冷靜一下,要推斷前頭的話。想想現在,是不是應該說一句:「是年已過,命亦隨減」?

過去一年,同修功夫好的,固然不少,散亂與懈怠的實在太多。據我學人觀察,求道方面,並不腳踏實地,多半做些外表,這樣與一心有何關係?求福方面,也不能做到三輪體空,一存心先想一本萬利,將善念變成貪心,這些行為,皆是在娑婆下種生根的事,與現在離苦,將來解脫,恐不相應!

---

[1] 朱斐:〈編者的話〉,《菩提樹》第 111 期(1962 年 2 月 8 日),頁 42。

新年祝福，是世法的俗套，並非祝福就得福；新年進言，是進德的推動，修德便進德。君子愛人以德，贈人以言，進德則進道，進德則生福，福慧雙成，操之在我。學人雖不隨俗祝福，說的皆是道語福語，皆是散布的道緣福緣。諸位抓住道緣福緣，自然會得福果道果。[1]

二月五日（一），壬寅年元旦，上午十時，至台中蓮社參加團拜。參加蓮友約一千二百人。先生各贈與密咒加持之福壽章配帶。禮佛後互相拜年。[2]

是日，有詩〈閒居過蓮社有感〉。
〈閒居過蓮社有感〉二首，壬寅元旦，日全蝕，五星合列，術家憂之：
事大才能短，癡心欲挽天；願遲三武運，或度五星年。
餅卻飢時畫，髮仍危處懸；秋螳深愧汝，振臂當車前。
老去知根鈍，初聞泰嶽高；年雖逾七十，事未了分毫。
助豈因他借，移徒費我勞；羨今能作者，箇箇是并刀。
（《雪廬詩集》，頁309）

二月十日（六），夏曆正月初六，即日起五日，依往例，每晚七時於台中蓮社舉行春季佛教通俗講演大會，由蓮社

---

1 李炳南：〈壬寅新年元旦獻蓮友福語〉，《慈光》第67期（1962年1月31日），第2版。
2 〈新聞〉，《慈光》第68/69號合刊（1962年2月28日），第1版。

弘法班派員主講。[1]

二月二十一日（三），臺北蓮雲念佛班蓮友一百五十人，由淨心法師領導來中訪問台中蓮社各機構。蓮雲念佛班係八年前由台中蓮社弘法人員前往臺北輔助詹金枝組織之家庭念佛班，多係本省籍家庭主婦，現已有兩百名成員。平時均禮請淨心法師領導念佛。台中蓮社諸蓮友歡迎獻詞，係先生親題贈詞。（見《圖冊》，1962年圖1）

〈新聞〉：下午五時半至臺中慈光圖書館參觀，禮佛後轉往台中佛教蓮社，李老師與蓮社董事長朱炎煌、社長許克綏率眾蓮友於巷口鳴炮迎接。首先向淨心法師獻旗，而後由陳進德居士代表向蓮雲班獻詞，此為李老師親撰親書於立軸，由蓮雲班創辦人詹金枝代表接受。詹亦以錦旗獻贈李老師。禮畢用餐，請李老師略說淨土要義，由許炎墩譯語。次日一行參觀慈光育幼院及慈德托兒所，繼續參訪靈山寺、慎齋堂、寶善寺、慈明寺等道場後北返。[2]

〈蓮雲念佛班同修菾中紀念〉：曾移金沼一莖蓮，臺北臺中香接天；勝友雲來如茀蒂，同心結作度生船。
臺北蓮雲念佛班全體同修菾中紀念

　　　　　　　　台中蓮社敬贈　李炳南題[3]

---

1 〈新聞〉，《慈光》第67號（1962年1月31日），第1版。
2 〈新聞〉，《菩提樹》第112期（1962年3月8日），頁49。
3 李炳南：〈蓮雲念佛班同修菾中紀念〉，《雪廬老人題畫遺墨》，《全集》第16冊，頁149。

1962年・民國51年 | 73歲

詹金枝，〈讀者心聲〉：雪公老恩師來臺灣，就將佛法的種子撒遍南北各地。三十多年前，承蕭慧心居士介紹，並到臺北舍下講演佛法，後更蒙雪公老恩師親臨開示，令臺北蓮友蒙受莫大法益。後來林看治居士、陳進德居士等均發心固定每個月到臺北乞丐療（後改名愛愛療）佈教，施金與施藥，並恭請懺雲法師在龍山寺為乞丐們皈依。後來蓮友們另找房子組織念佛班，雪公老恩師命名為「蓮雲班」，當時雪公並作有詩相贈。當年本人在臺北，很喜歡財布施，雪公老師曾訓勉：「光喜歡布施，有福無慧。要聽經聞法、念佛憶佛，解行並進。」老恩師句句金玉良言，省人又警眾，令人受用無窮。[1]

【小傳】詹金枝（1909-2001），臺北市人。一九三六年，二十八歲，于歸臺北延平北路，天馬茶房老闆詹逢時。一九五三年，四十五歲時，遭喪夫之痛，經蓮友介紹，親近台中蓮社導師李炳南老居士，發心開闢家庭為道場。李老師多次北上，對眾開示，令與聞者，堅定信心，法喜充滿。於是有共修緣起，進而另擇新址組織念佛班，並請李老師命名為「蓮雲念佛班」。念佛班成立後，定期共修。又禮請臺中林看治等老居士，發心每月固定至臺北乞丐寮（後改名愛愛寮）弘法佈教，並施金、施藥、濟助乞丐們現實所需。同時追隨李老師至新莊樂生療養院佈教，定期慰

---

1 讀者：〈無盡的追思——讀者心聲〉，《明倫》第165期（1986年6月）。

問孤苦無依、深受病苦折磨之痲瘋病人。其他如收埋屍骨、為亡者助念、救濟貧困等工作，幾乎是義不容辭默默奉獻。

一九七三年，六十五歲，在菩提仁愛之家辦理自費安養。六十八歲，受李老師指派為菩提安老所所長，前後共擔任七年之久。其間因所內人力不足，常親自為無力自理之老人沐浴及處理大小便溺。並請蓮友前來為久病纏身的院民，誦經念佛迴向。

七十五歲、八十歲時，兩度將房產、存款、金飾作大施捨。九十三歲時，二〇〇一年七月，自覺身體漸弱，在意識清楚情況下，再度將身邊所有物品分配布施，準備萬緣放下，一心念佛，求佛接引。並謝絕訪客，加功用行。至八月二日，捨報往生。助念二十四小時後，全身柔軟，面相安詳莊嚴。火化後，撿得舍利無數。[1]

二月二十八日（三），春正月二十四日，晚，於慈光圖書館週三講座開講《金剛經》。由張進興譯臺語。開講日聽眾超過四百名。[2] 有〈金剛般若波羅蜜經講述筆記〉，指明此處專弘淨土，先講三聖各專經，次講清淨海眾經，三講居士求學經。今講此經，在以般若金剛之效做為淨宗之助。

---

1 淨毅（黃潔怡）：〈修行楷模——詹金枝老菩薩〉，《明倫》第317期（2001年9月）。
2 〈新聞〉，《慈光》第68/69號合刊（1962年2月28日），第1版。

1962年・民國 51 年｜73 歲

〈金剛般若波羅蜜經講述筆記〉（壬寅正月下浣在慈光圖書館講）：講經因緣。經文組織大要。首五重釋題；次釋經文：初序分，中正宗分／問答住降、求佛行施住相疑、因果俱深不易信受疑、無相如何能得菩提能說法疑、聲聞得果是取疑、釋尊於然燈佛所有取有說疑、嚴土違於不取疑、受報身有取疑、持說未脫苦果疑、能證無體非因疑、真如有得不得疑、住降存我之疑、無發心何以得成佛果之疑、無因無佛法之疑、無人度生嚴土之疑、諸佛不見諸法之疑、以福德例心顛倒之疑、無為何有相好之疑、無身何以說法疑、無法如何修證疑、所說無記非因疑、平等云何度生、以相比知真佛之疑、佛果非關福相疑、化身出現受福疑、法身化身一異之疑、化身說法無福疑、入寂如何說法疑。[1]

是年二月起，靈山寺歷年舉辦之春季佛七法會停止舉行。[2]

三月五日（一），分別於台中蓮社及慈光圖書館兩處，領導台中蓮社同人念佛追念李濟華當生成就之功德。

李居士為臺北市蓮友念佛團創辦人，二月二十五日該團定期共修彌陀法會，中午向大眾開導彌陀經大義，直至二時五十分，對眾說我要走了，請大家宣揚佛號。時老居

1　李炳南：〈金剛般若波羅蜜經講述筆記〉，《講經表解（下）》，《全集》第 3 冊，頁 923-1022。
2　〈新聞〉，《慈光》第 70 號（1962 年 3 月 15 日），第 1 版。

士就座沙發上無甚異狀,口中亦喃喃念佛,迄三時五分已在佛號聲中安詳往生,雙手結彌陀印,若入定狀。[1]

三月六日(二),即日起,每週二,在慈光圖書館「國學講座」,宣講《禮記》。「國學講座」係由中興大學教授許祖成等熱心人士發起,禮請立法委員董正之講《孝經》,師範學校教授傅世銘講《易經》。為期兩閱月。[2]先生授課有〈曲禮眉注〉及《學禮筆記》。[3]

三月七日(三),晚,於慈光圖書館週三講座宣講《金剛經》。

三月十日(六),即日起,每週六晚,繼續為大專慈光學術講座「佛學詩學」講授《佛學概要十四講表》、《詩學宗唐》,接續寒假前課程,為第七講次。[4]

先生原於住所為江逸子(錦祥)個別講授詩學,今特接引其至慈光講座聽講詩學,兼聽佛學。江當初來從學時

---

1 〈新聞〉,《菩提樹》第 112 期(1962 年 3 月 8 日),頁 48-49。
2 〈台中蓮社民國五十一年度工作簡報書〉,《慈光》第 105 號(1953 年 9 月 15 日),第 1 版。
3 李炳南:〈曲禮眉注〉,《禮記選講》,《全集》第 12 冊,頁 1-31;壬寅夏講於慈光,釋淨空記要:《學禮筆記——曲禮(上)》(臺北:華藏淨宗弘化,辦學用內部參考用書):http://edu.hwadzan.com/fabodetail/235
4 〈新聞〉,《慈光》第 68/69 號合刊(1962 年 2 月 28 日),第 1 版;〈新聞〉,《菩提樹》第 112 期(1962 年 3 月 8 日),頁 49。

特別聲明不學佛學，先生因有如此安排。

　　江逸子，〈木鐸春風三十載　懷師恩〉：少年時，立雪「寄漚軒」，主人雪廬老人以詩闡畫而折服我心，在我認知，老人比畫家還懂得畫。每週以一對一的課程（學詩），是最大的期待與享受，如是過程大約有年餘光景。某日，老人別出心裁跟我說：「每每皆由我講，你在聽，似乎有失公允，下週換你來講一首，我來聽為何？」我選了李白五律〈聽蜀僧濬彈琴〉，找遍各家版本與注疏，並作筆記及演練一番，一週來磨刀霍霍準備帶著李白應戰。

是日，老人格外悠閒，也為我備香茗一杯，品著茶輕搖羽扇來聽講。我先從作者介紹起，再按詩文造境、敘情以及環境氣氛……，講至脛聯時，老人突然叫「停！」並問：「聽！什麼聲音？」我凝神諦聽後說：「老師，沒聽見什麼啊！」老人又說：「有人在哭，哭得好慘，而且好像從地下傳來。」老人說。聽此，雖大白天也不免毛骨悚然。老人又說：「哭的人好像李白，好傷心啊！」這下糗大了，竟然被老師揶揄而不自知。

老人安慰說，知道很用功，只是沒捉住「詩之眼」。於是老人重講一遍：從靈山名琴點出高僧名士之不凡，同時也點出賓主知音。松濤琴韻溶入心靈滌除塵寰煩憂，高僧掄指撥弦間，宛如霜鐘之警化，使人清淨明朗。知音洽和，不知時空之迢迢於陶然忘返之中。

此時老師突然謂我：「孩子！下週起我將向你告假十五天。」突出此言，令我一時惶惶然，答以：「師有事，弟

子當務其勞,何謂告假乎?」老師說:「凡事都循有規矩,不可含糊,半月後再恢復講詩。」此時我感覺若有所失,問:「須要學生幫忙否?」老師又說:「因為我將於慈光圖書館為大專學生開佛學課,我想你不便參與,因為你對佛教有排斥故,我想此時你幫不上忙。」聞此內心十分懊惱,當初我何其幼稚也,竟不知如何再作答。

翌日,打定主意親往慈光一探究竟。穿過人群邁進講堂門旁,從門縫往內一瞄,但見座無虛席,皆是青年學子,但見老師身著灰色中山裝,正在講課,突然提高聲調宣布:「各位同學,有位名畫家江逸子先生,十分了得。可是他從我學詩,我的詩堪比肩盛唐,他現在蒞臨現場,大家鼓掌歡迎。」在掌聲中只好硬著頭皮,乖乖入座。老師接著講:「畫是無言之詩,詩乃有聲之畫,自來相得益彰。江先生既然來了,上完課我就為他講首詩,大家也同沾耳福,同時也可聽聽我講詩之功力。」又是一陣掌聲,「江先生若是天天來,我將天天講首詩。」又是一陣鼓噪聲……。此後半月期間,只得準時與大家共作息,不但聽完老師所編的《佛學概要十四講表》,對佛法有了概要的認知,同時也旁聽了傅世銘教授的《易經》,以及董正之先生之《孝經》等。[1]

---

[1] 江逸子:〈木鐸春風三十載 懷師恩〉,《弘法資訊》第 250/251 期合刊(2016 年 4/5 月),頁 71-73。刊文為節錄,原演講錄影見:社團法人臺灣企業精英孝廉文化聯合會主辦:《木鐸春風三十載 李炳南老教授圓寂三十周年紀念——雪廬老人學誼道風論壇》,https://www.youtube.com/watch?v=DHS_oLJjfKw

1962年・民國51年｜73歲

【案】江至「慈光講座」聽課時間不詳，唯據末段稱傅世銘教授《易經》，以及董正之講說《孝經》，當即興辦「國學講座」與先生週六慈光講座講授《佛學概要十四講表》重疊期間。

先生時有〈題江逸子仿韓幹畫馬〉、〈題江逸子仿馬遠野趣〉，前後又有〈笑〉、〈飛蟲〉、〈觀世〉、〈小隱〉、〈客來不能供饌述感〉、〈交遊〉等詩作。[1]（《雪廬詩集》，頁317-320；《圖冊》，1962年圖2）

〈笑〉：何須皂白太分明，笑口常開萬念輕；縱或無端來拂逆，依然發噱兩三聲。

〈題江逸子仿韓幹畫馬〉：江生畫馬似真馬，松雪而後和者寡；未聞長嘶先起風，神態欲躍行天空。導我題跋鋪書案，其間早有文璀璨；細看驚為工部詩，余何人兮堪續之。謫仙黃鶴擱筆去，英雄本色誰毀譽；聊紓心臆還與君，側身愧煞泥作雲。[2]

〈小隱〉：經壇廣胖詩壇瘦，今世風華古世淳。難得智圓為講衲，可憐福薄作詞人。煙鐘雨磬東西寺，白

---

1 〈題江逸子仿韓幹畫馬〉原詩題見：江逸子：〈烏龍踏雪圖〉，《雪廬老人題畫遺墨》，《全集》第16冊，頁194；同圖，題為〈烏雲蓋雪圖〉，收見《雪廬老人題畫遺墨輯》（新北：大古出版，2016年3月再版），頁44；圖下注記該畫係「1959作」，然先生題詩據《浮海集》編次當約1962年，或係畫作完成數年後題詩。〈題江逸子仿馬遠野趣〉原詩題見：江逸子：〈玉蘭雙鹿〉，《雪廬老人題畫遺墨輯》，頁33；圖下注記「1962作」。

2 原圖題詩，末句為：「側身躊躇泥作雲」。

水青山遠近鄰。已負乾坤憂樂志,閉門花鳥與分春。

〈客來不能供饌述感〉:清話寡歡思往年,蕭齋十日九開筵;偶因萍跡饋無主,非是客途囊少錢。徒有健談慚故我,只烹粗茗慢高賢;從今怕負孔文舉,搔首愁臨明鏡前。

〈交遊〉二首:

寶劍黃金只自知,天涯裘馬恨歸遲;平生亦有三千客,把臂多非得意時。

未遇空王調我性,早教秋草掩孤墳;與人輕易披肝膽,徒有粗豪不解文。

三月十一日(日),上午,「修訂中華大藏經會」副編審屈映光,至台中蓮社拜訪先生。[1]

三月十三日(二),於慈光圖書館「國學講座」,續講《禮記》。

三月十四日(三),晚,於慈光圖書館週三講座宣講《金剛經》。

三月十七日(六),晚,於大專慈光學術講座講授《佛學概要十四講表》、《詩學宗唐》。

---

1 〈新聞〉,《菩提樹》第 113 期(1962 年 4 月 8 日),頁 49。

1962 年・民國 51 年 | 73 歲

三月二十日（二），於慈光圖書館「國學講座」，續講《禮記》。

三月二十一日（三），晚，於慈光圖書館週三講座宣講《金剛經》。

三月二十三日（五），晚七時，至台中蓮社參加第十一期國文補習班開學典禮。本期男女學員共有七十多名。先生擔任《論語》課程教師。

【案】本屆師資課程未見載。據「國文補習班動態」：「本屆國文補習班特聘請梵音專家趙錽銓大居士來擔任教授。該班國文教授王影真老師為徹底瞭解學生程度，於五月三日舉行國文測驗。」[1] 柯松平〈我讀補習班的感想〉：「我對於論語與佛學感到有莫大的興趣，最使我感動的是，李老師每上論語課時，必定再三向同學告誡：學而時習之，在家對父母要盡孝，出外對朋友要有情，對國要盡忠。每位同學須學君子，進一步學聖人。」[2]

三月二十四日（六），晚，於大專慈光學術講座講授《佛學概要十四講表》、《詩學宗唐》。

---

1 「國文補習班動態」，《慈光》第 74 號（1962 年 5 月 15 日），第 3 版。
2 柯松平：〈我讀補習班的感想〉，《慈光》第 74 號（1962 年 5 月 15 日），第 3 版。

三月二十五日（日），即日起三日，於台中蓮社主持春季祭祖。

　　台中佛教蓮社於上月廿五日起三天，每天下午二時至四時半，下午七時半至九時半，分別舉行春季蓮友祭祖，由全體蓮友及其眷屬，來社參加念佛，功德迴向各人歷代祖先，凡是該社社員，平時在功德堂中均免費立有祖先牌位，祭祖期間不但不收供養，並且由該社四十八願同仁布施「紅齋」每人一份，該項紅齋曾虔請密宗大德用「白寶藏王祕咒」三密加持，與參加念佛祭祖之蓮友結緣。以冀生者財寶豐饒，吉祥安樂；亡者超昇西方，離苦得樂。參加念佛的蓮友，每次均在近千名左右，該社佛殿擠得水洩不通，因人數太多，不能跪拜，只作問訊。祭祖念佛中間第一支及最後一支香，均在佛前讀疏，祖先靈位前讀祭文，以資上達佛心，下超幽靈，而慎終追遠。[1]

　　【案】一九六一年九月蓮社舉行秋季祭祖，一九六二年三月舉行春季祭祖。爾後成為例行活動。

三月二十七日（二），於慈光圖書館「國學講座」，續講《禮記》。

三月二十八日（三），晚，於慈光圖書館週三講座宣講《金

---

1 〈新聞〉，《菩提樹》第113期（1962年4月8日），頁49；〈新聞〉，《慈光》第71號（1962年3月30日），第1版。

剛經》。

三月三十一日（六），晚，於大專慈光學術講座講授《佛學概要十四講表》、《詩學宗唐》。

四月三日（二），於慈光圖書館「國學講座」，續講《禮記》。

四月四日（三），寒食節，有〈臺灣寒食郊眺〉；四月五日，清明節，有〈清明見郊祭某聞人〉、〈清明遠眺〉；四月七日，夏曆三月三，有〈脩禊〉；其前後又有〈聽鄭瓊珠女史鋼琴〉、〈赴頭汴坑蕭居士別墅約〉、〈哭鍾槐村〉、〈松〉、〈水〉、〈木棉〉、〈晚郊獨步〉。
（《雪廬詩集》，頁 309-317）

〈臺灣寒食郊眺〉：歸去何年賞舊春，不教寒食惹傷神；木棉開遍斜陽陌，滿目臺灣祭墦人。

〈哭鍾槐村〉：吾道幾人在，悽然思海隅；虛窗文自賞，荒徑月長孤。回雁雲初斷，斑筠淚未枯；何年還故國，剪紙洞庭湖。

【小傳】鍾伯毅（1880-1962），原名才宏，字槐村，湖南藍山人，光緒壬寅科舉人，與譚延闓同年，相交甚深。宣統元年，任湖南諮議局駐會議員。一九一一年（民國元年），當選為國會眾議院議員。一九一七年，參加廣州護法非常國會。一九二〇年，促成吳佩孚自衡陽撤軍。一九二一年，任湖南省財政廳長

（當時省長為趙恆惕），支持聯省自治，制訂《湖南省憲法》。後來出席段祺瑞召開的善後會議。一九三四年，做為湖南省政府主席何鍵的私人代表駐廬山與蔣中正聯絡。隨後任禁菸委員會委員，安徽、四川等省禁菸特派員。一九四六年，任制憲國民大會代表。一九四九年，到臺灣，篤信佛教。中華佛教文化館影印《大正藏經》，鍾伯毅與智光、南亭、東初等法師，李子寬、孫張清揚等居士，同為印藏委員會委員。炳南先生一九五四年有詩〈題槐村居士詩集〉。

〈松〉：迢遞風雲入。秋濤鳴碧天。群峰晴作雨。萬壑淡搖煙。階草何堪勁。欄花枉自妍。蒼龍飛欲去。矯矯意翛然。

〈清明見郊祭某聞人〉：華表荒阡下，空餘一聚塵；還聞生復滅，何處弔貪嗔。

〈脩禊〉：去年三月三，今年三月三；年年三月三，異鄉人不堪。

〈清明遠眺〉：清明爛縵鶯花裡，天地渾成一卷詩；五色雲箋翻不盡，東風鼓興寫淋漓。

〈晚郊獨步〉：西天一鉤月，遠涆萬家鐙；清露涵虛瀼，蒼煙出郭凝。晚來郊獨步，春去檻誰憑；眺矚欲何適，寂寥堪傲僧。

是日晚，於慈光圖書館週三講座宣講《金剛經》。

四月七日（六），晚，於大專慈光學術講座講授《佛學概要

1962 年・民國 51 年 | 73 歲

十四講表》、《詩學宗唐》。

是日為夏曆三月三日,書〈谷關觀瀑〉贈予游麗惠。
　　入山始覺雨霏霏,更有風雷起翠微;萬仞峰頭雲似海,蜿蜒天際玉龍飛。
右錄谷關觀瀑舊作一首應麗惠具壽雅囑
　　　　　　　　　　　　　歲壬寅上巳雪廬李炳南[1]
【案】游麗惠,為蓮社中慧班弘法團女青年,一九五五年至一九五九年多次擔任佛誕節女青年演講大會主講、翻譯,以及蓮社週六講經之翻譯。一九六三年出家,法號宏慈。

四月八日(日),慶祝佛誕節,台中佛教蓮社暨聯體機構:慈光圖書館、慈光育幼院、慈光托兒所、慈德托兒所、慈光雜誌社、菩提樹雜誌社、台中蓮社附設補習班、救濟會、放生會、蓮社霧峰佈教所等蓮友數千人,並聯合淨土道場靈山寺、佛光社,由朱炎煌、朱斐二位居士分任正副總領隊,以蓮社大樂隊為先頭,旗隊、花車、泰國銅佛像轎車、青年隊、男女蓮友、廣播車等,依次排列。該隊伍位在各寺廟之最後,遊行市區後,往宜寧中學慶祝會場集合。[2](見《圖冊》,1962 年圖 3)

---

1 李炳南:〈谷關觀瀑之三〉,《雪廬老人題畫遺墨》,《全集》第 16 冊,頁 112。
2 〈新聞〉,《慈光》第 71 號(1962 年 3 月 30 日),第 1 版。照片見:【數位典藏】照片/道場活動/佛誕節/〈大合照〉。

是日，周邦道令媛周春垣與凌德麟締結連理，先生有祝福勗詞，說明「德為才體，才為德用」，女子應德才兼具。[1]（見《圖冊》，1962年圖4）

〈周春垣女士于歸勗辭〉：世俗稱女子有德，不許其才，誤矣。夫德為才體，而才為德用，是即而不可離者。脩齊治平，何一非用其才？但才有正與偏之不同耳。正者，發於德。偏者，發於不德。才發於德，則宜家教國。發於不德，則蕩檢踰閒也。是女子，不患有才而患無德。既德矣，若不有才，又何以章其德乎？

【案】凌德麟、周春垣婚期為一九六二年四月八日。[2] 周邦道於一九九一年往生，往生後曾託夢其婿請其轉告家人：「我已生極樂，請為我歡喜。」[3]

四月十日（二），於慈光圖書館「國學講座」，續講《禮記》。

四月十一日（三），晚，於慈光圖書館週三講座宣講《金剛經》。

---

1 見：【數位典藏】手稿／其他著作／酬世小言／〈酬世小言第一頁〉。
2 見：凌德麟：〈白髮吟　凌德麟深情獻唱〉，https://www.youtube.com/watch?v=rgs-cG4TL_c
3 見：凌德麟口述、黃德川筆錄：〈周慶光老居士往生託夢記〉，《明倫》第216期（1991年7/8月合刊）。

四月十四日（六），晚，於大專慈光學術講座講授《佛學概要十四講表》、《詩學宗唐》。

四月十五日（日），台中蓮社蓮友與朱鏡宙等為造福社會，籌劃創設養老院，於南臺中一帶尋覓建築用地。

　　台中蓮社蓮友熱心慈善人士朱鏡宙老居士等多人為以具體表現，實踐佛陀的教義，造福國家社會人群，為佛面增光，繼慈光育幼院（收容孤兒）的成立後，自去年早已又開始籌創「養老院」，俾老貧孤苦，殘年衰朽，得頤養天和，有所安之；現正在覓建築用地，地址在南臺中一帶積極進行工作，並已獲得蓮友同修熱烈響應和支持。[1]

　　前臺灣印經處創辦人朱鏡宙老居士，曾發願於印行其自著之《五乘佛法與中國文化》一書之盈餘，充作創辦一老年人之頤養機構，不足者另行籌募。現朱老以年事稍高，體弱多病，乃將此項計畫商諸台中佛教蓮社諸當事人，決定合作在中市籌創一養老院，作為台中蓮社之另一新猷，俾老貧孤苦者得到安養。目前正在進行中，地點聞已在南臺中覓得適當地址云。[2]

四月十六日（一），道安法師新創《獅子吼》季刊發行。

1　〈新聞〉，《慈光》第 72 號（1962 年 4 月 15 日），第 1 版。
2　〈新聞〉，《菩提樹》第 114 期（1962 年 5 月 8 日），頁 49。

四月十七日（二），於慈光圖書館「國學講座」，續講《禮記》。

四月十八日（三），晚，於慈光圖書館週三講座宣講《金剛經》。

四月二十一日（六），晚，於大專慈光學術講座講授《佛學概要十四講表》、《詩學宗唐》。

四月二十四日（二），於慈光圖書館「國學講座」，宣講《禮記》圓滿。[1]

四月二十五日（三），晚，於慈光圖書館週三講座宣講《金剛經》。

四月二十八日（六），晚，於大專慈光學術講座講授《佛學概要十四講表》、《詩學宗唐》。慈光學術講座十四次圓滿，次週測驗，再次週舉行結業典禮並頒獎。[2]

【案】本期慈光講座自一九六一年十一月二十五日至十二月三十日有六週，三月十日至四月二十八日有八週。合計十四週次。

---

[1] 〈台中蓮社民國五十一年度工作簡報書〉，《慈光》第 105 號（1953 年 9 月 15 日），第 1 版。

[2] 〈新聞〉，《慈光》第 73 號（1962 年 4 月 30 日），第 1 版。

1962 年・民國 51 年 | 73 歲

是日下午六時,臺北圓山念佛會蓮友程世俊至台中慈光圖書館拜訪先生,討論淨宗修學意見,並參加慈光第十四次學術講座,臨別時先生贈送佛書多冊。[1]

是月,「慈光學術講座」詩學教材《詩階宗唐》由臺中瑞成書局印行。(見《圖冊》,1962 年圖 5)

> 【案】一九六一年十一月二十五日起,先生每週六於慈光圖書館「慈光學術講座」,為大專青年開講「佛學與詩學」。佛學編有《佛學概要十四講表》教材,詩學編有《詩學宗唐》教材,後者即此時印行者改名為《詩階宗唐》。俟後,此著再增進為《詩階述唐》之一《學詩先讀求味》。兩書差異見一九六九年九月中興大學中國文學系夜間部開設「詩選」課程項譜文。

五月二日(三),晚,於慈光圖書館週三講座宣講《金剛經》。

五月七日(一),夏曆四月初四,至台中蓮社主持慶祝佛陀聖誕浴佛典禮。台中蓮社提前舉行浴佛,參加蓮友約千餘人。[2]

---

1 〈新聞〉,《慈光》第 73 號(1962 年 4 月 30 日),第 1 版。
2 〈新聞〉,《慈光》第 74 號(1962 年 5 月 15 日),第 1 版。

五月九日（三），晚，於慈光圖書館週三講座宣講《金剛經》。

五月十日（四），夏曆四月初七，至慈光圖書館主持浴佛，與會蓮友千餘人。[1]

五月十一日（五），夏曆四月初八，上午，台中蓮社霧峰佈教所，新塑釋迦牟尼佛佛像，舉行開光安座典禮，由懺雲法師、先生共同主持，參加蓮友有許克綏、朱斐、張佩環、蔣葛妙信等千餘人。午後一時，由林看治演講紀念佛陀聖誕及皈依三寶之意義。是日，發心皈依三寶者四十餘人。

　　該所成立以來，已有當地信眾四百餘人。中蓮弘法組林看治居士等，每週均有定期之佛學講座及領導共修之活動。經常參加聽講之信眾有二百人左右。[2]

是日起，連續四晚，循例於慈光圖書館舉辦佛誕節青年講演大會，由中慧班及國文補習班女青年主講，每晚兩場。其中八人講國語、八人講臺語，共計十六人。[3]

五月十二日（六），至慈光圖書館主持慈光大專佛學講座結

1　〈新聞〉，《慈光》第 74 號（1962 年 5 月 15 日），第 1 版。
2　〈新聞〉，《慈光》第 74 號（1962 年 5 月 15 日），第 1 版。
3　〈新聞〉，《菩提樹》第 115 期（1962 年 6 月 8 日），頁 48；〈新聞〉，《慈光》第 74 號（1962 年 5 月 15 日），第 1 版。

業典禮,發表測驗成績並頒獎。

　　臺中慈光圖書館舉辦「大專佛學講座」,主講人為李炳南居士,學生聽講者計一百二十四人,社會人士旁聽的六十三人。這個講座是從去年十一月二十五日開始,每逢星期六下午七時開講,每次約兩小時,到今年四月二十八日,已講了十四次,照預定計畫已告一段落。五月五日舉行聽講測驗,評定成績業於五月十二日發表,同時舉行頒獎典禮。學生組第一名中興大學謝榮華,獲獎金五百元及佛書四冊;第二名中醫學院吳博斌,獲獎金三百元及佛書四冊;第三名中大陳秀雄獲獎金一百元及佛書四冊;第四名中大黃正木、呂春江各得佛書四冊。又其他參加聽講者都各受贈佛書三冊。社會組張進興、林欽勇、林須美、謝其性,也各得佛書數冊,據聞以上獎金是由李炳南居士捐贈,佛書是由菩提樹月刊社會同瑞成書局分別捐出。[1]

五月十三日(日),至省會中興新村,參加中興佛社成立大會。中興佛社係由省府各廳處職員眷屬組建成立。(見《圖冊》,1962年圖6)[2]

五月十六日(三),晚,於慈光圖書館週三講座宣講《金剛

---

1 〈新聞〉,《慧炬》第8期(1962年6月15日),第1版。
2 成立當日有照片:「中興佛社成立攝影紀念」(1962年5月13日),見收於雪心基金會。

經》。

五月二十三日（三），晚，於慈光圖書館週三講座宣講《金剛經》。

五月三十日（三），晚，於慈光圖書館週三講座宣講《金剛經》。

五月三十一日（四），為般若班班員陳李水錦令郎陳敏彥及林梅枝之婚禮福證。（《圖冊》，1962 年圖 7）

六月六日（三），端午節，有詩：〈詩人節〉、〈詩興〉、〈詩因〉、〈骷髏頌〉。（《雪廬詩集》，頁 314-315）
　　〈詩人節〉：萬斛愁來一首詩，幾回高唱引聲遲；難強古調求人解，似有虛靈已我知。汨水煙波魂去後，客窗蒲艾雨晴時；臨流不看龍舟競，背立斜陽弔楚辭。
　　〈骷髏頌〉：只餘七枯竅，不辨何年身；惟疑趙飛燕，抑或潘安仁。悠悠東流水，攘攘世上人；戴此胡為者，定同誰共親。是非皆昨日，今日苔與塵。

是日晚，於慈光圖書館週三講座宣講《金剛經》。

六月八日（五），上午十時，至中國醫藥學院大禮堂參加該校學生佛學社團「醫王學社」成立大會。該社由吳博斌、劉吉棠、何榮達、陳瑞波、戴永泰、林勝光等發起組織，

1962 年・民國 51 年 | 73 歲

與會學生二百餘人，來賓尚有周宣德、許祖成、朱斐、呂佛庭等佛教界大德多人。該院邱賢添院長、宋祕書、許君武、楊士豪諸教授亦皆蒞臨致詞指導。先生致詞指出：大醫王就是大覺者；做到覺行圓滿，便可成為大醫王。大會於十二時結束。（見《圖冊》，1962 年圖 8）[1]

日後，「醫王學社」有學刊發行，先生特提示物質與抽象，各取其精；並揭示中國文化醫學：醫心、益壽、保身療病之精神與次第。

〈醫王佛學社學刊祝辭〉：物質化驗，神明抽象，各取其精，是謂良相。外有身疴，內多心恙，道取乎中，乃是聖量。莘莘諸子，毅然提倡，冶化一鑪，於茲至上。王者無私，學不偏尚，道載斯文，銘焉毋忘。[2]

〈題醫王學社學刊之三〉：聖智醫心，國手益壽，明哲保身，奇技療病。是中國文化之醫學，亦其精神，次第如是。

中國醫藥學院醫王學社學刊　紀念　李炳南敬題[3]

〈題醫王學社學刊之四〉：周孔醫世，岐黃醫境，和緩醫身，佛陀醫心。譬諸月魄，體無闕圓，用不其

---

1 〈新聞〉，《慧炬》第 8 期（1962 年 6 月 15 日），第 1 版。參見：《慈光》第 76 號（1962 年 6 月 15 日），第 1 版；《臺灣佛教》16 卷 7 期（1962 年 7 月 8 日），頁 18。
2 【數位典藏】手稿 / 其他著作 / 酬世小言 /〈酬世小言第二頁〉。
3 李炳南：〈題醫王學社學刊之三〉，《雪廬老人題畫遺墨》，《全集》第 16 冊，頁 348。

一，惟時所之。

醫王學社正　李炳南[1]

六月十日（日），晚，「慈光安老院籌備會」於台中佛教蓮社，積極籌辦推進促成。

　　六月十日晚，假台中佛教蓮社召開成立「慈光安老院籌備會」，與會者有朱炎煌、許克綏、陳進德、黃火朝、余四海、廖一辛、蔣俊義、魏柏勳、賴棟樑、周家麟、趙錟銓、許炎墩、林看治、林進蘭、張慶祝、洪環、陳雲、游俊傑等，並公推該社董事長朱炎煌為主席，經熱烈討論，全體一致贊成促進早日創設成立該養老院，會中並經投票推選「創辦人」若干人，以便請其負責立即著手籌辦。[2]

六月十三日（三），晚，於慈光圖書館週三講座宣講《金剛經》。

六月十五日（五），《慧炬》第八期出版，有先生及周邦道等詩，讚歎加拿大僑領詹勵吾捐資成立詹煜齋居士佛教文化獎學基金會，獎勵大專青年研究佛學。[3]

---

[1] 李炳南：〈題醫王學社學刊之四〉，《雪廬老人題畫遺墨》，《全集》第 16 冊，頁 349。

[2] 〈新聞〉，《慈光》第 76 號（1962 年 6 月 15 日），第 1 版。

[3] 李炳南：〈贈詹先生〉，《慧炬》第 8 期（1962 年 6 月 15 日），第 4 版。詩見 1961 年 8 月 31 日譜文。

1962年・民國 51 年｜73 歲

六月二十日（三），晚，於慈光圖書館週三講座宣講《金剛經》。

六月二十七日（三），晚，於慈光圖書館週三講座宣講《金剛經》。

是月，《佛學問答類編》出版發行。本次出版係將先生十二年來全部佛學問答分類整編。先請淨空法師及徐醒民協助剪貼校正，繼由陳慧劍於年初自花蓮來中，編輯而成。

李老師每期在《菩提樹》月刊主持答復讀者的「佛學問答」，曾以袖珍本出版問世；但早已銷售一空，各地讀者需求殷切咸盼早日再版，經緇素蓮友之敦促，本刊決定將十二年來之全部問答，重新分類編纂。首由淨空法師及徐醒民居士協助剪貼校正，繼由陳慧劍居士於一月中旬專程自花蓮來本社分類重編，統計全部問答二千六百餘則，約四十五萬字，問者一千一百多人，其中以胡正臨、李榮棠、賴棟樑等居士每人均有五六十問之多，可見讀者追求真理之精神殊堪欽佩。

本書以博採精編方式，刪繁別冗、順理成章、文字簡潔、事理俱融，堪為修持弘法寶典，宜各人手一冊。此次慧劍居士主持編纂，仍循舊則分為：通問、析疑、質難、持戒、禪觀、心性、唯識、祕密、淨土、修持、因果、名相等十二大類，其中以「通問」最多，占一千餘條，其次為「淨土」約五百餘條，全集將分上下兩冊，

用三十二開本五號字印。[1]

《佛學問答類編》整編成上、下兩冊，計提問者一千一百三十三人，提問二千六百六十三條，約四十五萬言。其中有關淨土提問五百二十九條，約九萬言。為全書五分之一。

陳慧劍，〈智慧的燈（代編後記）〉：七四高齡的雪公長者，以四十年的修持、深入；加上十年來心血匯聚的「文字般若」，集儒佛各家就佛學上提出的問題，授我以編纂工作，高燃慧燈。
我編此書，採邐輯順序，做一番綜合與歸納的整理，使每一題目下，能獨自成一系統，使內容組織互相發生連鎖，使得同我一樣有緣讀它的朋友，都能同沾法味。十日夜，全書竟，獲目二千六百六十三條，問者一千一百三十三人，概四十四萬八千五百字。這裡淨宗獨占五二九條，問者二三五人，字八萬六千。差不多念佛上所有的問題、都包羅了。[2]

【案】《佛學問答類編》原預訂於是年佛誕出版，後延至六月中旬出版發行，[3] 後來發行紀錄仍以一九六二年四月八日為本版發行日。本次編輯係彙集前所出

---

1 〈新聞〉，《菩提樹》第111期（1962年2月8日），頁49。
2 陳慧劍：〈智慧的燈（代編後記）〉，收見：《佛學問答類編（上）》，《全集》第5冊，頁13-14。
3 「佛學問答出版」載謂：該書「業於本月（六月）中旬出版問世。」見：《慈光》第77號（1962年6月30日）第1版。

1962年・民國 51 年 | 73 歲

版至《菩提樹》九十七期（1960 年 12 月）之「佛學問答」專欄所刊行者，為《佛學問答》發行系列之第四種版本，也是後來版本之基本定型。後續發行不再重編，陸續發行《續編》、《二續》。至編輯《全集》時，始將此《上、下冊》、《續編》、《二續》及未編入之專欄部分，重新整編成《佛學問答類編》上、中、下三冊，列為《全集》第五、六、七冊。（歷年版本內容詳見 1951 年 6 月 20 日譜文）

七月四日（三），晚，於慈光圖書館週三講座宣講《金剛經》。

七月十日（二）起，每週二晚七時半至九時，赴省政府所在地南投中興新村宣講「佛學大意」。省府各廳處職員及眷屬於是年五月成立中興佛社，旋由該社法務組楊青藜洽請先生前往演講。首次講演借中興會堂舉行，首講講題為「先明佛義」，略說佛教真義、為何學佛。聽眾約二百餘人。預計十四週講畢。

　　省府遷中興新村後，省府各單位同人，成立中興佛社，五十一年七月十日該社法務組長楊青藜居士致函筆者，洽請炳公老師前往講演佛法，師慈悲允於每週二晚間前往講兩小時，作有系統的介紹佛法之概要，首次在中興會堂舉行，後改借第二國校或第一國校，每次聽眾約百餘人，均係省府各廳處公務員及其眷屬。[1]

1　〈新聞〉，《菩提樹》第 117 期（1962 年 8 月 8 日），頁 49；〈新聞〉，《慈光》第 78/79 號合刊（1962 年 7 月 30 日），第 1 版。

王超一，〈中興佛社聽李老居士炳南講佛學大義〉：拈來信手是禪機，風度龐公亦灑然，獅子座邊無剩義，菩提樹裡得深緣。迷人十九從前錯，聽法三千此會圓，悟到如如秋寂寂，空山月色正嬋娟。[1]

日後，作有〈題中興佛社〉，前後又有〈時計鐘〉、〈空見〉、〈余每出門好戴眼鏡非有求助於目瞽亦非達貴作麗都飾裝也〉、〈河堤欲摧歌〉。（《雪廬詩集》，頁 311-314）

〈題中興佛社〉：名相分緇素，真如豈有殊；應身隨類現，權巧不同途。

〈時計鐘〉：警眾太殷勤，曾無間寸陰；幾人長夜醒，不負轉輪心。

〈余每出門好戴眼鏡非有求助於目瞽亦非達貴作麗都飾裝也〉：炯目秋毫鑒，青衿骨相寒；借來雲鬟髢，遮住淚闌干。赤日威全減，飛塵染亦難；曾逢世間解，信受鏡中觀。

〈河堤欲摧歌〉：河堤欲摧兮我心憂，力不能挽兮強為留；浪排山兮倒復起，黿鼉蛟龍怒鬥兮瀑漩濆而逆流。陰飆颼颼，墨雲油油，霹靂䨓䨓，天地悠悠。時哉時哉乃若此，平陸將沉孰可恃。輦石簣土不憚勞，眾生

---

[1] 王超一：〈中興佛社聽李老居士炳南講佛學大義〉，《菩提樹》第 118 期（1962 年 9 月 8 日），頁 24。另參見《慈光》第 78/79 號合刊（1962 年 7 月 30 日），第 1 版。

芸芸命如紙；非精衛之所填,惟神禹能疏止。吁嗟乎,誰無父母兄弟與妻子,彈指眼前決生死；先機曾呼蟻穿穴,耳似聞聲心未徹。可憐今日禍已成,猶遭白眼笑饒舌；放歌豈是學屈平,更異子胥眼求抉。但有悲憫非有嗔,欲行不行淚霑巾；淚霑巾,憂所親,迴腸百折含酸辛。既難撒手棄去聽其作波臣,安得寶筏一駕超之離苦津。如之何,同沉淪。如之何,同沉淪。

七月十一日（三）,晚,於慈光圖書館週三講座宣講《金剛經》。

七月十七日（二）,晚,至中興新村中興佛社講授「佛學大意」。

七月十八日（三）,晚,於慈光圖書館週三講座宣講《金剛經》。

七月二十日（五）,夏曆六月十九日,觀音菩薩成道紀念日,台中蓮社霧峰佈教所由該所所長黃火朝主持上供,請先生開示；與會蓮友三百餘人。是日,該所有新皈依蓮友三十餘人,恭請先生帶領大眾禮懺雲法師為證明三皈依。[1]

---

1 〈新聞〉,《慈光》第 78/79 號合刊（1962 年 7 月 30 日）,第 1 版。

是日，參加慈光托兒所畢業典禮。典禮由所長張寬心主持，本屆畢業兒童五十名。[1]

七月二十一日（六），參加慈德托兒所畢業典禮，此為該所第一屆畢業生。典禮由所長黃雪銀主持。觀禮者另有省議員徐灶生等。[2]

七月二十四日（二），晚，至中興新村中興佛社講授「佛學大意」。

七月二十五日（三），晚，於慈光圖書館週三講座宣講《金剛經》。

七月三十一日（二），晚，至中興新村中興佛社講授「佛學大意」。

是年夏，有詩〈食荔枝而甘之〉、〈孔上公官邸夏夜逭暑話故鄉古剎正覺寺〉、〈螢〉、〈俎豆〉、〈書憤〉。（《雪廬詩集》，頁321-323）

〈孔上公官邸夏夜逭暑話故鄉古剎正覺寺〉：碧天垂幕星垂燈，移榻空庭鋪竹藤；茶煙隔籬升裊娜，逸興逭暑留詩朋。鄉關稽古正覺寺，棟宇唐宋文足徵；吾生

---

[1] 〈新聞〉，《菩提樹》第117期（1962年8月8日），頁49。
[2] 〈新聞〉，《菩提樹》第117期（1962年8月8日），頁49。

七旬體猶健，屈指或有前朝僧。童年借廂就學館，時景娛心每偷嫻；松徑詠歌春雪晴，岑樓弄笛秋月滿。禪院深閉象清幽，諸衲罕言人長短；隨緣偶著一枰棋，負局佛聲稱緩緩。滄桑搔首思模糊，方外真氣銷欲無；今之視昔增感喟，賢者不免潮流趨。竄來海涯處湫隘，萬事如林身卻孤；遣愁難逢虎溪笑，退執如意敲唾壺。

〈俎豆〉：愛額聽君事有無，荒天俎豆祀丹朱。曾聞一士歌喪側，我道於今尚不孤。

八月一日（三），晚，於慈光圖書館週三講座宣講《金剛經》。

八月五日（日），受聘續任慈光托兒所第三屆董事。董事長為陳進德，所長為林張闖。[1]

八月七日（二），晚，至中興新村中興佛社講授「佛學大意」。

八月八日（三），《菩提樹》月刊第一一七期發行，該期封面為〈江錦祥敦煌佛畫〉，有先生題詞，盛讚畫者有夙慧。[2]（見《圖冊》，1962年圖9）

敦煌佛畫曩於金陵有人摹擬數百幅展覽，余日往觀

---

1 〈新聞〉，《慈光》第80號（1962年8月30日），第1版。
2 「封面」，《菩提樹》第117期（1962年8月8日）。

不倦。今睹此摹,似是八部乾達婆緊那羅之流。錦祥居士少年畫師而能為此,神采生動,是有夙慧也。

是日晚,於慈光圖書館週三講座宣講《金剛經》。

八月十二日(日),慈光育幼院附設之慈德托兒所,依組織章程規定,經創辦人同意改組重聘:董事長黃火朝,常務董事朱炎煌、陳進德,董事李炳南、許炎墩、林夢丁、賴棟樑、魏柏勳、周家麟、蔣俊義、黃雪銀、周慧德、李繡鶯等共十五人。於台中蓮社召開第二屆第一次董事會,由董事長提名黃雪銀連任所長,並通過預算決算各案。[1]

八月十四日(二),夏曆七月十五,佛歡喜日,為泰國中華佛學研究社理事長陳克文所著《心經講義》在臺中翻印版撰〈序〉。該書係陳理事長於去年在該社講演《心經》後,經該社同仁敦促,將講義整理出版三千本分贈旅泰僑胞教友。今陳理事長再發心委託《菩提樹》月刊在臺再版二千本,並請先生作序。[2] 先生讚其以經注經,以般若注般若,有異乎往昔注家者。

先哲云:「佛法無人說,雖智不能解。」是以研經

---

1 〈新聞〉,《慈光》第 80 號(1962 年 8 月 30 日),第 1 版。
2 見〈本刊消息〉,《菩提樹》第 119 期(1962 年 10 月 8 日),頁 48。

者尚注。注即法之說也。嘗考古人治經,多有師承,其消文釋義,靡不依所秉受,後之覽者,不啻列席聽說矣。惟是如來實義,精邃深淵,注家必如智師之說妙九旬,人將畏之而卻走,佛法雖說,仍無由得解也。其後注家,則采闢一體,成其別裁,義可互涉,象不雷同。殊觀之,得其約,可以入。匯觀之,融其圓,可以通。以其後徯徑獨闢,始能各有千秋,言不混淆,自然裨益來學也。余學講說,幾四十年。友人輒來索稿,擬刊流通。余盡謝之。以凡有所言,只是述古。古有之,安用以刊為。縱少有心得,恐涉妄作。妄作者,安可以刊為。若求語超前著,義契佛心,檢於囊篋,思於寤寐,俱無所有,是誠不可以刊也。

《般若波羅密多心經》,古注達乎百家。而今人好事,新著累累。其間蜀人王恩洋氏,引唯識作通釋,是以專標異。越人周止菴氏,集群籍作銓注,是以詳標異。皆稱戞戞獨造,不傍依者。惟於不事旁求,輕車致師之道,似少遜焉。泰國中華佛學研究社理事長陳老居士克文,教演般若,行尚彌陀。與余異國神交,酬贈十年。今歲夏,又以所注心經講義見遺。余初置案頭未啟,遽蹙額曰,此老亦好事乎。翻讀數葉,客浮之氣漸平,未半而心折,竟而再復之,拍案太息曰,不圖今日,而有斯作也。以經注經尚矣,以般若注般若,寧非以權智觀照實智乎。求之於晚近諸家,尚未之見也。

臺中學人見而善之,咸欲手得一冊,日捧研讀。紛請於居士。居士以路遠郵繁,慮曠時日,遂慨然捐貲,改就

臺中翻印,廣結法緣,遍饗需者,並囑余為之序。

中華民國歲次壬寅佛歡喜日　稽下李炳南序於寄漚軒[1]

是日晚,至中興新村中興佛社講授「佛學大意」。

八月十五日(三),晚,於慈光圖書館週三講座宣講《金剛經》。

八月二十一日(二),晚,至中興新村中興佛社講授「佛學大意」。

八月二十二日(三),晚,於慈光圖書館週三講座宣講《金剛經》。

八月二十八日(二),晚,至中興新村中興佛社講授「佛學大意」。

八月二十九日(三),晚,於慈光圖書館週三講座宣講《金剛經》。

八月三十日(四),台中蓮社為兒童舉辦之「暑期修身補習

---

[1] 李炳南:〈陳克文居士著心經講義再版序〉,《菩提樹》第 118 期(1962 年 9 月 8 日),頁 18;今題〈般若波羅密多心經講義再版序〉,《雪廬寓臺文存》,《全集》第 14 冊之 2,頁 4-6。落款據《菩提樹》原刊。

1962年・民國51年 | 73歲

班」舉行結業典禮,與師生合影。(見《圖冊》,1962年圖10)

【案】「暑期修身補習班」,係學期間「兒童德育班」之暑假班隊。一九六一年舉辦時開業日為八月七日,結業時間未詳。是年開業時間未詳,結業日為八月三十日。

是月,台中蓮社霧峰佈教所,擴建大殿,能容納五百人座位。[1]

是月,先生請保護動物會會同警察,取締攤販氣槍獵鳥遊戲,並收購已捕小鳥放生。

　　臺中公園附近,最近舉辦商品展覽,公園路上雜耍小吃攤販排立如林,其中有兩個攤位,用鉛絲為網籠,中關小鳥數百隻,籠外招徠觀眾用氣槍獵鳥,打中者現剝現烤,當場大嚼,慘不忍睹!臺中蓮友目睹此一殘忍無道之玩意,報諸本刊社長炳老居士,乃請臺中保護動物會鄭公僑居士,會同臺中警察局予以取締,不意該兩攤販:以小本經營懇求補助,除收購其全部小鳥放生外,並由蓮友湊足五百元;贈予攤販,勸其改行。各界對此,莫不認為臺中保護動物會做了一大善舉。[2]

九月四日(二),晚,至中興新村中興佛社講授「佛學大

---

1 〈新聞〉,《慈光》第80號(1962年8月30日),第1版。
2 〈新聞〉,《菩提樹》第117期(1962年8月8日),頁48。

意」。

九月五日（三），晚，於慈光圖書館週三講座宣講《金剛經》。

九月七日（五），晚八時半，國文補習班為同學及社會人士舉行皈依典禮，皈依證明師為懺雲法師，因路途不便，請先生代理講述皈依意義。典禮簡單隆重。結束後，先生贈送每位《阿彌陀經摘注接蒙暨義蘊》一冊、原子筆一枝結緣。[1]

> 柯心正，〈永恆的一天〉：我們的皈依師是在臺中縣太平鄉印弘茅蓬上懺下雲法師，因路途不便，由李老師代理講述皈依的意義及益處。他說：「皈，就是皈託，就像一個人迷失了而又返到家裡；依就是依靠，好比在家裡需依靠父母一樣。皈依兩字合起來講，就是皈託依靠佛、法、僧。皈依有什麼益處呢？我們人生在世，由貪、瞋、痴牽引不斷造孽，死後定墮地獄、餓鬼、畜生，在三惡道中輪迴生死。我們皈依了佛，可仰仗佛的力量免入地獄，若照佛法去行，還能進入不生不滅的境界。但是佛已在二千年前圓寂了，我們肉眼是見不到的，所以要皈依法，照佛所說的法去行，諸惡莫作，眾善奉行，這樣才不墮入餓鬼道受苦。皈依了佛，皈依了法，但佛法必須要有講的人，我們才能明瞭，所以要皈依僧。照僧所說去修持，以免墮入畜生道。此生難得，

---

[1] 〈新聞〉，《慈光》第81號（1962年9月15日），第3版。

就像山頂上放一根線,山底下放一繡花針,要將線穿入針孔,此種機會是何等的困難?今生若不好好的去行,來生就沒有學佛機會了。」[1]

九月十一日(二),晚,至中興新村中興佛社講授「佛學大意」。

九月十二日(三),晚,於慈光圖書館週三講座宣講《金剛經》。

九月十三日(四),中秋節,重展〈猗蘭別墅圖〉有慨,因錄昔日所作詩〈孔上公歌樂山猗蘭別墅寄興〉並題識。
(見《圖冊》,1962年圖11)

　　翠屏掩映鎖秋暉,靜裏常關松下扉;欄外紫霞隨澗落,窗中黃葉共雲飛。晴江一曲天邊盡,煙嶂千重雨後微;西蜀南陽同不陋,春風從此長芳菲。

丁丑中日之戰,隨孔上公,避亂於渝之歌樂山,結廬居焉。題其名曰:猗蘭別墅。江山勝概,俛檻盡攬;國憂鄉愁,多寄之嘯傲。今展是圖,悠然神往。爰錄此墅昔咏,以誌鴻爪。　壬寅中秋稷下李炳南識於臺中寄漚軒[2]

---

[1] 柯心正:〈永恆的一天〉,《慈光》第81號(1962年9月15日),第3版。

[2] 李炳南:〈猗蘭別墅圖跋〉,《雪廬老人題畫遺墨》,《全集》第16冊,頁326-327。詩於1939年11月作於重慶,收見《雪廬詩集》,《全集》第14冊之1,頁126-127。

【案】所展〈猗蘭別墅圖〉應指「猗蘭別墅」照片。〈孔上公歌樂山猗蘭別墅寄興〉則為一九三九年十一月居蜀時所作。一九六三年一月三日（壬寅臘八），孔德成先生應先生請，為此幀照片題名；一九六三年一月六日（壬寅小寒），先生應孔先生請，為其所藏王獻唐繪贈之〈猗蘭別墅著書圖〉題跋。詳見各日譜文。

是日，中秋節，有〈八月十五夜玩月〉，前後又有：〈鵲華秋色予鄉北郭勝境故宮藏有元趙松雪所繪長卷遷臺又十三年矣見而悵然購其拓本懸之旅寓可藉作歸來觀也〉二首、〈劉子霜橋購鵲華秋色拓本錄予前作為題一絕〉、〈贈同鄉王鳳樓鵲華秋色圖〉、〈同鄉趙天行購鵲華秋色圖索題〉、〈送劉梅生歸菲律賓以鵲華秋色圖贈之〉。[1]（見《圖冊》，1962年圖12；《雪廬詩集》，頁324-326）

〈鵲華秋色予鄉北郭勝境，故宮藏有元趙松雪所繪長卷。遷臺又十三年矣，見而悵然。購其拓本，懸之旅寓，可藉作歸來觀也〉二首：
秋思海上逐斜暉，淡淡齊煙入客幃；照眼雙峯青似舊，羈魂省得夢中歸。

---

[1] 李炳南：〈題趙松雪鵲華秋色圖四首〉，《雪廬老人題畫遺墨》，《全集》第16冊，頁200。此處四首，係〈鵲華秋色〉二首加上〈劉子霜橋〉、〈贈同鄉王鳳樓〉二首。

1962年・民國51年｜73歲

漁舟農舍鵲湖濱，省識畫圖情也親；不必聞聲辨鄉語，料他皆是濟南人。

〈劉子霜橋購鵲華秋色拓本錄予前作為題一絕〉：兩點煙痕堆案青，為君題罷淚飄零；故園秋色餘清唱，多少齊人不忍聽。

〈贈同鄉王鳳樓鵲華秋色圖〉：艱難同作海天遊，何以遺君故國秋；只可深藏自怊悵，鄉人若見共生愁。

〈題鵲華秋色圖贈王鳳樓〉：鳳樓王子，吾里閒後起俊才也。來台被舉為市議員，地方善政多賴以興。然猶有濟南名士之習，癖書畫焉。嘗被其索書，余拙是道，無以應。一日，遊故宮博物館，見趙松雪《鵲華秋色圖》，喜曰：「是濟南北郭寫真也。」鄉思悠然，遂購歸，繫詩誌懷。鄉人見者亦多往購索題，因憶鳳樓囊約，亟勝是圖，題以小詩，並擇為他詠者，錄於其次。桑梓文獻，邂逅天涯，諒必觀之而欣，猶勝於聞跫音也。[1]

〈同鄉趙天行購鵲華秋色圖索題〉：君家秋興寫齊山，術數有無疑似間；九貢流人望喬木，鄉圖幾卷在臺灣。

〈送劉梅生歸菲律賓以鵲華秋色圖贈之〉：我家門對兩峰秋，中有清河湧碧流；別後相思看此畫，故人當去濟南遊。

---

[1] 【數位典藏】手稿／其他著作／酬世小言第一、第二頁：〈題鵲華秋色圖贈王鳳樓〉。王鳳樓，山東濰縣人。曾任警官、大華晚報主任、臺中市議員、救國團視導、國際青商會副會長、聯華實業公司高級專員、聯華麵粉廠廠長、協理，中邑公司及互聯機構總經理。

是日,為于凌波《向智識分子介紹佛教》發行單行本題詞曰:「轉移世智辯聰納入平等正覺」。[1]

是日,中秋月圓,臺中市百年古剎慎齋堂堂主張月珠率眾弟子落髮圓頂,禮請臺北佛教文化館東初法師主典。東初法師為張月珠頒法名「德熙」。[2]

九月十五日(六),修訂《中華大藏經》第壹輯第壹集出版。[3]

九月十六日(日),即日起連續三天,台中蓮社舉行秋季祭祖,念佛迴向以報祖先父母鴻恩。[4]

九月十八日(二),晚,至中興新村中興佛社講授「佛學大意」。

九月十九日(三),晚,於慈光圖書館週三講座宣講《金剛經》。

---

1 于凌波:〈感恩、慚愧與自勉——為雪公老師往生十周年而作〉,《淨土與唯識》(臺北:佛陀教育基金會,2019年2月),頁177-185。
2 釋妙然,《民國佛教大事年紀》,頁367。另參見:〈新聞〉,《菩提樹》第119期(1962年10月8日),頁49。
3 〈新聞〉,《慈光》第81號(1962年9月15日),第1版。
4 〈新聞〉,《慈光》第80號(1962年8月30日),第1版。

1962 年・民國 51 年 | 73 歲

九月二十五日（二），晚，至中興新村中興佛社講授「佛學大意」。

九月二十六日（三），晚，於慈光圖書館週三講座宣講《金剛經》。

九月二十八日（五），晚，至台中蓮社參加第十一期國文補習班結業典禮。典禮先由蔣俊義主任、先生、劉汝浩老師諄諄致詞，最後由蔣俊義主任、先生分別頒授結業證書暨獎金、獎品。前三名學業優異者各獲贈《佛學問答類編》一部。[1]（見《圖冊》，1962 年圖 13）

十月二日（二），中興佛社宣講「佛學大意」圓滿。次週舉行綜合座談。

十月三日（三），晚，於慈光圖書館週三講座宣講《金剛經》。

十月八日（一），《菩提樹》月刊第一一九期發行。經商得名作曲家李明訓、呂泉生等，將先生所寫佛教歌詞加五線譜後，在《菩提樹》月刊陸續發表。本期有佛曲〈智慧倉庫〉，請李明訓作曲。

  李炳南作詞，李明訓作曲，〈智慧倉庫〉：
  世間事千萬端，禍福誰能辨；百不自由，時時生憂煩。

---

1 〈新聞〉，《慈光》第 82 號（1962 年 9 月 30 日），第 1 版。

切莫尤人,切莫怨天,也不必占卦問神仙;這皆是心地迷惑,舉心動招搖亂。

世間好語佛說盡,句句徹根源;

三藏經典是智慧倉庫,是行路指南,開卷後大徹大悟,苦厄化雲烟。[1]

十月九日(二),於中興會堂為中興佛社主持佛學座談,研討十四講中疑難問題。會中有卞克安、王超一、金亞鐸等十餘人提問。[2] 先生悉本佛典,並遵「知之為知之,不知為不知」之態度回答討論。[3]

十月十日(三),晚,於慈光圖書館週三講座宣講《金剛經》。

十月十四日(日),於菩提樹雜誌社召開會議,出席者另有于凌波、朱斐、黃雪銀、林進蘭、鄧明香等共八位,討論于凌波所提開辦佛教醫院門診部辦法。決議籌備成立佛教菩提醫院董事會,租用黃雪銀宅屋先開辦門診部,

---

[1] 李炳南作詞,李明訓作曲:〈智慧倉庫〉,《菩提樹》第119期(1962年10月8日),頁6。收見《弘護小品彙存》,《全集》第4冊之2,頁561。

[2] 卞克安、王超一、金亞鐸等中興佛社社友提問及先生解答見《菩提樹》第122/123期合刊(1963年1月8日),頁58-60頁。

[3] 〈新聞〉,《慈光》第83號(1962年10月15日),第1版;〈台中蓮社五十一年度工作簡報書〉,《慈光》第106號(1963年9月30日),第4版。

於翌年（1963）四月八日開幕。

　　于凌波，〈曲折迂迴菩提路〉：十月中旬，我向他（案：指朱斐）提出了一個「穩紮穩打，只賺不賠」辦法來：

一、約請熱心人士，組織一個佛教醫院董事會，策劃推動正式佛教醫院的興建。

二、由董事會以象徵性的租金，租下黃雪銀居士的房子──這樣做，手續清楚。

三、董事會把黃居士的房子免費交我使用。

四、由我出資購買醫療設備、藥品、傢俱，開設一家醫院，命名曰：「佛教醫院」，醫院與董事會之間為契約關係。

五、醫院中一切支出──包括人事、藥品、水電雜支，全部由我負擔，盈虧我自負責。

六、醫院以業務收入總額一萬元以上部分，提出百分之二十，捐獻給董事會──相當於付房租。

七、醫院受董事會委託，辦理貧民施醫，施醫所需之藥品價款，向董事會結算領回。除藥價外，所有掛號診察注射等服務費由醫院奉獻。

八、醫院的會計、護士，由董事會推薦，以監督帳目。[1]

　　【案】于凌波記載會議時間為「十月四日星期日」，然其於十月中旬先提出辦法，會議時間當在其後；再

---

1 于凌波：〈曲折迂迴菩提路〉，《于凌波七十自述──曲折迂迴菩提路》（臺北：慧炬出版，1997年8月），頁391-504。

者,十月四日並非週日,十月十四日才是週日。因改繫是日。

十月十五日(一),受邀至台中蓮社參加「四十八願會」念佛班定期集會,以「人生三件苦悶」開示。有〈人生三件苦悶〉講表。

　　三苦內容略謂:(一)已定苦,即生、老、病、死、求不得、愛別離、怨憎會等七種。(八苦中五陰熾盛是一切苦因,屬於理論,以其艱深難明,故對初機可以不講)(二)意外苦,即如地震、水、火、風災、戰禍等不能預料者。(三)將來苦,即死後六道輪迴不停。六道之事至為明確,無論信與不信,皆不能免也。」[1]

十月十七日(三),晚,於慈光圖書館週三講座宣講《金剛經》。

十月二十一日(日),慈光育幼院教養並重,禮請懺雲法師授三皈依。[2]

十月二十三(二)、二十四(三),中國佛教會視導弘法團由理事長白聖法師率領,蒞臨臺中至台中蓮社暨該社聯

---

[1] 〈新聞〉,《慈光》第83號(1962年10月15日),第1版;李炳南:〈人生三件苦悶〉,《弘護小品彙存》,《全集》第4冊之2,頁353。

[2] 〈新聞〉,《慈光》第84號(1962年10月30日),第1版。

體機構、慈明寺、靈山寺、般若寺、慎齋堂等處視察指導。二十四日至慈光育幼院視察,並率先布施二百元,團員亦紛紛解囊。[1]

十月二十四日(三),晚,於慈光圖書館週三講座宣講《金剛經》。

十月三十一日(三),晚,於慈光圖書館週三講座宣講《金剛經》。

是年秋,有詩:〈月夜別意〉、〈觀雲〉、〈雌雲(并序)〉、〈中醫學院諸學子遊日月潭返來向其索詩〉、〈為諸生講諸葛亮出師表誌感〉。(《雪廬詩集》,頁323-327)

〈中醫學院諸學子遊日月潭返來向其索詩〉:霜落天高潭水明,隔林山色入船青;扣舷多少新詩句,促膝煩君唱我聽。

〈為諸生講諸葛亮出師表誌感〉:中天有浩氣,兩表出師心;瀘水瘴猶在,秋原星已沉。譙周降不謬,郤正愴徒深;孤負當辭陛,宗臣淚滿襟。

十一月七日(三),晚,於慈光圖書館週三講座宣講《金剛經》。

---

[1] 〈新聞〉,《慈光》第84號(1962年10月30日),第1版。

十一月八日（四），先生四十年所積詩稿《雪廬詩集》開始在《菩提樹》月刊連載。首刊為〈燹餘稿小引〉、〈舊序一〉、〈舊序二〉，及〈佛峪〉三首。先生詩作，甚獲時賢推賞。

　　呂佛庭：夫渡臺之士，能文善詩者眾矣，然即境界而論，其足上攀唐宋者，可推三家。或問：三家可得聞乎？曰：李雪廬、陳含光、彭醇士，是也。[1]

【案】《雪廬詩集》自《菩提樹》月刊本期第一二〇期（1962年11月8日）起刊行，至一六四／一六五期合刊（1966年7月8日）止。參見該日譜文。

同期，刊有先生作詞、呂泉生作曲之佛教歌曲：〈大夢〉。

　　李炳南作詞，呂泉生作曲，〈大夢〉：
世事茫茫大夢中，幾個人清醒？
你獃笑，他狂哭，競競爭爭，總是神經病。
又似痴蠅，飛西又飛東。
說什麼富貴窮通，保持永恆；哪瞭解，大地山河，也要成住壞空！
問眾生，何來何去？宇宙人生真情形，有幾人能究竟！

---

[1] 呂佛庭：〈雪廬老人題畫遺墨・序〉，養正堂出版社編輯室編：《雪廬老人題畫遺墨（上）》（臺中：養正堂出版社，1988年12月），頁3。

這些事,快向大覺世尊,討個分明。[1]

十一月十二日(一),受推薦為「推行社教運動績優貢獻」,於教育部在臺北市中山堂舉行之「五十一年度社教運動週」開幕典禮,接受贈獎。先生一向婉拒表揚榮獎,此件因事前未聞,不及阻擋,只得派員代表領獎。當日接受教育部部長黃季陸頒贈銀杯和獎狀者另有:趙麗蓮、陳致平、郝更生,均獲頒銀杯一座和獎狀一紙。(見《圖冊》,1962年圖14)

孔德成口述,王天昌筆記,〈李炳南先生傳略〉:炳南先生自奉儉約。所居正氣街寓所,為一平狹斗室,研經著述於其間,無往而不自適。食惟飯蔬,定時少量。衣衫非至縫補不堪,不忍棄去。弟子有奉束脩金者,悉以弟子之名轉為慈濟功德。二十年前,鄙意以為他當接受一年一度之好人好事表揚,遂向有關單位鄭重推薦,且已獲審查通過;他得知後,卻費盡脣舌,懇求務必設法除名,堅持不肯接受表揚。此即其默默行善之身教。[2]

---

1 李炳南作詞,呂泉生作曲:〈大夢〉,《菩提樹》第120期(1962年11月8日),頁44-45。收見《弘護小品彙存》,《全集》第4冊之2,頁563。

2 孔德成口述,王天昌筆記:〈李炳南先生傳略〉,《國語日報‧書和人》,1986年7月5日。另參見:〈新聞〉,《菩提樹》第121期(1962年12月8日),頁98。

十一月十四日（三），晚，於慈光圖書館週三講座宣講《金剛經》。

十一月十五日（四），中午，於黃雪銀寓所召開菩提醫院董事會籌備會，討論成立時程與人選。

　　于凌波，〈曲折迂迴菩提路〉：十一月十五日，接得時英師兄（案：指朱斐）限時信，說「蓮社十姊妹」要請我吃飯，要我中午趕到臺中。蓮社十姊妹是菩提醫院董事會的基幹，是籌建菩提醫院的功臣，沒有她們，菩提醫院辦不起來。那天是在黃雪銀居士寓所集會，十姊妹到齊，雪廬老師和時英師兄也到場，大家吃了一餐素齋，飯後開菩提醫院董事會的籌備會，那天討論決定了幾件事情：一、菩提醫院董事會董事名額訂為十五人。二、預定董事以十姊妹為基幹，外加雪公老師、朱時英居士，和于凌波——我。三、預定推舉林看治、朱時英、黃雪銀三居士為常務董事，並推舉林看治居士為董事長。四、預定十一月八日討論董事會章程，成立董事會——董事會章程由于凌波草擬。[1]

　　【又案】預定成立日期，于凌波〈曲折迂迴菩提路〉稱為「十一月八日星期日上午」，上引文亦稱為「十一月八日」，然成立日期既然在十一月十五日籌備會之後，不應為十一月八日；十一月八日亦非週

---

[1] 于凌波：〈曲折迂迴菩提路〉，《于凌波七十自述——曲折迂迴菩提路》，頁391-504。

日,應是「十一月十八日」(週日)之筆誤。

十一月十八日(日),上午,於菩提樹雜誌社召開會議,通過〈菩提醫院董事會組織章程〉,成立「佛教菩提醫院」董事會,以創設佛教醫院。先生與黃林雪銀、朱斐三位創辦人,另聘多位熱心公益人士為董事,共推林看治為董事長,聘請于凌波醫師為醫院院長,試辦期間二年,暫租臺中市臺中路二十六號為院址。(見《圖冊》,1962年圖15)

〈新聞〉:本刊同人因鑑於本省佛教界創辦之慈善救濟事業雖多,但佛教醫院尚付闕如,為發揚佛陀濟世利人之偉大精神,於年前先組織一董事會,籌備試創一小型佛教醫院,定名為「佛教菩提醫院」,以辦理貧民施診、義診及佛教四眾,本刊讀友、臺中蓮友等優待診療。該董事會除創辦人李炳南、黃林雪銀、朱斐三人為當然董事外,加聘佛教界熱心慈善公益人士:于凌波、林看治、林進蘭、張慶祝、呂正凉、林慧繁、池慧霖、周慧德、李繡鶯、鄧明香等居士為董事,並推舉林看治為常務董事兼董事長,黃雪銀、朱斐為常務董事。聘請于凌波醫師為菩提醫院院長,試辦期間定為二年,暫時租用臺中市臺中路二十六號為院址。試辦倘有成果,再正式籌建新院房。[1]

---

1 〈新聞〉,《菩提樹》第124期(1963年3月8日),頁58。

朱斐：因為這個因緣，[1]于凌波居士說，我們佛教需要一個醫院。因為佛教徒生了病，住一般醫院吃素不方便，往生的時候，也沒有照顧助念的地方。如果有佛教醫院，我們留個病房來做臨終關懷，可以專供助念，因為在一般醫院是不給助念的，於是我們就發想籌辦佛教醫院，這不就是緣的始因嗎！

我們跟李老師講想辦醫院的事情，老師最初是不大贊同的，因為茲事體大，不容易辦。辦個醫院談何容易呢！經費哪裡來？李老師在臺中已經辦了很多事業，如蓮社、圖書館、孤兒院等，老人院倒想辦，但是也還沒有辦。最後李老師總算勉強同意了，但仍不願擔任什麼名義。於是我們就開始試試看，先找他的十個女眾弟子籌商。首先由九姊黃雪銀發心，把臺中路的住房讓出部分試辦，我們先在那個地方辦一個門診部，算是菩提醫院的開始，由于凌波當院長，他去弄了一部舊的X光機器，放在門診部開始應診。

我們組織了一個董事會，這十姊妹都是董事，李老師不肯當董事長，命二姊林看治當董事長。[2]

【案】臺灣佛教界最早倡議設立佛教醫院的是蔡念生，他於四年前就提出五項重大理由：一便利出家僧眾的就醫，二便利出家僧眾與在家居士持齋與送亡，

---

1 案：指朱斐邀請于凌波上獅頭山為會性法師診療事，見1961年9月15日譜文。
2 卓遵宏、侯坤宏、周維朋：〈朱斐居士訪談錄（二）〉，《國史館館訊》3期（2009年12月），頁149-181。

三便利宣揚佛法接引非佛教徒病患者,四有助於僧尼職業及維護寺產等問題,五不但有利於佛教徒本身,而且有利於社會群眾,以及佛教的傳播。後續又有數位教界大德響應,[1]但始終未能付諸實現。一九六一年九月,于凌波與朱斐上山探視會性法師,是一近因,再加上今年(1962)四月十五日,由朱鏡宙與台中蓮社諸董事合作成立籌畫之安養機構,於是有更具體的機緣。然而先生深知其事之艱難,雖隨順大眾而籌設,猶然十分謹慎,先行試辦二年。

十一月二十一日(三),晚,於慈光圖書館週三講座宣講《金剛經》。

十一月二十七日(二),即日起至十二月十日,應慎齋堂邀請,前往宣講《佛說八大人覺經》。共計七講次,每講自下午二時半至四時。

　　朱斐,〈編者的話〉:本刊社長的「佛學問答」休息一期。上月底間炳公到慎齋堂講經,上午教學,晚間上課,一天講六小時。七十四歲的人雖然像五十多,沒有一點休息,編者不忍再逼他寫稿子,所以決定暫停一

---

[1] 念生(蔡運辰):〈談設立佛教醫院的重要性〉,《菩提樹》第72期(1958年11月8日),頁6-7;聖理:〈佛教界應急切發起響應設立佛教醫院運動〉,《菩提樹》第74期(1959年1月8日),頁12-13;覺海:〈為響應念生居士提創佛教醫院芻議〉,《菩提樹》第77期(1959年4月8日),頁31。

期,請讀者原諒。[1]

十一月二十八日(三),晚,於慈光圖書館週三講座宣講《金剛經》。

是月,應中國佛教會理事長白聖法師邀請,受聘為中國佛教會重建大陸佛教組織計劃委員會委員。[2](見《圖冊》,1962年圖16)

是月,應邀至中國醫藥學院參加「大體解剖慰靈祭典」並演講,有〈壬寅中醫學院解剖公祭致詞〉講表。依「祭神如在」法則說明:誠必來享、薦必感應。醫者精研以救眾為仁心仁術,靈者犧牲以教人具大仁大勇,佛為醫王與醫道合、佛為大施者與靈命同,三者志同道合,合則感應。[3]

【案】該祭典日後有於清明節或中元節前後舉行者。今據先生講演講表,歷年參加祭典記錄有六,時間有「丙午冬」、有「壬子冬」、有「癸丑十一月」者,因繫之於十一月。

---

1 朱斐:〈編者的話〉,《菩提樹》第121期(1962年12月8日),頁90。講經日期參見12月10日譜文。
2 〈中國佛教會聘書〉(1962年11月),中佛四人字第324號,台中蓮社收藏。
3 李炳南:〈壬寅中醫學院解剖公祭致詞〉,《弘護小品彙存》,《全集》第4冊之2,頁409。

1962 年・民國 51 年 | 73 歲

十二月五日（三），晚，於慈光圖書館週三講座宣講《金剛經》。

十二月七日（五），夏曆十一月十一日，即日起七天，臺中靈山寺啟建佛七，恭請懺雲法師為主七法師，並請先生開示二天，參加念佛蓮友頗為踴躍。[1]

十二月八日（六），《菩提樹》月刊第一二一期，刊載先生作詞，李明訓作曲之佛教歌曲：〈中國家庭〉。

李炳南作詞，李明訓作曲，〈中國家庭〉：
國家安定賴法治，有時失效力。治外必須再治心，事理方周密。
家庭樂，何所依，無依不和氣。不能用法，不宜講理，純用感情雖然好，時久難維繫。
家家觀世音，戶戶阿彌陀，這是齊家好消息；
諸姑伯叔，父子兄弟，但願得信仰統一，依佛化作個維繫，福圓滿，皆大歡喜，吉祥如意。[2]

十二月十日（一），下午，慎齋堂宣講《佛說八大人覺經》七次圓滿。

台中蓮社導師李炳南居士在百般繁忙中，應臺中市

---

1 〈新聞〉，《慈光》第 87 號（1963 年 12 月 15 日），第 1 版。
2 李炳南作詞，李明訓作曲：〈中國家庭〉，《菩提樹》第 121 期（1962 年 12 月 8 日），頁 93。收見《弘護小品彙存》，《全集》第 4 冊之 2，頁 554。

1543

西區模範村慎齋堂之邀請,撥忙自農曆十一月一日(國曆十一月二十七日,星期二)開始七天,每天下午二點半起至下午四點止,在該堂宣講《佛說八大人覺經》,由許炎墩居士譯臺語,於十二月十日結束。雖在下午一般工商業繁忙時間講經,每場聽眾有一百數十人之多。圓滿日,李炳南居士贈《當生成就佛法》二百本、林吳帖居士贈糖果二百三十份與大眾結緣。[1]

十二月十一日(二),為同鄉前山東省主席、陸軍上將秦德純及夫人七十雙壽,撰有〈秦先生暨德配孫夫人七十雙壽序〉,記其以戰、以談與日軍對抗之功績,賦詩、雅歌恬憺自適之修養,以及夫人內外允治之德。[2]

【小傳】秦德純(1893年12月11日-1963年9月7日),字紹文,山東省沂州府沂水縣人,中華民國陸軍上將。抗戰前在喜峰口戰役以擊退日軍的戰功聲名大噪,獲頒青天白日勳章,一九三五年四月升任中將,而後出任察哈爾省政府主席、北平市長;抗戰前曾以中方代表與日本軍方代表土肥原賢二交涉事件處理。抗戰期間任職國防中央部會。抗戰勝利後,一九四六年國防部成立,任國防部次長,一九四八年任山東省政府主席。一九四九年到臺灣,後任總統府

---

[1] 〈新聞〉,《慈光》第86號(1962年11月30日),第1版;〈新聞〉,《慈光》第87號(1963年12月15日),第1版。

[2] 李炳南:〈秦先生暨德配孫夫人七十雙壽序〉,《雪廬寓臺文存》,《全集》第14冊之2,頁175-178。

戰略顧問。一九六三年九月七日,在臺北市病逝。享年七十一歲。其夫人於同年四月先其過世。[1]

十二月十二日(三),晚,於慈光圖書館週三講座宣講《金剛經》。

十二月十九日(三),晚,在慈光圖書館宣講《金剛經》圓滿。自年初二月二十八日至今,宣講十整月,四十二講次。蓮友為慶祝《菩提樹》月刊十週年紀念,及《金剛經》宣講圓滿,集資印行佛化雙月曆六百七十分,分送聽經同修結緣。[2]

十二月二十四日(一),應邀參加吉安餅行新設中點西點麵包廠開幕,並主持放生。吉安餅行主人,為台中蓮社念佛班聯誼會委員、慈光育幼院董事郭秋吉。[3]

是年下半年,住處遷至和平街九十八號,為一木造樓房,與《菩提樹》月刊主編朱斐比鄰而居,樓上打通,先生住前半,後半做為雜誌社辦公室。

  朱斐,〈臨終如臨戰場——鄧母劉太夫人往生記〉:

---

[1] 參見:孔德成:〈我所認識的秦紹文先生〉,《傳記文學》3卷6期(1963年12月),頁28。
[2] 〈新聞〉,《菩提樹》第121期(1962年12月8日),頁99。
[3] 〈新聞〉,《慈光》第88號(1962年12月30日),第1版。

初二清晨六時,先岳母呼吸略促,內子就請炳公過來作法,三密加持(幸而炳公於數月前遷住我家隔壁)。[1]

卓遵宏、侯坤宏訪問,周維朋記錄,〈朱斐居士訪談錄(二)〉:那時候李老師住在我們隔壁。樓下有兩個門牌,樓上兩戶是打通的,我們是和平街三十七號,李老師門牌是三十九號。[2]

黃潔怡,〈訪洛山磯林雪貞居士〉:(林雪貞)經廖玉嬌大姊的介紹,至和平街的菩提樹雜誌社幫忙,後來老師搬進,住在隔壁,我的工作桌即設在老師住房的後面,因而又得知老師生活的另一層面。老師在課堂中十分嚴格,使我又敬又怕,平日生活,則和藹可親。時而老師吩咐我研墨,老師曾說,現代的人寫字求快,不研墨只用墨汁,怎能練出好字來。研墨要慢慢用適當的力量研磨,將研好的墨汁推進硯池,再添水再磨,等到硯台內滿了墨汁時,心也靜下來了,再去寫字,方寫得出好字來,老師在在處處都在教導我們。老師也說,調教人品,即如同塑牛軛,必須在生長中的篁竹就開始塑調其形狀,使其適當彎曲,而漸長成固定的軛形。所以人也要從小就受調教,耳濡目染,漸漸薰習。[3]

---

1 朱斐:〈臨終如臨戰場——鄧母劉太夫人往生記〉,《菩提樹》第125期(1963年4月8日),頁40-42。
2 卓遵宏、侯坤宏訪問,周維朋記錄:〈朱斐居士訪談錄(二)〉,《國史館館訊》第3期(2009年12月),頁149-181。
3 弘安(黃潔怡):〈無盡的追思——海外回國奔喪弟子心聲〉,《明倫》第165期(1986年6月)。

1962 年・民國 51 年 | 73 歲

【案】先生和平街住處為二樓木造房,與《菩提樹》月刊主編朱斐毗鄰而居。先生戶籍資料:一九六三年八月十三日遷至和平街九十八號。然據前引文,先生於朱斐岳母往生(1963 年 2 月 25 日,見後譜文)前數月遷住朱家鄰舍,則先生約當一九六二年下半年遷入。《菩提樹》月刊一九六〇年六月起,社址由三十九號改為和平街九十六號,此前,先生應尚未遷入。

是年冬,少年畫家李國謨敬繪先生法像相贈。[1](見《圖冊》,1962 年圖 17)

〈雪公法像〉:炳公老居士誨正　壬寅冬弟子李國謨敬繪

【小傳】李國謨(1941-),又名轂摩,專業水墨畫家及書法家。生於南投草屯。草屯初級中學畢業後,於一九五七年父親李運東攜往臺中拜余清潭為啟蒙老師,學習民俗佛像畫及裝裱技術,並常至時設霧峰故宮博物院觀摩古畫。一九五九年往斗六師事夏荊山先生學習傳統工筆畫,夏老師篤信佛教,又與炳南先生為山東同鄉,國謨因其引介親近先生,接觸佛法。一九六〇年皈依南亭法師,法名慧獻。

1　李國謨:〈雪公法像〉,《雪廬老人題畫遺墨》,《全集》第 16 冊,「附雪廬老人庋藏」,頁 249。

1963 年・民國 52 年・壬寅－癸卯
74 歲

【國內外大事】

- 三月十四日,智光長老捨報。
- 五月,孔德成先生請辭「國立故宮中央博物院聯合管理處」主任委員職。
- 六月五日,泰國國王蒲美蓬偕皇后來訪。七日抵臺中。
  六月二十二日起至八月十四日,中華民國佛教訪問團訪問東南北亞諸國,佛教中佛會理事長白聖老法師率領緇素七人出國。
- 八月十一日,香港華南學佛院院長,天台宗第四十四代倓虛大師示寂。
- 懺雲法師離開太平所建印弘茅蓬,至南投水里開山。

【譜主大事】

- 一月,赴合歡山賞雪。朱斐、王烱如、呂佛庭等同行。
- 二月,慈光圖書館週三講座,宣講《地藏菩薩本願經》。
- 四月,「佛教菩提醫院」門診部開幕,擬試辦兩年後擴大辦理。
  台中佛教蓮社國文補習班第十二期開學。本期講授《論語》課程。
- 五月起,每週一至中興佛社宣講《佛說八大人覺經》、《佛說阿彌陀經》。

每週四，應省政府主辦之「中興新村公務人員進修班」邀聘，前往宣講《論語》。

五月，主持台中蓮社霧峰佈教所講堂落成典禮，開示：「安靜、改心、有恆」。

- 七月，成立「佛教菩提醫院籌建委員會」。
- 九月，受禮聘為台中蓮社名譽董事長。
- 十月，中國醫藥學院附設中醫診所啟用，與諸名醫，輪流前往應診。

呂佛庭〈萬里長城圖〉長卷展出，有〈題呂佛庭萬里長城圖〉及〈展前述見〉、〈讀後書感〉。

- 十一月，出席臺中師範專科學校佛學研究社團潮音學社成立大會。
- 是年，應中興大學之聘為農經研究所同學講授《唯識概要》。

一月三日（四），壬寅臘八，孔德成先生邀至官邸飲臘八粥，並為先生所藏「猗蘭別墅」照片題辭。（見《圖冊》，1963 年圖 1、1962 年圖 10）

孔德成，〈孔德成來函〉：今日臘八，晚間乞駕臨舍下共粥，此上雪廬大和尚。　弟成啟　臘八。并請賜題猗蘭圖詩帶下可一寫也。又及[1]

孔德成，〈猗蘭別墅圖跋〉：己卯築墅於渝西歌樂山，呂師今山名之曰猗蘭。己丑重過，盡為廢墟，今覩此景，能無滄桑之感。

壬寅臘八日鐙下為雪廬和尚題於臺灣台中　　孔德成[2]

先生則於翌日小寒節，為孔德成先生所藏〈王獻唐畫猗蘭別墅著書圖〉題跋，用以追念剛過世的歌樂山舊友王獻唐。有〈題王獻唐畫猗蘭別墅著書圖〉三首。[3]（見《圖冊》，1963 年圖 2）

〈題王獻唐畫猗蘭別墅著書圖〉三首：
萬壑長松非自栽，巖花日對硯池開。名山應有名山業，

1　【數位典藏】書信／在家居士／孔德成／〈孔德成之四〉。
2　孔德成：〈猗蘭別墅圖〉，《雪廬老人題畫遺墨》，《全集》第 16 冊，頁 326-327。
3　李炳南：〈題王獻唐畫猗蘭別墅著書圖〉，詩見《雪廬詩集》，《全集》第 14 冊之 1，頁 327-328；圖見孔德成：《孔德成先生日記》（臺北：藝術家，2019 年 1 月），附圖；另參見林蔚芳：〈一幅珍貴的畫──猗蘭別墅著書圖題畫詩文探源〉，《孔德成先生百年紀念展培訓講座合輯》（臺北：中華無盡燈文化學會，2019），https://nspp.mofa.gov.tw/nspp/print.php?post=154909&unit=411

誰遣斯人魯國來。

摩詰淋漓畫蜀山，偶來幽境便心閒。輞川西望歸舟杳，墨瀋猶新天壤間。

別後重來訪舊廬，寒煙蔓草似殷墟。幾回搔首看圖罷，又檢當年未竟書。

蜀山猗蘭別墅，孔上公避寇所構也，與時往還者皆名流。著述之暇，輒以書畫共歡娛。王子此幀，即作於是時也。己丑，上公再至蜀，其居變廢墟矣。今歲鄉信，王子已歸道山。展玩此畫，有重愴焉。予時曾為從者，故感同而誌之。并錄舊作於末，雪鴻一爪，聊見其居之境云。

〈孔上公歌樂山猗蘭別墅寄興〉：翠屏掩映鎖秋暉，靜裏常關松下扉。欄外紫霞隨澗落，窗中黃葉共雲飛。晴江一曲天邊盡，煙嶂千重雨後微。西蜀南陽同不陋，春風從此長芳菲。

壬寅歲小寒節　穆下李炳南識于臺中

【案】〈猗蘭別墅著書圖〉係一九四二年五月王獻唐畫贈孔德成先生。先生是時為該畫題跋新作詩三首，並錄前引舊詩，唯《雪廬詩集》所錄詩序無最後三句。王獻唐卒於一九六〇年十一月十六日，詩序謂「今歲鄉信，王子已歸道山」，當是鄉關遠阻，訊息輾轉延遲。追悼之餘，孔先生特請諸友題寫用誌舊遊。屈萬里、趙阿南、臺靜農、戴君仁、張清徽等俱有題詞。[1] 錄屈萬里、趙阿南題跋如下：

---

1 〈猗蘭別墅著書圖〉收見：孔德成，《孔德成先生日記》（臺北：藝術家，2019年1月），附圖。

〈屈萬里題跋〉：松杉屋外插天青，眼底江山列帶屏。荒徼又經歲華晚，還將舊淚哭新亭。

此二十二年前余為達生上公伴讀，居猗蘭別墅時所為俚句也。憶昔倭人犯順，公流寓渝州。政府為築館於渝西歌樂山主峰之側，先師呂先生今山命之曰猗蘭別墅。公掣讀其中，昕夕無間。未幾，向湖老人亦來卜居山坳，為繪此幀。時余以索米去渝，未之見也。比亂定，東歸甫三載，復值黃天禍作，公又避地臺員。余亦先公東渡，同客海疆者，忽忽十三載矣。頃者公出此幅命題，爰錄舊作請正，蓋今昔有同感焉。

辛丑歲除日　魚臺同學弟屈萬里并識

〈趙阿南題跋〉：瀟灑王郎遺世姿，丹青妙筆繫人思。幾回欲下滄桑淚，眼底江山異昨時。猗蘭今又寄天南，聖德敦流造化參。更建一圖垂史蹟，無聲神理可齊驂。

癸卯（1963）中元後二日　趙阿南敬題

先生日後又作有〈題王獻唐猗蘭別墅條山憶舊〉二首。
（《雪廬詩集》，頁 328-329）
元日蹣跚一杖藜，圍爐賓主醉如泥；清樽今欲澆詩魄，入夢雲松醒亦迷。

風雨挑鐙酌小窗，鵑聲滿樹喚歸鄉；君今歸去歸何處，悵望斜曛每斷腸。

一月五日（六），夏曆十二月初十，小寒前一日，上午八時，先生偕朱斐、王烱如等諸小友赴合歡山賞雪。於臺中車

站與呂佛庭不期而遇,一起上山。

呂佛庭,《憶夢錄》:我來臺灣多年,在平地不但沒見過雪,並且霜也未見過。……新聞報導,合歡山積雪很深,景觀極美,每日登山賞雪者甚眾。我得到這個消息,於是就決定獨自前往賞雪。十二月十日上午八時去公路局車站搭車,想不到李炳南老居士、朱時英居士、徐醒民居士等也在車站候車。我就和他們一起上車。因緣真是不可思議。中午車到合歡山,皚皚白雪,覆蓋著峰巒和樹木,好像銀鑄玉雕一樣。下車後,有幾個年輕同伴,有的堆雪人,有的團雪球,異常有趣。我與炳老袖手旁觀,覓句吟詩。[1]

先生有〈壬寅小寒合歡山降雪與門人往觀兼寄半僧〉,日後又有〈題合歡山賞雪友儕合影〉。[2](見《圖冊》,1963 年圖 3)

〈壬寅小寒合歡山降雪與門人往觀兼寄半僧〉二首:
合歡山麓雪紛紛,十載炎天初見聞;應逐北風來故國,不因皎潔亦憐君。
隔澗岩嶢雪萬峰,踏冰迴轉入深松;不遊空見半僧畫,錯認峨眉鬪玉龍。(《雪廬詩集》,頁 329)

〈題合歡山賞雪友儕合影〉:共結勝緣超六塵,光明藏裏好安身;九重天外清涼地,萬仞岡頭潔白人。倚

---

[1] 呂佛庭:《憶夢錄》(臺北:東大圖書,1996 年),頁 376。
[2] 「題合歡山賞雪友儕合影」,原題於照片鏡框,游青士提供。

樹遙分成道相，高歌只許唱陽春；願教沙剎皆離垢，不入深山學隱淪。

　　右合歡山賞雪一律　癸卯立春錄

　　壬寅小寒合歡山降雪連峰皚皚與門人往賞，途遇畫師呂半僧，共登高巔拍影，賦此以誌其勝。　　　炳南

　　【案】〈題合歡山賞雪友儕合影〉癸卯立春（1963年2月4日）所錄如上，至是年三月，刊載於《菩提樹》時，已有改動：「共結勝緣超六塵，光明藏裡好安身；九重天外清涼地，萬仞岡頭潔白人。半偈曾來聞寂滅，高歌只許唱陽春；願教沙剎皆離垢，不入深山學隱淪。」[1]

　　呂佛庭《憶夢錄》述及同行者有徐醒民。徐於一九六一年與淨空法師共同參與菩提樹雜誌社出版《佛學問答類編》之前置作業，與先生、朱斐確有來往，唯察各幀照片中並無徐之身影。

呂佛庭亦有〈冬遊吟草〉四首，記此盛事。

　　〈壬寅臘月登合歡山賞雪與李雪廬居士朱時英居士等邂逅相遇欣然有作〉：邂逅相逢緣更奇，同心向道任驅馳；無寒無熱禪那意，最喜雪公多妙詞。

　　〈過人止關〉：輕車駛入萬重山，峽急巖高人止關；日照靈峰開覺路，緋櫻含笑浴晴嵐。（通韻）

---

[1] 原刊：《菩提樹》第124期（1963年3月8日），頁19；今收《雪廬詩集》，《全集》第14冊之1，頁329、331。

〈霧社〉：綿延峻嶺住千家，樓閣高低人語譁；桃李爭春明鏡裡（碧湖），願隨道侶泛慈槎。

〈踏雪登合歡山頂〉：叠聲雲山路百盤，冰花雪樹鑄銀巒；振衣更上合歡頂，高處始悟天地寬。[1]

一月八日（二），先生作詞、郭芝苑作曲之佛曲：〈金卍字〉，刊載於《菩提樹》月刊第一二二／一二三期合刊。
萬道金光從我佛胸出放，有一個卍字相；
豎表窮三際，橫表遍八方，這是佛慈悲心量。
四週迴環不斷，是表壽命永長。
開口念聲卍字，願法界萬德吉祥。
做一個模型掛在我身上，我與佛光先交感，朝暮不忘；
蒙加被，增福消災障。[2]

一月十日（四），泰國僧伽訪華團：泰國朱拉隆功佛教大學副校長、祕書長等一行由中國佛教會淨心法師引導，蒞臨臺中訪問各寺院，並參觀台中蓮社、慈光圖書館、慈光育幼院等聯體機構，由許炎墩、陳進德、黃火朝在各機構歡迎並導覽說明。[3]

1　呂佛庭：〈冬遊吟草〉，《菩提樹》第 124 期（1963 年 3 月 8 日），頁 35。
2　李炳南作詞，郭芝苑作曲：〈金卍字〉，《菩提樹》第 122/123 期合刊（1963 年 1 月 8 日），頁 55。收見《弘護小品彙存》，《全集》第 4 冊之 2，頁 574。
3　〈新聞〉，《慈光》第 89/90 號合刊（1963 年 1 月 25 日），第 1 版。

一月十五日（二），《慧炬》雜誌週年，發行特刊。先生題詞祝賀。[1]（見《圖冊》，1963年圖4）

　　佛為聖者，其學破迷；宇宙所蘊，人生奚為，古往今來，惟佛徹了；迷受其縛，悟能自在。誰甘昏攪，而不求覺，厥有智者，入於士林，然炬一支，接傳千百，莘莘學子，慧光交映；器與有情，兩種世間，萬事萬理，盡宣其秘，德於斯新，歲朝杲日。

慧炬月刊週年紀念　　　　　　　　　　　　李炳南敬祝

　　【案】末句鑲有《慧炬》董事長周宣德大名。《慧炬》所刊與《酬世小言》原擬草稿略異。

一月二十一日（一），節氣大寒，為江逸子所摹〈吳道子送子天王圖卷〉題詞。稍後，再加一跋改動。[2]（見《圖冊》，1963年圖5；《雪廬詩集》，頁329-330）

　　〈觀江逸子仿吳道子送子天王圖〉：少年畫師江逸子，筆鋒掃處風雲起；古人各有烏絲欄，利根頓超冥契理。此圖本出吳道玄，蕚菜心法如其然；扶桑東去喪瓌寶，他作世間皆不傳。千秋豈敢望紹述，輒恨未能入於室；韓幹親炙曹將軍，何曾盡得曹規律。天王天妃具威儀，眾靈飛翔殊態姿；飄飄涼生動吾袖，案上無風神為

1　〈新聞〉，《慧炬》第12/13期合刊（1963年1月15日），第6版。擬稿見《數位典藏》／手稿／其他著作／〈酬世小言第一頁〉。
2　題畫見李炳南：《雪廬老人題畫遺墨》，《全集》第16冊，頁172-173；詩題為〈觀江逸子仿吳道子送子天王圖〉，收見《雪廬詩集》，《全集》第14冊之1，頁329-330。

移。浮屠西來多巨手,江生慕道絕葷酒;敦煌佛畫羅襟肘,居士高僧半摯友。境脫于禪無跡痕,丹青之外嘗會心;一條十日潛沉吟,蜻蜓點水安可尋。

　　　　　　　壬寅季冬大寒日　穀下李炳南題於臺中

題罷重吟,微嫌結句與痕韻,意涉雷同,勢須竄去為快。茲易以:「鐙影粉本胸中臨。於戲!南陽呂公善此道,天涯從遊有知音。」數句續長,氣較暢舒。且逸子近年與老畫師呂半僧遊,藝復大進,并記之。亦羨其于道得不孤之樂爾。　　　　　　　　　　雪廬附識

〈函江逸子〉(元月廿四日):逸子賢棣台鑒:接讀大函,藉悉一一。年後晤面,必靜探病原,觀察現象,方能下藥。此事非可草草也。前題之送子圖,末一句嫌無變化,擬易之。易非塗抹,乃在尾再加一跋,不難看,益顯藝術也。祈暫時不示人,專復並頌

春祺　　　　　　　　　　小兄李炳南拜啟　元月廿四日

【案】原圖原題於「壬寅季冬大寒」(1963 年 1 月 21 日),去函當在三日後之「元月廿四日」。

一月二十五日(五),癸卯正月初一,上午十時,至台中蓮社參加春節團拜。參加蓮友一千數百人,慈光育幼院童亦來參加。念佛繞佛後團拜,社長許克綏印製「福慧章」二千份分贈大眾。[1]

---

1 〈新聞〉,《慈光》第 91 號(1963 年 2 月 15 日),第 1 版。

一月二十七日（日），夏曆正月初三，函復重慶舊友徐昌齡。徐夫人日前病逝。先生贈以光明咒砂，介紹其禮請證蓮法師證明皈依，並接引其認識佛法。[1]

一月三十日（三），夏曆正月初六，即日起，連續五晚，台中蓮社舉辦春季講演大會。由國文補習班結業男青年擔任主講。[2]

二月五日（二），慈光圖書館在先生開講《地藏經》前，早晚二課，誦《地藏經》及念彌陀聖號，精誠拜願七天請經。參加蓮友甚眾。[3]

二月十日（日），日前繪贈法像之少年畫師李國謨即將入伍，先生寄贈經書及念珠做為從軍禮。（見《圖冊》，1963年圖6）

〈李國謨之一〉：國謨師兄大鑒：昨函諒蒙青照。聞近中即將入伍，敬奉上星月菩提念珠一串，袖珍《彌陀》《普門品》合本一冊，作為軍中呵護。至希哂收為禱，專肅並請道安 弟李炳南頂禮 二月十日 珠經另包寄[4]

---

1 徐昌齡：〈故舊來函〉，《明倫》第164期（1986年4/5月合刊）。
2 〈新聞〉，《慈光》第91號（1963年2月15日），第1版。
3 〈新聞〉，《慈光》第91號（1963年2月15日），第1版。
4 【數位典藏】書信/在家居士/李國謨/〈李國謨之一〉。

1963 年・民國 52 年｜74 歲

二月十三日（三），於慈光圖書館週三晚講座，開始宣講《地藏菩薩本願經》。有〈地藏菩薩本願經筆記〉。

  癸卯年夏曆正月中旬之末在慈光圖書館講

  〔戒〕講此經因緣、〔定〕本經內容、〔慧〕經文題目譯者、〔聞〕序分（忉利天宮神通品第一）、〔思〕正宗分（分身集會品第二、觀眾生業緣品第三、閻浮眾生業感品第四、地獄名號品第五、如來讚歎品第六、利益存亡品第七、稱佛名號品第九）、附釋。[1]

同時請江逸子於《菩提樹》月刊發表《地藏經》圖說，每期繪圖四張搭配經文。[2]

  【案】〈地藏菩薩本願經圖〉自第一二四期（1963 年 3 月 8 日）首刊至一三八期（1964 年 5 月 8 日）止。

二月二十日（三），晚，於慈光圖書館週三講座宣講《地藏菩薩本願經》。

二月二十五日（一），為朱斐岳母、鄧明香令慈臨終加持助念，安然往生。

---

1. 李炳南：〈地藏地藏菩薩本願經筆記〉，《講經表解（上）》，《全集》第 2 冊，頁 457-492。
2. 江逸子（江錦祥）：〈人師難遭　弟子難為　懷師恩〉，社團法人臺灣企業精英孝廉文化聯合會主辦：《木鐸春風三十載　李炳南老教授圓寂三十周年紀念——雪廬老人學誼道風論壇》，https://www.youtube.com/watch?v=DHS_oLJjfKw

朱斐，〈臨終如臨戰場——鄧母劉太夫人往生記〉：常來我家的幾位法師都知道我家有位虔誠的白髮老岳母。方倫老居士來時常說，像你令岳母這樣念佛，一定往生極樂，決無問題。但是自從前年年底病了一次以後，身體就衰弱下來。一度神志不清，宿業現前，為她放錄音佛聲，她也不要聽。這使內子真的著急起來，她說連自己母親也助不了往生，還談什麼弘法利生呢！幸而炳公在旁勸導，蓮友姊妹們幫著照料，並託人攜帶供養，分赴獅山、太平，懇求會公、懺公為她母親在佛前禮懺，另放蒙山施食，以釋宿冤，不數日，佛法果然不可思議，情形逐漸好轉。直到臨終前三天，內子夢先岳母已能起床，且精神健旺異常，自己整理行裝，說月初要回去了。我們斷定這是「預知時至」的一種徵象，便日夜加強助念。至初二清晨六時，先岳母呼吸略促，內子就請炳公過來作法，三密加持，（幸而炳公于數月前遷住我家隔壁），這時我手持引磬，與內子及諸蓮友隨著先岳母的呼吸，大聲念四字佛號，先岳母就在這一片佛聲中安詳往生，這時我們都專注念佛，而炳公定功深，見到玻璃窗上先後有二道白光向西而去。先岳母的頂門尚冒熱氣，象徵彌陀世尊派兩大士化身來迎，而其最後捨報處為頭頂。炳公說，雖品位不高，但確于一彈指頃，已經往生西方，毫無疑問。命終後助念八小時，替她換衣服的時候，周身都柔軟如生，一直到抱下樓梯入殮時，還是柔軟的。這是一般死亡者所不可多得的瑞相。火化後次日去檢骨灰，一共檢出三粒，經炳公證明

1963年・民國52年 | 74歲

這三顆堅硬無比的靈骨,確是難能可貴的舍利。[1]

二月二十七日（三）,晚,於慈光圖書館週三講座宣講《地藏菩薩本願經》。

三月三日（二）,函復徐醒民,邀約於翌日相談。[2]（見《圖冊》,1963年圖7）

〈徐醒民之一〉：醒民大居士道鑒：奉書,謬承厚愛,至感。實則區區德學俱無,何敢忝為人師。以齒論,可結忘年之交,或他山之石、借攻玉焉。明日下午三鐘半,少得暇,祈駕至和平街九八號晤談,為禱。專復順頌淨祺　　　　　　　　李炳南拜啟　三月三日

【案】徐醒民於一九六二年一月之前就協助《佛學問答類編》之編輯工作,可見已有來往；因此是函亦有可能為一九六二年事。唯徐於一九六三年底調職臺中,一九六四年初元宵節後舉家南來,此次會談當為相當關鍵,因繫於是。

三月六日（三）,晚,於慈光圖書館週三講座宣講《地藏菩薩本願經》。

1　朱斐：〈臨終如臨戰場——鄧母劉太夫人往生記〉,《菩提樹》第125期（1963年4月8日）,頁40-42。

2　【數位典藏】書信/在家居士/徐醒民/〈徐醒民之一〉。

三月七日（四），夏曆二月十二日，即日起三日，台中蓮社舉行春季祭祖，每天二課：下午二時半至四時半，晚上七時半至九時半，全體蓮友集合念佛，迴向社員及全體蓮友九玄七祖，仰仗佛力，超登極樂。社員免費安眾祖先牌位，全體蓮友祖先亦可於春季祭祖期間，免費拔薦，不收任何費用。[1]

三月八日（五），《菩提樹》月刊第一二四期刊載先生作詞，李明訓作曲之〈天樂隊歌〉。

　　李炳南作詞，李明訓作曲，〈天樂隊歌〉：
風蕭蕭，旗飄飄，雲流花笑；滴滴答答，丁丁噹噹，
鏧鏧鏧鏧鏧，瑲瑲瑲瑲瑲，嘹喨嘹喨；
非龍吟水底，非鳳鳴高岡，非雨打芭蕉，非水下瞿塘；
嘹喨嘹喨真嘹喨，原來是法鼓法螺聲洋洋。
清淨音，空中響，天花紛紛降；遍地噴香，此心正清涼；同演唱，贊嘆大法王。[2]

《菩提樹》月刊同期，刊出慈光育幼院院長許炎墩具名之啟事，請求經濟支援。[3]

---

1 〈新聞〉，《慈光》第92號（1963年2月28日），第1版。
2 李炳南作詞，李明訓作曲：〈天樂隊歌〉，《菩提樹》第124期（1963年3月8日），頁51。收見《弘護小品彙存》，《全集》第4冊之2，頁548。
3 〈新聞〉，《菩提樹》第124期（1963年3月8日），頁58。

1963 年・民國 52 年 | 74 歲

三月十三日（三），晚，於慈光圖書館週三講座宣講《地藏菩薩本願經》。

三月十七日（日），率同《菩提樹》月刊主編朱斐，以及臺中蓮友蔣俊義、王鎮芬等專程北上，向智光長老遺體頂禮致弔。智光長老於三月十四日捨報，將於十八日封龕。

  我自由中國僧臘最高的長老、前鎮江焦山定慧寺方丈、現駐錫臺北華嚴蓮社的智光長老，因患肺痿症於三月十四日即古曆二月十九日上午七時十分示寂。長老世壽七十五歲，僧臘六十二、戒臘五十八，在臺尚有薙染徒南亭法師、法徒東初法師、徒孫成一法師。[1]

三月十九日（二），中午，宴請英國佛教學者葛瑞博士伉儷，並就禪學、天台學等問題多方討論，由陳顯國、戈本捷兩居士譯語。葛瑞博士研究禪宗多年，其夫人則對天台頗有興趣，經香港道友介紹來臺訪問佛教大德，專程到臺中訪晤炳南先生、朱斐及朱鏡宙。

  英國佛教學者葛瑞博士（Dr. Terence Gray）偕其夫人經香港道友介紹來臺訪問佛教大德，在臺北時曾訪問印順、道安等法師；葛氏伉儷復於上月十八日來臺中專程訪問本刊社長李炳南、編者朱斐及朱鏡宙老居士等三人。由臺北徐恩曾居士介紹台糖總公司陳顯國居士譯

---

1 〈新聞〉，《菩提樹》第 125 期（1963 年 4 月 8 日），頁 60。

語。葛氏研究禪宗多年,其夫人對天台宗頗有興趣,夫婦兩人提出問題甚多,從下午二時談至六時,由陳顯國、戈本捷兩居士譯語。夫婦倆慕道心切,遠來訪問,賓主晤談甚歡。[1]

三月二十日(三),考選部次長、台中蓮社資深講師周邦道之夫人楊慧卿,於臺北寓所安詳往生。周夫人與其夫君親近先生學佛,虔誠修持淨土念佛法門,並且極力護持先生辦理之弘法社教慈善機構。日前,先生北上探視,勉其捨世相、現瑞相以徵信,命終時果然滿室有香光、荼毘得舍利。

考選部周次長慶光夫人楊慧卿居士,在大陸時曾皈依寬岸、定恆、太虛、虛雲諸法師,來臺後並在獅頭山依道源法師受菩薩戒,專修淨土,發願往生西方極樂世界。二十三年來早晚功課虔誠修持,未嘗間斷。發菩提心行菩薩道,以大悲咒水救人苦厄為數甚多。

五十二年三月二十日晨三時三十分捨報,唇隨助念佛聲轉動,最後念至「佛」字遂停。頭部初湧起雲霧狀,後有光冉冉而上。二十一日沐浴棺殮,身體柔軟如綿,面目慈祥如生。二十五日火化、二十六日收檢靈骨,舍利纍纍,晶瑩堅固,五色繽紛,以綠白色為最多。綜計大小凡三百八十六粒。因保持頭蓋骨之完整,未曾析碎、如析碎,其數當更不可勝計。此種瑞相,足徵其戒定慧

---

[1] 〈新聞〉,《菩提樹》第125期(1963年4月8日),頁61。

三學精進之結果,亦足徵其往生阿彌陀佛淨土之願望,業已圓滿達成也。[1]

日後,先生為撰〈周楊慧卿居士傳〉詳記其持〈大悲咒〉得感通、誦《地藏經》現燈花舍利,以及臨終成就事。

　　民國三十八年戊子徐蚌之役,流寓臺中,講席前得楊生慧卿為弟子,生籍瑞金,先是持〈大悲咒〉,誠勤有感通,至是兼修淨業,尋受菩薩大戒。遂與言所志,且告之曰:「世有天爵之尊,佛有菩薩之乘,而行其所學,為益於眾則一也,生勉乎哉。」曰:「諾」。後修持恆朝夕,參聽無虛席,是可與共學者矣。異說興,一其業,井臼勞,課必先,是可與適道者矣。因其介皈依者百千眾,起於悲布施者數萬金,是可與立者矣。至於魔外罔法,龍蛇集聚,多能善巧應之,與進不拒,是又可與行權者矣。嗚呼,及予門能樂天爵,受大戒能學菩薩者,生有之矣。五十二年壬寅秋,為報四恩,復發願誦《地藏經》,屢現燈花舍利。遠近病者,益來求咒水,飲輒愈。予聞竊憂之,繼而喜之。憂其淨業成而將去也;喜其淨業成而決生也。冬果病。予太息曰:「其不起歟?」癸卯春二月,病革。北馳視之。生僵臥合掌,請曰:「願返臺中得蓮友助念,願圓頂現比丘尼相。」予恐其失正念,慰之曰:「當遣蓮友來,薙髮亦世相,未若現瑞相,有助於徵信也。」生笑領之。至

---

[1] 〈新聞〉,《菩提樹》第 125 期(1963 年 4 月 8 日),頁 60。

二十五日,於蓮友佛號中捨壽,室有香光,身柔,荼毘得舍利三百餘。人訝其瑞,信已生;予觀其行,知決生;瑞幻而行實,得其實可遺其幻也。此予之知其所知,與人之信其所信,而有異者。[1]

【案】保護動物會理事鄭公僑之夫人鄭姜性真,早年與周楊慧卿同去獅頭山受戒時,彼此相約,先往生者須前來告知。果然於三月二十一日凌晨四五時之間,夢見其來告別,且確實生西、已見阿彌陀佛與觀音菩薩。周邦道日後亦接到在美之公子等來信云:夢見其母前往探視。立法委員曾儁中女士,為周楊慧卿多年好友,於其三七日在臺北周寓與十數位蓮友拜佛誦經時,在室內見其身穿海青腳踏紅蓮,立虛空中。[2]

是日晚,於慈光圖書館週三講座宣講《地藏菩薩本願經》。

三月二十四日(日),晚七時,至慈光圖書館參加第三屆第一次董事會。通過決算、預算,並改選館長,由陳進德

---

[1] 李炳南:〈周楊慧卿居士傳〉,《菩提樹》第 140 期(1964 年 7 月 8 日),頁 45;今收:《雪廬寓臺文存》,《全集》第 14 冊之 2,頁 91-93。原刊篇末落款「中華民國五十三年歲次甲辰榴月濟南李炳南撰」。

[2] 鄭姜性真:〈淨土行者當生成就之例證〉,《慈光》第 101 號(1963 年 7 月 15 日),第 1 版。

1963 年・民國 52 年｜74 歲

連任。[1]

三月二十七日（三），晚，於慈光圖書館週三講座宣講《地藏菩薩本願經》。

三月二十九日（五），東海大學客座教授漢米爾頓至菩提樹雜誌社拜訪先生。漢氏為美國近代佛教權威學者，今已七十七高齡，曾執教南京金陵大學，先後從歐陽竟無研學佛法數年，並譯有唯識學專著。

　　東海大學本學期從美國芝加哥大學請來一位名譽教授漢米爾頓博士教授哲學及人文；漢氏是美國近代佛教權威學者，他曾於民國十八年執教於我國南京金陵大學，曾先後從歐陽竟無居士研學佛法數年，在佛學中漢氏對唯識學頗有研究，他曾將《成唯識論》譯成英文，是現在唯一的一本，也是最流行的一本。他來臺時曾計劃在居臺期間與臺灣佛學界名流學者交換意見，漢博士今已七十七高齡，經該校蔡興安居士介紹於三月廿九日青年節來本刊訪問李社長及編者，李社長與漢博士年齡相差兩歲，兩位老人大談其「轉識成智」，李社長敦促漢博士快快「大圓鏡智」，蓋說食不飽，佛法重在實踐云爾。本刊以茶點招待，歡聚約三小時並攝影以留紀念。[2]

1　〈新聞〉，《慈光》第 94 號（1963 年 3 月 31 日），第 1 版。
2　〈新聞〉，《菩提樹》第 125 期（1963 年 4 月 8 日），頁 61。

【小傳】漢米爾頓博士（Clarence Herbert Hamilton, 1886-1986），出生於美國愛荷華州首府得梅因，美國宗教學者，漢學家。為基督教會（基督門徒）成員。一九一四年獲芝加哥大學哲學博士學位，主修神學、哲學和漢學。歷任金陵大學哲學和心理學教授及系主任、芝加哥大學哲學客座教授、歐柏林學院神學研究生院宣教教授、加州大學柏克萊分校遠東研究夏季研討會遠東哲學教師。一九三八年，以中英雙語對照形式將玄奘所譯世親《唯識二十頌》譯成英文，於一九三八年在美國東方學會出版。[1]一九八六年，逝於美國麻州。享嵩壽一百歲。

是月，受聘為臺中市魯青同鄉會名譽理事。[2]（圖冊》，1963 年圖 8）

四月一日（一），本期《詩文之友》，刊出該刊副社長吳松柏〈讀李大居士雪廬詩集有感〉，及先生和詩。

吳松柏，〈讀李大居士雪廬詩集有感〉：冊載敲金玉，珍藏詠篋中；一朝傳海內，紙貴洛陽同。

〈敬和松柏老兄原玉〉：四十年前夢，愁痕數卷

---

1 Clarence H. Hamilton, *Wei Shih Er Shih Lun, or the Treatise in Twenty Stanzas on Representation-only. A translation from the Chinese version by Hsüan Tsang of a Buddhist philosophical work by Vasubandhu*, New Haven: American Oriental Society, 1938, p. 19-82.

2 〈臺中市魯青同鄉會聘書〉（1963 年 3 月），台中蓮社收藏。

中；荊州何處識，清望有君同。[1]

四月三日（三），晚，於慈光圖書館週三講座宣講《地藏菩薩本願經》。

四月五日（五），上午九時，「佛教菩提醫院」門診部開幕。院址設於臺中市臺中路二十六號蓮友黃雪銀提供之房舍，先生為創辦人代表，董事長為林看治，于凌波辭去糖廠醫務室主任職就任院長，並提供設備資材。擬以兩年期間試辦。（見《圖冊》，1963年圖9）

是日清晨該院全體董事暨醫護人員在創辦人李炳南居士領導下，向診療室所供之佛像禮拜，誦念〈大悲咒〉灑淨。九時起開放招待來賓參觀，因限於場地僅備素點供眾。是日到有來自臺北的遠賓朱鏡宙、陳煌琳等，臺中的聖印、翁茄苳、徐灶生、林錦東、許炎墩、張賴彩蓮等緇素大德及蓮友、讀者等數百人。開幕第一天即有病者數十人前來求診，醫藥費全部免收；以後憑施診券亦可免收醫藥費、憑義診券則酌收藥價之成本。該院現有設備除大型X光透視攝影及X光治療機外，尚有電療機、紫外線、紅外線等科學儀器，對檢查、診斷、治療肺、心臟、風濕諸症均有特著效果。[2]

---

1 見《詩文之友》，18卷1期（彰化：1963年4月1日）。
2 〈新聞〉，《菩提樹》第126期（1963年5月8日），頁60。另參見：于凌波：〈李炳南居士推動的社會福利事業〉，中華慧炬佛學會主辦，「佛教社會福利與現代社會」國際學術會議，1994年1月。

是日，有〈旅臺清明樓眺〉。前後又有〈望海〉、〈登臨〉、〈訪林玉明新第〉、〈題江逸子松壑鳴琴圖〉、〈老將〉、〈梟號〉、〈吠聲〉、〈蝌蚪〉、〈石〉。（《雪廬詩集》，頁 330-334）

〈望海〉：遠樹如茵貼地平，盡頭煙水向天蒸；藍光浮動隨紆岸，白氣高低接上層。造物有才開混沌，化鯤懷志任飛騰；放心何止三千界，自笑長空畫墨繩。

〈登臨〉：登臨俯仰地天空，彷彿從知造物情；大海能容隨浪起，廣田無主任人耕。渾淪何有中邊際，尷尬強分漢魏名；已悔逝年皆井坐，來朝或不吝心生。

〈旅臺清明樓眺〉：酒滿花開百尺樓，捲簾天末入新愁；故園桃李憑欄憶，西海煙濤障眼流。戎狄何時甥作國，親朋幾輩草封丘；玉關曾有春風度，洗盞應澆定遠侯。

〈老將〉：幾多貂錦少年雄，不信蒼髯戰克功；肥水驕兵非指臂，齊桓老馬辨西東。隔河孤壘烽煙下，絕塞重圍夕照中；一幟飛來皆辟易，揮戈瀟灑舊衰翁。

【案】〈望海〉一詩排序在〈觀江逸子仿吳道子送子天王圖〉（壬寅季冬大寒日作）之後，〈旅臺清明樓眺〉之前。先生曾於一九六三年「癸卯清和之月（夏曆四月）」「錄〈望海〉舊作一律」，題贈鄭勝陽，[1] 則〈望海〉當在此前，一九六三年一月二十一日（壬寅季冬大寒日）之後。

---

1 李炳南：〈望海〉，《雪廬老人禍畫遺墨》，頁 52。

1963 年・民國 52 年│74 歲

四月八日（一），台中蓮社聯體機構並聯合淨土道場靈山寺，共有蓮友五千人參加臺中市慶祝佛誕遊行。蓮社一本過去，對參加遊行蓮友，一律贈送便當。[1]

是日，周宣德於《菩提樹》月刊發表〈為籌建菩提醫院而呼籲〉，讚歎菩提醫院對身體診療與保健外，特別照顧到患者心理安詳、煩惱解脫，使住院者得蒙佛法薰修，澈了生死真諦，對社會人群貢獻極大。然而建築與設備之經費需求龐大，因擬訂數種籌募經費方案，呼籲各界支持佛教醫院之建設。

  周宣德，〈為籌建菩提醫院而呼籲〉：辦一所成功的醫院，本是一件經緯萬端的事，就目前試辦中的菩提醫院而言，已經有了好的董事會和理想的院長。今後醫務人員，在眾多佛徒中去廣為羅致，應無多大問題。但購置院址，建築病房，添加設備等，均須縝密設計，預定計畫、進度、及概算、分期切實執行，才能事半功倍，樂觀厥成。更細論之，先依組設床位的比率，預定收容量與床位分配原則，決定建物的坪數，然後畫出建築藍圖，估計所需費用，編擬概算，公諸社會，以利籌募捐款，如期施工。惟此項龐大概算費用，斷非少數人之資力所能負擔，必須由教內同仁率先倡導，並推廣及於社會，集腋成裘，多方籌措，方克竟其全功。當此國步日艱，國民所得未達高度水準的今日，應如何盱衡事

---

1 〈新聞〉，《慈光》第 95 號（1963 年 4 月 15 日），第 1 版。

實,迎合新的潮流,釐定新的辦法,使籌建醫院理想與個人獻資意願,互相結合,打成一片,方易推行。

除經濟力厚能以鉅資與地產提供者外,對一般公教社會薪給人員而言,就鄙見所及,提出下列幾項募款具體辦法:

一、分期付款——歐美社會之繁榮進步,如實觀察,分期付款制度的實施,實為一重要因素。準此,依菩提醫院訂出之計畫藍圖,將病房大概區分為單人房(約六蓆,即二坪)、雙人房(約八蓆,即四坪),及普通房(容納六至十人,建坪依比率增大)等數種各若干間,由捐助者按經濟能力任捐一種(間),或數種(間)。從今年開始,自定年限,分期付清,其付款手續可由捐款者自定,逕洽菩提醫院辦理。

二、多人共捐——如一人之能力有所不足時,亦可由捐建者邀約一至數人共同捐建一至數間,仍照上項分期付款辦法先行約定,屆時付款,庶幾院方與捐資者互相配合,不致耽誤工程進行。

三、永留紀念——為符合捐建者的心願,對所捐房舍,得由其自行命名,如某人為紀念其父母、眷屬、恩師、好友,則可將其所欲紀念對象之名氏冠於其室,如「XX室」,室內壁上嵌銅牌,敘明紀念因緣,俾能垂諸久遠,意義亦較深長。近代館、院、學校、獎學金等已多有採用此辦法者。至於新院址基地,以及其他建設,亦可比照上項辦法辦理,譬如基地分區,依其所紀念對象命名:如「某某

區」以至「某某路」「某某園」「某某亭」「某某池」……均可。[1]

周宣德又於同期〈悼智光上人〉中發願：節衣縮食湊足一萬幾千元捐建「智光上人室」一間，以誌弟子永思之意。[2]

周宣德提出建議後，董事會即依此擬具辦法，各董事分別響應。先生與朱斐合捐一間紀念印光祖師。周邦道次長捐房舍一間命名「周楊慧卿室」紀念其夫人。海外僑胞加拿大詹勵吾獨捐一間紀念虛雲上人外，更捐建西方室一間，以為病人助念生西之用。檀香山李伍春華、林李傳新等居士經手勸募病房十四間。一年間，紀念病房達八十間之多。後來建議捐地，亦可以路、園、池等，立紀念性命名。

臺中籍首屆國大代表林吳帖女士，聽說本刊要辦佛教醫院，立即自動送下新臺幣五千元支票一紙，要樂助為醫院創辦基金。董事會接受周居士之建議，並立即響應此一辦法，各地佛教徒爭先響應，紛紛捐獻，先後計有周邦道居士捐建「周楊慧卿室」一間以紀念其夫人之往生蓮邦。楊朱敏居士捐建「白聖和尚室」一間以祝和

---

[1] 周宣德：〈為籌建菩提醫院而呼籲〉，《菩提樹》第 125 期（1963 年 4 月 8 日），頁 8-9。

[2] 周淨勤（周宣德）：〈悼智光上人〉，《菩提樹》第 125 期（1963 年 4 月 8 日），頁 42。

尚六十大壽暨臨濟寺傳戒紀念。唐余興研、歐陽慧頌、李鼎中、曾華英等四位居士合建「報恩室」一間。張佩環、李漢鳴等居士捐建「炳公恩師室」一間。該院董事林看治等十人捐建「德明恩師室」一間。遠在加拿大僑領詹勵吾居士為紀念當代禪宗泰斗虛雲和尚而獨捐「虛雲上人室」一間。此外尚有蔣葛蓮瑾居士亦獨捐「證蓮和尚室」一間以為老人祝壽。又臺北詹金枝居士亦捐建一間。加上該院創辦人李炳南、朱斐合捐之「印光祖師室」一間、院長于凌波捐建之雙人病房「思恩室」一間。臺南麻豆念佛會長胡崇理為紀念章嘉大師特捐建一大間。中華佛教文化館館長東初法師捐《大正藏》之《續藏》一部（共四十二冊）義賣充作醫院基金。施醫藥及經常費者有：竺摩法師、證蓮法師、廣元法師、賢頓法師、靈山寺德欽法師、德真法師、朱鏡宙、林錦東、慎齋堂、法華寺……。

越南壽冶和尚捐建病房一間，命名「清涼文殊大士室」。臺南市匡佩華等十六人，合捐四間一律命名為「報恩室」。中興新村中興佛社蓮友杜德三等四位居士捐建一間命名「中興室」。臺中蓮友白潔卿等四位捐建「雪廬居士室」一間。樂生療養院捐建「棲蓮室」，懺雲法師捐建「倓虛大師室」；菩提樹雜誌社函授學校學員葛曉凡等捐建一間，命名為「三星永曜室」，感念李炳南、方倫、朱斐三位教師。馬來西亞怡保東蓮小築住持勝進長老，現居星馬前福州佛教醫院發起創建人寶松老和尚，星馬宏船長老、竺摩長老、演培法師，均樂助

捐建。嘉義戈本捷、高雄張仲韋、新竹李恒鉞等,籌足三十坪一萬兩千元以紀念印順老法師,命名為「印順法師路」。[1]

四月十日(三),晚,於慈光圖書館週三講座宣講《地藏菩薩本願經》。

四月十一日(四),上午九時半,台中蓮社等八團體,於台中蓮社公祭周邦道夫人楊慧卿。由先生主祭。

　　四月十一日,上午九點半,台中佛教蓮社、慈光圖書館、慈光育幼院、慈德托兒所、菩提樹雜誌社、慈光雜誌社、佛教菩提醫院等八團體同人,假台中蓮社公祭周邦道夫人楊慧卿居士,由李炳南居士主祭,致祭同人二三百人,公祭完畢後,靈骨進靈山寺霧峰靈山寶塔。現任考選部政務次長周邦道老居士節省夫人喪費,捐助台中蓮社二千元。該社一再婉辭,但周老居士布施真情難卻,遂予拜領。[2]

四月十六日(二),晚七時半,台中佛教蓮社國文補習班第十二期開學。先生擔任每週四《論語》課程。[3]

---

[1] 以上摘自《菩提樹》第126-133期(1963年5月8日－12月8日),〈新聞〉及〈徵信錄〉。另請參見:1966年12月12日譜文、《圖冊》,1966年圖37:「功德徵信錄」。

[2] 〈新聞〉,《慈光》第95號(1963年4月15日),第1版。

[3] 〈新聞〉,《慈光》第95號(1963年4月15日),第1版。

四月十七日（三），晚，於慈光圖書館週三講座宣講《地藏菩薩本願經》。

四月十八日（四），晚七至九時，於蓮社為國文補習班講授《論語》。

四月十九日（五），日本京都大學人文科學研究所研究員牧田諦亮，由慈光育幼院董事林淵泉陪同，訪問慈光育幼院。牧田諦亮為淨土宗念佛寺住持，在京都亦創辦一所篠原保育園，自任園長，從事兒童福利工作。對台中蓮社所辦慈善事業，大加讚歎。牧田先後捐助慈光育幼院兩百元。[1]

　　【小傳】牧田諦亮（1912-2011），生於日本滋賀縣。京都帝國大學文學博士。歷任京都大學人文科學研究所研究員、京都大學教授、佛教大學教授、淨土宗念佛寺住持。一九三五年，二十三歲，曾在蘇州報國寺拜訪印光法師，又在南京毘盧寺拜訪太虛法師。一生致力於中國佛教研究，著述甚豐，為日本中國佛教研究泰斗。主要著作有《中國近世佛教史研究》、《六朝古逸觀世音應驗記研究》、《弘明集研究》、《唐高僧傳索引》、《五代宗教史研究》等。

四月二十四日（三），晚，於慈光圖書館週三講座宣講《地

---

[1] 〈新聞〉，《慈光》第 96 號（1963 年 4 月 30 日），第 1 版。

1963 年・民國 52 年 | 74 歲

藏菩薩本願經》。

四月二十五日（四），晚七至九時，於蓮社為國文補習班講授《論語》。

四月二十九日（一）、三十日（二），分別於台中佛教蓮社、慈光圖書館舉行浴佛典禮。[1]

五月一日（三），晚，於慈光圖書館週三講座宣講《地藏菩薩本願經》。

五月二日（四），即日起四天，每晚七時三十分，於慈光圖書館舉行女青年佛教通俗講演大會。[2]

五月六日（一），即日起，每週一晚間七時半至九時，至中興佛社宣講《佛說八大人覺經》，地點借中興會堂圖書館，預計宣講八次結束。日前，中興佛社第二屆理監事選舉結果，林肇寶等十一人當選為理事，程克祥蟬聯理事長。[3]

五月八日（三），於《菩提樹》月刊刊載先生作詞、郭芝苑

---

1 〈新聞〉，《慈光》第 96 號（1963 年 4 月 30 日），第 1 版。
2 〈新聞〉，《慈光》第 96 號（1963 年 4 月 30 日），第 1 版。
3 〈新聞〉，《菩提樹》第 127 期（1963 年 6 月 8 日），頁 61。

作曲之〈朝誦〉、〈暮誦〉。

　　李炳南作詞，郭芝苑作曲，〈朝誦〉：

琅琅鐘聲敲破了殘夢，看半林月影點點疏星，這時候大地真清淨。

一爐香、蒲團穩坐定。百八年尼微撥動，彌陀誠心誦；忽放大光明，十方佛遍滿虛空，齊與我摩頂。

　　李炳南作詞，郭芝苑作曲，〈暮誦〉：

明月入窗紗，玻璃燈，朵朵生花。

數杵磬，萬緣齊放下，六字梵音和雅。

靜極時，虛空粉碎；出定後，香滿袈裟。門餘大道，苦海渡寶筏。[1]

　　《菩提樹》月刊同期，有于凌波：〈佛教菩提醫院的現狀和未來的理想〉，說明菩提醫院經營原則為自給自足，並將盈餘用作施診、義診；未來正式醫院院區則規劃有醫療和休養兩部，依《阿彌陀經》建設園林，生者安頓身心、臨終者有接引設備。

　　自從佛教菩提醫院籌辦的消息公布之後，各地佛門大德，有的來信讚許，有的提供意見，更有的匯下了建築醫院的基金和施診的經費。各地大德這些熱烈的反應，真使我既感到歡喜，也感到害怕；歡喜的是，佛教

---

[1] 李炳南作詞，郭芝苑作曲：〈朝誦〉、〈暮誦〉，《菩提樹》第126期（1963年5月8日），頁53。收見《弘護小品彙存》，《全集》第4冊之2，頁559。

醫院尚未辦起來,各地的反應已如此熱烈,這樣看來,佛教醫院實充滿了光明的遠景。但害怕的是,我雖然不是醫院的創辦人,也不是董事會的常務董事,但我是醫院的主持人,醫院辦得好壞,我要負大半的責任,醫院若辦得好,固然可以為未來其他的佛教醫院開闢了道路,但若辦不好,不但辜負了各地大德和董事會對醫院的期望,同時也給未來其他佛教事業增加了障礙。因此,我不得不以臨淵履冰的心情,來擔起主持佛教菩提醫院這副擔子。

佛教菩提醫院現在的情況,可以分做三點來說:一、自經濟上說,菩提醫院原則是維持自給自足——以對普通社會人士的診療收入來維持醫院本身的存在,並按實際收入情形把盈餘繳回董事會。董事會把接受各界樂捐的施診經費,和醫院繳回的盈餘,再拿來辦免費的施診!外界樂捐的建築基金,另在銀行中立專門戶頭,留待未來建設院址用。

正式興建的佛教醫院,理想中是分做醫療和休養兩部份,醫療部設三十至五十張牀位,休養部設一百至二百張牀位,這些牀位,有單人間,有雙人間,有六至八人一間的。醫療部的對象是需要做積極性治療的患者,住醫療部治療。休養部的對象,是身體上不需要作積極性治療,而年在五六十歲以上的老人,且為佛門信徒,為了和同修們共同修持,願意住在療養院中頤養天年者。這些住在醫療部和休養部的人,又分做兩種:一種是照章繳納住院費的自費住院者;一種是住慈善牀位的免費住院者。

慈善牀位經費的來源，仍賴社會慈善人士及佛門大德的捐助。至於設在市區內的門診部，仍以辦理施診、義診和對一般社會人士的診療。在門診患者中，遇有需要住院治療者，立即送到醫院的醫療部住院。

在醫院的建築中，除了病室，休養室和做治療用的各科診察室外，應有一個可以容納全部住院人數的佛堂，用以定期講經及佛門弟子的參拜；要有一個備有一般佛學書籍刊物的圖書室，以供住院人士的閱讀，還有主要的一點，要修建一間莊嚴的「生西室」，室中的裝飾應像《阿彌陀經》所說的：「有七重欄楯、七重羅網、七重行樹」、「七寶池、八功德水」、「有金、銀、琉璃、玻璃、硨磲、赤珠、瑪瑙而嚴飾之」——當然在娑婆國土中不可能有莊嚴美麗一如極樂世界的場所，但如以現代的建築材料，再加上佛教藝術家的精心設計，使一個年歲老耄立志生西的老人，一入此室就有進入極樂世界的感覺，這對一生念佛發願生西的人，實有莫大的裨益。在醫院環境的布置上，一定要芳草如茵，林木成蔭——醫院當然絕對禁止殺生，園子裡如果養些鸚鶴禽鳥及魚類的話，那是慈善人士布施的放生禽鳥，用以點綴園中的風景。園中有欄干，有亭榭，供療養者在其中漫步。醫院建築物和園中都裝上擴音喇叭，用錄音機播放「南無消災延壽藥師佛」為病者消災。總之，理想中的佛教醫院，是一個病者醫療的機構，是一個老人頤養的場所，是一個佛門四眾進修的道場，也是一片娑婆世

1963 年・民國 52 年 | 74 歲

界中的人間淨土。[1]

菩提醫院自十月份起,逐月刊登功德徵信錄於《菩提樹》月刊,捐款項目有:建築、基地、紀念病房、醫藥費、經常費等。[2]

是日晚,於慈光圖書館週三講座宣講《地藏菩薩本願經》。

是日,函復劉建勛,祝禱安康,並許諾接濟所需。[3]
〈劉建勛之五〉(1963 年 5 月 8 日):建勳老棣惠鑒:別後縈思,無時或釋。昨展台函得諗　貴恙須動手術,不勝焦灼,所悵不克躬親探望,惟希佛慈庇佑,一切獲得順適耳。孤身遠寄,未免種種不便,倘有缺乏用品,務速來信,不必客氣也。尚祈寬懷靜養,餘不煩瑣。即頌　淨祺　　　　　李炳南謹啟　五月八日
【案】劉為山東鄉晚,原服役軍職,一九六〇年八月四日來函表達出家意願,經先生安排先至慈光圖書館學習。詳見該日譜文及【數位典藏】致劉建勛各函。是函封文有「臺北市圓山　臨濟寺淨空法師

1　于凌波:〈佛教菩提醫院的現狀和未來的理想〉,《菩提樹》第 126 期(1963 年 5 月 8 日),頁 8-10。
2　〈菩提醫院功德徵信錄(十月份)〉,《菩提樹》第 133 期(1963 年 12 月 8 日),頁 32。
3　【數位典藏】書信 / 在家居士 / 劉建勛 /〈劉建勛之五〉。

煩轉」，應是已經進住臨濟寺。然恐披剃未果。（見1972年6月3日文）

五月九日（四），即日起，每週四，應省政府主辦之「中興新村公務人員進修班」邀聘，前往宣講《論語》兩小時，地點為中興中學。[1]

【案】至「公務人員進修班」宣講《論語》，次數不詳。據《菩提樹》於一九六四年一月報導：「（先生）最近數月來法務之忙，前所未有。每週要上中興新村兩次，一為中興佛社講《彌陀經》，一為省府職員進修班講《論語》。」[2] 則該班至一九六三年底應仍持續。姑且繫該班於年底圓滿。

【又案】四月十六日蓮社國文補習班第十二期開辦，先生擔任週四《論語》課，與是日起中興新村「公務人員進修班」同為週四晚上課。國文補習班應有調換日程，或另請代班。文獻未見，存此待查。

五月十二日（日），上午，至台中蓮社霧峰佈教所，主持佈教所講堂落成典禮並開示。該所現已有蓮友近五百人。

台中蓮社創設在霧峰鄉中正路曾厝巷二十九號的台中佛教蓮社霧峰佈教所講堂，頃已竣工，國曆五月十二日（農曆四月十九日），星期日上午十時在該講堂舉行

---

1 〈新聞〉，《菩提樹》第126期（1963年5月8日），頁61。
2 〈新聞〉，《菩提樹》第134期（1964年1月8日），頁61。

落成典禮,恭請台中蓮社導師李炳南居士主持典禮,下午念佛。該所成立短短三年,在所長黃火朝、副所長林清校、講師林看治、何玉貞,執事陳天柱等諸居士合作領導之下,發展神速,已有蓮友近五百人,佛陀慈悲法音宣流到鄉村。導師李炳南對蓮友修持特提:「安靜、改心、有恆」三件做為開示。[1]

五月十三日(一),晚七時半至九時,至中興佛社宣講《佛說八大人覺經》。

即日起七天,每日晝夜,眾蓮友同時在慈光圖書館與台中蓮社兩道場參加念佛,合力祈禱。祈由齋戒沐浴,至心懺悔,虔修經文,贖放生命,以轉化開春以來,風雨失時,田園皆荒,已成歉旱之業感。[2]

五月十五日(三),晚,於慈光圖書館週三講座宣講《地藏菩薩本願經》。

五月十六日(四),晚,至「中興新村公務人員進修班」宣講《論語》。

---

[1] 〈新聞〉,《慈光》第96號(1963年4月30日),第1版;〈新聞〉,《慈光》第97號(1963年5月15日),第1版。
[2] 〈新聞〉,《慈光》第97號(1963年5月15日),第1版。

五月十九日（日），至慈光育幼院禮堂參加慈光育幼院第二屆第一次與慈德托兒所第二屆第二次董事聯席會議。[1]

五月二十日（一），晚七時半至九時，至中興佛社宣講《佛說八大人覺經》。

五月二十二日（三），晚，於慈光圖書館週三講座宣講《地藏菩薩本願經》。

五月二十三日（四），至「中興新村公務人員進修班」宣講《論語》。

五月二十七日（一），晚七時半至九時，至中興佛社宣講《佛說八大人覺經》。

五月二十九日（三），晚，於慈光圖書館週三講座宣講《地藏菩薩本願經》。

五月三十日（四），至「中興新村公務人員進修班」宣講《論語》。

是月，書題舊作律詩〈望海〉一首贈送鄭勝陽。（見《圖冊》，1963 年圖 10）

---

1 〈新聞〉，《慈光》第 98 號（1963 年 5 月 30 日），第 1 版。

1963 年・民國 52 年 | 74 歲

> 遠樹如茵貼地平，盡頭煙水向天蒸；藍光浮動隨紆岸，白氣高低接上層。造物有才開混沌，化鯤懷志任飛騰；放心何止三千界，自笑長空畫墨繩。
>
> 錄望海舊作一律　　勝陽賢棣雅正
>
> 　　　　癸卯清和之月雪廬李炳南作于臺中[1]

是月，於臺中家事職業學校講演，從狄仁華投書《中央日報》副刊評論我國人具人情味但缺乏公德心談「民族精神及青年修養」，指出內心以敬、外身以禮，敬誠生禮、禮誠生敬，如此人情之禮與秩序之儀得具。[2]

是月，孔德成先生請辭「國立故宮中央博物院聯合管理處」主任委員一職。事因兩院聯合管理處保管之《四庫全書薈要》因屋瓦破損雨水滲漏而有霉汙或黏連。五月事發見報，引來監察院要求檢討調查。孔德成先生堅請辭職以示負責，教育部王世杰部長慰留不成，先予請假，一年後，一九六四年四月才發布由副主委何聯奎接主委。[3]

六月三日（一），晚七時半至九時，至中興佛社宣講《佛說

1　李炳南：〈望海〉，《雪廬老人題畫遺墨》，《全集》第 16 冊，頁 52。
2　〈民族精神及青年修養〉講演稿表見：《弘護小品彙存》，《全集》第 4 冊之 2，頁 405。狄仁華：〈人情味與公德心〉，《中央日報・副刊》，1963 年 5 月 18 日。
3　汪士淳：《儒者行：孔德成先生傳》，頁 187。

八大人覺經》。

是日,香港佛教青年會主席文珠法師,敦聘先生為該會第一屆顧問。(《圖冊》,1963 年圖 11)

六月五日(三),晚,於慈光圖書館週三講座宣講《地藏菩薩本願經》。

六月六日(四),至「中興新村公務人員進修班」宣講《論語》。

六月八日(六),《菩提樹》月刊本期刊載先生作詞、姜傑作曲:〈愛國訓〉;先生作詞、簡子愛作曲:〈護國〉。
　　李炳南編詞,姜傑作曲,〈愛國訓〉:
國有護教功,教有輔國能;佛子有義務,盡心促國榮。
經律垂大訓,摘要記分明,國稅勿偷漏,國法誓服從。
國賊不去做,國主莫譏諷,政教互相助,國興教亦興。凡我真佛子,應當要實行。
　　李炳南編詞,簡子愛作曲,〈護國〉:
漢帝夢金人,西天求佛道;白馬馱經,華夏開正教。
固有文化,傳國之寶,團結民族至要。
齊皈依使永保,齊弘揚使普照。
吾族有至德,精神惟忠孝;護國報親,佛法歎獨到。
固有文化,傳國之寶,團結民族至要。

1963 年・民國 52 年 | 74 歲

齊皈依使永保，齊弘揚使普照。[1]

同期《菩提樹》月刊，菩提醫院董事會發布〈籌建佛教菩提醫院的意義〉，說明從佛教自身而言，素食、送亡、經濟此三者均有賴佛教醫院之建立；而從社會意義而言，救濟、宣傳、弘化，亦皆有建立佛教醫院必要。為促成及早建立，成立「佛教菩提醫院籌建委員會」及「房地產保管委員會」，擬訂有〈佛教菩提醫院（療養院）籌建委員會組織章程草案〉及〈佛教菩提醫院（療養院）籌建委員會接受各界樂捐紀念病房辦法〉。[2]

稍後，刊行《籌建佛教菩提醫院歡迎樂捐宣言》小冊，除〈宣言〉外，附有該委員會〈接受各界樂捐紀念病房辦法〉及〈接受各界樂捐建築基地（貸金）辦法〉，封面有「本院四種誓願」、封底列出以先生名義為受贈專用帳戶。[3]（《圖冊》，1963 年圖 12）

---

1 李炳南編詞，姜傑作曲：〈愛國訓〉；李炳南編詞，簡子愛作曲：〈護國〉；俱見《菩提樹》第 127 期（1963 年 6 月 8 日），頁 41。收見《弘護小品彙存》，《全集》第 4 冊之 2，頁 553、579。
2 菩提醫院董事會：〈籌建佛教菩提醫院的意義〉、〈佛教菩提醫院（療養院）籌建委員會組織章程草案〉、〈佛教菩提醫院（療養院）籌建委員會接受各界樂捐紀念病房辦法〉，《菩提樹》第 127 期（1963 年 6 月 8 日），頁 8-10。
3 菩提醫院董事會：《籌建佛教菩提醫院歡迎樂捐宣言》（無發行日期），台中蓮社收藏。「四種誓願」見 1964 年 3 月 8 日譜文。

六月十日（一），晚七時半至九時，至中興佛社宣講《佛說八大人覺經》。

六月十二日（三），晚，於慈光圖書館週三講座宣講《地藏菩薩本願經》。

六月十三日（四），至「中興新村公務人員進修班」宣講《論語》。

六月十七日（一），晚七時半至九時，至中興佛社宣講《佛說八大人覺經》。

六月十九日（三），晚，於慈光圖書館週三講座宣講《地藏菩薩本願經》。

六月二十日（四），至「中興新村公務人員進修班」宣講《論語》。

六月二十二日（六），「中華民國佛教訪問團」出國訪問東南北亞各國佛教。該團所需紀念錦旗由台中蓮社、菩提醫院等機構供養。

　　該團團長為白聖老法師、副團長是臺灣省佛分會理事長賢頓法師、團員有星雲法師、淨心法師、許君武、劉梅生、朱斐等共計七人。預定至泰國曼谷、印度、星馬、越南、菲律賓、日本，全程五十三天。訪問團訂製

紀念錦旗計二百餘面，贈送海外僑界寺院佛社以留紀念，費用由臺中菩提醫院董事會供養半數，其餘半數由臺中靈山寺、淨土道場、台中蓮社、慈光圖書館暨育幼院、菩提樹雜誌社等五單位分擔，以對中國佛教會略表敬意。[1]

六月二十四日（一），晚七時半至九時，至中興佛社宣講《佛說八大人覺經》，八次圓滿。

六月二十六日（三），晚，於慈光圖書館週三講座宣講《地藏菩薩本願經》。

六月二十七日（四），至「中興新村公務人員進修班」宣講《論語》。

七月三日（三），晚，於慈光圖書館週三講座宣講《地藏菩薩本願經》。

七月四日（四），至「中興新村公務人員進修班」宣講《論語》。

七月十日（三），晚，於慈光圖書館週三講座宣講《地藏菩薩本願經》。

---

1 〈新聞〉，《菩提樹》第127期（1963年6月8日），頁60。

七月十一日（四），至吉安餅行農場別墅奉安之佛像開光。吉安餅行由郭秋吉父子經營，郭目前為慈光育幼院董事。[1]

是日晚，至「中興新村公務人員進修班」宣講《論語》。

七月十七日（三），晚，於慈光圖書館週三講座宣講《地藏菩薩本願經》。

七月十八日（四），至「中興新村公務人員進修班」宣講《論語》。

七月二十二日（一），美國大學教授蘇福德（F. Sturm）、哈威廉（William Haris），由東海大學副教授蔡興安及助教洪銘水陪同前來菩提樹雜誌社拜訪。兩位係由三月二十九日來訪之漢密爾頓介紹前來。

　　刻正在本市東海大學參加暑期講習（按此類講習以研究東方文化為主，由美國在華基金會主辦，參加者皆係美國各大學的教授）的美國教授蘇福德（F. Sturm）、哈威廉（William Haris），由東大副教授蔡興安居士及助教洪銘水居士陪同前來本社拜訪李炳南老居士，賓主晤談甚歡。蘇氏尤對淨土特感興趣，炳老乃就淨土要義深入淺出的給予一番詳釋，並特別指出一般人容易犯的十種錯覺。中午在本社同進素齋，飯後始離本社，往訪

---

[1] 〈新聞〉，《慈光》第 101 號（1963 年 7 月 15 日），第 1 版。

本市各大寺廟云。[1]

七月二十四日（三），晚，於慈光圖書館週三講座宣講《地藏菩薩本願經》。

七月二十五日（四），至「中興新村公務人員進修班」宣講《論語》。

七月二十八日（日），於菩提樹雜誌社召開「佛教菩提醫院籌建委員會」會議，通過組織辦法，並推舉林吳帖、王彩雲、張佩環、王鳳樓、周宣德、林看治、杜德三、洪城、郭阿花等九人為常務委員，林吳帖、王彩雲為正副主任委員。會中先生、于凌波……等，對菩院興建時院址選擇、建物設計、財源籌劃等，詳細討論。

　　各地佛教人士為促進菩提醫院早日興建，於七月廿八日假本刊召開籌建委員會議，出席者有本省籍國大代表林吳帖、慈善會創辦人林素貞、彰化銀行張董事長夫人王彩雲、劉國代汝浩、臺中市議員王鳳樓、台中蓮社念佛班郭阿花、張佩環、林看治等居士，中興新村周亞青、王超一、杜德三等數十人，現住臺北的考選部長周邦道、臺東陳煌琳居士等亦遠道出席。會議通過「佛教菩提醫院籌建委員會」組織辦法，並推舉林吳帖、王彩雲、張佩環、王鳳樓、周宣德、林看治、杜德三、洪

---

1 〈新聞〉，《菩提樹》第130期（1963年9月8日），頁31。

城、郭阿花等九人為常務委員,林吳帖、王彩雲為正副主任委員。會中李老師、于凌波……等,皆對菩院興建時院址選擇、建物設計、財源籌劃等,詳細討論。[1]

【案】王鳳樓,山東濰縣人,曾任警官、《大華晚報》主任、臺中市議員、救國團視導、國際青商會副會長、聯華實業公司高級專員、聯華麵粉廠廠長、協理。王鳳樓為先生山東同鄉晚輩,經先生介紹加入台中蓮社為社員。一九六二年中秋前後,先生有〈贈同鄉王鳳樓鵲華秋色圖〉致贈。時任臺中市議員,又擔任慈光育幼院祕書。[2]

七月三十一日(三),晚,於慈光圖書館週三講座宣講《地藏菩薩本願經》。

是年夏秋之間,有:〈余正賞月有以選美相告者戲以答之〉、〈放生池畔柳〉、〈山雲〉、〈驛樹〉、〈懷人〉、〈欲將〉、〈煩惱〉、〈江逸子仿唐人高士圖〉、〈題枕檥放舟圖〉三首、〈看山〉。(《雪廬詩集》,頁335-339)

〈放生池畔柳〉:開池栽柳最多情,剪短垂絲莫使生;若任長時拖水面,還愁誤惹紫鱗驚。

〈煩惱〉:人間萬事皆煩惱,俯拾調來盡菩提;坎

---

1 〈新聞〉,《菩提樹》第129期(1963年8月8日),頁60。
2 〈新聞〉,《慈光》第113號(1964年1月15日),第1版。〈贈同鄉王鳳樓鵲華秋色圖〉,見《雪廬詩集》,《全集》第14冊之1,頁325。

壞勤鋤平險履，蘇張默擯遯游辭。雲難掩日照千界，雪不彫松青四時；性自光明磨始見，塵沙累累亦嚴師。

〈江逸子仿唐人高士圖〉：盛唐畫手能寫真，此畫無題何許人；鬚眉飄灑韻清遠，倜儻骨氣山嶙岣。或云吾宗謫仙叟，神態迥異常醉酒；遍擬群賢似俱非，窮而豐盈幾曾有。世間鑒貌寧無同，舜羽仁暴皆重瞳；蕭齋座隅促膝對，不擇安得接高風。松雪晚年少畫馬，心儀入空亦幻假；願君胸中先正名，追魂紙上然後寫。[1]

〈看山〉：拄杖看山到夕曛。依依心似岫歸雲；春來得意無驕態。笑屬青眸獨有君。

八月一日（四），至「中興新村公務人員進修班」宣講《論語》。

八月七日（三），晚，於慈光圖書館週三講座宣講《地藏菩薩本願經》。

八月八日（四），於《菩提樹》月刊一二九期發表〈籌建佛教菩提醫院歡迎樂捐宣言〉，說明籌建醫院主旨在以營業維持基本，所有盈餘用以施診施藥，為貧病之人解決痛苦，進而能說法、助念。今病房建築費已有其半、建築基地有十分之一，歡迎各大善士樂捐，但不出捐冊募化。

---

[1] 江逸子〈高士圖〉見《雪廬老人題畫遺墨》，《全集》第 16 冊，頁 184。日後，「癸亥年上元燈節後三日」，先生應林欽勇請，作〈題畫楓林落弧松下坐老叟袒臂仰觀二首〉題於此畫。見後 1983 年 3 月 2 日文。

病是人生八苦之一，仔細想來，這一苦實在比較最重。人人在社會上，都有些麻煩事情，又得謀生活，在身體無病健康時候，已經夠受，若再加上生病，除了全身病苦，不得自由，一切麻煩的事，更加麻煩，生活的圖謀，卻反要連帶停止下來，那就是苦上加苦了。有錢的人生病，還有辦法，貧窮的人既斷了謀生之道，哪裏還會有錢吃藥，就是能向親友借貸，豈是常法，這也就得聽其自生自滅罷了，這樣的事，最是可憐。

各種宗教，各種慈善機構，辦醫院的固然不少，說到施診施藥的，那就沒有聽說過，這仍然與貧窮人生病，沒有幫助，這豈不是一大憾事。常有人說：「救人一命，勝造七級浮圖。」雖這樣說，為甚麼不辦呢？有這樣的回答說，沒遇到有性命危險的事呀。阿彌陀佛，那知天天都有貧窮人生病等死，因著事不關己，根本不去注意，就看成人人安樂了。

近二年來，佛教志同道合的大德，相繼發心，要想辦一座佛教醫院，借營業維持基本，得盈餘即施診施藥，專為貧窮的病人，解決痛苦。倘若機緣湊巧，進一步辦一處祝壽堂，內供佛像，安設長生祿位，分期講經說法，與出功德者及生病者祝福。並備幻燈音樂，種種娛樂品，堂外廣植花木，以調和病人精神，增其福慧。復進一步，設一往生院，專供壽命終時，助念往生，這也不過是一種心願，終日在心裏妄想而已。

那知窮人發心，感動了佛菩薩的加被，竟然得到教中同人的熱烈響應，已經收到三十餘間病房的建築費。但還

愁無有地基，忽有蓮友出款樂捐了一百多坪地。這一來就欲罷不能了，只有提起精神，把這一種事業完成，給貧窮病胞解決痛苦，替諸大善士開墾福田，與社會轉移風氣，為佛教增加光榮。

按預定的計畫，房屋才有一半，地基才有十分之一，這還得仰仗志同道合者，繼續樂捐，使他早日完成，在諸位做功德，自然是大慈大悲，但求皆大歡喜，在創辦的人，對於諸位功德，自有一番表揚，自有一種祝福，皆訂有規章，附在宣言之後，請諸位檢看。

這一事業，大家的意思，只歡迎各大善士的樂捐，而不出捐冊向外去募，只在《菩提樹》上發表消息，使大家知道，可以隨力種德收福，不致有好事向隅之歎。奉勸諸位發菩提心的，早來幫助，有恩欲報的，早來幫助，求種福田的，早來幫助，想做功德的，早來幫助，為佛教增光的，早來幫助。[1]

是日，至「中興新村公務人員進修班」宣講《論語》。

八月十一日（日），香港華南學佛院院長，天台宗第四十四代倓虛大師示寂。高齡八十有九。先生有詩輓之。[2]

---

1 李炳南：〈籌建佛教菩提醫院歡迎樂捐宣言〉，《菩提樹》第129期（1963年8月）頁7；《雪廬寓臺文存》，《全集》第14冊之2，頁238-241。

2 李炳南：〈禮讚倓虛老法師〉，收見香港湛山寺編：《倓虛大師法彙》，香港：佛經流通處，1975年，卷首。

〈禮讚倓虛老法師〉：

錫飛香島不驚鷗，軌範人天八九秋；智德巍巍梵史在，三千舍利重前修。

〈又〉：

我法繽紜失正持，眾生緇素盡含悲；殷勤更寫高僧錄，慧海傳燈一大師。

弟子李炳南和南

八月十四日（三），晚，於慈光圖書館週三講座宣講《地藏菩薩本願經》。

八月十五日（四），至「中興新村公務人員進修班」宣講《論語》。

八月十六日（五），政治大學中文系學生蔡榮華等至臺中住處拜訪。（見《圖冊》，1963年圖13）

榮華同學大鑒：奉函至欣。月十六日下午兩點至五點，弟決在台中市東區和平街九六號靜候不出。晚七點即出外上課矣。晤面固是大幸，然不得領隊許可，亦不宜勉強至因而犯規。來日方長，諒當有他緣也。專復並頌

學祺　　　　　　　弟李炳南拜啟　八月十三日[1]

【案】是函為預約，是否如約未詳。據蔡榮華自述

---

1 香光編輯委員會：《李炳南老居士復蔡榮華居士書函輯》（馬來西亞：柔佛州香光佛教蓮社，1994年7月），頁8。

為「一九六三年拜謁老人家」,[1]因繫於是。又,政治大學佛學社東方文化社成立於一九六二年十二月二十六日,蔡榮華、張昭雄、蕭金松皆為發起人。據蕭金松示知:渠等在參加講座前曾至和平街木樓二樓拜謁先生。或當由此因緣,先生於翌年一月五日函復蔡榮華指示寒假來臺中進修三週之計畫時,特別點名「最好約昭雄、金松兩弟參加數天」。

八月二十一日(三),晚,於慈光圖書館週三講座宣講《地藏菩薩本願經》。

八月二十二日(四),至「中興新村公務人員進修班」宣講《論語》。

八月二十八日(三),晚,於慈光圖書館週三講座宣講《地藏菩薩本願經》。

八月二十九日(四),至「中興新村公務人員進修班」宣講《論語》。

八月三十日(五),《慈光》半月刊報導菩提醫院之籌辦係以菩提樹雜誌社及弘法班十姊妹為主,並非由蓮社經

---

1 蔡榮華:〈無盡的追思——百日煙波萬里永懷老恩師〉,《明倫》第 166 期(1986 年 7 月)。

辦，募款目標設定為三百萬。

　　菩提醫院本省佛教史規模最大，顧名思義，由菩提樹雜誌為主體而倡辦，並由十姊妹：林進蘭、張慶祝、朱鄧明香、李繡鶯、林看治等大居士所實際主持辦理的佛教菩提醫院，決定以三百萬元之鉅款建築佛教醫院，因為十姊妹大居士幹勁強，號召力大，海內外響應熱烈，該院為積極從事籌建，聘名譽董事及籌建委員數百人以外，並以收據簿形式廣泛發動募集樂助之捐，近日來正在物色土地，因外界以為台中蓮社經辦，紛向該社董事長朱炎煌或社長許克綏之處洽售土地，其實是由蓮友十姊妹與菩提樹雜誌社為主體，另行獨立組織，而與蓮社團體無關。十姊妹遺大投艱，堪為全體佛教徒之模範。[1]

同期《慈光》半月刊亦報導，蓮友本家台中蓮社負債未清，應擴充未敢擴充，呼籲關心小處著手勿忘本。

　　台中佛教蓮社因購置念佛班聯誼會房地產時，特顧及蓮友家庭經濟，未發動募捐，只是苦心自籌填補費用，以致至今尚有數萬負債仍未清償，雖每逢春秋二祭時，數千蓮友擁集，苦於無法容納，確實已到應該擴充的時期，然因鑑及一般社會經濟之蕭條，不願作龐大或盲目的擴充，令蓮友過分勉強負擔，這是執事人愛護蓮社，體貼蓮友的隱衷，亦是經常辦事人的苦心，惟蓮社

---

[1] 〈新聞〉，《慈光》第104號（1963年8月30日），第1版。

係全體蓮友的本家,一切財產登記為財團法人台中蓮社所有,一磚一瓦無不屬於蓮友之共有,關心蓮社之人士咸認應該早日設法清償債務並設法從小計畫,符合蓮友之隨緣隨力的擴充。因為小事做未完,還談甚麼空洞大事。且「貧女之一燈,勝過阿闍世王之千燈」。[1]

稍後,《慈光》半月刊亦報導,慈光育幼院經費入不敷出,創建費自籌多過一般樂助。

按慈光育幼院於民國五十年創建落成,院房、設備、器具、土地等約值一百多萬元,其中各方所樂助的一般樂捐只約四十多萬,僅占創建總費用之三分之一左右而已,其餘三分之二由董事長及創辦人等自捐,或設法自籌。[2]

九月二日(一),函復政治大學中文系學生蔡榮華有關國學、佛學學習次第之問題,除開列學習書目外,並邀請其至臺中學習,先生承許為其講學並安排食宿。[3](見《圖冊》,1963年圖14)

榮華同學大鑒:奉讀台函,藉悉向學求道俱甚殷懇,至為欽佩。下問之件分而答之。國學以孔孟為重

---

1 〈新聞〉,《慈光》第104號(1963年8月30日),第1版。
2 〈新聞〉,《慈光》第105號(1963年9月15日),第1版。
3 香光編輯委員會:《李炳南老居士復蔡榮華居士書函輯》,頁9-12;另收見【數位典藏】書信/在家居士/蔡榮華/〈蔡榮華之一〉。

心，讀《四書》即小立基礎；進而涉獵《禮記》，餘按校中所學，便能得一輪廓。佛學另開一單，為最低限度。能順序修畢，亦稱小有成就。兩者皆屬正宗。若言深造則無盡無休，在於自求。僑胞在海外宏揚，此二者皆為當務之急。倘畢業後環境允許，在台多住半年，弟願效棉薄，將佛學擇要講述。至於宿食，似亦不必考慮，到時自當代為安排也。如緣分湊巧，亦是樂事。希台端預為斟酌。專復并頌　學祺　弟李炳南拜啟九月二日佛學初機應讀之書另單附

（甲）認識門徑小冊子：1.佛法導論，說明大小乘及指出歸宿、2.學佛淺說，說明人生之假、3.佛學常識課本，介紹佛學名數。

（乙）實行門經典：1.阿彌陀經，先看「摘注接蒙」次看「要解講義」、2.十善業道經。

（丙）解理門經論：1.金剛經（此屬般若），江味農講義、2.心經（般若之要）陳克文述、3.八識規矩頌（此屬唯識）王恩洋注、4.三十唯識頌（此屬唯識）。

以上所列最為簡單扼要，學者所不可不知者，不求「認識」必歧中多歧不得其門，不求「實行」如說食數寶不得其益，不求「解理」盲修瞎煉遇障則退。[1]

【小傳】蔡榮華（1938-1996），馬來西亞籍華人，一九六〇年來臺，就讀於政治大學中文系時，與同學創

---

[1] 此係1963年，雪師為蔡榮華所開書目，見〈佛學初機應讀之書〉編者後記，《明倫》月刊（第173期）。

辦佛學社團東方文化社。一九六四年二月，先生特為他與張昭雄、王國光、李相楷等四人，開辦特別講座，是為「慈光講座第一屆」。返校後，即以寒假所學於該校東方文化社開辦「佛學概要十四講表」長期講座，並於畢業前創辦《東方文化學社學報》。同年（1964）六月，蔡榮華大學畢業。歸返僑居地馬來西亞之前，先生特別安排其至臺中，為其講解〈普賢行願品〉。期滿返國，先生與淨空法師等至臺中火車站送行，先生並將所著之長衫卸下相贈加被，蔡榮華即著此服搭機返僑居地。返國後，與先生書信頻繁，請教弘法諸事宜。先生亦有求必應，大力提供所需教材，以及筆墨書寫等弘法助緣。蔡榮華於一九七〇、一九八二、一九八四年，三度返臺於先生座下求法。曾為先生《佛學常識課本》編撰《教學指引》，頗得先生嘉許。一九九六年往生於馬來西亞，享年五十九歲。

九月四日（三），晚，於慈光圖書館週三講座宣講《地藏菩薩本願經》。

九月五日（四），至「中興新村公務人員進修班」宣講《論語》。

九月八日（日），函示政治大學學生蔡榮華，為其規劃畢業後留臺半年修習佛學。（見《圖冊》，1963 年圖 15）

　　榮華同學大鑒：畢業後留臺半年時間不長，擬擇佛

學及唐詩兩種相授,再希他恐雜而不精,學術不入其奧,得用甚少,此二果得門,門徑一通則可他通,道扼其要、文攬其精,時長則由博歸約,時短則先操綱、次提目也。茲先檢手中所有之冊數種奉贈,希查收。專此順頌　學祺　　　　　　　弟李炳南拜啟　九月八日[1]

九月十日(二)至十六日(一),夏曆七月二十三日至二十九日,共七天,於慈光圖書館演講「地藏本願因緣意義」。此係為慶祝地藏王菩薩聖誕,並以此修持功德迴向蓮友祖宗超生極樂,每日虔誦《地藏經》,並於晚間恭請先生說法。[2]

九月十一日(三),晚,於慈光圖書館週三講座宣講《地藏菩薩本願經》。

九月十二日(四),至「中興新村公務人員進修班」宣講《論語》。

九月十七日(二),夏曆七月三十,地藏王菩薩聖誕日,台中蓮社舉行勝會,由董事長朱炎煌主持,並由先生以導師職上香。同時接受「台中佛教蓮社名譽董事長」聘

---

[1] 香光編輯委員會:《李炳南老居士復蔡榮華居士書函輯》,頁 13。
[2] 〈新聞〉,《慈光》第 105 號(1963 年 9 月 15 日),第 1 版。

1963年・民國52年｜74歲

書。[1]（《圖冊》，1963年圖16）

李炳南老居士創設台中佛教蓮社已逾十三年，為專心於講經講學，自動辭去董事長、社長等職，仍留任終身董事。該社董事長朱炎煌居士為尊師重道並永遠秉承師旨執行社務，於地藏王菩薩聖誕日農曆七月卅日（國曆九月十七日），在蓮社親將「台中佛教蓮社名譽董事長」聘書呈交李炳南老居士，李老居士當場接受斯職。台中蓮社負責人並請李老居士任總指揮暨總監督，以名譽董事長及導師身份繼續指導台中蓮社及其聯體機構。

九月十八日（三），晚，於慈光圖書館週三講座宣講《地藏菩薩本願經》。

九月十九日（四），至「中興新村公務人員進修班」宣講《論語》。

是日，應聯福麵粉廠何天數、何順亨、何得有三兄弟之請，題書「三界獨尊」造匾一方，獻給台中蓮社霧峰佈教所，由所長黃火朝敬領。何家三兄弟虔信佛教，一向熱心公益。[2]

---

1 〈新聞〉，《慈光》第105號（1963年9月15日），第1版；〈新聞〉，《慈光》第106號（1963年9月30日），第1版。聘書於台中蓮社收藏。

2 〈新聞〉，《慈光》第106號（1963年9月30日），第1版。

九月二十一日（六），函復政大同學蔡榮華有關學者對佛學理解之錯謬處，謂將於《菩提樹》「佛學問答」專欄中詳答。

> 榮華同學台鑒：謝幼偉倫理學問於佛學部分，笑話百出，可斷其未曾讀過一本佛經，縱偶寓目，亦是叩盤捫燭，理路未通，等於夢囈醉罵，毫無次序。如與辯理，如持亂絲無處尋頭。這等頭腦也敢著書，今之學風可憐極矣。台端如欲顯正其謬，弟擬菩提樹問答欄用他人之名擇有次者答之，其指鹿為馬呼鳳為雞之處，則不勝與之解釋，只可由其當土包子而已。古哲云：知之為知之，不知為不知，斯語尚未之聞便提筆寫文，可稱膽大。專復。再菩提樹問答甚多，亦應按先後排，答謝之問不定此期，希諒。順頌
>
> 學祺　　　　　　　　　弟李炳南拜啟　九月廿一日[1]

【案】《菩提樹》問答欄「用他人之名」，指以「臺北陳一士先生」提問謝幼偉批評佛教否定生命價值、否定家庭價值。（見該刊第132期，1963年11月8日，頁56-57）

九月二十五日（三），應台中蓮社董事長朱炎煌禮請，至其府宅聚餐。朱董事長為發展社務並與台中佛教蓮社聯體機構加強聯繫，禮請導師炳南先生、台中蓮社社長許克

---

[1] 香光編輯委員會：《李炳南老居士復蔡榮華居士書函輯》，頁14-15。

綏、台中蓮社霧峰佈教所所長黃火朝、慈光圖書館館長陳進德、慈光育幼院院長許炎墩聚餐洽談。諸居士均係先生之受業弟子，十多年來追隨先生闡揚佛法，奉師命擔任現職，先生諄諄開示嘉許並激勵。[1]

是日晚，於慈光圖書館週三講座宣講《地藏菩薩本願經》。

九月二十六日（四），至「中興新村公務人員進修班」宣講《論語》。

九月二十七日（五），菩提醫院三位創辦人：炳南先生及黃雪銀、朱斐，共同具名，發函臺中市政府，申請設立菩提醫院董事會。（《圖冊》，1963年圖17）旋於十月十八日獲准設立。[2]

  竊以天地間至重者生命，而世間窮困者，衣食不濟，貧病交迫，人間慘境莫過於此。同人等本佛教慈悲平等之旨，爰發起創辦一醫療機構，定名為菩提醫院。除一般診療外，兼辦施診義診，業已開始試辦門診。其施醫藥經費，蓋由同人等籌措捐施。茲為加強組織，為臺中市貧病者服務起見，擬即成立一菩提醫院董事會，

---

[1] 〈新聞〉，《慈光》第106號（1963年9月30日），第1版。
[2] 李炳南、朱斐、黃雪銀：〈申請設立菩提醫院（函稿）〉，1963年9月27日，菩提仁愛之家檔案；臺中市政府：〈通知〉，府欽社福字第34399號，1963年10月18日，菩提仁愛之家檔案。

聘請熱心人士為董事,以便共為擴展此一慈善救濟事業而努力,爰特呈請鈞長,准予設立,以利貧病市民,至以為禱。

九月二十九日(日),晚八時,於蓮社大殿帶領第十二期國文補習班十八名學員禮證蓮老法師為三皈依證明師。老法師請先生代為講解皈依三寶意義。[1]

十月二日(三),晚,於慈光圖書館週三講座宣講《地藏菩薩本願經》。

十月三日(四),至「中興新村公務人員進修班」宣講《論語》。

是日,夏曆八月十六日,有〈八月十六夜對月回憶〉,稍後又有〈蘭室〉、〈逢秋〉。(《雪廬詩集》,頁339-343)

〈八月十六夜對月回憶〉:四十年前酒滿襟,管絃依舊桂花陰;曾玩白雪樓頭月,詩有殘痕昨夢吟。(樓在濟南趵突泉上,明李滄溟所建也。)

〈逢秋〉:拄杖高原上,客衣侵小寒;金陵空眺矚,銅馬尚遮攔。風急溪山靜,天清木葉乾;逢秋久無淚,漸到闋心肝。

---

[1] 〈新聞〉,《慈光》第106號(1963年9月30日),第1版。

1963年・民國 52年｜74歲

十月八日（二），於《菩提樹》月刊登載〈萬里長城圖展前述見〉，點明呂佛庭作此長卷志在祖國金湯與鄉關，不僅在丹青翰墨而已。該圖今年三月在臺北展出，先生則於今春在展出前先已預覽。

世謂韓文源於孟子，蘇文脈自南華。又謂顏字導於漢，歐字法於魏。似矣。然韓非不讀南華，蘇非不讀孟子，顏豈不知魏，歐豈不知漢哉。究之，韓自韓，蘇自蘇，顏與歐自顏與歐，而非孟子南華漢魏，亦有胎息融冶，神超化之而已矣。呂公佛庭之畫，豈不然歟？吾與公友，嘗淪茗聽其論畫，宋元大家之創製，明清宗派之遞變，千古藝珍，如列席前，想見其鑑之精，攬之宏，又可知其擷所英，咀所華矣。來臺十稔，開畫展數四。吾雖不暇寸晷，必偷閒往觀焉。輒指甲幀似黃大癡，乙似董北苑。評十數幀，咸有所擬。公皆笑而否否。吾以為謙也，置之。後於故宮博物院畫庫，遇張大千氏鑑畫。聽其指評各幀皴點諸法，真贗精粗，遂有悟於呂公之作。公性耿介慈憫，薄名利，耽內典，好遊山水。凡所蒞邦，必窮其名山大川。縱資斧不給，不輟焉。壬寅冬，合歡山大雪，陪公往賞。其峻崖峭壁，公皆攀躋不憚勞。歸後操翰揮掃出，繫以詩。始知其得多在於江山間氣，而不盡泥於古者也。此卷雖事繪二載，而其腹稿心匠，實蘊積經營，幾二十年。溯盧溝橋之變，國人多流離轉徙。公本北人，亦如杜少陵之忽秦忽蜀。而今又浮海臺島。是禹貢九州一覽無餘。而作此長卷，謂為無字之遊記也，亦無不可。今春往訪，先覽之。筆之

1607

雄峻，氣之渾淪，結構之奇詭，神韻之跌宕，使吾神移北塞，故國興悲，頓欲越沙漠，直搗莫斯科，似不以保賀蘭、勒燕然為滿志也。想公當榆關下筆之初，張垣凝思之際，不省對日俄二寇，寄恨多少。知公作此卷，是亦有其志者也。夫嘉陵萬里，記地之幽；清明上河，記時之俗；有補史地也。《洛陽伽藍記》述建造，《東京夢華錄》詳掌故，為慨興亡也。玩公此卷，見仁見智，又在於仁智者之自感焉。此次之展，為濟水災，德及一隅，小見公之志也。覽之時，壯幼能憤祖國金湯之沉溺，頒白能思鄉關墳墓之蕩平，流涕振奮，而各思有獻於國家，是公作此之大志也。若僅識丹青翰墨，與古今藝苑爭雄，非不是也，然近乎驪黃牝牡相馬矣。[1]

前後又有〈題呂佛庭萬里長城圖〉、〈讀呂佛庭先生所繪長城萬里圖後書感〉。

〈題呂佛庭萬里長城圖〉：壓水嵌山矯若龍，霸圖先建萬夫功；西飆疏勒牛羊聚，大雪單于帳疊空。雉堞高低迷內外，征鞍寒暑變西東；乾坤一握歸長卷，莫道須彌芥子中。（《雪廬詩集》，頁339）

〈讀呂佛庭先生所繪長城萬里圖後書感〉：老友呂佛庭先生，近以素絹寫長城萬里圖成。置醴邀余往觀，

---

[1] 李炳南：〈萬里長城圖展前述見〉，《菩提樹》第131期（1963年10月），頁7；今收見《雪廬寓臺文存》，《全集》第14冊之2，頁106-108。

因得先睹為快。全幅長十三丈餘，西起甘肅之嘉峪關，中經酒泉、張掖、榆林、青塚、張家口、居庸關、明陵、古北口、喜峰口，東抵直隸之山海關。峰巒起伏，蜿蜒萬里。其間地域之不同，風俗之各異。佈局既費經營，傳神尤難貫串。歷古及今，其能製此巨幅之作品，實不多聞。佛庭究何術而有此偉大之成就。據余所知，佛庭潛修佛典，不累俗塵。其心也靜，與高山合其德。其神也清，與流水共其源。施之於畫，故能不落恆蹊。又因精研六法，寢饋不忘，久之融會一切。從無法中求有法，於有法中求無法，已臻造物在手，運用自如之境界。再因佛庭平生好遊，凡名山大川，常留足跡，均有詩以記之。寓之於目者既廣，蘊之於胸者復深。信筆所之，不期然而自妙趣天成。蓋已參透畫中三昧矣。綜此三長，以成斯幅。宜乎揮纖毫之筆，萬類隨心。據方寸之地，千里在掌。其為氣也磅礴，獨瀉山川之靈。其潑墨也淋漓，曲盡風物之美。觀夫關塞險峻，知當時防患之周。駱車絡繹，知當地謀生之苦。桑麻地廢，草木春寒，民且安之。其風俗之淳厚可知也。乃不邀天眷，近亦久為大憝所盤據，刀俎而魚肉之。豈前謀之未臧耶，抑人事之未盡，或有定數耶。今覽斯圖，實令人感慨系之。佛庭之畫，能動人情感，又何如是之深耶。佛庭殆亦有心人，故藉斯圖以抒其胸中積鬱不平之氣耶。余以質佛庭，佛庭不余答，但舉杯勸客，余復何言。佛庭製斯圖，以辛丑冬開始設計，凡數易稿，壬寅夏落筆，至

癸卯三月方成。計耗時一年有一月,並為記之。[1]

【案】呂佛庭(1911-2005),河南泌陽人。國畫名家(小傳見1949年10月6日譜文)。畢生代表作為五件百尺長卷:〈蜀道萬里圖〉、〈長城萬里圖〉、〈長江萬里圖〉、〈橫貫公路長卷〉以及〈黃河萬里圖〉。〈長城萬里圖〉為來臺四件之起首,自一九六二年元月與炳老同遊合歡山歸來起草,至一九六三年二月完稿,長一三四尺,寬二‧二尺,絹本設色,東起山海關,西至嘉峪關,沿長城關隘城郭、山寺野店以及駝馬人物,穿插於深山曲水間。完成後,於一九六三年三月十九日在善導寺預展,請于右任題〈長城萬里圖〉大字於圖卷引首,三月二十一日在國立歷史博物館展出,三月二十五日移襄陽路省立博物館正式展出。[2]

先生於此圖,另題寫〈呂半僧萬里長城卷子歌〉古體一首,該長詩作於「甲辰仲秋上浣」,見一九六四年九月文。

十月九日(三),晚,於慈光圖書館週三講座宣講《地藏菩薩本願經》。

---

1 李炳南:〈讀呂佛庭先生所繪長城萬里圖後書感〉,《雪廬寓臺文存》,《全集》第14冊之2,頁108-110。
2 呂佛庭:《憶夢錄》,頁384-385。

1963年・民國52年 | 74歲

十月十日（四），即日起三日，台中佛教蓮社舉行秋季祭祖，每日下午、晚上集合念佛。[1]

十月十五日（二），為旅居加拿大詩人詹勵吾《半痴詩禪集》題跋。

〈題半痴詩禪觀瀑吟卷〉：客槎西去太平洋，故國愁思夢裏長；寄託吟鐙與禪月，殷勤各得五分香。

不教枯木印禪心，圓鏡當空四照鄰；觸處機鋒三峽水，飛濤捲雨蟄龍吟。（作者自註第四句：禪得五分法身，詩得五子之髓。）[2]

十月十六日（三），晚，於慈光圖書館週三講座宣講《地藏菩薩本願經》。

十月十七日（四），至「中興新村公務人員進修班」宣講《論語》。

十月十九日（六），函示政大同學蔡榮華，以念佛調治失眠，並為擬藥方。

榮華同學大鑒：聞貴體四大不調，至念。中醫治病重求其原，此病即發生於多思，必斷其病之來源方有辦法，

---

1 〈新聞〉，《慈光》第106號（1963年9月30日），第1版。
2 李炳南：〈題半痴詩禪觀瀑吟卷〉，《慧炬》第18期（1963年10月15日），頁17。今題〈半痴詩禪集跋〉，《雪廬詩集》，《全集》第14冊之1，頁344-345，「蟄龍吟」改為「老龍吟」。

1611

徒服藥不斷本無效也。希望以後息燈上床，萬念歸一，能一雖仍有念，心亦能得休息也。此尚日淺，如不知戒，恐釀出他病。孔子曰「思而不學則殆」，佛家亦言去妄念至要，治之道在修養七分服藥三分。惟不識脈不見色，擬方恐未必全，然亦不致害事，請服無妨。順頌學祺　　　　　　　　弟李炳南拜啟　十月十九日[1]

十月二十日（日），晚八時半，台中蓮社第十二期國文補習班舉行結業典禮。[2]

十月二十一日（一），下午三時，至中國醫藥學院參加醫王學社社員大會，出席社員約二百人。會中應邀演講，同時致詞者有唐湘清、于凌波等；《菩提樹》月刊主編朱斐剛從東南亞訪問歸來，亦向大眾報告訪問經過。[3]

先生有〈醫王學社年會講辭（癸卯冬）〉講表，演講指出：從學術言，農工商法醫文美各專科如管中窺豹，哲學則為通學；從宗教言，萬事歸神為依賴迷信，萬事操於己則為清醒理智；佛教在學術為最高哲學，在宗教是

1　香光編輯委員會：《李炳南老居士復蔡榮華居士書函輯》，頁18。
2　〈新聞〉，《慈光》第107號（1963年10月15日），第1版；第108號（1963年10月30日），第1版
3　〈新聞〉，《菩提樹》第132期（1963年11月8日），頁60。

1963年・民國 52年 | 74歲

理智之法。[1]

十月二十二日（二），下午，於臺中路二十六號菩提醫院召開「臺中市私立菩提救濟院董事會第一次會議」，決議遵照社會法令將原申請立案名稱「佛教菩提醫院董事會」改為「菩提救濟院董事會」。董事長仍前由林看治擔任。[2]

〈臺中市私立菩提救濟院董事會第一次會議紀錄〉：
主席報告：略以：本院之創辦，由於蓮社同仁，感於佛教服務事業太少，乃有設置本院之動議。消息公佈後，各地發起樂捐，迄今各地已捐有新台幣八、九十萬元，尤以東南亞及美國華僑捐輸更為踴躍。本會董事十五人，捐出經費二十餘萬元。

林股長勳元致詞：略以：關於貴會立案之名稱，按社會法令之規定，僅有救濟院與施醫所之組織章程，而無醫院董事會之組織章程。貴會必以醫院董事會名義立案，須由市府向省府請示始能決定。否則，貴會以救濟院立案，醫院可附屬救濟院之下。

決議：應遵照政府指示，以「臺中市私立菩提救濟院」

---

[1] 李炳南：〈醫王學社年會講辭（癸卯冬）〉，《弘護小品彙存》，《全集》第 4 冊之 2，頁 378。

[2] 李炳南主席，于凌波記錄：〈臺中市私立菩提救濟院董事會第一次會議紀錄〉（1963 年 10 月 22 日），菩提仁愛之家檔案。案：該屆董事，除先生、朱斐、黃雪銀三位創辦人，十姊妹，另有郭阿花、張佩環、于凌波，共十五人。（黃雪銀亦十姊妹之一）

名義聲請立案。
〈組織章程〉第二章業務
第四條：本院依照社會救濟法之規定，並視實際需要及財力狀況，辦理左列各種救濟設施：
一、醫院（即施醫所）。
二、療養院（即療養所）。
三、助產所。
四、托兒所。
五、安老所。
六、其他以救濟為目的之設施。

十月二十三日（三），晚，於慈光圖書館週三講座宣講《地藏菩薩本願經》。

十月二十四日（四），至「中興新村公務人員進修班」宣講《論語》。

十月二十六日（六），於慈光圖書館舉辦第二屆週末班慈光學術講座。即日起，每週六晚上七時起至九時止，由先生主講「佛學概要」，以《佛學概要十四講表》為主要教材。參加學生一百六十多人。[1]

十月三十日（三），晚，於慈光圖書館週三講座宣講《地藏

---

[1] 〈新聞〉，《慈光》第108號（1963年10月30日），第1版。

菩薩本願經》。

十月三十一日（四），至「中興新村公務人員進修班」宣講《論語》。

是月，為金天鐸印行《太上感應篇》作序，特囑此篇首先致贈對象並非已起信者，而應首先贈送「通三藏，誦萬偈，未破半個蒲團，未斷一貫念珠，輒爾高睨大談，墮豁達空」之昧於因果者。

　　　　內典有之：「萬法因緣生」。因者果之前因，緣者果之四緣，乾坤萬象，九界萬事，括而名之曰法，成法為果，凡果之成，何莫非由因緣也。惟其事有顯有隱，有近有遠。智人能明其隱者遠者。常人僅能見其顯者近者而已。夫如是，佛始分五乘說教焉。人天凡乘，世間之因果，易見者也；菩薩聲緣聖乘，出世間之因果，難明者也。以眾生根器萬殊，權實必契乎機，是權為藉之以顯實，五為導之以歸一也。若必專談一乘，不設方便，猶不梯而樓，不花而果，其能登之人，能結之木，幾何哉。
《太上感應篇》者，道家勸善之書。其文，尚樸不事浮華；其言，舉事以明功罪。婦孺能喻，雅俗不傷。苟非至頑至癡，聞之未或不興趨避之心。其輔世間風化，開人天之路，豈曰小補之哉。吾教拘墟之士，以其為有漏之業，且言自教外，多藐而忽之，甚則譏淨宗印祖，序而流通。噫！未之思也。其肯為有漏善者，已涉人天之乘，再善誘而進之，得非為佛乘之津梁歟。況佛事門

中，不捨一法，他人有善，贊而成之，契機隨緣，正大權之所以普攝也。昔蕅益大師，嘗治《周易》、《孟子》，夢顏開士，著有《陰騭文廣義》。一大藏教，每有不輕婆羅門之誡。莫非同其善也，與其進也。如斯，則善吾善之，進吾進之也。夫欲，惡事也，尚可借作勾牽；是篇，善言也，烏得不宜作津梁乎？

嘗思《地藏本願經》，所說大都世間因果，考其時教，當世尊將入涅槃之際。嗚呼！《華嚴》、《法華》兩大經王，距時幾四十年，其間開演群經，何止恆沙妙義，而後復懸懸於因果者，寧無深意存焉。縱觀今之宿學，每學進而道退，辨給空有，而匙及因果，甚則恥出諸口，浸尋有撥無之概。學風如是，反不若未及門者，謹愿有功。世尊後說地藏，或古今有同慨耶？

予友金天鐸學士，淨宗篤行人也。其先世為名宦，恪奉是篇，並遺囑學士，印行勸世。學士徵序於予。予曰：孝哉！是能行先人之志者也。繼而問曰：伊誰之贈？曰贈信之者。予曰否，未若贈昧之者。蓋信者必有行，如健夫復知攝生，可緩與之論醫。昧者或邪見，如尪弱而膺沉疴，不可緩於藥石也。至有通三藏，誦萬偈，未破半個蒲團，未斷一貫念珠，輒爾高睨大談，墮豁達空，是謂昧中之昧，乃病將及膏肓者，與之醫藥，尤應先之又先也。夫因果不落不昧，一言之升墮，誠以言為心聲，而升墮是心所造也。此怠敬之機，寧不畏哉！況因果不有畛域，一其緣生，非若指心見性，吾教獨宗，斥彼之言，已近撥無矣。予故曰未若與昧。學士瞿然曰：

1963年・民國52年｜74歲

有是哉？予復莊辭以堅其信。獲報曰諾諾。遂欣然而為之序。　中華民國癸卯仲秋　穀門李炳南識於寄漚軒[1]

是月，泰國僑領中華佛學研究社理事高向如，雙十節前率領潮州會館同仁回國參加十月慶典，而後至中南部遊覽時，特留臺中市一天，至慈光圖書館聽先生講經，翌日午餐由朱斐宴請，並邀先生及于凌波院長作陪。高居士發心獨捐紀念病房一間。[2]

是月，中國醫藥學院為配合學生教學實習，商借本市德安參號房屋暨設備附設中醫診所一處，以供學生實習，由該學院中醫教授李炳南、何人豪，副教授張森林、孫伯玉、黃維三、邱炳煌、張拙夫、謝德金、唐湘清、楊向輝、朱士宗、林仲昆等諸位名醫輪流應診。[3]

十一月二日（六），晚，於慈光圖書館慈光講座講授《佛學概要十四講表》。

十一月六日（三），晚，於慈光圖書館週三講座宣講《地藏菩薩本願經》。

---

[1] 李炳南：〈重印太上感應篇直講序〉，《慈光》第109號（1963年11月15日），第3版；見收於《雪廬寓臺文存》，《全集》第14冊之2，頁45-48。落款據數位典藏手稿補，《慈光》原刊同。
[2] 〈新聞〉，《菩提樹》第132期（1963年11月8日），頁60。
[3] 〈新聞〉，《慈光》第108號（1963年10月30日），第1版。

十一月七日（四），美國哈佛大學東亞研究院尉遲酣（Holmes Hinkley Welch），由《菩提樹》前英文編者李豪偉博士介紹至菩提樹雜誌社訪問，與先生談論佛法。尉氏能說能讀中國語文，月前由港蒞臺。因研究中國佛教叢林規制之需要，已在臺北遍訪大陸來臺高僧如太滄、證蓮等諸老和尚。

【小傳】尉遲酣（Holmes Welch, 1921-1981）美國人。東亞學專家，撰有大量佛道兩教論述。二戰期間任職於國務院歐洲司俄羅斯分部，一九四六年卸職，埋首於第一部重要著作《道家／道教：道之分歧》。一九五六年，回母校哈佛大學攻讀東亞研究碩士學位。一九五七年，重新加入國務院，派駐香港。一九六四年歸國後，擔任哈佛大學東亞研究中心研究助理。他第二部主要作品是中國佛教三部曲：《中國佛教復興史論》、《晚清民國佛教修行制度考》、《毛澤東治下的佛教》，都由哈佛大學出版社出版。[1]

是日，菲律賓僑胞李秋庵偕夫人、女兒，至臺中訪問先生。《菩提樹》月刊主編朱斐夫婦先後陪同參禮彰化大佛、慎齋堂、蓮社、靈山寺、慈光育幼院等道場。李居士以夫人名義樂助菲幣一千二百元，捐建菩提醫院紀念

---

1 參考：http://www.nytimes.com/1981/04/22/obituaries/holmes-h-welch-59-specialist-on-east-asia.html

1963年・民國 52 年｜74 歲

病房一間，今後將每年捐助該院臺幣一萬元。[1]

是日晚，至「中興新村公務人員進修班」宣講《論語》。

十一月九日（六），晚，於慈光圖書館慈光講座講授《佛學概要十四講表》。

十一月十三日（三），晚，於慈光圖書館週三講座宣講《地藏菩薩本願經》。

十一月十四日（四），至「中興新村公務人員進修班」宣講《論語》。

十一月十六日（六），下午三時，應邀至臺中師範專科學校大禮堂參加該校佛學研究社團潮音學社成立大會。大會到有該校訓導主任及教授呂佛庭、戴鎬東等諸先生，到會佛學大德另有周宣德、傅益永、朱斐、陳進德、許炎墩、許寬成、劉汝浩、陳顯國等十餘人，皆受邀先後致詞。該社現有社員一百一十七人，大會選出徐錫祺、曾金郁為正、副社長。[2]

　　週六下午三時，於臺中師專大禮堂舉行了佛學社成立典禮。到場觀禮指導的，除了李炳南老師及周宣德老

---

[1] 〈新聞〉，《菩提樹》第 133 期（1963 年 12 月 8 日），頁 60。
[2] 〈新聞〉，《菩提樹》第 133 期（1963 年 12 月 8 日），頁 60。

師二位老師外,尚有十餘位教授,有教務主任張崇賜、訓導主任楊志今、總教官王化通、呂佛庭師、傅世銘師、陳榮銓師、戴鎬東師、晏鳳麟師等列席輔導,於是臺中師專「潮音學社」正式成立。發起人黃宏介為呂佛庭老師(半僧)導師班學生,因常問呂老師:「人生是什麼?」由是因緣,得呂老師引介到台中蓮社聽經,接觸佛法。[1]

是日晚,於慈光圖書館慈光講座講授《佛學概要十四講表》。

十一月二十日(三),晚,於慈光圖書館週三講座宣講《地藏菩薩本願經》。

十一月二十一日(四),至「中興新村公務人員進修班」宣講《論語》。

十一月二十三日(六),晚,於慈光圖書館慈光講座講授《佛學概要十四講表》。

十一月二十四日(日),下午四時,為台中蓮社董事長朱炎

---

[1] 黃宏介:〈薪傳長憶老恩師〉,《慧炬》第569期(2011年11月15日),頁61-64。

1963 年・民國 52 年 ｜ 74 歲

煌長公子朱嘉政與陳淑和小姐佛化婚禮福證。[1]

十一月二十六日（二），台中蓮社董事會在小講堂召開，由董事長朱炎煌主持，董事李炳南、施德欽、許克綏、陳進德、賴天生，及主要工作人員趙錽銓、郭秋吉、賴棟樑、魏柏勳、林看治、郭阿花、許炎墩、黃火朝、陳雲、洪城、朱斐、游俊傑等參加，工作報告並討論冬令救濟，擴充蓮社等案。[2]

十一月二十七日（三），晚，於慈光圖書館週三講座宣講《地藏菩薩本願經》。

十一月二十八日（四），至「中興新村公務人員進修班」宣講《論語》。

十一月三十日（六），晚，於慈光圖書館慈光講座講授《佛學概要十四講表》。

十二月四日（三），晚，於慈光圖書館週三講座宣講《地藏菩薩本願經》。

十二月五日（四），至「中興新村公務人員進修班」宣講《論

---

1 〈新聞〉，《慈光》第 110 號（1963 年 11 月 30 日），第 1 版。
2 〈新聞〉，《慈光》第 110 號（1963 年 11 月 30 日），第 1 版。

語》。

是日,函復蔡榮華同學,許可將原規畫畢業後留臺半年學習,改為利用寒假及畢業時段。(見《圖冊》,1963年圖18)

> 榮華同學台鑒:多年離鄉,歸心殷切,人之常情。所云利用寒假及畢業後之時間亦屬大佳。屆時自當斟酌科目以貢獻也。貴恙近日如何?信未提及,仍念之。希臥床只默念佛不可亂思,若久失眠影響健康,不可不慎。專復并頌
> 學祺　　　　　　　　　弟李炳南拜啟　十二月五日[1]

十二月七日(六),晚,於慈光圖書館慈光講座講授《佛學概要十四講表》。

十二月八日(日),《菩提樹》月刊刊載先生作詞、廖德持譜曲之〈迎賓樂〉。

> 今日是良晨,開重門,灑掃清潔,不使有纖塵。
> 缾插名花,鼎煮清茶,一鑪旃檀,結起香雲輪。
> 安獅座鋪錦茵,擊鐘磬鼓瑟琴,一堂欣欣法。
> 恭迎大德遠降臨,為眾轉法輪。五體投地,至誠一心,
> 我為利樂有情,敢請問,慈悲轉法輪,慈悲轉法

---

1 香光編輯委員會:《李炳南老居士復蔡榮華居士書函輯》,頁19。

1963年・民國 52 年｜74 歲

輪。[1]

菩提醫院董事會於同期《菩提樹》刊出半年收支報告表。樂捐收入約三十二萬元，支出約四萬元。[2]（見《圖冊》，1963 年圖 19）

十二月十一日（三），晚，於慈光圖書館週三講座宣講《地藏菩薩本願經》。

十二月十二日（四），至「中興新村公務人員進修班」宣講《論語》。

十二月十四日（六），晚，於慈光圖書館慈光講座講授《佛學概要十四講表》。

十二月十七日（二），臺中金豆商店主人施金豆膺選全國性好人代表，至臺北接受表揚，台中佛教蓮社名譽董事長炳南先生亦贈匾「其為人也孝悌」慶賀。施事親至孝，又每日在店口備飯供給貧戶止飢，十年如一日，從未間

---

[1] 李炳南作詞，廖德持譜曲：〈迎賓樂〉，《菩提樹》第 133 期（1963 年 12 月 8 日），頁 49。今收《弘護小品彙存》，《全集》第 4 冊之 2，頁 570，「香雲輪」改「香雲」；「欣欣法」改「欣欣」。

[2] 〈佛教菩提醫院董事會收支報告表（1963 年 6 月 1 日至 1963 年 11 月 30 日）〉，《菩提樹》133 期（1963 年 12 月 8 日），頁 48。

斷。對台中蓮社十餘年來持續舉辦之年末救濟亦都率先布施。[1]

十二月十八日（三），晚，於慈光圖書館週三講座宣講《地藏菩薩本願經》。

十二月十九日（四），至「中興新村公務人員進修班」宣講《論語》。

十二月二十一日（六），晚，於慈光圖書館慈光講座講授《佛學概要十四講表》圓滿。次週舉行座談及頒獎。

十二月二十三日（一），應中國醫藥學院醫王學社請，題辭紀念。（見《圖冊》，1963 年圖 20）

　　農黃仁術，健人厓身；圓覺鏡智，明眾染心。身力健可強國家，心德明可利天下。大千皆壽，是曰醫王。
　　　　　　癸卯嘉平月冬至後　李炳南題於綠川之上[2]

十二月二十五日（三），晚，於慈光圖書館週三講座宣講《地藏菩薩本願經》。

---

1 〈新聞〉，《慈光》第 111 號（1963 年 12 月 15 日），第 1 版。
2 李炳南：〈醫王學社紀念〉，《雪廬老人題畫遺墨》，《全集》第 16 冊，頁 160。

1963年・民國52年｜74歲

是日上午九時，在臺中市中山堂舉行第九屆慈幼大會，台中蓮社聯體機構董事朱炎煌、劉汝浩、黃火朝等，因推行兒童福利事業著有成績，於大會上獲臺中市長表揚。表揚會上，黃火朝代表全體受獎者致謝詞。[1]

十二月二十六日（四），夏曆十一月十一日，即日起，靈山寺冬季佛七開始，先生應邀開示，有〈癸卯冬季靈山寺結七開示〉講表，偈曰：

> 頭藏宮殿住彌陀，聲入耳中感應多；信願同深求極樂，一心不亂出娑婆。[2]

是日，至「中興新村公務人員進修班」宣講《論語》。

【案】「中興新村公務人員進修班」宣講《論語》自是年五月九日開講，次數不詳。據《菩提樹》「（先生）最近數月來法務之忙，前所未有。每週要上中興新村兩次，一為中興佛社講《阿彌陀經》，一為省府職員進修班講《論語》。」[3]則該班至一九六三年底應仍持續。姑且繫該班於年底圓滿。

十二月二十八日（六），晚七時三十分，在慈光圖書館舉行

---

1 〈新聞〉，《慈光》第112號（1963年12月31日），第1版。
2 李炳南：〈癸卯冬季靈山寺結七開示〉，《弘護小品彙存》，《全集》第4冊之2，頁465。結七時間據《慈光》第111號（1963年12月15日），第1版。
3 〈新聞〉，《菩提樹》第134期（1964年1月8日），頁61。

慈光學術講座座談會,並頒發獎學金。講座課程業已圓滿,於上週測驗完畢,多位教育人士及大專學生一百多人參加,最後由先生頒發獎學金及紀念品。

　　由本刊社長李炳南教授主持的第二屆慈光大專學術講座,參加的學生有本市省立中興大學、師專、中國醫藥學院、中山醫專、逢甲學院等各校優秀青年一六○人,於每週六晚間聽李教授講述佛學概要九次十四講,至十二月二十一日結束,測驗成績優良獲得獎學金者共有師專曾金鬱、中興謝正雄、郭友能、中醫彭武昭、洪富雄等九名。不缺課勤學獎有吳學儀等二十人。二十八日下午七時三十分,在慈光圖書館舉行座談會,同時頒發獎品及獎學金。除出席各校同學一百餘人外,尚有許克綏、蔣俊義、陳進德、許炎墩、周家麟、朱斐等熱心青年教育人士。座談會由陳館長主持,李老師主答。最後館長建議推舉各校聯絡員,俾經常舉行座談而勿失聯繫。朱斐居士更建議組織「大專學生通訊網」,俾使已經畢業或功課忙碌同學,不致因受時間空間限制而失去聯繫,經一致通過,將擬訂辦法實施。下學期起該講座將擴充為兩班,此次結業者可參加甲班繼續深造,乙班則另招初學者參加。[1]

十二月三十日(一),晚七時,月全蝕,有〈癸卯冬月全蝕

1　〈新聞〉,《菩提樹》第 134 期(1964 年 1 月 8 日),頁 60。

1963 年・民國 52 年 | 74 歲

薄暮初虧戌正復光〉。[1] 前後又有：〈雲山〉、〈雁蕩靈峰寺圖〉二首有序、〈山中聽琴〉、〈觀唐六如山水中有烏紗絳袍垂釣者戲題之〉。（《雪廬詩集》，頁 343-345）

〈癸卯冬月全蝕薄暮初虧戌正復光〉：初升遲遠樹，陰魄掩清輝；有待不妨隱，無虧終會飛。出纏麗霄漢，流影鑒毫微；顯晦人皆仰，同心一掬歸。

〈雲山〉：山是地之雲，雲是天之山；地雲飛不去，天山去復還。我身一片絮，十載羈臺灣；蒼蒼兩不盡，何處是鄉關。相對發高詠，未能散襟顏；掩扉倚孤枕，夢落明湖間。

〈雁蕩靈峰寺圖〉二首（有序）：雁蕩者，浙之名山也。群峭攢翠，曲逕不可窮。洞谷數十，多結梵剎，靈峰一寺，即淨宗蕅祖卓錫處也。是圖乃江右夏公長浙教時之作，舊為吳氏所藏，近貽周慶光開士也。開士亦江右籍，從余習淨業，獲之喜，浼余題詠，聊吟二律以識因緣。

盤曲插群峰，洞天嵌梵宮；僧名八不是，蕅相六皆通。薄縠雲千壑，晴煙樹幾叢；茲山拓淨土，披覽意何窮。
畫筆江西俊，舊藏吳氏家；希珍原有主，歸璧定無差。秋日來賓雁，寒宵坐話茶；還疑正諷誦，戶牖迸煙霞。

是年，先生法務及教學甚於從前。除擔任中國醫藥學院教授

---

[1] 1963 年月蝕有三次，冬季月蝕為 12 月 30 日，臺北時間十七時七分，偏食維持一百零二分鐘，全蝕維持三十九分鐘。

《內經》外,每週上中興新村兩次:一為中興佛社講《佛說阿彌陀經》,一為省府職員進修班講《論語》,此外又應中興大學之聘為研究所同學講《唯識概要》。定期講座則有慈光圖書館週三講經、週五蓮社教學和各念佛班蓮友座談以及週六大專學術講座。

〈新聞〉:本刊社長李炳南教授,最近數月來法務之忙,前所未有。以七五高齡,除擔任中國醫藥學院教授「內經」外,每週要上中興新村兩次,一為中興佛社講《彌陀經》,一為省府職員進修班講《論語》,此外又應中興大學之聘,為該校研究所同學講《唯識概要》。定期講座則有慈光圖書館之週三講經,週六大專學術講座,週五蓮社教學。及各念佛班開會。本年元旦休假期間復應臺中慎齋堂之請,接連三天講《唯識簡介》,深入淺出,使此一複雜枯燥的專門學識,多數聽眾咸感興趣,而能聽懂,亦不可思議之事。[1]

紀潔芳,〈三十話智海〉:恩師除了在中文系開授有關佛、詩學的課程之外,在專題演講方面,於最早期,農業經濟研究所李慶麐所長就曾請恩師到研究所上唯識的課,他認為一個研究生應該對唯識學有基本的認識與了解。[2]

【案】李慶麐於一九五七年至一九六九年擔任中興

---

1 〈新聞〉,《菩提樹》第 134 期(1964 年 1 月 8 日),頁 61。
2 蓮德(紀潔芳)口述,編輯組整理:〈三十話智海〉,《智海卅週年紀念專刊》(臺中:國立中興大學智海學社,1991 年),頁 14-21。

大學農業經濟研究所所長,據前引二文,邀請先生為研究生講唯識應即此時。中興佛社宣講《阿彌陀經》時間不詳,當在是年六月二十四日宣講《八大人覺經》圓滿之後,然始末時間文獻無徵,無從繫應月日。

是年,中慧班員游麗惠決定出家,向先生辭別。先生送至樓下門口。

  宏慈法師(游麗惠),〈口述歷史訪談〉:四十二年(1953),我在中一信上班,有一位鄰居,親近靈山寺普願法師,聽說蓮社要開辦第二期國文補習班,邀請我一同參加。我到蓮社,由大門進入,站在雪公休息室門口,雪公走出來,拿一本《菩提樹》雜誌敲了我一下,一轉身看到老師,這是第一次見面。後加入補習班,白天上班、晚上上課,持續聽經、聽課,還參加經典研究班,後來參加中慧班,也參加女子演講大會。每年佛誕節連續三天,在慈光圖書館,演講稿是進蘭姊寫好,我也會稍作修改,我是負責講國語的。後來也曾為進蘭姊翻譯。親近蓮社共十年的時間。
五十二年(1953)到臺北圓通佛學院落髮。決定出家後,請劉小姐陪同,去拜別雪公。雪公默默不說話,我也說不出話,都很難過。雪公送至樓下門口,我不敢回頭,劉小姐看見雪公掉眼淚,很難過。六十四年(1975)精舍落成後,趙居士帶來佛光精舍橫匾(雪公落款、周聖遊老師代筆),並訂製佛像佛龕。雪公也題二副對聯,一在正門,一在側門。七十年(1981)到夏威夷之前,曾去

拜見雪公,因為出國必須出示履歷,介紹在蓮社的學習經過,請雪公幫忙,後來就沒再見過老師了。[1]

---

1 〈宏慈法師(游麗惠)口述歷史訪談〉(2016年6月13日),台中蓮社檔案。

1964年・民國53年・癸卯－甲辰
75歲

【國內外大事】

- 一月,臺南白河地區芮氏規模六點五大地震,嘉南烈震,死亡人數高達一百零六人,數千人無家可歸;關子嶺古剎大仙寺、碧雲寺也遭劫難,白河東山鄉死傷尤其慘重,重創嘉南地區。
- 五月二十六日,印順法師掩關於嘉義。

【譜主大事】

- 一月,元旦應臺中慎齋堂禮請,宣講《唯識簡介》三日。從此成為每年例行弘化要務,直至往生當年。
- 二月,四位大學生自臺北至台中蓮社求學,係慈光講座假期密集班之第一屆。
  徐醒民春節後元宵節前舉家遷來,從學炳南先生。有七人之經學班,以及十餘人國學班之教導。
- 三月,印順法師與演培法師、續明法師,共同捐助巨款支持佛教菩提醫院,建築「太虛紀念館」。先生感謝三寶加被,囑咐同仁確實實踐本院四種誓願:施診施藥、精神安慰、祈禱法會、助念往生。
  慈光圖書館週三晚間講座,開講《大佛頂首楞嚴經》。
  台中佛教蓮社附設國文補習班第十三期開學。
  至臺中中山醫專參加該校學生佛學社團能仁學社成立大

- 三月起，接續上年度，擔任臺灣省政府員工進修班國文科講座。
- 三月至五月，開辦第三屆學期中慈光大專佛學講座，講授《八大人覺經》。
- 四月，至中興佛社宣講《心經》。
- 五月，「臺中市私立菩提救濟院」改組為「臺灣省私立菩提救濟院」。先生為董事長。聘林看治為救濟院首任院長。

  奉派擔任國家特種考試中醫師考試典試委員。
- 七月，至桃園蓮社宣講《佛說盂蘭盆經》。
- 八月，馬來西亞僑生蔡榮華歸返僑居地。行前請先生教授〈普賢行願品〉。先生送行時，應其請將所著之長衫卸下相贈。

  臺灣大學晨曦學社以及政治大學東方文化社十二位學員，至台中慈光圖書館求學，為慈光講座第二屆。
- 九月上旬，應呂佛庭邀請詳覽所作〈長城萬里圖〉，後並撰成〈呂半僧萬里長城卷子歌〉題贈。
- 十一月至十二月，第四屆學期中慈光大專學術講座，分兩班，初級班由中興大學教授許祖成主講「佛學概要」，高級班由先生主講「唯識學」。
- 十一月，先生與許祖成教授共同領導中興大學智海學社同學至后里郊遊，先生宣說學佛之應為與不應為。四為：為求學問、為求解脫、為轉移汙俗、為宏護正法；三不：不借佛法貪名圖利、不以佛法受人利用、不昧佛法同流合汙。

1964 年・民國 53 年｜75 歲

一月一日至三日（五），每日下午二時半至四時半，應臺中慎齋堂禮請，講演《唯識簡介》，由張進興翻譯臺語。[1]

一月一日（三），晚，於慈光圖書館週三講座宣講《地藏菩薩本願經》。

一月五日（日），函復政大蔡榮華同學，歡迎其寒假來臺中學習，並建議其邀約友伴共學。（見《圖冊》，1964 年圖 1）

榮華同學台鑒：奉手翰敬悉，寒假來中三週小住甚喜。所擬課程先授講座十四表，餘則臨時商定。最好約昭雄、金松兩弟參加數天，道必有朋，始克宏也。住食皆有籌備，不足慮也。專復并頌

學祺　　　　　　　　　　　弟李炳南拜啟　一月五日[2]

【案】此為寒暑假期大專慈光講座之先聲。該等同學果然依約前來，見是年二月二日譜文。

一月八日（三），《菩提樹》月刊本期刊載先生作詞，廖德持作曲之佛教歌曲〈模範人格〉，以及先生作詞，楊永譜作曲之〈波旬〉。[3]

1　〈新聞〉，《慈光》第 111 號（1963 年 12 月 15 日），第 1 版。
2　香光編輯委員會：《李炳南老居士復蔡榮華居士書函輯》，頁 20。
3　李炳南作詞，廖德持作曲：〈模範人格〉；李炳南作詞，楊永譜作曲：〈波旬〉，俱見：《菩提樹》第 134 期（1964 年 1 月 8 日），頁 53。收見《弘護小品彙存》，《全集》第 4 冊之 2，頁 572、578。手稿見：【數位典藏】手稿 / 佛歌創作 / 梵音集 /〈波旬〉。

李炳南作詞,廖德持作曲,〈模範人格〉:
仁者不殺生,義人不偷盜,知禮不邪婬,求智不飲酒,信實不妄語,五常所當守。完成好人格,件件都應有。

李炳南作詞,楊永譜作曲,〈波旬〉:
波旬真可怕,你要提防些。
不是青臉紅髮,不是巨口獠牙,似發神經病,夜郎自誇大,
開口先把佛法罵,忠孝禮義齊廢除,民族家庭被分化。
勸青年認清他,莫受欺騙路走差。

是日晚,於慈光圖書館週三講座宣講《地藏菩薩本願經》。

一月十一日(六),晚七時,於慈光圖書館召開慈光學術講座大專同學聯絡員茶話會。為使大專學生智識青年繼續研究佛學起見,經討論,一致決定成立中部大專同學佛學研究聯誼中心。[1]

一月十二日(日),下午二時至六時,應邀參加中興大學智海學社郊遊。(見《圖冊》,1964年圖2)中途於霧峰佈教所以「正覺的人生觀」開示佛法,從政治、教育兩方面談人生切要,再從人生過程的狀況與需要,由生活技能、國族義務、轉變因素與宗教真相四層次剖析佛教與

---

[1] 〈新聞〉,《慈光》第113號(1963年1月15日),第1版。

1964 年・民國 53 年 | 75 歲

他教之區別。有〈正覺的人生觀〉講演講表。[1]

　　中興大學農學院智海學社於元月十二日舉辦郊遊，參加社員四十餘人，由許慎獨教授領隊。路過霧峰蓮社時，曾請李炳南居士講演。李氏以「正覺的人生觀」為題，闡析人生切要及人生過程並勉與會社員研究佛學。講畢，即赴省議會遊覽，由朱斐居士主持摸彩節目，至晚六時才興盡返臺中市本校。[2]

一月十五日（三），晚，於慈光圖書館週三講座宣講《地藏菩薩本願經》。

一月十八日（六），台中蓮社寶華班賴江阿里令郎賴滿盈在自宅舉行婚禮，先生、林看治、許炎墩等蓮友多人前往致賀。[3]

1　李炳南：〈正覺的人生觀〉，《弘護小品彙存》，《全集》第 4 冊之 2，頁 375。《弘護小品彙存》所錄講表未記日期，今據中興大學《智海卅週年紀念專刊》（頁 54）所錄同一講表，題目下注記「民國五十三年一月十二日智海社遊霧峰時講」。

2　〈新聞〉，《慧炬》第 23 期（1964 年 3 月 15 日），頁 19；參見：〈新聞〉，《菩提樹》第 135 期（1964 年 2 月 8 日），頁 60。日期據：智海學社：〈社史〉，《智海卅週年紀念專刊》，頁 173。省議會郊遊照片見：江逸子：〈木鐸春風三十載　懷師恩〉，《弘法資訊》第 250/251 期合刊（2016 年 4/5 月），頁 71-73。江逸子原演講錄影見：社團法人臺灣企業精英孝廉文化聯合會主辦：《木鐸春風三十載　李炳南老教授圓寂三十周年紀念——雪廬老人學誼道風論壇》，https://www.youtube.com/watch?v=DHS_oLJjfKw

3　〈新聞〉，《慈光》第 114 號（1963 年 1 月 30 日），第 4 版。

1635

一月二十二日（三），上午九時，於台中蓮社為蓮社弘法員張慶祝令媛洪綿與張庭瑞佛化結婚典禮福證。先生題詩祝賀。[1]（見《圖冊》，1964年圖3）

〈賀結婚之喜（之一）〉：紅燭雙輝玉漏遲，從今嘉耦案齊眉；日高窗曙非慵起，早課同脩深下帷。

庭瑞洪綿二位賢契結婚之喜　　　雪廬李炳南題於臺中

是日晚，於慈光圖書館週三講座宣講《地藏菩薩本願經》。

一月二十九日（三），晚，於慈光圖書館週三講座宣講《地藏菩薩本願經》圓滿。講經後，為一月十八日南嘉大震災募捐，請蓮友隨緣樂捐。

一月十八日，臺南外海臺南東北東四十三公里發生芮氏地震儀六點五規模的大地震，嘉南烈震（白河地震），有地裂、噴砂，死亡人數高達一百零六人，房屋全毀一萬零九百二十四間，好幾千人無家可歸；連關子嶺古剎大仙寺、碧雲寺也遭劫難，白河東山鄉死傷尤其慘重，重創嘉南地區。《菩提樹》主編發出緊急通告募款，台中蓮社立即撥款三千元，《菩提樹》一千元即刻交當地救災單位發放；炳南先生並於慈光圖書館講經後

---

[1] 〈新聞〉，《慈光》第113號（1963年1月15日），第1版；李炳南：〈賀結婚之喜之一〉，《雪廬老人題畫遺墨》，《全集》第16冊，頁125。

1964年・民國 53 年 | 75 歲

請蓮友隨緣樂捐,以便後續救災。[1]

是月,國外佛教大德陸續捐款建設菩提醫院。

馬來西亞佛教會主席竺摩法師,為紀念近代佛教領袖太虛大師,捐建菩院病房一間,命名為太虛大師室。馬來西亞吉隆坡慈雲山七寶寺信眾亦捐紀念病房一間,命名為盛凱恩師室。另盛凱法師亦捐購基地。菲律賓大乘信願寺方丈瑞今長老將四眾為其華誕祝賀之壽儀約臺幣五萬餘元,捐作大病房或講堂。信眾僑領蔡金鉉居士為頌揚其令尊金鎗居士,亦獻捐病房一間,命名為蔡金鎗室。菲島佛教居士林前任林長蔡文沛居士亦捐建病房一間紀念其先慈,命名為王慈康室。菲三寶顏福泉寺傳貫法師捐弘一大師室。[2]

二月二日(日),即日起,就讀政治大學中文系之馬來西亞僑生蔡榮華、政治大學外交系張昭雄、師範大學國文系僑生李相楷、中興大學社會系王國光等四位大學生自臺北至台中蓮社求學,先生以一個月時間為四位大學生講授《八大人覺經》、《唯識簡介》、《佛學概要十四講表》等課。週一隔週上課,週二至週六,每天上課。此係慈光講座假期密集班之第一屆。先生安排其住宿台中蓮社導師寮。(見《圖冊》,1964 年圖 4)

---

1 〈新聞〉,《菩提樹》第 135 期(1964 年 2 月 8 日),頁 60。
2 〈新聞〉,《菩提樹》第 135 期(1964 年 2 月 8 日),頁 61。

蔡榮華，〈無盡的追思──百日煙波萬里永懷老恩師〉：李老恩師！自從忝列門下，二十多年來就一直這麼尊稱。回顧公元一九六〇年從大馬柔佛州麻坡飛往寶島進入國立政治大學求學到畢業，感到欣喜，但很平凡。可是在一九六三年拜謁老人家，接著成為入室弟子，深感法喜，倍增光榮。其實凡是拜雪公為師的，人人都覺得光彩無比，這是眾門生心照不宣的啊！

憶及第一次拜見老人家，弟子即肅然起敬，請益中不知不覺中竟超過了原約的時間，而且還請末學吃晚餐，事後方知老恩師是過午不食，啊！真是太慈悲了！

老人家於民國五十年專為大學生開辦佛學講座，末學是第一屆的學生，當時共同參研的還有香港的李相楷，臺北的王國光，臺中的張昭雄師兄。但全部聽完課程的就小弟一人。所以師兄們編輯《明倫》雜誌報導上，很客氣的說我是門生之中「元老的元老」。我老而無用，因眾門生都學有專長，反觀自己卻不學無術，足見末學的愚痴，也證明老恩師有教無類，循循善誘。啊！恩師真是菩薩度眾，不捨一人！

當年末學在慈光圖書館參加講座並膳宿期間，當家郭蓮花師姑烹飪的豆腐是一流的，有口皆碑，而我喫的不特有美味可口的豆腐，而且再加上香菇和紅蘿蔔的好料呢！直到一九八四年再度飛赴臺中，懇請老恩師教誨開示。當時寓居台中蓮社導師寮約有一個月，一日與師兄們談起，才知雪公如此殷勤招待弟子，而老恩師本人卻很儉樸，自己從不吃香菇，如今思之，不當汗顏，簡直

太折福了。這又足證老恩師的錦注有加。

當末學參加講座結業後，擬返臺北政大時，老人家特惠賜臺幣百元作為車資，當時我再三不肯接受，老人家說：「長者賜不可辭。」末學不敢不接受。這又證明老恩師的關懷備至！（當年百元可大喲！那時臺北客飯只收五元臺幣，包括一菜一清湯，蓬萊米飯，能吃幾碗就食幾碗，是不加價的咧！）

其實這些恩德是老人家的身教，處處在日常生活中表現自由中國禮義之邦，有容乃大的氣度。所以老人家是經師亦是人師。[1]

【案】上引文稱「老人家於民國五十年（1961）專為大學生開辦佛學講座，末學是第一屆的學生」，兩句各皆屬實，但合稱則有誤失。炳南先生一九六一年為大專生開辦之佛學講座，為一次兩小時課時之週末班（見 1961 年 5 月 6 日）；蔡榮華參加之「第一屆」則是寒暑假長期課程；引文中「一九六三年拜謁老人家」可證。蔡榮華為馬來西亞僑生，就讀政大中文系。一九六〇年秋入學，一九六四年夏畢業返回僑居地馬來西亞（見後譜文）。一九六三年九月二日，先生函復其求教國學、佛學學習次第問題，並建議其於畢業後至臺中留學半年。後因歸心殷切（見 1963 年 12 月 5 日文），於是有是年一月五日約期（見上文），於此時特別為其開設

---

1 蔡榮華：〈無盡的追思——百日煙波萬里永懷老恩師〉，《明倫》第 166 期（1986 年 7 月）。

之講座,是為「慈光講座第一屆」。蔡榮華與同行者如上引文共四位,標記「五十三年度冬令研究班」,列為歷屆慈光講座「通訊錄」之首。[1] 唯四人聽課時間長短不一,蔡榮華最長,前引文有「全部聽完課程的就小弟一人」、「寓居台中蓮社導師寮約有一個月」;李相楷聽講時間最短,然亦有一週。見下文。

李相楷,〈寒假期中之休閒生活〉:二月二日薄午,余安抵臺中,即赴菩提樹月刊社,晉謁李師,師德隆望尊,為佛門耆老,余早深欽仰,相見之下,更覺可親。寒暄過後,師即使人送余至慈光圖書館西北樓,蔡、王二生早在焉,雖屬新知,而語甚投契,彼等亦好佛學,特未皈依耳。

慈光前為書庫及閱覽處,中為佛堂,西北樓位於館後,與佛堂毗連,樓中整潔異常,有桌一几一、牀二、椅三,桌前有窗,窗上有畫,布置雅淡,極宜居處,余甚樂之。是晚師來,與吾儕同膳閒談,余即以自刻石章一方奉贈,文曰法眼清明,藉表寸心,雖功力低劣,弗較也。

三日黎明,有梵音繞於耳際,悠揚肅穆,令人頓生出塵之想,其後每天,莫不如是,蓋為信士多人,日日必行之早課也。

---

[1] 1967 年編輯第七屆慈光講座通訊錄時,錄有歷年學員通訊錄,將此為渠等四人開設之講座,標記為「五十三年度冬令研究班」,列為「通訊錄」之首。見方萬全、徐天相、陳大雄、邱敏霞編:《暑期大專佛學講座同學錄⑦紀念冊》,封面作「暑期大專佛學講座⑦紀念冊」(臺中:慈光圖書館,1967 年 10 月 15 日),末頁。

三日午後,師來講《八大人覺經》,是經辭約義豐,言近旨遠,李師辯才無礙,契理契機,吾儕聽來,神為之凝,或有疑不決,則起而問難,或有所未詳,則請為解說,一時議論紛紛,各抒己見,談笑聲中,師以深入淺出之法,剔出正意所在,吾儕茅塞頓開,不少縈迴腦際多時之問題,俱迎刃而解矣,如是三天,聽畢此經,語云,聆君一席話,勝讀十年書,吾至是知其言之不謬也。六日不講經,余等往公園泛舟,環湖放棹,縱目四覽,方之岸上而觀,又別饒一番風致,余前曾至此,然未嘗泛舟,殆不悉其樂如是也。七八兩日、師講唯識簡介,於眼、耳、鼻、舌、身、意、末那、阿賴耶諸識大要,闡述無遺,其挈領提綱之妙,鉤元提要之奇,足為吾人處事時執簡馭繁之表範,此又唯識以外之所得也。九日停止講經,余等往遊東海大學。偉哉此學府,地處郊區,依山而築,花木扶疏,樓房林立,美輪美奐,極幽極清,余歷觀各處大學,未有如是之壯麗者也,載興而歸,東海景物,猶徘徊於心底。

有聚有散,必然之數。十日下午,即告分離,以余參加之高山野營,已屆報到之期故,是日往辭李師,並請贈言,師云:努力學習,親近益友。噫,此平實語,吾聞之何止千百次,君子務本其此之謂歟,余生性狂簡,好高鶩遠,師之訓言,真如當頭棒喝,甚足發人深省也。[1]

---

1 蓮階(李相楷):〈寒假期中之休閒生活〉,《慈光》第226號(1969年4月15日),第3版。

【案】上引文發表於一九六九年四月《慈光》半月刊，該期編者於〈生活花絮〉說明：「此次欣接海外李相楷學長來鴻，首先給我們精神上的鼓勵，並加上〈寒假期中之休閒生活〉一文，文中係李學長參加第一屆慈光講座之描述，相信同學們閱後必有同感與親切感。」[1]

蔡榮華返校後，熱心宏化。李相楷日後獲頒獎學金，特提出大部分，捐供先生獎學之用。

政大僑生李相階同學，前歲曾利用暑假來中參加本刊社長主持之大專暑期講座，並介紹皈依三寶，李君獲獎學金五百元，分出二百九十元捐獻雪廬獎學之用。青年學佛、虔敬如此，殊為難得。[2]

【案】蔡榮華熱心宏化事，見後三月二十九日文。「政大僑生李相階」，據第三期《慈光大專學術講座同學錄》及第七期《暑期大專佛學講座同學錄⑦紀念冊》，應作「李相楷」，師範大學國文系，澳門人。[3] 李參加慈光講座為一九六四及一九六五年冬令班，並未參加暑期班。

---

1 編者：〈生活花絮〉，《慈光》第 226 號（1969 年 4 月 15 日），第 4 版。
2 〈新聞〉，《菩提樹》第 146/147 期合刊（1965 年 1 月 8 日），頁 65。
3 林敏雄、李相楷編：《慈光大專學術講座同學錄》（臺中：慈光圖書館，1965 年 2 月 15 日）；方萬全、徐天相、陳大雄、邱敏霞編：《暑期大專佛學講座同學錄⑦紀念冊》（臺中：慈光圖書館，1967 年 10 月 15 日）。

1964 年・民國 53 年 | 75 歲

是日,上午十時半,台中蓮社文藝班同學詹春田與陳娥於蓮社禮堂舉行佛化婚禮。[1]

二月十三日(四),甲辰年正月初一,上午十時,台中蓮社於大殿團拜念佛,先生以密咒加持福壽章千百餘份贈送參加蓮友。[2]

二月十八日(二),夏曆年初六起,一連五天,台中蓮社舉辦青年講演大會。[3]

二月二十七日(四),元宵節。徐醒民於去年歲末調職臺中,春節後元宵節前舉家遷來,從學先生。從此開啟其終身從學先生之道途。

徐醒民,〈一句阿彌陀師友恩無盡〉:約在民國四十四年,民由佛學雜誌獲悉,雪廬老人在臺中長期弘法,並授儒經。過了兩年,淨空法師到臺中,從老人學。民也曾到臺中拜見老人兩次,甚願有師事因緣。直到五十二年底,調職臺中,五十三年新春遷居畢,始能如願。從此隨師求學,不復他遷。[4]

---

1 〈新聞〉,《慈光》第 114 號(1963 年 1 月 30 日),第 4 版。
2 〈新聞〉,《慈光》第 116 號(1963 年 2 月 29 日),第 1 版。
3 〈新聞〉,《菩提樹》第 136 期(1964 年 3 月 8 日),頁 61。
4 徐醒民:〈一句阿彌陀師友恩無盡〉,《序跋文集》(臺中:台中蓮社,2015 年 4 月),頁 110-113。

徐醒民:第一次到臺中拜見老師時,我行大拜禮,老師也行大拜禮。我趕快把老師扶起來,真是罪過罪過。辦假退役後,一九六二年,到新竹《臺灣新生報》任記者做採訪工作,就在新竹結婚。一九六四年,農曆元宵節前,搬到臺中。來臺中即去拜訪老師。第二天,老師就來回拜。那時我住在《新生報》的宿舍。《新生報》前面是辦事處,後面是宿舍。老師來回訪,我就跟老師行禮,老師還是回禮。老師告訴我:「這地方我住過。我剛到臺中來的時候,就住在這個地方。」[1]

謝智光,〈《論語講要》筆記者徐醒民先生訪談錄〉:有幾次到臺中拜見老師。拜見後發現,老師不是簡單、普通的弘法利生的人,他的確是一個真正是有道德、有修養的人。這是沒有正式到臺中來。從民國五十三(1964)年,搬到臺中來,就正式的拜老師(為師)。民國五十三年陰曆元宵節以前,搬到臺中。一搬到臺中馬上就去見老師,請老師收我為學生。沒有好久,就行了拜師禮。元宵節以後,他老人家就開始講經,一開始就講《楞嚴經》。《楞嚴經》我在臺北就看過一遍,他老人家一開始講《楞嚴經》,講到這裡,後面我就知道了,因為我看過經文嘛,所以比較得利益、因為前後都能夠貫穿起來。這是我拜見老師最初的一個因緣。

---

[1] 徐醒民口述:〈第一次拜見老師〉、〈醒公搬到臺中的因緣〉,《徐醒民先生專訪》, https://www.youtube.com/playlist?list=PLMMkSAjNoIqNHPU_O8CYBdR48zCj71tFp

從到臺中來以後,別處我一概不去了。他老人家講佛經,無論在哪裡講,我一定跟著去聽。講儒家的經典也是如此。甚至他老人家在興大講詩,我都不缺席。他晚上在興大夜間部講「詩階述唐」、「詩選及習作」,而且叫學生學著作詩。那時候到臺中來,我在臺中圖書館工作、等於公務員。那時薪水不多。我就在新民商工兼課。老師在興大夜間部教詩的時候,老師說:「你要去聽啊!」我跟老師說,「正好我在新民夜間部教國文呀!」老師說:「你能不能把這個時間調整一下?」我心裡想,要調整不容易啊。人家學校已把課程排好了,怎麼調整?我一想,哪個重要?學詩重要,我就把新民上課的課程辭掉,專門來聽老師上課。這也是我跟老師學的一個小的插曲。[1]

　　徐醒民,〈師恩罔極〉:民既聞法,獲悉世間萬法無常,縱然詩如李杜,文如韓歐,皆無助於了生死,因欲廢書,專心念佛,求得生西左券。師即告誡,上智下愚,單持名號,不起分別心,皆能成就。汝非下愚,亦非上智,不學教理,何望有成。而且淨土宗是大乘法,必須度化眾生。不學教理,如何度眾。民遂提起精神,學習經教。師則循循誘導,不時提示,除令常隨聽經,又為指定專書研讀,包括佛經儒經文史等。讀後須提疑問求解。如無疑問,師便提出問題令民解答。師問皆是

---

[1] 謝智光:〈《論語講要》筆記者徐醒民先生訪談錄〉,《雪廬老人《論語講要》研究》,頁 256-268。

書中隱微之義，甚難解答。例如《阿彌陀經》，民將祖師要解，疏鈔等研讀再三，又作筆記，信無難題，然師每問皆出乎民之意外，以致無一次能解，因此不免沮喪。師說，《阿彌陀經》可謂是小《華嚴經》，含義無盡，答不出，不足為怪，但須下苦功夫學。師如此鼓勵後，再提示，令民再研究，直到問題解決為止。民在當時甚以為苦，但後來方知，如此學習，進步最快，受用最多。[1]

除成為長期大眾講經、講課之常隨眾，另又有七人之經學班，以及十餘人國學班之教導，以及個別指導。

徐醒民，〈徐醒民教授訪談〉：在蓮社改建前，有七人研究小組：淨空法師、周家麟、徐醒民、凌景霞、江逸子……，經常於蓮社（改建前）會客室當小教室學習，會客室是榻榻米，上有七巧板拼成一長桌。老師坐上端，學生兩旁相對坐。研討時主要是把雪公講的經，由某人先複講一段，再相互報告心得、研討複習。另有一個組，人比較多，教我們古文、詩、歷史，還有書法。江逸子學詩甚有心得，周家麟學歷史，老師教我讀史記、閱微草堂筆記。淨師則未特別指定，但老師要求他每一種都要注意聽。[2]

---

[1] 徐醒民：〈師恩罔極〉，《明倫》第173期（1987年4月）。
[2] 華藏淨宗弘化網／數位圖書館／〈徐醒民教授訪談（第1集）〉，https://edu.hwadzan.tv/play/52/491/0/232710

鄭樺主編，《淨空法師九十年譜》：李老師授《楞嚴》，開講三年，師亦覆講三年。覆講聽眾僅有六人，為經學班同學。[1]

紀潔芳，〈半世紀牽引　一輩子感念〉：筆者（1964年9月）念大一時，智海幹部幾乎每一星期有四個晚上可以聆聽李老師講課，星期二晚上在老師家中念佛，當時老師住和平街臺中家商旁二樓木屋毗鄰菩提樹雜誌社。參加的人士有淨空法師、蔣俊義老師、周聖遊老師、徐自民老師、朱斐居士、江逸子、鄭勝陽、廖玉嬌、何美枝、呂富枝、鄧慧心，謝正雄等居士及筆者。念佛後，大家席地而坐，圍著老師請教修學疑惑，那股安寧、清涼、圓滿的氣氛至今常縈繞心頭。這聚會一直到老師到興大主持「國學講座」才停止。星期三晚上到慈光圖書館聽老師講《楞嚴經》。《楞嚴經》圓滿後續講《圓覺經》、《華嚴經》。另外每週五的晚上在改建前蓮社的榻榻米教室為蓮友講古文及唐詩，星期六晚上參加慈光圖書館大專佛學講座。[2]

【案】蓮社小講堂內榻榻米座席之教學為期甚久，一九五九年夏秋之間，淨空法師尚未披剃初來臺中時

---

[1] 鄭樺主編：《淨空法師九十年譜》（聯合國教科文組織　淨空之友社，2019年），頁35。

[2] 紀潔芳：〈半世紀牽引　一輩子感念──憶慎公恩師兼述智海學社的成長與校園佛法的發展（上、下）〉，《慧炬》第537期（2009年3月15日），頁42-51；538期（2009年4月15日），頁32-41。

就已開始。時，徐醒民尚未至臺中親近先生（見前譜文）。是年三月，徐醒民來臺中拜師入門後，形成較為固定之七人學習小組。

【小傳】徐醒民（1928-2022），號自民，安徽省廬江縣人，幼上私塾，即好樂國學，經史詩文，循次背誦。一九四九年隨國民政府來臺，畢業於政工幹校新聞系，派駐外島經辦《馬祖日報》。後退伍轉任公職。曾蒙國學大師章太炎之壻朱鏡宙老居士，示其研習儒經之方，及修學佛典之道，並引薦炳南先生。一九六四年正式拜師，從此，凡先生講席無不與。以深造有得，先生倚為弘護股肱。任職臺灣省立臺中圖書館近三十年，一九九三年，以祕書職退休。曾任菩提救濟院安老所所長，內典研究班、多所大專院校佛學社授課老師，長期擔任明倫月刊社發行人兼專論撰述，《論語》講習班班主任。著有《儒學簡說》、《讀易簡說》、《讀易散記》、《明倫月刊論文彙集》、《序跋文集》等書。[1]

是月，菩提醫院捐建紀念病房已達八十間，於是在臺中市南

---

1 參見吳聰敏：〈述儒文集序〉，《明倫》第 391 期（2009 年 1 月）；謝智光：〈《論語講要》筆記者徐醒民先生訪談錄〉，《雪廬老人《論語講要》研究》，頁 256-268；淨空老法師報恩講堂／徐醒民教授訪談／ 2012 年 3 月 2 日啟講於臺灣台中蓮社／編號：52-491 ／ 共 1 集：http://www1.amtb.tw/baen/jiangtang.asp?web_choice=68&web_rel_index=2938

1964 年・民國 53 年 | 75 歲

門外購地三千坪,即將動工興建。[1]

三月一日(日),台中蓮社成立禮樂服務部,推行佛化禮俗提倡節約,承辦蓮友婚喪慶弔事務。

　　台中佛教蓮社為推行佛化禮俗,提倡節約,以應蓮友實際需要,俾增蓮友福利起見,曾於民國五十年董事會決議成立禮樂服務部,經久籌備,現已準備就緒,決定自三月一日開辦,該部將承受蓮友之委託,辦理婚喪慶弔業務:如結婚、祝壽、開業、落成、喪葬、冥壽等代辦禮堂、祭壇之佈置、殯葬、治喪花圈禮品之出租、樂隊之吹奏等一切慶弔工作,收費低廉,手續簡單。[2]

三月八日(日),中午,印順法師駕臨菩提樹雜誌社,先生與朱斐、于凌波等陪同午餐。印順法師擬與同為太虛大師門下之演培法師、續明法師,共同捐助巨款支持佛教菩提醫院。先生考量彼此因緣,提議並獲法師同意,建築「太虛紀念館」以紀念一代大師遺範。

　　〈新聞〉:近代佛教領袖太虛大師之學生印順、演培、續明等法師,為紀念一代大師遺範,將於正在籌建中的佛教菩提醫院內捐建一座太虛紀念館,其建築費用約計新臺幣五十萬元,由上列三位法師籌集捐助。紀念館內分上下兩層,二樓中間供設釋迦佛像一尊,左右

---

1 〈新聞〉,《菩提樹》第 136 期(1964 年 3 月 8 日),頁 60。
2 〈新聞〉,《慈光》第 116 號(1963 年 2 月 29 日),第 1 版。

懸掛太虛大師畫像及大師傳略各一幅,並陳列佛教《大藏經》、《太虛大師全集》等。以供信眾閱讀、早晚課誦、聽經聞法之用。一樓則全部作為辦公或會客等用。法師等此舉,不啻給予籌建該院之佛教同人以極大之鼓舞。[1]

　　印順法師,《平凡的一生》:民國五十三年,我辭退了慧日講堂的住持,要去嘉義掩關時,聽說李炳老領導蓮社同人,發起建立菩提醫院。在那時,這是佛教界難得聽到的好消息!我與演培、續明洽商,決定以臺幣五十萬元,樂助菩提醫院建院費用。本來,我們只希望,在某間病房中,紀念性稱為「太虛室」。但炳老建議:在醫院旁,建一座「太虛大師紀念館」。上層供佛及虛大師的影像與略傳,可引導病者及其關係人的信佛;下層供醫院使用。炳老的好意,我們當然接受了。[2]

　　朱斐,〈印順導師為何捐建太虛紀念館〉:印公導師是最弘揚人間佛教的出家大德,而我們的雪公老師是專宏淨土的在家佛教徒。印公導師於民國五十三年先將新竹福嚴精舍交給演培法師,繼將臺北慧日講堂交與印海法師。自己退居後將赴嘉義妙雲蘭若閉關。這時我們正在籌建菩提醫院中,印公突然來臺中和平街菩提樹社訪晤雪公,時老師寓所即在鄰右,兩公平時很少見面,

---

1 〈新聞〉,《菩提樹》第137期(1964年4月8日),頁61。
2 釋印順:《平凡的一生(重訂本)》,《妙雲集(下編)》第10冊(臺北:印順文教基金會,2005年6月,新版一刷),頁192-193。

1964年・民國53年｜75歲

稀客高僧來訪不免詫異；原來導師即懷巨金為要助建菩提醫院而來。印公用他與演培、續明三人名義捐款五十萬元，用途隨我們需要，並不硬性指定。但雪師以三寶之捐施事關重大，商議之下建一紀念太虛大師之名義較為妥善，蓋雪公老師在抗戰時期亦在重慶，曾奉太虛大師命負責監獄教化事宜；而太虛大師與導師亦有師生誼。雙方談妥捐施之款專用在建築一兩層樓之「太虛紀念館」。樓上中間塑釋迦佛像，右懸太虛大師油畫全身像，左掛一大理石碑刻太虛大師傳略。佛像由院方請人雕塑，太虛大師傳略由導師撰文請章斗航居士書寫。如是決定後請謝居士設計並督建本館。[1]

【案】印順法師一九六四年三月二十九日慧日講堂住持期滿辭退，旋於同年五月十九日掩關嘉義。唯《菩提樹》月刊於一九六四年四月八日已報導捐助事，則其蒞臨臺中當在三月底四月初。今據于凌波《曲折迂迴菩提路》，繫為「五十三年三月上旬，八日中午。」[2]

【小傳】釋印順法師（1906-2005），俗名張鹿芹，法名印順，號盛正，浙江海寧人。為當代著名之學問僧。受剃於普陀山福泉庵清念法師；至天童寺受戒，戒和尚為圓瑛法師；而後求學閩南佛學院，院長為太

---

1 朱斐：〈印順導師為何捐建太虛紀念館〉，《菩提家訊》第51期。另參見朱斐：〈炳公老師與我──兼述臺中早期建社弘法的經過〉，《菩提樹》第403期（1986年6月8日），頁23-32。
2 于凌波：《于凌波七十自述──曲折迂迴菩提路》，頁428-429。

虛大師。一九四七年，四十一歲時，太虛大師逝世，大師弟子一致推舉印順法師擔任《太虛大師全書》主編，至第二年四月編集完成。

法師一九四九年，移居香港；一九五二年，自香港來臺。歷任香港佛教聯合會會長、《海潮音》社長、臺北善導寺住持、馬尼拉性願寺及華藏寺住持，先後創設福嚴精舍、慧日講堂、妙雲蘭若，皆以義理之教學為主。一九七〇年，沈家楨推動漢傳大乘佛教經典英譯，印順法師大力支持，撥出福嚴精舍房舍，讓沈家楨在臺灣成立譯經院。也因此有日後，由譯經院邀請炳南先生主持「經注語譯會」之機緣。

法師承繼太虛大師「人生佛教」理念，畢生推行人間佛教，主張「佛法以人為本，也不應天化、神化。」其理念對佛光山星雲法師、法鼓山聖嚴法師、慈濟功德會證嚴法師都有不少影響。證嚴法師且為其剃度弟子。

法師身體素來羸弱，又曾數次重大手術，飲食為固定一味之「萬年菜」，生活平淡而有紀律。二〇〇五年由於心臟衰竭捨報，享耆壽九十九歲。

印順法師著作等身，有《妙雲集》二十五冊、《華雨集》五冊，及《原始佛教聖典之集成》、《初期大乘佛教之起源與開展》等專著十餘種。一九七三年，曾以《中國禪宗史》一書，獲頒日本大正大學正式博士學位，為我國首位博士比丘。

先生感謝三寶加被，並驚歎與太虛大師之特殊緣分，囑

附同仁確實實踐本院四種誓願：施診施藥、精神安慰、祈禱法會、助念往生。

〈紀念太虛大師說今昔因緣〉：流亡到臺灣，學人仍本著一貫的作風，辦了幾處宏化機構，也設了幾部公益慈善事業。這時候印順老和尚，及演培法師，擬在臺灣建築大師紀念館，兩位選擇地點，也不在首都的臺北，也不在多寺廟的南部，竟然選定了臺中，捐給學人設的菩提救濟院去辦。一座巍巍的大樓，一幅莊嚴的慈像，竟然在臺中示現，成了一片永常的淨土。更沒想到，二十年前的永訣，忽又變成心神的永結，不可思議，不可思議，這是與大師的第四段緣分。[1]

〈新聞〉：主持該一籌建工作之李炳南居士，除表示感謝三寶加被外，並一再叮囑同人等必須切實遵照本院四種誓願徹底付諸實現。按四種誓願為：(1)施診施藥──不分任何宗教，凡有疾病，家貧無力醫療者，本院概予布施醫藥。(2)精神安慰──預防護士忙碌護理上或有不周時，由發心蓮友組義工慰問隊，輪流在病房服務，使病者得到一切便利。(3)祈禱法會──建設佛堂定期舉辦法會，專為樂捐善士及病人等消災延壽。(4)助念往生──住院病人形壽盡時，凡有佛教信仰者，移入西方室，為之念佛，助生極樂。[2]

---

[1] 李炳南：〈紀念太虛大師說今昔因緣〉，《雪廬寓臺文存》，《全集》第 14 冊之 2，頁 228-233。

[2] 〈新聞〉，《菩提樹》第 137 期（1964 年 4 月 8 日），頁 61。

三月十一日（二），慈光圖書館週三晚間講座，開講《大佛頂首楞嚴經》，由張進興翻譯臺語。[1] 有〈首楞嚴經講述表解〉。

講前語（甲）講壇方式、（乙）起教因緣、（丙）本地契機／常感智慧不開──開慧楞嚴成佛法華／不知念佛是定──內示自聞三昧圓通／多務虛名少實──內示無定招障之弊

釋題、宣流及譯者、經文摘記簡釋[2]

三月十四日（六），應邀出席於慈光圖書館召開之慈光學術講座大專同學聯絡員茶話會，中醫學院醫王社長吳博斌任主席。因獨立成立大專同學聯誼中心，須專案報請臺中市政府及警備司令部核准，故仍以附設於慈光圖書館為佳。另決議請各大專佛學社選派代表，參加佛誕慶祝大遊行。[3]

是日，下午三時，至臺中中山醫專參加該校學生佛學社團能仁學社成立大會，臺北周宣德、溪州傅益永亦遠來參加。該校全校學生五百人，入社者有二百六十人。該校教務主任吳仁祐、江文炎主任及周宣德、傅益永、許

---

1 〈新聞〉，《慈光》第 116 號（1963 年 2 月 29 日），第 1 版。
2 李炳南：〈首楞嚴經講述表解〉，《講經表解（上）》，《全集》第 2 冊，頁 493-618。
3 「慈光講座大專學校聯誼會紀錄」，《台中蓮社檔案》，1964 年 3 月 14 日。

寬成、于凌波、許炎墩等均致詞指導。[1] 先生有〈釋能仁之義〉講表。[2]

三月十六日（一），接續前一年度，應聘擔任臺灣省政府員工進修班第三期國文科講座。有〈文化與民族之生存〉講表。[3]（《圖冊》，1964 年圖 5）

三月十八日（三），晚，於慈光圖書館週三講座宣講《大佛頂首楞嚴經》。

三月二十一日（六），即日起，每週六晚七至九時，慈光圖書館舉辦第三屆慈光講座（學期中）。此次開辦為「中級班」，禮請先生講授《八大人覺經》。[4]（見《圖冊》，1964 年圖 6）

三月二十二日（日），晚七時半，台中佛教蓮社附設國文補

---

1 〈新聞〉，《菩提樹》第 137 期（1964 年 4 月 8 日），頁 61；第 138 期（1964 年 5 月 8 日），頁 60。
2 李炳南：〈釋能仁之義〉，《弘護小品彙存》，《全集》第 4 冊之 2，頁 382。
3 李炳南：〈文化與民族之生存〉（講表），《弘護小品彙存》，《全集》第 4 冊之 2，頁 392。是表講授時日不詳，依表下注記「在中興新村進修班講」，姑且繫於此。進修班講座聘書於台中蓮社收藏。
4 〈新聞〉，《慈光》第 117 號（1963 年 3 月 15 日），第 1 版。

習班第十三期開學。[1]

三月二十五日（三），晚，於慈光圖書館週三講座宣講《大佛頂首楞嚴經》。

三月二十六日（四），即日起三日，台中蓮社舉行春季祭祖，全體蓮友集合念佛迴向。[2]

三月二十八日（六），晚七至九時，於慈光圖書館慈光學術講座，講授《八大人覺經》。

三月二十九日（日），函復蔡榮華，勉其熱心宏化，以寒假所學於該校東方文化社開辦《佛學概要十四講表》長期講座。蔡榮華於是年六月畢業前並創辦《東方文化學社學報》，先生題詞祝賀創刊。（見《圖冊》，1964年圖7）

〈致函蔡榮華〉：榮弟台鑒：接信敬悉，毅然擔任長期講座，至為欣悅，可謂學有其用矣。擬春假來中小住，極為歡迎。小樓促膝，得罄積思也。把握在即，餘俟晤談。順頌學祺　　兄李炳南拜啟　三月廿九日[3]

---

1 〈新聞〉，《慈光》第116號（1963年2月29日），第1版。
2 〈新聞〉，《慈光》第117號（1963年3月15日），第1版。
3 香光編輯委員會：《李炳南老居士復蔡榮華居士書函輯》，頁21；本件為明信片，背面信文第二行有郵戳「五三年」。蔡榮華於6月畢業前舉行「十四講表」長期講座，亦見於該校東方文化社後期社友蕭金松、林世敏憶述；見1964年8月15日譜文。

〈東方文化學社學報創刊紀念〉：世間混沌，旭光啟東；亞洲文華，震旦肇萌。佛之慈悲，儒之大同，利人濟物，中和且平。喜捨平等，不愛不憎；孝親忠國，四海弟兄。最高學府，教育群英；先民遺德，於焉勃興。浩然正氣，宇宙塞充；雷音椽筆，魑魅皆驚。邪說僻辭，如霜與冰；聖言杲日，臨之立溶。陰霾頓散，八表大明；旦復旦兮，無央長生。

東方文化學社學報創刊紀念　　　　　　李炳南敬祝[1]

【案】一九六四年六月，蔡榮華畢業於政大中文系，周宣德特以詹煜齋居士獎學基金會名義贈送「佛門龍象」銀盾一座，表揚其發起創設政治大學東方文化社佛學社團，並主持佛學座談會，熱心弘法。[2]

四月一日（三），晚，於慈光圖書館週三講座宣講《大佛頂首楞嚴經》。

四月四日（六），晚七至九時，於慈光圖書館慈光學術講座，講授《八大人覺經》。

四月六日（一），下午三時，台灣糖業公司臺中糖廠推廣課

1　〈東方文化學社學報創刊紀念〉，《雪廬老人題畫遺墨》，《全集》第 16 冊，頁 343。該幅題寫時間未詳，據「蔡榮華居士珍藏」推斷。
2　「詹煜齋基金會贈獎蔡榮華」，《慧炬》第 26/27 期合刊（1964 年 7 月 15 日），頁 28。

長張炳南長公子剛毅君與臺中市詹添丁千金錦春小姐締結連理，在台中蓮社舉行佛化婚禮，先生應邀福證。[1]

是日起，每週一晚，應中興佛社禮請，於中興新村中興會堂圖書館宣講《心經》。[2]

四月七日（二），函復蔡榮華，教導留意人才要訣，並歡迎推介有心者寒暑假期至臺中小住學習。（見《圖冊》，1964年圖8）

榮華賢弟台鑒：奉函至慰，有志者事竟成，在於有恆精進也。蕭、張兩弟皆淳厚君子，可資臂助。此外應留意其他人才。公開徵信較難，私人談話得穫較易，倘有真發心如吾弟者，可介其暑寒假中來中小住，兄力所及自當貢獻也。玉照謝謝，其一亦遵轉朱居士矣。專此順詢

學祺　　　　　　　　　　兄李炳南拜啟　四月七日[3]

【案】蔡榮華於是年六月畢業，七月來臺中學習，八月三日返回馬來西亞。然北部各大學佛學社團常有往來，「到臺中小住學習」之消息當已漸傳，於是有八月十五日，政治大學東方文化社蕭金松等，以及臺

1　〈新聞〉，《慈光》第118號（1964年3月30日），第1版。
2　〈新聞〉，《菩提樹》第137期（1964年4月8日），頁61。原新聞報導新增一支隊伍為「慈光學術講座大專學生聯絡中心」，今據照片更正。
3　香光編輯委員會：《李炳南老居士復蔡榮華居士書函輯》，頁22。

1964 年・民國 53 年 | 75 歲

灣大學晨曦學社林敏雄等十二位學員來臺中小住學習，是為第二屆「慈光講座」。（見後 8 月 15 日譜文）

四月八日（三），上午八時至十一時，臺中佛教界慶祝佛誕在中山堂舉行浴佛典禮及遊藝大會，並於是日遊行市區，台中蓮社有五千蓮友參加遊行。其中新增一支隊伍，為中部大專同學佛學研究聯誼中心大專學生數百人，尤為本年遊行中特色。[1]（見《圖冊》，1964 年圖 9）

是日，因大遊行，慈光圖書館講經暫停一次。[2]

四月十一日（六），晚七至九時，於慈光圖書館慈光學術講座，講授《八大人覺經》。

四月十三日（一），晚，至中興新村中興會堂圖書館宣講《心經》。

四月十五日（三），晚，於慈光圖書館週三講座宣講《大佛頂首楞嚴經》。

四月十八日（六），下午三時，至逢甲學院參加該校「普覺佛學研究社」成立大會。蒞會來賓另有國際文教獎學基

---

1 〈新聞〉，《菩提樹》第 137 期（1964 年 4 月 8 日），頁 61。
2 〈新聞〉，《慈光》第 118 號（1964 年 3 月 30 日），第 1 版。

金會周宣德自臺北光臨,溪州傅益永、臺中聖印法師、中興大學教授許寬成、該校訓導主任、許君武教授等均出席並致詞。該社現有社員一百六十名,與會同學二百多人。該社係大專院校第二十所成立佛學社者。[1](見《圖冊》,1964 年圖 10)

是日晚七至九時,於慈光圖書館慈光學術講座,講授《八大人覺經》。

四月二十日(一),各界於北市國際學舍舉行「唐三藏玄奘大師圓寂一千三百年紀念大會」。市長黃啟瑞任大會主席,教育部長黃季陸演講,政府首長、民意代表、佛教四眾千餘人參加。先生撰聯共襄盛舉。

哥倫布笑雲泥,何堪比孤身長征、光耀千三年代;
鳩羅什相伯仲,也未能獨闢眾議、完成八四法門。[2]

是日晚,至中興新村中興會堂圖書館宣講《心經》。

四月二十二日(三),晚,於慈光圖書館週三講座宣講《大佛頂首楞嚴經》。

四月二十五日(六),晚七至九時,於慈光圖書館慈光學術

---

[1] 〈新聞〉,《菩提樹》第 138 期(1964 年 5 月 8 日),頁 61。
[2] 【數位典藏】手稿 / 其他著作 / 〈撰聯偶錄第五頁〉。

1964 年・民國 53 年 | 75 歲

講座，講授《八大人覺經》。

四月二十七日（一），晚，至中興新村中興會堂圖書館宣講《心經》。

四月二十九日（三），晚，於慈光圖書館週三講座宣講《大佛頂首楞嚴經》。

是年春，有詩〈白桃花〉二首、〈讀詞選〉。（《雪廬詩集》，頁 346）

〈白桃花〉二首：

玉顏不醉九重春，薄命多情帶雨顰；倚檻分明看虢國，無言又似息夫人。

武陵久厭鬥嬌妖，偏有高人愛白描；莫道水仙堪與比，噴香猶自暗招搖。

〈讀詞選〉：興亡似有江山改，三李清詞唱到今；嫠婦幽懷騷客淚，常隨朗月掛天心。

五月二日（六），晚七至九時，於慈光圖書館慈光學術講座，講授《八大人覺經》。

五月三日（日），晚七時，應中國醫藥學院醫王社敦請，於慈光圖書館講堂，講授「知行合一始獲實益」。同時又有菩提醫院院長于凌波講演「大智大仁大勇的玄奘大師」、菩提樹雜誌社主編朱斐講「放下您的有色眼鏡」。

1661

該社社員出席一百五十餘人外，另有臺中市各大專學社及青年蓮友參加。[1]

五月四日（一），晚，至中興新村中興會堂圖書館宣講《心經》。

五月六日（三），晚，於慈光圖書館週三講座宣講《大佛頂首楞嚴經》。

五月八日（五），《菩提樹》月刊第一三八期刊載兩首佛曲：由先生作詞、楊詠譜作曲之〈佛教好〉；先生作詞、樓永譽作曲，之〈破地獄〉。[2]

五月九日（六），晚，慈光大專佛學講座第三屆講授《八大人覺經》圓滿，舉行測驗，有「八大人覺經試題」一張共十題。[3]（見《圖冊》，1964 年圖 11）

　　本屆講座自三月二十一日開講，共講八週次。測驗結果有中興大學謝正雄、中醫藥學院李仁傑等多人獲獎。[4]

1　〈新聞〉，《菩提樹》第 138 期（1964 年 5 月 8 日），頁 61。
2　兩首俱見：《菩提樹》第 138 期（1964 年 5 月 8 日），頁 44。收見《弘護小品彙存》，《全集》第 4 冊之 2，頁 562、579。
3　【數位典藏】手稿／其他著作／大專院校授課試卷／〈八大人覺經試題〉；末端注記「五十三年度春季佛學講座」。
4　〈新聞〉，《菩提樹》第 139 期（1964 年 6 月 8 日），頁 59。

五月十一日（一），晚，至中興新村中興會堂圖書館宣講《心經》。

五月十二日（二），函復政大蔡榮華，指導有關「十二因緣」之提問。蔡榮華是年二月至臺中學習，返校後本學期發心主持該校東方文化社《佛學概要十四講表》長期講座。十二因緣為十四講表中第五講表。[1]（見《圖冊》，1964 年圖 12）

　　一、六識之想，斷斷續續而已，七識恆想不停，兩者之想行動不同，不能比較前後。

　　二、蘊支兩行，大致皆言其動，不過蘊之行注重現在，支之行乃言過去。「受想行識」列於八識之四部，乃言其用，非指是體。因接受外界之欲塵，主要為前五識之功能，想為六識功能，行而不止七識功能，心變為識，八為其總。

　　三、此二字代表「男女二渧，及神識，三種和混體」此即胚胎。胚胎為「心色」二法之身，「名」謂心心無形，故僅有「名」而已，「色」有形指胎形，合而言之，故曰「名色」，再則曰「六入」，「六入」是有相狀矣。「心」與「色」是二，故分言。　此復
榮華弟　　　　　　　　　兄李炳南拜啟五月十二日

【案】先生函復蔡榮華教導其《佛學概要十四講

1　香光編輯委員會：《李炳南老居士復蔡榮華居士書函輯》，頁 23-24。

表》有關問題,另見是年五月二十六日。

五月十三日(三),晚,於慈光圖書館週三講座宣講《大佛頂首楞嚴經》。

五月十五日(五),下午四時,至臺北市立高級工業職業學校校長室,出席五十三年特種考試中醫師典試委員會第一次會議。(見《圖冊》,1964 年圖 13)

五月十六日(六),奉派擔任國家特種考試中醫師考試典試委員,[1] 至臺北市立高級工業職業學校巡視試場。(見《圖冊》,1964 年圖 13)
〈任命令〉簡字第一一二六九號:
派李炳南為五十三年特種考試中醫師考試典試委員
此令

總統蔣中正
行政院院長嚴家淦
中華民國五十三年五月十六日

五月十八日(一),晚,至中興新村中興會堂圖書館宣講《心經》。

---

1 〈五十三年特種考試中醫師考試典試委員任命令〉,1964 年 5 月 16 日,行政院簡字第 11269 號。

1964 年・民國 53 年 | 75 歲

五月十九日（二），原「臺中市私立菩提救濟院」改組為「臺灣省私立菩提救濟院」，經臺灣省社會處「社五字第一二二四四號」文通過正式立案登記。此係業務跨越兩縣市，需省府層級辦理。

　　董正之，〈永懷雪公恩師（下）〉：菩提醫院成立於民國五十二年四月八日，浴佛節，初設於臺中市臺中路二十六號，係一小型門診所，僅供貧病市民治病服務，嗣於五十三年五月十九日，正式立案，稱菩提救濟院，至六十五年七月一日，依省府通令，改為仁愛之家，占地一‧〇五九六公頃。[1]

　　于凌波，〈李炳南居士推動的社會福利事業〉：菩提醫院的創辦，上有雪廬老人的領導，以及老人德望的號召；外有朱斐居士主持的《菩提樹》雜誌鼓吹宣傳；內有于凌波醫師的規劃設計。加上蓮社幹部、號有「十姊妹」之稱的十位女居士，如林看治、林進蘭、張慶祝等的全力參與，以及海內外數千位緇素大德的支持捐助，眾志成城。尤有因緣不可思議之處者，最初的目的是創辦佛教菩提醫院，而工程完成之日，卻同時興建完成了「臺灣省私立菩提救濟院」，這其間的演變，尚須加以說明。當菩提醫院興建之際，向政府立案的手續，是由于凌波負責辦理。但因菩提醫院的門診部設在臺中

---

[1] 董正之：〈永懷雪公恩師（下）〉，《明倫》第 169 期（1986 年 11 月）。案：菩提醫院原訂於四月八日開幕，但因蓮友須參加佛誕節遊行活動，提前於四月五日開幕。見前文。

市，而院本部卻建在臺中縣境的大里鄉，以業務跨越兩個縣市，臺中縣市政府都不予受理，聲稱要到省府社會處辦理。以此，一年之間，于凌波奔走中興新村不下二三十次之多（包括後來奔走著爭取到四十萬元的政府補助）。最後社會處聲稱：在社會救濟法令中，醫院不屬於社會救濟事業，除非你們申請「救濟院」，在救濟院中可以附設醫院。

當于凌波將社會處的指示向雪廬老人稟報時，老人一時頗為躊躇，沉吟良久，始答：「辦救濟院，我們如何有這種力量？」于凌波向老人陳詞：「老師，當初我們辦醫院時，不就是空手辦起來的嗎？我們誠心為佛菩薩作事，佛菩薩會保佑我們的。」這樣雪廬老人點了頭，而于凌波也重新以「臺灣省私立菩提救濟院」的名義向社會處申請立案。[1]

　　于凌波，〈曲折迂迴菩提路〉：董事會開會同意以救濟院名義申請，我再到社會處詢問申請手續。那時社會處主任祕書牟乃紘是山東人，炳公老師特別請前山東省政府委員，對日抗戰時以打游擊出名的張司令張景月先生陪我前去。牟主任祕書把主管社會救濟業務的蕭灼威股長介紹給我，向我說明申請手續、應附送的資料，並給我了一套申請表格，回到臺中，我們照手續申請，

---

[1] 于凌波：〈李炳南居士推動的社會福利事業〉，雪廬講堂印經功德會編印：《李炳南老居士與臺灣佛教》（臺中：李炳南居士紀念文教基金會，1995年），頁150-151。

1964 年・民國 53 年 | 75 歲

社會處批覆准予成立。[1]

〈台中蓮社淨宗巡迴弘法團第一次籌備會議紀錄〉（1983 年 7 月 18 日）：主席（雪公）致詞：咱們臺中，聯體機構，實在有四。「仁愛之家」非自余始，乃蓮社弘法班十人所發起。十人中，有鄧明香，係朱斐之夫人，實言之，是朱斐所發起。一者，「菩提醫院」以其辦《菩提雜誌》。後來以選舉時，政府之社會處與衛生處起了衝突。當時，以外教辦慈善公益甚多，批評佛教無此，余乃辦孤兒院、養老院等。後來辦菩提醫院，衛生處謂係其管轄，社會處不同意。選舉時場面僵了，余乃起而發言，謂辦事前因後果，詢彼如何辦？彼商洽後，乃議辦「救濟院」，以救濟院可有衛生設備，然沒有兩種組織，乃決議辦「養老院」與「醫院」。後乃暫訂名為「救濟院」，仍是十人，然後再勘定地點。即今之救濟院址。然以該地係臺中縣，市府無權管，後乃又議改為省立，然前所開會者不算，臨時召會，以余為董事長，創辦人除余外，尚有黃雪銀、朱斐。[2]

【案】試辦醫院後，因為《菩提樹》月刊的大力宣揚，十方資金逐漸匯集。於是著手進行申請醫院正式立案。申請時才發覺當時只有私人和公立醫院，十方大眾集資擬成立之「法人醫院」於法無據。據當時

---

1 于凌波：〈曲折迂迴菩提路〉，《于凌波七十自述——曲折迂迴菩提路》，頁 391-504。

2 〈台中蓮社淨宗巡迴弘法團第一次籌備會議紀錄〉（1983 年 7 月 18 日），《台中蓮社歷年會議紀錄》，台中蓮社檔案。

〈社會救濟法〉,可設立「救濟院」機構,在「救濟院」之下附設「施醫所」、「安老所」、「保嬰所」等等,因此改以「救濟院」名義申請立案,方便同時設立「施醫所」。

【又案】先生當時為籌辦救濟院,「沉吟良久」,實是出於實際考量。蓮社成立後,數年間,圖書館、育幼院、佈教所等,一一創設,法務慈務亦均倍數擴增。朱斐主編《菩提樹》月刊,即多次透露其窘境,如:「我們的老社長是從不顧問本刊的經濟的」,而且臺中訂閱《菩提樹》月刊者不及臺北、支持訂贈大專活動者更少,因為臺中蓮友並不是富有的蓮友,都是聚沙成塔成就的事業,「不說別的,育幼院的建築費到目前為止還不足數萬元,一時尚無法銷債,他們不是不盡職,他們都已盡了最大的努力,為了佛教的新生命——一個圖書館和一個育幼院而貢獻了一切。」[1] 籌辦救濟院雖已引動國內外長老及教友大力支持,但在建築用地及房舍以外之所需經費,仍然有相當缺口。(詳見1967年3月譜文)

五月二十日(三),晚,於慈光圖書館週三講座宣講《大佛頂首楞嚴經》。

---

[1] 朱斐:〈一本難唸的經——籲請讀者合作渡過難關〉,《菩提樹》第105期(1961年8月8日),頁30-31。

1964 年・民國 53 年 | 75 歲

五月二十四日（日），晚七時，應中興大學智海學社邀請，講授「佛教概況及正謬辨別」，有講演表；另請朱斐講演「太空時代需要佛法嗎？」會中並贈送每人《慧炬》雜誌第八期各一冊。[1]

　　【案】中興大學智海學社〈社史〉記是日演講題目為「東方哲學概述」，[2] 今據當時《慧炬》報導主題如上。

五月二十五日（一），晚，至中興新村中興會堂圖書館宣講《心經》。

五月二十六日（二），函復政大蔡榮華《佛學概要十四講表》各講組織關聯等問題。（見《圖冊》，1964 年圖 14）

　　榮華賢弟台鑒：十四表編分次第如三民主義各是一篇、二十五史各是一史，雖則各別都有連貫，脈絡如弟所分前七後七甚為恰當，細玩其題自知。（二）只有假相，都無實體，所解甚對無謬，此足下之地球亦無實體，乃微塵聚，終須壞空。（三）菩薩成佛時間甚久，有三僧祇之長，因菩薩欲破塵沙惑必須如此，但有相當定力時能不昧前因，故不畏生死。（四）菩薩修到登地以上即能化身無量。國清寺之寒山拾得，九華山之地藏，皆如是也。（五）這問題必須當面解釋。極樂真有

---

[1] 李炳南：〈佛教概況及正謬辨別〉，《弘護小品彙存》，《全集》第 4 冊之 2，頁 376；〈新聞〉，《慧炬》第 26/27 期合刊（1964 年 7 月 15 日），頁 23。

[2] 智海學社：〈社史〉，《智海卅週年紀念專刊》，頁 129-198。

1669

相不錯,無實體亦對。要知這是學理,須知一切一切都無實體,皆是現象,此言不能向初機愚人講,因彼根本無學理腦筋,愈說愈誤會。再說心,此心非指腹內之心臟,乃言當前之靈覺,此靈覺將盡虛空都包在內,無量之銀河系亦在此靈覺中。學無十年苦功,聞之不解。《楞嚴經》開首即談此事,阿難多聞,尚不明白,何況凡夫。謹復,有機面詳。并頌

學祺　　兄李炳南拜啟　五月廿六日　事極忙匆匆祈諒[1]

五月二十七日(三),晚,於慈光圖書館週三講座宣講《大佛頂首楞嚴經》。

五月底,捐建病房超過百間,依因果律,買磚錢不可買瓦,因此呼籲改捐建地。[2]

是年初夏,有詩〈首夏〉、〈夏日水亭朝霽〉。(《雪廬詩集》,頁346-347)

〈首夏〉:小院高低樹接枝,翩翩新綠蔭階墀;熏風卓午送清爽,愛此殘春纔去時。

〈夏日水亭朝霽〉:鳥啼窗曙水亭開,湖上初收夜雨雷;十二闌干風細細,荷花綻日送香來。

---

1 香光編輯委員會:《李炳南老居士復蔡榮華居士書函輯》,頁25。
2 朱斐:〈炳公老師與我——兼述臺中早期建社弘法的經過〉,《菩提樹》第403期(1986年6月8日),頁23-32。另請參見1965年末,「菩提醫院院長于凌波於醫院創辦期間」項下引文。

1964 年・民國 53 年 | 75 歲

六月一日（一），續聘擔任慈光圖書館第四屆董事。（《圖冊》，1964 年圖 15）

六月三日（三），晚，於慈光圖書館週三講座宣講《大佛頂首楞嚴經》。

六月十日（三），晚，於慈光圖書館週三講座宣講《大佛頂首楞嚴經》。

六月十三日（六），三位創辦人：炳南先生、黃雪銀、朱斐三人召開第一屆董事會第一次會議，正式成立「臺灣省私立菩提救濟院」。原任「臺中市私立菩提救濟院」董事長林看治以業務擴大、責任繁重堅決謙辭常務董事，經選舉結果：炳南先生、朱斐、黃雪銀三人當選為常務董事，先生為董事長。復經常務董事會決議聘請林看治為救濟院首任院長。會議擬定發展之業務有醫院、安老所、施醫所、保嬰所及佛教善果林等事業，計劃逐步完成救濟事業，此為佛教在臺灣對社會大眾慈善事業之開端。（《圖冊》，1964 年圖 16）

  佛教菩提醫院因辦理貧民施診事屬救濟業務，承政府指示改組為救濟院附設醫院及療養院，將來如能力所及，可續辦安老、育幼等業務。但自在中市南門郊外覓定院址後，因地屬臺中縣境大里鄉地區，凡業務範圍越兩個縣市者，按規定應屬臺灣省政府社會處行政區域。以前之董事會組織，亦勢必擴大改組，經依法向省社會

處聲請重新組織後，業奉省社會處以五十三年五月十九社五字二一二四四號令准予成立，並於六月十三日由創辦人李炳南、黃雪銀、朱斐三人，召開第一屆董事會第一次會議，宣佈正式成立「臺灣省私立菩提救濟院」，首先應辦救濟業務為附設菩提醫院及療養院。

第一屆董事計聘：于凌波、林看治、呂廖阿員、張佩環、張慶祝、林進蘭、林采蘩、池生妹、周慧德、李繡鶯、郭阿花、鄧慧心等十二人，加上三位創辦人為當然董事共計應為十五人。是日列席者有臺中縣政府聶科長公陽、臺中市政府林股長勳元等，由創辦人李炳南擔任主席，首先報告籌備經過。略謂本院原為菩提醫院計劃設病房三十間，嗣承海內外熱心救濟事業人士之踴躍樂捐及政府輔導下，改為臺中市私立菩提救濟院。除現有之菩提醫院改為門診施醫所外，將增置療養、助產、托兒、安老各所，復以求業務發展，在臺中縣大里鄉購買建築基地三千餘坪，本院業務預計已跨越兩縣市依法申請改為「臺灣省私立菩提救濟院」。感謝政府之輔導及海內外熱心人士之贊助，現已樂捐病房百餘間，吾人應本良心、盡力辦好，勿負政府與社會及海內外諸善士之期望云。

最後由于院長作施診概況報告，計菩院門診自五十二年四月八日開辦以來至本年五月底止計施診三一九一人、義診三八三九人，普通就診者三二七七人，共計二二○○七人。報告完畢後即討論該院組織章程草案，通過實施。最後舉行選舉，按照該院組織章程第三章第七條

1964 年・民國 53 年｜75 歲

之規定，創辦人為常務董事，由常務董事推定一人為董事長。上次董事會之組織，即由李創辦人炳南謙讓與林董事看治為常務董事兼董事長；但此次經改組後林董事長以業務擴大、責任繁重堅決謙辭常務董事，經選舉結果：李炳南、朱斐、黃雪銀三人當選為常務董事，李炳南為董事長。復經常務董事會決議聘請林看治為救濟院首任院長。[1]

六月十七日（三），晚，於慈光圖書館週三講座宣講《大佛頂首楞嚴經》。

六月十八日（四），泰國皇冕佛教大學由副僧王率領至臺中參觀訪問。先至慈光育幼院、慈明寺、寶覺寺等地，再至慈光圖書館、台中蓮社訪問。副僧王對先生垂詢甚詳，備加讚許。辭出時，副僧王與先生攜手同行，直至上車。

　　泰國皇冕佛教大學鑒於我國佛教訪問團於去年訪問彼邦，為報聘亦於六月十四日來訪。下午二時抵達臺北松山機場，中佛會白聖、賢頓、成一、印海、道安、悟一等法師、馮祕書長、泰駐華大使館人士均在場歡迎。十七日南下臺中，教友千餘人至火車站歡迎。十八日至慈光育幼院參觀，副僧王於一尊泰國銅鑄佛像前點燭禮誦開示。中午在慈明寺午齋，臺中市長、佛教會理事

---

[1] 〈新聞〉，《菩提樹》第 140 期（1964 年 7 月 8 日），頁 54。

長、市議員、李老師等,依泰國律儀輪流捧呈飯菜供養。午後繼訪寶覺寺、寶善寺,至市政府拜訪張啟仲市長,再至慈光圖書館參觀。到達台中蓮社時大雨驟至,而蓮社二百多蓮友歡迎盛況不減。李老師率領蓮友恭迎入佛堂,並請副僧王點燭禮佛後,即率全體蓮友請副僧王入座後頂禮三拜,再由董事長朱炎煌介紹李老師在臺中佛教及社會之貢獻,副僧王亦對李老師垂詢甚詳,備加讚許。辭出時,副僧王與李老師攜手同行,至送上汽車為止。[1]

六月二十三日(二),中興新村中興佛社第三屆理監事改選,公推杜德三為理事長,並禮聘先生為名譽理事長,先生兩年來多次至該社講授佛學。目前該社正積極籌建佛堂,已購得土地。[2](《圖冊》,1964年圖17)

六月二十四日(三),晚,於慈光圖書館週三講座宣講《大佛頂首楞嚴經》。

七月一日(三),晚,於慈光圖書館週三講座宣講《大佛頂首楞嚴經》。

---

1 〈新聞〉,《菩提樹》第140期(1964年7月8日),頁55。
2 〈新聞〉,《菩提樹》第142期(1964年9月8日),頁56。聘書於台中蓮社收藏。

七月七日（二），應邀至中興新村，為省府員工進修班演講「文化與民族之生存」。[1]

是日晚，於慈光圖書館週三講座宣講《大佛頂首楞嚴經》。

七月十二日（日），應呂佛庭邀請，與蔡念生、朱鏡宙同赴其臺中北屯寶華山住處聚會。呂佛庭移住此地專心〈長江萬里圖〉之繪製。當日暢談詩畫，呂佛庭有〈甲辰仲夏迎李雪廬居士蒞寶山精舍雅集〉，先生則有〈訓呂佛庭寶華山精舍讌集贈詩〉。（《雪廬詩集》，頁347）

　　呂佛庭，〈甲辰仲夏迎李雪廬居士蒞寶山精舍雅集〉：滄海茫茫接碧空，忻迎屐杖沐高風；開筵山舍疑天上，繞水煙村似鏡中。蝶舞鶯飛色相寂，鐘鳴松嘯道心通；它年結伴歸廬阜，願向東林依遠公。
雪公大吟壇教政　　後學呂佛庭呈稿[2]（見《圖冊》，1964年圖18）

　　呂佛庭，《憶夢錄》：五十三年七月十二日上午，李炳南、朱鏡宙二位老居士蒞山閒敘。敬備素筵一席，聊示供養長者之微忱。炳老說：「在對日抗戰時期，寓居四川重慶歌樂山中，與朱鏡老為鄰，時隔二十年，還能在此同筵並坐，因緣真不可思議。」朱鏡老是古文

1　〈新聞〉，《臺灣民聲日報》，1964年7月8日，第2版。
2　〈甲辰仲夏迎李雪廬居士蒞寶山精舍雅集〉，江逸子提供。

家章太炎的女壻，所以對於太炎先生生活情形所知最詳。……當時隱居正覺寺，閉戶修淨著書。鏡老與炳老都是七十六歲。炳老耳聰目明，健步如飛；鏡老耳聾眼花，體弱多病，所以他對於炳老之健，似不勝豔羨之意。人之福報大小，乃前世業力所感，不是錢、勢所能倖致的。[1]

呂佛庭，《憶夢錄》：我在寶華山住時，曾備素齋恭請李雪老、蔡念老、朱鐸老蒞山雅集。蒙雪老贈七律一首。[2]

〈訓呂佛庭寶華山精舍讌集贈詩〉：故人雅集碧山岑，澗曲橋斜屋隔林。戶內還聞流水響，床前更覺白雲深。橫胸書味酣於酒，促膝蘭言臭在心。別後贈詩難和唱，高岡只有鳳鳴音。

【案】呂佛庭「於五十三年二月二十日遷居於臺中北屯區寶華山大山精舍，專心畫〈長江萬里圖〉。」[3] 翌年「八月十日，遷回臺中西園精舍。」[4]

七月十五日（三），晚，於慈光圖書館週三講座宣講《大佛頂首楞嚴經》。

1　呂佛庭：《憶夢錄》，頁399。
2　呂佛庭：《憶夢錄》，頁415。
3　呂佛庭：《憶夢錄》，頁389。
4　呂佛庭：《憶夢錄》，頁405。

是日，旅泰中華佛學研究社社長陳克文往生西方。陳居士創立中華社後，三十餘年來，自行化他，不遺餘力。今日泰華十五社團，多半咸由其首創之中華社分出，功德不可計量。所著《心經講義》曾在臺再版，託先生作序，先生譽謂「以般若注般若，求之晚近諸家，尚未之見」云。
（見 1962 年 8 月 14 日文）菩提樹雜誌社有唁電及輓聯。

　　弔唁陳社長克文居士家族代電

　　曼谷中華佛學研究社克公社長貴眷禮鑒，頃接乘光居士函，驚悉社長生西之訊，不勝哀悼。惟念克公教化一方，自行化他、度生無量、功德圓滿；今世緣既盡，往生安養。尚希節哀念佛為助蓮品增上。另付輓聯請代追薦。諸維珍重，專此奉唁。

　　　　　　　　　　　　　臺灣菩提樹雜誌社同人敬叩

　　克公社長　西逝
　化迹似天親，大乘方便宏南國；
　知交愧范式，白馬踟躕阻暮雲。

　　　　　　　　　　　　　臺灣菩提樹雜誌社同人拜輓[1]

七月二十二日（三），晚，於慈光圖書館週三講座宣講《大佛頂首楞嚴經》。

七月二十八日（二），參加菩提醫院籌建委員常務會議，通過謝潤德設計之藍圖：太虛紀念館用中國式建築，醫療

1　〈新聞〉，《菩提樹》第 141 期（1964 年 8 月 8 日），頁 13、頁 59。

大樓則採西式建築。[1]（見《圖冊》，1964年圖19）

　　全國首創佛教菩提醫院建築工程，已經初步設計完成草案藍圖，這是由嘉義溶劑廠土木課長謝潤德居士發心繪製。謝居士為嘉義名工程師，曾設計建築嘉義醫院及其他佛教建築物，因彼係一虔誠之佛教徒，經戈廠長本捷居士之推介，願發心為菩院工程提供設計藍圖。草圖完成後菩提醫院於七月廿八日在本社召開籌建委員常務會議，到有林吳帖、張王彩雲、王鳳樓、杜德三及李公炳南等二十餘人，一致通過該一完善之設計草案，決定採用，並請謝居士繪製精細藍圖，以便動工興建。會議中通過要點有：（1）太虛紀念館用中國式建築。（2）醫療大樓則用西式建築，但以堅固實用為主。（3）初期工程便將醫療大樓及太虛紀念館一次完成，其餘空地留待第二期興建安老、慈幼等機構之用。[2]

　　【案】謝潤德時任嘉義溶劑廠土木課長，與嘉義溶劑廠廠長戈本捷來往密切。據謝潤德令媛謝惠蘭稱，當時全廠用餐時，只有戈、謝兩人素食，且同為佛教徒，工作之餘，常一起參與嘉義佛教會活動，並於廠區舉辦每週佛學研討。[3] 戈本捷為《菩提樹》月刊作者，有外賓到訪台中蓮社李老師時，朱斐常邀請戈居

---

1 謝潤德：〈佛教菩提醫院計劃透視圖（草案）〉，《菩提樹》第141期（1964年8月8日），頁10。
2 〈新聞〉，《菩提樹》第141期（1964年8月8日），頁59。
3 謝智光：《謝潤德寺廟建築設計之人文脈絡研究》（國立中正大學中國文學研究所博士論文，2020年7月），頁57。

1964年・民國53年｜75歲

士擔任英文翻譯。謝潤德之義務為菩提醫院繪製建築藍圖，當出於戈本捷與朱斐之所推薦。據謝潤德家人憶述，謝潤德赴臺中勘察前一晚，謝妻李月雲即夢到有小橋流水、岸上還有青青垂柳，「夢中有人說，從醫院（指菩提醫院）跨過小橋，就到太虛大師的地方了。」到臺中現地看時，著實讓謝潤德嚇一跳。當場謝潤德向朱斐云：「我太太昨晚（夢中）來過此地。」有此因緣，董事會決定讓謝潤德設計。[1] 藍圖之右為菩提醫院，左為太虛紀念館。唯日後菩提醫院另請陳汝洲建築師設計為西式建築，太虛紀念館則維持原案。[2]

【小傳】謝潤德（1918-1995），臺灣苗栗人。日本法政大學工業學校建築科畢業，服務於嘉義「中國石油公司嘉義溶劑廠」，歷任土木工程師、土木工程監、土木課長等職。一九五四年參加國家考試，取得建築技師執照。退休後成立「嘉鴻建築師事務所」、「謝潤德建築師事務所」。生平設計除臺中菩提救濟院、太虛紀念館外，有三十餘座寺廟建築，如：高雄佛光山寺、南投蓮因寺、嘉義義德寺、臺中慎齋堂、苗栗玉清宮、苗栗靈洞宮等。一九九二年榮獲中華民國第二屆金廈獎之「傑出資深建築師」獎。

謝潤德三十八歲時，遇嘉義溶劑廠大火，受驚嚇而精神恍惚，前往嘉義天龍寺禮佛而接觸佛教，安頓身

1　謝智光：《謝潤德寺廟建築設計之人文脈絡研究》，頁57。
2　參見于凌波：《于凌波七十自述——曲折迂迴菩提路》，頁433。

1679

心。晚年，謝潤德伉儷由三子謝嘉峰夫婦接至臺中長住照顧，課誦念佛更勤。一九九四、一九九五年，謝潤德夫婦先後由子女親屬等助念，安詳往生。

【小傳】戈本捷（1913-1991），河北人。國立北洋大學畢業。一九五三年皈依三寶，一九七五年於士林報恩小築依印順法師受在家菩薩戒。歷任中油公司嘉義溶劑廠廠長、臺灣鹼業公司總經理、美國佛教會駐臺譯經院副院長、東海大學、成功大學教授，譯有《佛陀之教義》。晚年退休後，與其夫人周騰同住於佛光山佛光精舍，勤修佛法不已，並參與《佛光大辭典》之編審。一九七四年，戈本捷擔任美國佛教會駐臺譯經院副院長，受美國佛教會譯經院院長沈家楨委託尋訪翻譯人才，當是如此因緣而請求炳南先生成立「經注語譯會」。今【數位典藏】書信／在家居士，收有「戈本捷及戈周騰」書信二十一件，為先生所有來往書函中數量較多者。（孔德成先生、周邦道、錢地之、蔡榮華，與先生來往信函亦多）

七月二十九日（三），晚，於慈光圖書館週三講座宣講《大佛頂首楞嚴經》。

七月三十日（四），北上至桃園蓮社宣講《佛說盂蘭盆經》，有〈盂蘭盆經講表〉一篇。

講前話、釋題、譯者、序分（聞如是、大目犍連、餓鬼）、正宗分（眾僧威神、僧自恣時、五果、皆同一

心、受供之儀）、流通分（為行慈孝者、佛歡喜日）[1]

【案】〈盂蘭盆經講表〉封面標題前注記「甲辰荷月下浣在桃園蓮社講」，「甲辰荷月下浣」為夏曆六月下旬，約當一九六四年七月二十九日至八月七日。七月二十九日有《楞嚴經》講座，八月三日於臺中火車站送蔡榮華歸國，桃園蓮社宣講當在七月三十日至八月二日間。

馬來西亞僑生蔡榮華近日自政治大學中文系畢業，歸僑居地之前，至臺中懇請先生為其講解〈普賢行願品〉。先生北上期間，偕蔡榮華等同行，一行人曾至石門水庫遊覽。[2]（見《圖冊》，1964年圖20）

是月，國立中國醫藥研究所所長李煥燊禮聘為該所名譽顧問。
（《圖冊》，1964年圖21）

【案】「國立中國醫藥研究所」，一九六三年十月二十二日，由教育部於臺北縣新店成立，首任所長由國防醫學院教授李煥燊擔任。後改隸衛生福利部並更名為「衛生福利部國家中醫藥研究所」。

---

1 李炳南：〈盂蘭盆經講表〉，《講經表解（下）》，《全集》第3冊，頁867-873。
2 香光編輯委員會：《李炳南老居士復蔡榮華居士書函輯》，頁55。

八月三日（一），馬來西亞僑生蔡榮華歸返僑居地。先生與淨空法師等人至火車站送行，先生並應其請將所著之長衫卸下相贈，蔡生即著此服搭機回返僑居地。先生並題贈〈時計鐘〉一幀。（見《圖冊》，1964年圖22）

〈時計鐘（之一蔡榮華）〉：警眾太殷勤。曾無閒寸陰。幾人長夜醒。不負轉輪心。

歲甲辰長夏錄舊作時計鐘一首其旨淺而易見玩之者或有感而興起予之望也

榮華賢棣　雅正　　　　　　　　　李炳南時客臺中[1]

〈海外來鴻〉：編者按：蔡榮華同學乃第一期參加慈光佛學講座之同學，五十三年畢業政大中文系。歸僑居地馬來西亞之前，曾要求雪廬師為其講解〈普賢行願品〉。師滿其願後，並將所著之長衫卸下相贈，蔡同學著此服搭機返僑居地。[2]

蔡榮華返回僑居地後，常以此自勉，隨所到之處傳播佛法。

蔡榮華，〈師恩難忘〉：自忝列門下，不忘師志，不離佛心，不論在臺灣、在星洲、在馬來亞、在砂勞越，更不計東奔西跑，路途迢遙，或乘舟車，或搭乘機，所到之處，佛法亦隨之而至。一言蔽之，法音不絕

1　李炳南：〈時計鐘（之一蔡榮華）〉，《雪廬老人題畫遺墨》，《全集》第16冊，頁138。

2　蔡榮華：〈海外來鴻〉，《明倫》第1期（1971年3月）。

也。又所為亦多係創起,創起,誠萬事起頭難,如今又到古晉,此所被稱為「無佛法地方」,倍增艱辛。總之,這幾年來為生計為佛法,甘苦自知,其實離「願為眾生作牛馬」尚遠尚遠呢!原想知足常樂,安分守己,閉門讀書,孤寂沉默,度此一生,但每念佛陀,每懷吾師,慚愧不已,怎敢不發奮!「幾人長夜醒,不負轉輪心」時刻在心田中。從臺灣歸來,為了職業,居無定所,這裡一年,那裡兩年,但不以為苦,反作旅遊想,尤以法喜充滿,到處宣揚佛法,自他兩利,何樂不為。學然後知不足,教然後知困,尤其德薄才鮮,青黃不接,心有餘而力不足,必須再學。於是想赴臺灣深造,想考研究所,一方面教書,最要者,再親近吾師。吾師係經師人師,唯有吾師才能改變受業氣質,但願有朝一日機緣成熟,赴臺親近,了我心願。敬頌

祥悅不宣　　　　　　　　　　　受業蔡榮華頂禮[1]

【案】蔡榮華為馬來西亞僑生,就讀政大中文系。一九六四年二月,先生特地為他與張昭雄、王國光、李相楷等四人,開辦特別講座,是為「慈光講座第一屆」(見前譜文)。同年(1964)六月,蔡榮華畢業返回僑居地前,特至臺中求學。返回後不久,即為菩提

---

[1] 蔡榮華:〈師恩難忘〉,《慈光》第233號(1969年7月30日),第2版。

醫院募得捐款。[1] 此後，曾三度來臺中求教。

八月五日（三），晚，於慈光圖書館週三講座宣講《大佛頂首楞嚴經》。

八月八日（六），於《菩提樹》月刊第一四一期刊載先生〈獅頭山無量壽長期放生會重印光明畫集序〉，縷述昔日莒城被圍、重慶空襲期間得見豐子愷護生畫之因緣，此時重印《光明畫集》為第三度結緣。

　　共和建元，十九年庚午，高桂滋軍附馮玉祥，據莒抗命，中央遣范陳兩師，先後圍之。予時客城中，穴地避砲火，食絕乞米友家，覩豐氏護生光明畫集。翻轉玩索，慨然有感，曰：若獲重生，不復食肉。予茹素，自困於莒，覩豐畫始之也。

　　後八年丁丑，中日蘆橋戰作，溯江避居渝州，未幾城燬於空炸，遂入山結廬，於寺察見豐氏畫佛，詢所居，以詩箋通往還，得其貽畫數幀，皆護生作也。當閭閻焦土，人禽同盡，或哭而掘人尸，或嘻而尋禽體，何其死生輕易，人禽無類耶？然寇來之殺，實在人而不在禽，

---

[1] 《菩提樹》報導：「前政大僑生蔡榮華同學曾來中參加暑期佛學講座多次，於上學期畢業後即返僑居地馬來西亞。頃由麻六甲匯來菩提醫院捐款三筆，均為當地高僧樂助：緣會和尚二千元、禪道、寂晃兩法師各一千元（均為臺幣）。蔡君願力甚大，將在臺所學佛法，在彼接引知識青年。」見：〈新聞〉，《菩提樹》第 146/147 期合刊（1965 年 1 月 8 日），頁 65。

豐畫之護，似在禽而不在人，斯時之命，反疑人有不如禽者乎。嗚呼，豐氏皈佛者也，佛氏平等不殺，豐氏護禽，寧捨護人。其諸作品，惟禽是護者，以人狃於貴賤歧視，恆蔑禽命肆屠殺也。然禽愚弱而少仁，人強明而知義，少仁者不能使之強明，固不免於被賤，知義者不解憫夫愚弱，又豈得謂之貴乎？甚且反其道而戕殺，務求結怨與少仁者，不惟不義，是亦喪乎強明矣。至於浩劫之臨，必有潛伏之象，苟昧其幾，尤為喪強明之甚者也。經曰：「羊死為人，人死為羊。」「死死生生，互來相噉。」烏知今之殺我者，非我之昔殺者也。若從玩畫意，細繹經言，懲其前，毖其後，熒惑徙度之應，未始不類見於今日。豈非豐氏之畫，出於輔讚經教，杜因自不有果，護禽適所以護人也。予懸壁以示人，口郵以規人，月集信者，有放生之會，雖僵蹇於鐵雨火海，坦然似有不足介者矣，後遷次必集會放生，自厄於渝，得豐畫始之也。

歷十二年戊子，復有中共徐蚌之役，浮海蟄臺島，法妻禪食，素乎憂而行乎樂，竟忘其燕巢幕上矣。一日獅山僧性梵者，持書款問曰：山有放生會，月印勸世書，是集也，畫工而趣腴，文顯而義豐，擬重梓牖俗息災，培眾福田，居士其序之乎？予披而視之，俛仰而噓，擊案而歎，曰：是豐氏之畫，予之患難故人也。何情之深，緣之奇，來慰顛沛之際，一而至於三也。回憶筥城之困，渝州之厄，均得其臨而解之，解之且得近以道。今也白髮子然，金革漫天地，又逢突其來慰，似非偶然，

前途庶有望乎，道跡其再近乎？同來者，有許居士炎墩，曰：亦願出資隨喜，為家大人祈年。予曰：孝有其道，勝於絃歌稱觴之虛糜也。吁，一畫集也，緇因之以施眾，素因之以孝親，顛沛者因之以得慰思道，何其大哉。亟起而拜曰：諾，不敢辭。予不序無以彰故人之德，予不序無以成他人之美，於斯世也，若得人手一冊，玩斯畫而覽斯文，明乎因果有徵，毅然放下屠刀，則眾生福田彈指培厚。書云「惟吉凶不僭在人，惟天降災祥在德。」夫人不僭於吉凶矣，寧有災不息而祥不降者哉。

中華民國歲次甲辰長夏　稷下李炳南序於寄漚軒[1]

八月十二日（三），晚，於慈光圖書館週三講座宣講《大佛頂首楞嚴經》。

八月十四日（五），夏曆七夕，有詩〈七夕望月〉，前後又有〈筆債〉、〈下山〉。（《雪廬詩集》，頁347-348）

〈七夕望月〉：車雨已收新月涼，裁刀高掛一鉤霜。今人不乞天孫拙，心滿機鋒曲曲藏。

〈筆債〉：筆債如潮欲築臺，上書諛墓愧非才。恨教名誤難求諒，那得情疏便不來。違我良朋花鳥遠，戕

---

[1] 李炳南：〈獅頭山無量壽長期放生會重印光明畫集序〉，《菩提樹》第141期（1964年8月8日），頁45；今收：《雪廬寓臺文存》，《全集》第14冊之2，頁57-60。落款據【數位典藏】手稿。

人嘉木棗梨災。偶憑棐几之乎者，真氣一分何有哉。

八月十五日（六），臺灣大學晨曦學社林敏雄社長與社員劉南生、陳武成、鄭振煌、楊惠南、甘桂穗等，以及政治大學東方文化社林正雄、周次吉、蔡培標、許席圖、蕭金松、林世敏等十二位學員，至臺中慈光圖書館求學，先生教授《佛學概要十四講表》、《詩階宗唐》，為期一週。從此每年寒暑假期到臺中接受密集教學，成為大專青年系統學習佛法、培養社團幹部之重要活動。此為慈光講座第二屆。（見《圖冊》，1964 年圖 23）

  劉勝欽，〈臺大晨曦學社之創立及其影響〉：五十三年臺中李炳南老師設立慈光佛學講座，吸引大專學生利用暑假參加研習，對周居士的推動，益增助力。……筆者所知的，例如名學者楊惠南教授、熊琬教授、李永熾教授、余德慧教授、林政華教授，以及蔣光興、張國樑、張炳輝、林敏雄、吳明陽、鄭振煌、吳庭烈、謝有焜、廖文城、梁茂生、鄭武燦、莊振昌、陳雅惠、張澄美、范進福、陳元暉、林淑貞、簡進土、林瑞宜，均曾參加晨曦學社或擔任社長、副社長、幹事等職，奉獻心力。而當時學社社員人數恆在二百人以上，或參加慧炬社主辦的活動，或前往臺中參加李炳南老師主辦的慈光講座，深入進修，回校再分組研討。[1]

---

1 劉勝欽：〈臺大晨曦學社之創立及其影響（二）〉，《慧炬》第 535/536 期合刊（2009 年 2 月 15 日），頁 38-53。

范進福，《晨曦學社社史》：五十三年第一學期八月十五日，本社林敏雄社長與社員劉南生、楊惠南、陳武成、鄭振煌和甘桂穗等同學利用暑假期間，前往臺中慈光圖書館，研究佛學，主要為李炳南教授所編之《佛學十四講》。由李教授躬親指導，凡一週。參加的同學咸覺獲益匪淺。[1]

鄭振煌，〈來得自在‧去得無礙〉：民國四十八年，慧炬創辦人周子慎老師高瞻遠矚，鼓勵大專青年學佛，次年四月八日臺大晨曦學社正式成立，風氣既開，其他院校學生群起效法，紛紛組織佛學社團。那時的大專佛學社團，普遍缺少幹部人材。社團負責人雖不乏虔誠信佛者，但佛學底子終嫌不夠，社團活動難免事倍功半。雪公恩師菩薩再來也，看到這種情形，深以為憂，乃將三藏十二部的精華，濃縮成〈十四講表〉，於寒暑假開辦「慈光（後易名明倫）大專佛學講座」，另一個壯闊波瀾從此掀起，為中國佛教開展了欣欣向榮的新氣象。大專青年學佛運動，啟之者，慎公也；成之者，雪公也。民國五十三年暑假，我來到了臺中柳川西路的慈光圖書館。……參加五十三年暑期講座的學生只有十一人，以我年紀最小。……當時，慈光圖書館已經設立托兒所和幼稚園了，位於講堂後面，平時供小朋友中午休息用的指月亭，就成為我們的寢室，大家睡在榻榻米上，親如

---

1 范進福：《晨曦學社社史》（臺北：國立臺灣大學晨曦學社，1965年9月3日），頁15。

兄弟。出家不久的淨空法師，當時就住在講堂後翼的二樓上，與我們朝夕相處。上課時與我們一起上課，下課後就替我們複講上課的內容，並解答我們所提出的幼稚問題。……十天的課程，轉眼就圓滿了。我如受醍醐灌頂，初窺佛門堂奧，滿心歡喜地在恩師引介下，皈依了佛門。當恩師代表皈依師父證蓮上人宣說皈依的意義時，一字一句均如霹靂萬鈞，撞擊著我的心靈：「老弟啊，好好地幹吧！」

暑期結束，回到學校之後，便信心十足地荷擔起社團的重任，一直到畢業為止，夜以繼日地幹，而且還大膽地上了講臺，把聽來的皮毛講給新生聽，現在回想起來，委實汗顏，這需要何等的勇氣和傻勁啊！[1]

陳肇璧，〈晨曦學社創社五十年的歷程與發展研析〉：53 年第一學期 8 月 15 日，林敏雄社長與社員劉南生、楊惠南、陳武成、鄭振煌、甘桂穗等參加臺中慈光圖書館研究佛學，由李炳南教授演講佛學十四講表。期間一周。這是大專學佛運動的一件大事。晨曦學子們學到真正的佛法從此刻開始。[2]

【案】本期十二人中，臺灣大學有林敏雄等六人參

---

[1] 蓮真（鄭振煌）：〈來得自在・去得無礙〉，《慧炬》第 264 期（1986 年 6 月 15 日），頁 23-26。鄭稱舉辦時間「十天」與前引范進福：《晨曦學社社史》所述「一週」略異。

[2] 陳肇璧：〈晨曦學社創社五十年的歷程與發展研析〉，《臺大晨曦學社 50 週年社慶專刊》，頁 23-64。臺大晨曦學社 50 週年社慶專屬網站：https://ntusunrise.org/semicent/50index.htm

加（見上范進福，《晨曦學社社史》），政治大學有：林正雄（政大法律）、蕭金松（政大邊政）、周次吉（政大中文）、林世敏（政大新聞）、許席圖、蔡培標等六人參加。來者應與慈光講座第一屆「五十三年度冬季研究班」政治大學中文系馬來西亞僑生蔡榮華推薦有關。

又，臺灣大學晨曦學社甘桂穗，為甘麗初將軍令媛。甘將軍殉國，甘夫人王鎮芬在臺隨炳南先生學佛，精進淨業（見1960年12月4日譜文）。移居臺北後，學法不退。母女常至善導寺講座聽講。甘桂穗臺大畢業後，留美深造，完成生化博士學位後，在美服務。後出家，為見海法師。[1]

臺灣大學晨曦學社及政治大學東方文化社同學參加講座返校後，即以先生編授之教材在學校舉辦「佛學十四講」研討會。

范進福，《晨曦學社社史》：五十三年第一學期十月十七日，每星期佛學研討會於本日正式開始，研討項目主要為李炳南教授所編《佛學十四講》，以介紹一般性的佛學基本常識給新社友。每星期六晚上一次，時間二小時。研討會上有親切的招呼，剴切的講解，周詳的解答和熱烈的辯難。如此每週一次，至十二月十九日凡

---

[1] 參見：釋聖嚴：《金山有鑛》，《法鼓全集》第6輯第4冊（2020年紀念版），頁167。先生錄寫有〈山居遣興〉贈送王鎮芬，收見：《雪廬老人題畫遺墨》，《全集》第16冊，頁48。

十次始獲圓滿結束。使本社社員在佛學的研討上有更深一層的成就。[1]

蕭金松、林世敏,「筆談」:政治大學同學在慈光講座返校開學後,也就舉行研討會,大家輪流講。主要是《十四講表》。一九六四年六月以前,馬來西亞僑生蔡榮華大四時也曾講過一、兩輪。[2]

八月十八日(二),於《臺灣民聲日報》刊載〈江錦祥畫展小序〉,論畫有止為清玩藝術,亦有關乎風教,不僅止於藝術。畫師亦然,如江逸子,雖為畫師,又不可盡以畫師視之,實為游於藝而志於道者。

〈江錦祥畫展小序〉:客有造室而問曰:畫為供人清玩之藝術耶?予曰:是矣。但亦有不盡然者。夫繪萬物之狀,或寫象外之神,縱其線條鉤點,馳騁乎筆鋒,酣其烘托渲染,淋漓乎赭墨,收藏家良晨高張,茶酒餘興,低徊而欣賞之,斯則止乎清玩藝術矣。若道子地獄變相,不著鬼怪,陰森襲人,而使屠夫放下孳刀;鄭俠流民一圖,鎖械負揭,觸目酸鼻,能使庸主立罷暴政;此皆有關風教,宜不盡以藝術例之也。客曰:有少年畫師江逸子,近展所畫嚮眾,作品若何,有所聞乎?曰:是吾友也。知之審且詳。其人物宗敦煌唐壁,衣帶曳

---

[1] 范進福:《晨曦學社社史》,頁 16。
[2] 林其賢:「與蕭金松、林世敏筆談」,LINE 通訊軟體,2023 年 6 月 28 日。

風，翶翔不可方。其山水法宋馬夏，峰巖孤秀，斷削而奇危，胎息於古不以形，意境翻新不踰矩。人物多佛陀應真。大品為地藏經全圖，人見而好之，因以啟孝思改惡業者甚繁。逸子自亦長齋繡佛。山水多一角半邊，少有風雲萬里之作。初疑其孤僻，嘗乘間而質之。唏噓曰：馬夏雋才，寧不能為海嶽雄觀。為傷乎汴州淪亡，西湖歌舞，意將託畫以諷，冀國人有以激發之也。今神州陸沉，而上下習於宴安。竊師古人，亦孤臣孽子之隱惻耳。見其畫，聽其言，可以知其人矣。逸子家清貧，好讀書。有勸以習西畫易博柴米者。謝之曰：斯時也，西畫興而國粹衰，義當從乎衰者，求其不慊於心焉。輒就予研詩，學杜少陵，尤喜秦州寓蜀諸詠。性使之歟？時使之歟？抑游於藝而志於道者歟？當時知名之士，如江西彭醇士，南陽呂佛庭，皆士林文宗，詩書畫冠絕一世。彭氏倜儻高舉。呂氏耿介嫻雅。俱門無雜賓，不以青眼觀俗士。獨許忘年於逸子，誘之掖之，幾若韓皇之與李賀。豈徒然哉！想其人，觀所友，復可以知其畫矣。夫畫固屬於藝術，是以不可盡以藝術觀。畫者固稱畫師，又安可盡以畫師等之也。客曰：曷出言以介乎？曰：如是畫如是人，不待予介，亦必有介之者，然予知逸子深，故舉以為客言，即以為客言者介於眾，或有補他介之不及者。[1]

---

1 李炳南：〈江錦祥畫展小序〉，《臺灣民聲日報》，1964年8月18日，第8版；今收見：《雪廬寓臺文存》，《全集》第14冊之2，頁110-113。

1964 年・民國 53 年 | 75 歲

【案】江逸子初次畫展亦先生鼓勵籌辦者。江初亦訝於辦畫展為求名利，先生分辨謂：「辦畫展有求名利者，亦有向師長求教者。不可一概論之，自不應全盤否定。」[1]

同時間，先生又有為江逸子立秋所繪〈心閒意靜圖〉題跋。[2]（見《圖冊》，1964 年圖 24）

常人念動思飛，惑而妄。至人無緣靜慮，覺而真。然真妄惟是二物，只在覺與惑耳。眾生之升墮亦在此機。智者契焉，愚者昧之。

李炳南觀跋

【案】此圖上款有「甲辰立秋寫於臺中客次　錦祥」，「甲辰立秋」為一九六四年八月七日。

八月十九日（三），晚，於慈光圖書館週三講座宣講《大佛頂首楞嚴經》。

八月二十三日（日），為台中蓮社重印豐子愷《光明畫集》撰序。台中蓮社主事者係見先生為獅頭山放生會重印

1　江逸子（江錦祥）〈木鐸春風三十載　懷師恩〉，《弘法資訊》第 250/251 期合刊（2016 年 4/5 月），頁 71-73。原演講錄影：https://www.youtube.com/watch?v=DHS_oLJjfKw

2　李炳南：〈心閒意靜圖〉，《雪廬老人題畫遺墨》，《全集》第 16 冊，頁 195；同幅題為〈猿馬圖〉（1964 作），收見澹寧齋編：《雪廬老人題畫遺墨輯》（新北：大古出版，2016 年 3 月再版），頁 42。

1693

《光明畫集》撰序,僉謂蓮社有放生會已十數年,亦應有此書以推廣深化,於是印行此書並請序。

獅山性梵上人,翻梓豐氏光明畫集,予為其序甫畢,擲筆偃蹇。台中蓮社董者見之,曰:社中有放生會,實應為此。蓋買放為救瀕危,勸護乃杜害機,危復安,是轉即熟之罪果,固屬美矣;害知戒,是畏將造之惡因,不益善乎?當仁弗敢讓,亦乞為吾社序刊之。噫!為文予所憚者也,憚其風皺池水,無由奮發其辭義。放生予所樂者也,樂其開網任適,庶得暢快於心性。若助放生而為文,則辭義有所發,使賴為文而放生,則心性寧不大快哉。且豐氏是集,卓然無前古,有非閑情逸致,無所為而為者。筆用中鋒,圓勁似鐵,墨用濃瀋,焦光若漆,象乎錐畫沙,屋漏痕,直籀斯之篆書,固未可以畫概之也。所繪之事,皆時裝人物,每舉日常瑣細,抽象寓諷,無索古之多因,見誅心於至隱,血淚縱橫,愴懷刺目,視之而不動於中,動於中而不戒於行者,幾希矣,猶鷲祇之說法,固未可以畫概之也。開其卷,惟見愷悌慈祥,行乎世,必有易俗移風,人則菩提薩埵之化身,畫則古篆靈文之託跡耳,故曰:豐氏是集,卓然無前古,非無所為而為者也。蓮社之有放生會,已十四稔,其間放生,計數百萬,誠仁矣哉。近鑒獅山是舉,有正本清源之功,遂踵為之,不讓人之專美,又何勇也。於是感而躍起,曰:是集乃非殺專學,又予弔禍之故人,蓮社實仁慈淵藪,亦予宏化之舊席,論其事,言其地,讓之容於義有傷,況心自樂則不疲,

辭有出則無憚者乎。亟濡筆以為之，冀有觀萬物並育而不害。夫蓮社獅山，皆明因果之理，必凜乎世運阽危，有待於共業共轉，當非徒局一物一命，止乎小仁者也。世有遠矚賢俊者，信夫天德好生，己達達人，俾是集風行川流，東方刊百，西千之，秦人刊萬，越倍之，則庖廚可息慘號，乾坤可充和祥矣。復有以序相屬者乎？將不辭勞，不憚煩，咸不與讓焉。

　　中華民國五十三年甲辰孟秋　李炳南識于寄漚軒[1]

八月二十六日（三），晚，於慈光圖書館週三講座宣講《大佛頂首楞嚴經》。

八月三十一日（一），先生與「菩提救濟院籌建委員會」主任委員林吳帖國大代表，共同主持菩提救濟院醫療大樓動土典禮。

　　破土儀式在一片爆竹聲中開始，參加蓮友齊唱楊枝淨水讚，由李董事長上香率眾誦《般若心經》、〈安土地真言〉、並繞場恭持〈大悲咒〉至奠基處舉鏟動土，再由林吳帖氏安放本刊編者自印度恆河攜回之恆河聖沙及本刊讀者贈送的普陀山潮音洞觀音聖沙，從此穢土變成聖地，使工程順利完成；仗此佛菩薩之神力庇蔭醫院

---

1 李炳南：〈台中蓮社重印豐子愷光明畫集序〉，《雪廬寓臺文存》，《全集》第 14 冊之 2，頁 60-62。落款據【數位典藏】手稿／詩文創作／雪廬寓臺文存／該文。「孟秋」指立秋至處暑之間，早辰年孟秋約當 1964 年 8 月 7 日至 8 月 23 日。今繫於孟秋之末。

病患離苦得樂。最後迴向如下：以此嚴淨功德，迴向護法龍天、三界嶽瀆靈聰，守護院址鞏固，祈福保安平善，莊嚴無上菩提，普願法界冤親，共入毘盧性海。鳴炮禮成後與參加者共用結緣紅湯圓，莫不皆大歡喜！[1]

動土典禮前夕，建築基地填土舖平工程亦正如期完工，土方由省工程局免費贈與並運至基地。

　　菩提醫院院址工程剛請專家設計完成，並擬於九月初旬動工前夕，發現基地較馬路低數尺，必須先行填土舖平，方能興工建築。但三千坪土地之廣、需土之多，一時有錢亦無處可買，正感無計可施時，適有臺中市重新拓寬民權、臺中、霧峰一條馬路，正大事興工中，所挖起之路面泥土，一時無處可以安頓，經本刊讀者宋元白居士與工程當局聯絡，因院址距離開拓之路面極近，搬運方便，該局願全部免費贈與，並代為運到菩院基地，由菩院自行雇工拉平，填土工事約需二星期乃至二十天，方可將全部基地三千坪完成，填高後與通往中興新村之省府大道平齊。如照時價估計，等於忽然有人樂捐數十萬元。中市蓮友咸謂佛菩薩悲愍病苦眾生，以促該院工事早日完成。[2]

九月一日（二），函復蔡榮華，勉工作之餘，須多讀書。並

1　〈新聞〉，《菩提樹》第 142 期（1964 年 9 月 8 日），頁 56。
2　〈新聞〉，《菩提樹》第 141 期（1964 年 8 月 8 日），頁 59。

指點弘法必先多知多聞，方能契機契理。[1]（見《圖冊》，1964 年圖 25）

　　榮華賢弟台鑒：別後迭接台函，以皆係臨時住址，不便復信，茲已飛回珂里，聞一切皆善，至為心悅。淨空法師、朱斐居士兩信已統交付。此後固須謀事，然作事之暇，必須利用時間讀書。古人學而優則仕，仕而優則學。至於佛法，我輩相處時短，所學僅是皮毛，若想弘法，必先多知多聞，便其契機契理。《十四講表》只限於大專學生或受高等教育者，否則格格不入。對普人講佛，應採通俗講演之法，詳看兄編之《實用講演術要略》「選材」一段。茲為寄上通俗講表十張以作參考，路遠無法面授，曷勝歉仄，然凡事研究，久則通達。雲樹南天，神馳不已。專復。講表另寄，并頌

淨祺　尊府統此問候　　　　　兄李炳南拜啟　九月一日

九月二日（三），晚，於慈光圖書館週三講座宣講《大佛頂首楞嚴經》。

九月八日（二），菩提救濟院董事會於《菩提樹》刊出七月份收支報告表。樂捐收入約七萬六千元，支出約二萬八千元。[2]（見《圖冊》，1964 年圖 26）爾後每月與捐助功

1　香光編輯委員會：《李炳南老居士復蔡榮華居士書函輯》，頁 34。
2　〈佛教菩提救濟院董事會收支報告表（1964 年 7 月 1 日至 1964 年 7 月 31 日）〉，《菩提樹》142 期（1964 年 9 月 8 日），頁 48。

德名單併同刊出以徵信。

九月九日（三），晚，於慈光圖書館週三講座宣講《大佛頂首楞嚴經》。

九月上旬，應呂佛庭邀請至臺中師專其宿處詳覽所作〈長城萬里圖〉。

　　【案】稍後，先生作有〈呂半僧萬里長城卷子歌〉，落款「歲次甲辰仲秋上浣拜觀於臺中師專學舍并題長歌以識　四百五十六甲子老人稷下李炳南」（見10月譜文）。四百五十六甲子指年歲，一甲子為六十日，四百五十六甲子為二萬七千三百六十日，七十五歲。「甲辰仲秋上浣」為夏曆八月上旬，約當一九六四年九月六日至十五日。當是先有呂佛庭邀請先生至臺中師專其住處觀畫，而後有九月十八日呂至先生住處回訪，再後始有先生長歌之作。

九月十六日（三），晚，於慈光圖書館週三講座宣講《大佛頂首楞嚴經》。

九月十八日（五），呂佛庭至菩提樹雜誌社訪候，暢談詩文。呂佛庭稱許先生所作詩文格調高古，時賢所不及。先生許為渡臺以來知音。

　　呂佛庭，《憶夢錄》：在臺佛教界都仰慕李雪老弘揚佛法之德望，深知雪老詩文者甚少。雪老之詩，深

受盛唐諸家影響,其文深受唐宋八家影響。其調之古,格之高,實為時賢所不及。九月十八日,我去菩提樹雜誌社拜候雪老,暢談詩文,並月旦時賢。雪老很謙虛的道:「我平生喜歡吟詠,但不以詩名,所以知我能詩者甚少。渡臺以來,只有老弟是我的知音。」我謝道:「公詩於工部、青蓮濡染最深。遣詞自然,不事雕琢。且景中有我,情不離道。陳含光、彭醇士不能望公之項背。佛庭才疏學淺,於渡臺前輩中獨喜公詩。蒙公不棄,許為知音,實在愧不敢當。」[1]

九月二十日(日),為薩冠錦所著《耶穌教生天論》撰〈序〉。欽讚其不念舊惡、報怨以德,亦肯認基督教為人天乘,不宜遽指與佛背馳,因新舊兩約全文,確未見有讎佛語也。該書於一九六六年由高雄市慶芳書局出版發行。[2]

九月二十三日(三),晚,於慈光圖書館週三講座宣講《大佛頂首楞嚴經》。

九月三十日(三),晚,於慈光圖書館週三講座宣講《大佛頂首楞嚴經》。

---

[1] 呂佛庭:《憶夢錄》,頁 415。
[2] 李炳南:〈耶穌教生天論序〉,《雪廬寓臺文存》,《全集》第 14 冊之 2,頁 69-73。據【數位典藏】手稿有落款「中華民國五十三年中秋」。

是月,紀潔芳至中興大學就讀。依其師天乙法師囑咐前來拜候,先生安排中慧班廖玉嬌照料,於是有每週四次跟隨學習:週二於和平街木樓先生住處念佛共修,週三慈光圖書館聽經,週五蓮社聯誼會國學指導,週六大專佛學講座。

　　民國五十三年筆者考上中興大學,赴臺中入學時,皈依師天乙恩師即叮嚀:「孩子!李炳南老居士是佛教大德,專弘揚淨土,妳到臺中後,第一件事就是要去拜見李老師。」那時真是初生之犢,不知李老師是何許人也?謹遵師訓,騎著腳踏車到臺中家職旁,菩提樹雜誌社隔壁木造二樓簡樸房子拜見老師。憶及當時情景至今還是很感動。七十六歲的老人家緩緩走進客廳,慈祥好奇、滿臉疑惑地看著我這個毛頭小女孩。「老師!我是中興大學大一新生,已皈依三寶,我師父說來臺中第一件事就是要來拜見您!」說完就向老師深深一鞠躬。老師慈悲地說:「孩子!妳可以參加中興大學智海學社,每個星期六晚上到慈光圖書館聽大專佛學講座課程,先從十四講表聽起。」過了兩天,雪公師特別介紹筆者認識廖玉嬌居士:「孩子!這是妳大姊。出門在外,有什麼事就去找妳大姊。」感謝廖大姊多年來無微不至的照顧,帶我聽經聞法,為我找家教。

筆者大一時,每星期中最喜歡的是週五晚上的書香味及週二晚上的念佛法喜。週二及週五是資深學生跟隨師學的小團體進修日。因有廖大姊的引領才能隨之旁聽,還沾大姊的光坐在大姊旁的位置,很靠近老師。週五雪公

老師在老蓮社（改建前）的日式榻榻米小教室為大家講一篇古文、一首唐詩，有時也講老師自己作的詩。講課前，老師先幫逸子學長改詩，幫廖大姊、富枝姊、美枝姊改作文，幫秀英居士、士瑛居士改書法。筆者自不量力也呈上毛筆字，雪公老師要我們每次只寫六個字，每個字要照九宮格規規矩矩練結構──氵部、木部、辶部、宀部等，一分一釐皆照九宮格練，練到維妙維肖，老師說可以換字才換。有時一個字要練一個多月，還真得有能耐。後來才體會這個部首練成，無論和那個偏旁結合，字都可以寫得較俊美，同時也練了耐心、專注及定力。無論學什麼，包括學講演、學講經及學辦事，雪公老師都有一套培育學生的妙法。

每週二晚上才是最享受時刻。在老師日式房子二樓榻榻米上念佛共修。迴向後，十多位老學生（筆者除外），包括淨空法師、聖遊老師、自民老師、蔣俊義居士、逸子學長、勝陽兄、朱斐居士及夫人鄧慧心、廖大姊、富枝姊、美枝姊及筆者，後來深受老師器重的智海社長謝正雄也加入。大家環繞老師席地而坐，師生相互問答，或研學，或修持，或辦事，或生活。[1]

【案】台中蓮社改建前，先生每週五晚「國學指導」，為大眾講授古文及詩。陳雍澤收存有一九七〇

---

[1] 紀潔芳：〈半世紀牽引　一輩子感念──憶慎公恩師兼述智海學社的成長與校園佛法的發展，《慧炬》第 537、538 期，（2009 年 3 月 15 日、4 月 15 日）；紀潔芳：〈學佛因緣與研讀《佛學問答》經驗分享〉，《慧炬》第 576 期（2012 年 6 月 15 日），頁 52-60。

年四月三日起講授古文講義七紙，選文十二篇：柳宗元〈觀八駿圖說〉、柳宗元〈永某氏之鼠〉、柳宗元〈宋清傳〉、柳宗元〈序棊〉、柳宗元〈送徐從事北遊序〉、柳宗元〈零陵郡復乳穴記〉、柳宗元〈永州龍興寺東邱記〉、李翱〈高愍女碑〉、孫樵〈書何易于〉、蘇軾〈范文正公文集序〉、張載〈西銘〉、王安石〈答曾子固〉。（見《圖冊》，1964年圖 27）

十月七日（三），晚，於慈光圖書館週三講座宣講《大佛頂首楞嚴經》。

十月八日（四），《臺灣佛教》刊載先生作詩：〈義公大法師來臺以會泉大師衣鉢傳授賢頓上人紀念〉。

何有南傳與北傳，時機契處便隨緣；指端能現法雲地，足底翻成兜率天。心水澄波迎海月，錫環飛響入檀煙；檳城記取歸帆日，正是鯤洲證道年。

李炳南居士敬題俚句以祝[1]

【案】弘化星馬之廣義法師三月十九日自港飛臺，駐錫臨濟寺。此行係齎奉會泉老法師衣鉢代傳法於賢頓法師。廣義法師（1914-1995），隨侍會泉大師七年，歷任廈門南普陀寺監院、泉州開元寺監院。

---

1 李炳南：〈義公大法師來臺以會泉大師衣鉢傳授賢頓上人紀念〉，《臺灣佛教》18卷10期（1964年10月8日），頁25。是詩《全集》未見收。

一九四九年,避國內戰亂而赴星馬弘化。賢頓法師（1903-1986），臺灣省臺中縣人,一九二一年十八歲時,乘船到福建漳州南山寺出家。一九二四年,會泉法師在南普陀寺成立「閩南佛學院」,自兼院長,對外招生。賢頓法師是臺籍人士第一位入學者。在校期間,學習努力,誠實憨厚,甚受會泉法師器重。

十月十四日（三），夏曆重陽節，有詩〈臺島九日登樓有懷〉，前後又有〈靜夜〉、〈清夜聞笛〉、〈閒坐〉

（《雪廬詩集》，頁348-350）

〈臺島九日登樓有懷〉：莫虛重九茲登樓，七夕中秋空負秋；涼天高風捲雲去，水郭萬戶炊煙浮。憑欄所思人何許，衰柳芙蓉夕陽洲；客心艱難獨此日，題糕不來從我遊。負手徘徊繞四壁，清辭長吟能寫憂；杜康絕交三十載，釣詩七碗茶為鉤。菊花茱萸各有豔，暮山醉插他人頭；雖同登臨不同感，辟惡延壽非所求。

〈靜夜〉：閒持一甌茗，空階望月華。曠懷無所思，游目天之涯。東壁絕蟲響，枝頭不驚鴉。靜夜自可讀，輟因清興賒。涼露盈襟袖，竹梧陰轉斜。歸齋捲簾坐，一雞唱鄰家。

〈清夜聞笛〉：吟詩弄笛思少年，清秋月下春風前；平生不知恨多少，離亂斷續東流川。一歌一曲暫排遣，舊者纔忘新者纏；今宵客愁化詩興，抱膝叉手吟不定。笛聲忽飛鄰舍樓，似有靈犀來相應；未必同是淪落人，錦箋有詩不堪贈。故園西望縹渺間，北斗太白垂斑

斕;漢旌誰持慰父老,淨掃胡塵玉門關。春乎秋乎何日還,起攬明鏡非朱顏。

〈閒坐〉:餅菊盆松斗室清,芸香榻畔疊書城;一年偶得幽閒坐,疑是修來第二生。

是日晚,於慈光圖書館週三講座宣講《大佛頂首楞嚴經》。

十月二十一日(三),晚,於慈光圖書館週三講座宣講《大佛頂首楞嚴經》。

十月二十二日(四),夏曆甲辰九月十七日,先生令弟李華(實美,1900-1964)於山東濟南過世,享年六十四歲。因音訊隔絕,直至一九八〇年七月始得知。(見1980年7月31日)

十月二十四日(六),為蔡念生長公子蔡興濟與劉春美婚禮福證。蔡念生提倡戒殺放生甚力,以素席百桌款客,等於放生數千萬命,故特提倡佛化婚禮。此次為公子舉辦佛化婚禮後,又撰文檢討改進。[1]

念生,〈談佛化結婚〉:儀式方面,婚禮場合,來賓多數非佛教徒,肅立太久,或生厭倦。且不免有老人病人,體力不能支持。可參照天主教婚禮,教徒跪下祈禱時,非教徒原坐不動。飲食方面,素菜太不普遍,

---

1 〈新聞〉,《菩提樹》第145期(12月),頁57。

一般飯店都作不好,寺廟雖然作得稍好,但不能大批製作。必須習慣肉食的人,認為素菜也值得一嘗,佛化結婚才有普遍的可能。[1]

十月二十八日(三),晚,於慈光圖書館週三講座宣講《大佛頂首楞嚴經》。

是月,菩提醫院等單位聯合於慎齋堂歡宴香港來臺訪問明常長老、曉雲法師等佛教大德。先生致歡迎詞。[2]

是月,為呂佛庭所作〈長城萬里圖〉,撰成〈呂半僧萬里長城卷子歌〉。[3](見《圖冊》,1964 年圖 28)

　　巍巍乎!嘉陵江圖曾所聞,清明上河親所見,見者乃為後人臨,聞者雲隱匡廬面。大手文章古來稀,今竟畫出萬里長城十有七丈絹。山海關踞天下雄,九夷朝霧方壺東。臨洮戍樓夜擊鼓,遮斷牧馬窺西戎。日升月落地不同,屋廬衣食殊其風。殊其風,勿須通,各樂其樂咸融融。匈奴氈幕逐水草,遼塔金寺燦華藻,回紇宮室笠子圓,西夏屋顛平於道。叢山絲貌,游龍夭矯,城壓

---

[1] 念生(蔡運辰):〈談佛化結婚〉,《菩提樹》第 146/147 期合刊(1965 年 1 月 8 日),頁 44。

[2] 〈新聞〉,《菩提樹》第 144 期(1964 年 11 月 8 日),頁 56。

[3] 李炳南:〈呂半僧萬里長城卷子歌〉,《雪廬詩集》,《全集》第 14 冊之 1,頁 340-342;手稿見:《雪廬老人題畫遺墨》,《全集》第 16 冊,頁 197。

其上，揚鬐舞爪。穿地衝天去復回，雲崩泉立千百繞。郡州聚散遠近形不定，疆界強辨秦齊韓魏燕與趙。無定河，青海波，古今茫茫戰骨多。雖云戰骨多，縱目存幾何？獨留漢明妃，青塚鬱嵯峨。可憐壯士折骨斷脰死，不及美人琵琶胡語歌。吾從弱冠好書史，嘗為流涕投袂起。安得秦穆封殽陵，盡教雄鬼有依止。不然剗平青塚俾無痕，乃與萬里長城雪奇恥。霸君作城勞萬夫，畫者萬筆鋒亦枯。或乘騾車或乘馬，極於山陬窮海隅。自春徂夏葛裘改，物候隨處丹青塗。嘉木綠陰濃，蒸雲含雨連千峰，斜照西風裏，長亭短亭霜葉紫。明駝黃河走堅冰，積雪天地銀崚嶒。嘉峪關外陽春回，秧水漲綠桃李開。頓忘邊徼苦，忽訝江南來。遂遊萬里畫萬里，豈若閉門村秀才。畫者之心觀者眼，咫尺放去六合滿。一角萬里雖異趣，古人終輸氣勢短。秦宇混一奢土木，長城亦只豹窺管。奧區多事尚無徵，欲考文獻煙雲散。霧斑已露人皆驚，餘跡宣泄詎容緩。佛言心如工畫師，萬有皆可憑虛為，吾聞心包三際影不滅，惆悵乎！驪山阿房成九疑，三十萬軍掘不見，一炬寧迷樓閣基。半僧落筆自心造，補苴罅漏應出奇。輪蹄今朝盡棄用，但住宴坐凝玄思。凝玄思，畫玄思，秦皇地下神泣時。嗚呼！此圖有鄰共萬古，不慚搔首左右同繫辭。

歲次甲辰仲秋上浣拜觀於臺中師專學舍并題長歌以識

四百五十六甲子老人穀下李炳南

【案】落款「歲次甲辰仲秋上浣拜觀於臺中師專學舍并題長歌以識」，當是先有呂佛庭邀請先生至臺中

1964 年・民國 53 年 | 75 歲

> 師專其住處觀畫,而後始有長歌之作。唯九月十八日呂佛庭至先生住處時,尚未知有此長歌。呂於十一月六日回函致謝獲此珍寶,則長歌之作當約十月事。

本學期起,每週六晚上,臺大晨曦學社開設「新生佛學概論」研討會,以先生編寫之《佛學概要十四講表》為基本教材,由資深學長吳明陽主持。[1]

> 陳肇璧,〈晨曦學社創社五十年的歷程與發展研析〉:五十三年十月十七日,第一次(新生)佛學研討會本日開始,教材:佛學十四講表,每星期六晚上一次。至十二月十九日圓滿共計十次。教材採用李炳南居士的十四講表,演講者來自學社中資深的學長吳明陽,此後成為社中演說基礎佛法的基本小組。大專佛學社團學術活動的基本型式——佛概小組於是確立。[2]

是年秋冬之間,曾遊南投廬山,有詩〈廬山〉、〈月夜憑眺〉。(《雪廬詩集》,頁 351-352)

> 〈廬山〉:此臺灣之廬山,非江西之匡廬也。環山闢公路,車可盤旋達巔。路植櫻花,峪多梅樹。山水皆佳,惟無樓閣點綴,只有日式旅館小憩而已。顧其名,不無故國之思焉。

---

[1] 〈新聞〉,《菩提樹》第 158/159 期合刊(1966 年 1 月 8 日),頁 58。
[2] 陳肇璧:〈晨曦學社創社五十年的歷程與發展研析〉,《臺大晨曦學社 50 週年社慶專刊》,頁 23-64。

碧峭叢叢危徑盤，升車疑是上青天；接峰梅樹堆晴雪，夾岸櫻花曳絳煙。牯嶺飛來雲一縷，銀河落出瀑多懸；空餘林壑無人主，安得高僧亦種蓮。

〈月夜憑眺〉：叢山微渺蒼煙外，萬種絃歌燈海中；香入西颸過曲檻，秋連北斗掛遙空。九隅天地螢尤霧，孤嶼樓臺紐約風；疑爾多情今夜月，含愁只為照愚公。

十一月一日（日），輔助大專學生研究佛學之智光大師獎學金、中佛會國際文教獎學金、詹煜齋居士獎學金，已核定頒發。

　　智光大師獎學基金會為輔助各大專優秀學生研究佛學，本年度經核定獎學金合格學生六十名，每人上下學期各五百元。於一日下午七時，假北市濟南路二段四十四號智光大師紀念堂頒發。受獎學生有臺大鄭振煌、劉南生，政大孫鍵政、周浩治，師大林秀瑩、施銘燦，文化學院蕭信雄、毛再青，東吳劉兆祐等人。中佛會國際文教獎學基金會及詹煜齋居士獎學基金會亦已核定頒發。[1]

十一月四日（三），晚，於慈光圖書館週三講座宣講《大佛頂首楞嚴經》。

十一月六日（五），呂佛庭來函，感謝先生為其畫作〈萬里長

---

1 〈新聞〉，《菩提樹》第144期（1964年11月8日），頁56。

1964年・民國53年 | 75歲

城圖〉撰作長歌。先生於九月中應邀觀賞此幅長卷巨作，歎賞之餘，特為撰就長達六百餘字之〈呂半僧萬里長城卷子歌〉，日前並以小字行楷親題全文請江逸子親往相贈。呂佛庭隨即回函致謝。[1]（見《圖冊》，1964年圖29）

　　呂佛庭，〈呂佛庭來函〉：雪老長者蓮座：日前錦祥袖交尊作〈長城萬里卷子詞〉，沐誦數四，歎為希有！宛如江行峽中，流暢婉曲，境有盡而意無窮，杜子美〈丹青引〉不得專美於前矣！拜服！拜服！拙圖倘能藉大文以永世，亦云殊勝之因緣也。〈長江萬里圖〉初稿甫就，全十七丈有奇，原備絹弗足用，今決計改用宣紙寫之。崇肅祇頌

法安　　　　　　　　後學呂佛庭敬上　十一月六日

十一月七日（六），晚七至九時，慈光大專學術講座於慈光圖書館開講。本期分兩班，初級班由中興大學教授許祖成主講「佛學概要」，高級班由先生主講「唯識學」。該講座設有獎學金，依出席次數及測驗成績，初高級各取九名。[2]

　　中興大學智海學社同學參加高級班李炳南教授講《唯識簡介》及「百法明門」者三十餘人，參加許祖成教授主講《佛學概要十四講表》者一百餘人，為方便同

1　【數位典藏】書信／在家居士／呂佛庭／〈呂佛庭之二〉。另參見：泉居（張清泉）：〈雪公題〈半僧萬里長城卷子歌〉〉，《明倫》501期（2010年1月）。
2　〈新聞〉，《菩提樹》第144期（1964年11月8日），頁57。

學聽講,由校方借用交通車接送。[1]

十一月八日(日),《菩提樹》月刊第一四四期登載先生編詞、陳先生作曲之佛曲〈訴苦〉,狀屠殺業。

李炳南編詞,陳先生作曲,〈訴苦〉:
我與你有甚怨讎?狠心要吃我的肉!
我但求死個快當,哪想卻不能夠!
百般虐待,鐵的身也難以忍受,麻繩緊縛四蹄合湊。
一棍倒懸穿起,搖搖擺擺、擺擺搖搖,抬著走。
可憐我身體肥重,蹄腕細瘦,身重下墜,筋骨扯斷皮磨透。
疼徹心,難得鬆鬆扣。時間不久,來到屠場門,
首撲通,往地下一丟,五臟震碎,全身抖擻,這疼痛,
更難出口。
磨刀霍霍,聲纔休,倒拉尾巴提在斷命石上頭。
昏迷迷,無人解救,棒打耳根,刀尖刺喉,
辣刺刺,心似煮油,
咕嚕嚕,熱血噴流,
還未死去,又向滾湯鍋裡投;
刮毛開膛,心腸一齊抽,千刀萬剮零賣後,只剩下一段冤魂,
纔脫了你的毒手。[2]

---

[1] 〈新聞〉,《慧炬》第29期(1964年12月15日),頁19。

[2] 李炳南編詞,陳先生作曲:〈訴苦〉,《菩提樹》第144期(1964年11月8日),頁37。收見《弘護小品彙存》,《全集》第4冊之2,頁577。

十一月十一日（三），晚，於慈光圖書館週三講座宣講《大佛頂首楞嚴經》。

十一月十四日（六），晚七至九時，於慈光圖書館慈光大專學術講座高級班主講《唯識簡介》。

十一月十八日（三），晚，於慈光圖書館週三講座宣講《大佛頂首楞嚴經》。

十一月二十一日（六），晚七至九時，於慈光圖書館慈光大專學術講座高級班主講《唯識簡介》。

十一月二十五日（三），晚，於慈光圖書館週三講座宣講《大佛頂首楞嚴經》。

十一月二十八日（六），晚七至九時，於慈光圖書館慈光大專學術講座高級班主講《唯識簡介》。

十一月二十九日（日），先生與許祖成教授共同領導中興大學智海學社同學至后里郊遊，參加同學六十多位。於后里馬場騎馬、攝影；借毘盧禪寺會餐、並瞻禮該寺開山比丘尼荼毘後舍利花。先生隨宜宣說學佛之應為與不應為。四為：為求學問、為求解脫、為轉移汙俗、為宏護正法；三不：不借佛法貪名圖利、不以佛法受人利用、

不昧佛法同流合汙。[1] 此「四為三不」日後成為「明倫社」宗旨，並為台中蓮社精神指導。（見《圖冊》，1964年圖 30）

是月，應邀至中國醫藥學院參加「大體解剖慰靈祭典」並演講，說明死人之身心遺澤，得使後人解除病苦，此為利世。今行祭祀，是為報恩，當存心誠敬。有〈中國醫藥學院五三年度大體解剖慰靈祭典〉講演講表。[2]

是月，孔德成先生應邀為臺中市山東同鄉魯青公墓牌坊書聯，先生代撰聯：「天之曆數，生同乎鄉，遊同乎方，歿同乎泉壤；神所馮依，山應在岱，海應在渤，人應在孔顏。」[3]（《圖冊》，1964 年圖 31）

是年秋，呂佛庭再度來函，感謝先生為其〈長城萬里圖〉所作〈長歌〉，讚歎其歌詞清新、書法端莊，它日將裝裱於該圖卷端，詞與圖當並流傳。

　　呂佛庭，〈寄呈李炳南居士書〉：雪公長者尊鑒：拜別慈顏，倏又匝月，每憶道範，輒深馳依。日前庭返臺中授課，展誦公題拙作〈長城萬里圖〉長歌，書既

---

1 〈新聞〉，《慧炬》第 29 期（1964 年 12 月 15 日），頁 19。
2 李炳南：〈中國醫藥學院五三年度大體解剖慰靈祭典〉，《弘護小品彙存》，《全集》第 4 冊之 2，頁 411。
3 【數位典藏】手稿／其他著作／〈撰聯偶錄第五頁〉。

渾穆，詞又清新，盪氣怡神，感曷可勝。第蒙以端楷莊書，多分清神，心實有未安耳。它日裝之卷端，與江山並傳，同為人間留一段佳話，亦人生一快事也。庭嘗謂詩道至今，卑靡極矣，惟公本乎三百篇之旨，而法盛唐諸賢之氣局，振衰起敝，可冠群倫。然公韜光隱曜，猶不屑以詩人自居，其德輝雅量，更足照映千古。豈尋章摘句雕蟲之士所能比哉？庭才疏學淺，詩文皆無所成，近或提筆忘字，尤有才盡之歎。偶有吟詠，莫非為表胸臆抒性情而已，未敢與詞壇名家爭一日之短長也。山居以來，閉門作畫，略無塵擾。每於花晨月夕，偕僧漫步，隨路勾留，看山如笑，聽鳥欲語，無拘無束，可擬羲皇上人。每得新句，便收囊中，謹錄兩首，恭呈政削。肅布謝悃，祗頌法安。[1]

十二月二日（三），晚，於慈光圖書館週三講座宣講《大佛頂首楞嚴經》。

十二月四日（五），應邀於臺中市佛教支會主辦之「玄奘三藏大師圓寂一千三百年紀念講演大會」，講演「佛學體相用之略說」，指明佛學主體為「正覺」；而於倫理、科學、哲學、宗教之各相，不捨一法，要皆以覺為主旨；其用則由身心、家庭以至邦國、世界各有效用。講

---

[1] 呂佛庭：〈寄呈李炳南居士書〉，《憶夢錄》，頁445。

演由張進興譯語，有〈佛學體相用之略說〉講演稿表。[1]該系列活動講者另有道安法師及張澄基。

　　臺中市佛教會為尊敬聖僧玄奘三藏大師一千三百年紀念所舉行學術演講大會，自十二月三日起一連四天，由翁理事長，在臺中市中山堂主持舉行，聽眾人山人海，竹山、員林、豐原、東勢，等地區人士都遠路而來參聽。「玄奘三藏大師圓寂一千三百年紀念講演大會」，於三日晚六時半假本市中山堂開幕舉行，典禮由臺中市佛教支會理事長翁茄苳擔任主席，寶覺寺住持林錦東司儀。會場中央除設國旗、國父遺教、玄奘大師聖像、佛教旗、暨香花鮮果等供品，莊嚴肅穆。典禮如儀，由主席翁茄苳氏，來賓臺中市黨部第三組謝組長，前省議員徐灶生氏，臺中縣佛教支會理事長玠宗法師等相繼致詞，最後由林錦東氏致謝詞後儀式結束。接著由臺北松山寺住持慈航中學董事長道安法師講演題為「偉大的玄奘」以國語主講，並有李玉小姐以臺語複述，歷經約二小時至九時許講畢。

四日晚七時起，仍在原址由中國醫藥學院教授李炳南氏主講「佛學體相用之略說」。聽眾極為踴躍。由美國回來哲學博士，故于監察院長女壻張澄基教授，於五日講「業力論」，由農民電臺佛教節目主持人李玉小姐任翻譯。[2]

1　李炳南：〈佛學體相用之略說〉講演稿表，《弘護小品彙存》，《全集》第 4 冊之 2，頁 384。

2　〈新聞〉，《臺灣佛教》19 卷 1 期（1965 年 1 月 1 日），頁 22。

〈佛學體相用之略說〉：佛學凡研究無論何事，大概分為三部分——一是現象（狀況），即是「相」；相必有體（體質）；有現象必起作用。這三部分是很合邏輯的。這即是說，無論何事何物，必有其體、相、用，整個佛法亦復如是。

「體」，換一個好懂的言語來講，就是「宗旨」、「原則」。佛學的原則即是「正覺」，此是其體。佛學的「佛」字，梵語「菩陀耶」，中國文字喜歡簡單，就譯之為佛，其意義是覺；覺者不迷也，無論什麼事情都要他覺悟。「覺」是個什麼東西呢？先從根本上講，從心上說。每個人都起念頭，念頭或是善的，或是惡的，或是不善不惡的，或有益於大眾的，或有益於自己的。有人如此研究，這是第一步，這便是覺。覺了這個，再向心以外身體動作合理不合理、講話為著什麼，這是身、口方面的覺。再就是身以外的環境，連衣服也是環境，環境的範圍不僅身體以外這會場，臺中市、全臺灣，以及全地球，與我們都有關係，甚至整個太陽系、盡虛空、遍法界，皆與我們密切相關。這是先的空間。其次覺的時間，並不限於今時今世的覺；所謂覺者，徹上徹下，無一時而不覺。能覺，事情就辦對了，就是吉；迷了，事情就辦錯，就凶。吉凶全在自己造，不干他人事。

「相」，指狀況，就是擺出來的事情。佛學裡有何事情？太多了，宇宙萬物之中無一事脫出佛法去，古人說過：無一而非佛法。佛學裡講五明法，明者明確、精明也。內明講心性之學，因明屬哲學，工巧明講工業，聲

明講言語文字之學，醫藥明即醫學。佛學也不離宗教，但和其他宗教不一樣，不像一般宗教說靈魂升天永存卻講不出個道理來。佛學所主張的是「能力」，能力就是性，眾生皆有佛性，這是佛學的獨得之妙。

「用」，分近說及遠說。佛學於個人用處大矣，懂了佛學，使人開智慧、有仁慈、有勇敢，無論作什麼事都有規律，使身體康健，心理愉快，這是對本身的好處。說到家庭，成了佛化家庭，和睦安詳，出好子弟。

推遠些說，人人學佛，國家就好了。最簡單地說，佛教徒有四個戒條：不許偷國稅、不能犯國法、不能詆毀元首，不能當國賊。最低限度如此，全國若是佛教徒，即皆好國民。這世界正是弱肉強食、強存弱死。請想佛學推廣至全世界好呢，還是弱肉強食的情形普遍世界好呢？[1]

十二月五日（六），晚七至九時，於慈光圖書館慈光大專學術講座高級班主講《唯識簡介》。

十二月八日（二），函復馬來西亞蔡榮華，提問將於《菩提樹》問答專欄回答。蔡榮華學成於八月歸返僑居地，刻正謀職，先生指點於日常時時溫習、厚積薄發。[2]（見《圖冊》，1964年圖32）

---

[1] 李炳南：〈佛學體相用之略說〉，《新覺生》第2期（1964年12月15日），頁6-9。

[2] 香光編輯委員會：《李炳南老居士復蔡榮華居士書函輯》，頁26。

榮華賢弟大鑒：一天明月，兩地相思，不知何日再得握手。所提問題，均在本期《菩提樹》儘先發表，希注意，故不於函中重述。謀職一事，須俟因緣，不必強合，但得日常於所學刻刻溫習，使其一切進步，厚積薄發，力常有餘。佛法已經入門，更宜乘此時間研究以待後用。學問之道，不進則退，離開善知識策礪亦退也。望深體斯言。專復并頌

學祺　　　　　　　　　　　兄李炳南謹啟十二月八日

《菩提樹》問答專欄刊行後，先生另加眉注寄去，有寄書及應許書法等事。[1]（見《圖冊》，1964年圖32）

1.《佛學常識》及《學佛淺說》即設法去購，俟辦妥即寄。

2.《佛學講表》物色妥同寄。

3.鄭老居士欲要拙書，不妨獻醜，但不能寫《心經》，因寫經須正楷方恭敬。

【案】蔡榮華提問覺行圓滿、佛性等，見「佛學問答」，《菩提樹》第一四五期（1964年12月8日），頁五十二。

是日，《菩提樹》月刊發行十三週年，主編朱斐有〈革新和感歎——為本刊十三歲生日寫〉，就十多年來致力佛教傳播工作而受譏嫌有感而發。

1　香光編輯委員會：《李炳南老居士復蔡榮華居士書函輯》，頁44。

朱斐，〈革新和感歎——為本刊十三歲生日寫〉：
十餘年來，自感修養不足，難免不被逆境引起煩惱，有時竟打算放下這些文字葛藤，不如重作馮婦，當公務員去來得乾脆。以免閒話的大德，怕你在三寶門中分食過久，影響了他的鉢襯，豈不罪過煞人！所幸本刊十餘年前的老讀者們，也許尚能記得，我本有安定的職業，為了宏揚佛法而辭去，乃專心一志創辦本刊，獻身於佛教文化，雖則居家，幾斷世緣，豈是走投無路，才跑進佛門來爭飯吃的！相信若再恢復前緣，亦不致換不到麵包充飢。若說靠三寶吃飯的人，充斥社會，除非三寶與世無緣，世人與三寶不發生關係，則世人不需三寶，三寶也不要世人，三寶一詞亦難成立矣，更遑論分食哉！亦有人安慰我說：你只要不吃三寶的閒飯，這些閒言閒語，聽它怎甚！但我不免凡心未歇何！歇則菩提亦非樹，還栽什麼「菩提樹」呢！可悲者，佛法雖是真理，佛門竟乏正義，閒言閒語者多，而真幹直幹者少，佛法又豈能長興呢！區區信佛已二十餘年，尚不免想打退堂鼓，何怪初信要投向別人懷抱呢！但望大德慈悲宏量，佛陀既開了這家大飯館，又豈怕大肚子的食客哉！[1]

十二月九日（三），晚，於慈光圖書館週三講座宣講《大佛頂首楞嚴經》。

---

1 編者（朱斐）：〈革新和感歎——為本刊十三歲生日寫〉，《菩提樹》第 145 期（1964 年 12 月 8 日），頁 45。

十二月十二日（六），晚七至九時，於慈光圖書館慈光大專學術講座高級班主講《唯識簡介》。

十二月十六日（三），晚，於慈光圖書館週三講座宣講《大佛頂首楞嚴經》。

十二月十九日（六），晚七至九時，於慈光圖書館慈光大專學術講座高級班主講《唯識簡介》。

十二月二十三日（三），晚，於慈光圖書館週三講座宣講《大佛頂首楞嚴經》。

十二月二十六日（六），晚七至九時，於慈光圖書館慈光大專學術講座高級班主講《唯識簡介》圓滿。
　　【案】本屆週六班慈光講座結束時間未詳，據歷屆舉辦週次為八至九週推斷，第九週為次年一月二日，該日另有慎齋堂講座，且大學已屆期末考，因繫圓滿日為第八週。

十二月三十日（三），晚，於慈光圖書館週三講座宣講《大佛頂首楞嚴經》。

1965 年・民國 54 年・甲辰－乙巳
76 歲

【國內外大事】

- 三月,陳誠副總統病逝臺北。
- 四月,續明法師於印度朝聖時捨報。
- 五月,印順法師於妙雲蘭若閉關一年屆滿。出關後出任中國文化學院教授,為我國佛教史,僧伽任教大學第一人。
- 九月,中國文化學院華岡學術研究院成立佛學研究所,聘周邦道為首任所長。
- 十一月,首屆全球華僧大會在臺北召開。

【譜主大事】

- 一月,元旦起三天,於慎齋堂宣講《仁王護國般若波羅蜜經・護國品》。
- 二月,舉辦「五十四年度冬令班」大專佛學講座。為慈光講座第三屆。
- 三月起,於中興大學主持「國學講座」。該講座由智海社承辦,舉辦至一九七〇年,歷時六年。講授〈大學〉、〈中庸〉、〈曲禮〉、〈樂記〉等課程。
  每週六於慈光圖書館慈光大專講座,講授《阿彌陀經》。
- 四月,菩提救濟院醫療大樓興工建築。
- 五月,每週六於慈光圖書館慈光大專講座,講授《金剛經》。至十二月圓滿。

1965 年・民國 54 年 | 76 歲

- 七月,禮請印順法師於菩提救濟院建地舉行太虛紀念館之動土奠基典禮。
- 八月,舉辦暑期「慈光大專學術講座」,分兩期進行,各為十一日。
- 九月,遷入臺中市南區正氣街九號,命名「寄漚軒」。房舍占地約五十六平方米。

一月一日（五），元旦起三天，應模範街慎齋堂主德熙法師禮請，於慎齋堂宣講《仁王護國般若波羅蜜經·護國品》。每日聽眾約二百人，風雨無阻。有〈仁王護國般若波羅密多經護國品筆記〉一篇。[1]

一月六日（三），晚，於慈光圖書館週三講座宣講《大佛頂首楞嚴經》。

一月十三日（三），晚，於慈光圖書館週三講座宣講《大佛頂首楞嚴經》。此為甲辰年最後一講，下週起暫停，春節後繼續。

一月二十二日（五），香港佛教僧伽聯合會觀光團一行八人，由悟一法師、淨心法師陪同參觀菩提救濟院基地，再參觀慈光育幼院，並樂助隨喜。台中蓮社等聯體機構在蓮社設宴歡迎。先生代表致詞歡迎，並獻旗致敬。宴後送行至車站。[2]

一月二十六日（二），受聘擔任中國醫藥學院夜間部五十三學年度招生委員會委員。（見《圖冊》，1965年圖1）

---

[1] 〈新聞〉，《菩提樹》第146/147期合刊（1965年1月8日），頁65；李炳南：〈仁王護國般若波羅密多經護國品筆記〉，《講經表解》，《全集》第3冊，頁1035-1040；封面標記「乙巳元旦在慎齋堂講」。

[2] 〈新聞〉，《菩提樹》第148期（1965年3月8日），頁56。

一月二十七日（三），下午四時三十分，至中國醫藥學院出席該學院夜間部五十三學年度招生委員會第一次會議。

一月三十一日（日），居住屏東之山東省國大代表高登海函復，願追隨先生擔任菩提救濟院名譽董事。前後又聘有立法委員李漢鳴、劉錫五，香港明常法師，新加坡宏船法師，星雲法師，王鶯……等為菩提救濟院名譽董事。（《圖冊》，1965年圖2）[1]

二月二日（二），乙巳新正初一，台中蓮社舉行團拜。

二月三日（三），新正初二。去函王仲懿，回復託辦事處理情形。（《圖冊》，1965年圖3）

> 仲懿大哥大鑒：年前寵賜佳果，元日又勞尊駕，中心銘感俱深。
> 中興新村，朋友甚多，去倘不周，反不若一律不去，尚希鑒諒。
> 令媛之事，聞于野老，有倦勤之意，改致牛若望先生。

---

[1] 高登海：〈高登海來函〉（1965年1月31日）；李漢鳴：〈李漢鳴來函〉（1964年12月31日）；劉錫五：〈劉錫五來函〉（1965年1月）；釋明常：〈明常法師來函〉（1965年2月15日）；釋宏船：〈宏船法師來函〉（1965年3月2日）；王鶯：〈菩提救濟院聘書〉（菩聘字第193號，1966年1月）。以上收藏於台中蓮社。釋星雲：〈菩提救濟院聘書〉（菩聘字第386號，1964年10月），收見於佛光山佛陀紀念館宗史館。

因內容主事,多出牛先生處。俟有復函,當再報命。謹謝并請春安　　　　　弟李炳南拜啟　二月三日

【案】于野老指天主教南京教區總主教于斌(1901-1978,號野聲),牛若望(1897-1976)為天主教南京教區副總主教。牛若望於一九六〇年五月來臺,出任臺北總教區祕書長;一九六八年離臺至巴西傳教。函文所指「于野老有倦勤之意,……內容主事,多出牛先生處」,或即指牛若望襄助于斌籌辦輔仁大學在臺復校事。輔仁大學於一九六一年復校,開辦哲學研究所;一九六三年六月奉准成立大學部並受頒校印。是函落款日期「二月三日」,當在一九六一年至一九六八年牛若望在臺期間,去除各年「二月三日」在臘月者,以是年為新正初二最為可能,因姑且繫於是。

二月六日(六)至十四日(日),於慈光圖書館舉辦「五十四年度冬令班」大專佛學講座,此係應臺灣大學、師範大學、政治大學、臺北工專、臺北師專、中興大學、靜宜學院、中國醫藥學院、屏東農專等大專院校佛學社團幹部同學之請而舉行,參加同學北部各校約四十名,連中部各大專同學約近百人。先生講授《佛學概要十四講表》及《佛說八大人覺經》。原訂為期一週,復應同學要求延長兩天。此為慈光講座第三屆。(見《圖冊》,1965年圖4)

〈新聞〉:臺大、政大、師大、興大、工專、北師專、中國醫藥、靜宜及屏東農專等校院部分同學共

1965 年・民國 54 年 | 76 歲

四十二人,利用寒假,參加了臺中慈光圖書館舉辦的佛學講習會。主講人為中國醫藥學院李炳南教授,會期係自二月六日起至十四日止共九天。講的內容是《佛學概要十四講表》和《佛說八大人覺經》。每日上午八時半至十時半聽講;下午七時至九時,由同學們互相研討,練習講解,由李教授親自指導,凡有疑問,無不徹底解答,使會中同學都能領悟,感覺深獲法益。

這次講習會參加同學分住在慈光圖書館或台中蓮社,所有膳食費用概由各地善信樂助,免費招待。每日下午由同學結伴出外參訪以調節身心、增廣見聞,曾先後參觀臺中教師會館、霧峰省議會大廈、故宮博物館;並赴南普陀寺拜訪朱鏡宙老居士。[1]

【案】據《慈光大專講座第七屆同學通訊錄》,此為「五十四年度冬令班」,[2] 係寒暑假密集教學之慈光講座第三屆,與學期間每週末開辦慈光講座不同。《菩提樹》月刊報導,本期有「臺北各校四十名,臺中各

---

1 〈新聞〉,《慧炬》第 32 期(1965 年 3 月 15 日),頁 33。另參見:〈新聞〉,《菩提樹》第 148 期(1965 年 3 月 8 日),頁 57。故宮博物館當時位於霧峰。

2 方萬全、徐天相、陳大雄、邱敏霞編:《暑期大專佛學講座同學錄⑦紀念冊》(臺中:慈光圖書館,1967 年 10 月 15 日)。版權頁書題作「慈光大專學術講座同學錄」,與封面書題不同。案,本期林敏雄、李相楷編:《慈光大專學術講座同學錄》(臺中:慈光圖書館,1965 年 2 月 15 日),標記此期為「五十三年度冬令研究班」,應作「五十三學年度冬令研究班」,據參加學員系級及該書出版年月可知,應以第七期《同學錄》為準。

校近百名」,然《通訊錄》僅錄列正式學員三十九人,未登載旁聽百餘人姓名。本期學員有吳博斌(中醫學院藥五/醫王社社長)、林敏雄(臺大農推四/臺大晨曦學社社長)、楊惠南(臺大哲三)、甘桂穗(臺大園藝一)、林正雄(政大法二/東方文化社社長)、李相楷(師大國文四)、謝正雄(興大化二/智海社社長)、紀潔芳(興大農經一)、紀海珊(屏東農專二)、林美津(實踐食三)等;各校人數為:中醫學院一、師大八、臺大十三、興大三、政大三、靜宜二、北師專二、工專五、家專一、農專一。

二月十一日(四),受聘擔任中國醫藥學院夜間部五十三學年度招生委員會試場巡視委員。(見《圖冊》,1965年圖5)

二月十五日(一),慈光講座第三屆同學錄發行,請先生封面題字,內頁並有先生設計講座旗幟。(見《圖冊》,1965年圖6)

二月十七日(三),乙巳年慈光圖書館週三講座開始,繼續宣講《大佛頂首楞嚴經》,參加寒假佛學講座同學亦均前往聽講。[1]

二月二十三日(二),呂佛庭〈長江萬里圖〉皴廓完成,應住

---

[1] 〈新聞〉,《菩提樹》第148期(1965年3月8日),頁57。

1965 年・民國 54 年｜76 歲

持廣元法師邀，移居山佳淨律寺，為江圖長卷染墨設色。
〈長城萬里圖〉完成，即著手製作「長江萬里」草圖，時經數月，草圖完成。於五十三年二月二十日遷居於臺中北屯區寶華山大山精舍，專心畫「長江萬里圖」。二十七日為元宵節，長江萬里圖卷開始落墨。五十四年二月十三日下午五時，全部皴廓完成。二十三日，應住持廣元法師邀，移居山佳淨律寺，為江圖長卷染墨設色。[1]

二月二十四日（三），晚，於慈光圖書館週三講座宣講《大佛頂首楞嚴經》。

三月二日（二），臺灣省立中興大學校長湯惠蓀敦聘為該校「國學講座」主講。有聘書及聘函。是月十六日起開講。[2]（《圖冊》，1965 年圖 7）

　　湯惠蓀，〈湯惠蓀來函〉（1965 年 3 月 3 日）：炳南先生道席：謹啟者：竊維吾國固有文化，為團結民族精神，爭取反攻復國之基本潛力，而社會污俗之刷新，端賴本然性德之啟發。敝校舉辦國學講座，旨在推闡固有文化，期能正人心、端習俗，以與我政府科學建設收輔車相依之效。凤仰台端德高望重，精通聖學，敬奉聘書，請為敝校國學講座主講。至懇俯允為禱。專頌
　　教綏　　　　　　　　　　　　弟湯惠蓀謹上　三月三日

1　呂佛庭：《憶夢錄》，頁 389-427。
2　湯惠蓀：〈湯惠蓀來函〉（1965 年 3 月 3 日），台中蓮社收藏。

【案】信封有先生著記:「本月十六日(星二)」,當即為是月十六日開講者。

是日,新加坡宏船法師來函,應聘擔任菩提救濟院名譽董事,並以「會泉大師」名義捐助救濟院。前後又有菲律賓佛教居士林等佛弟子為瑞今老法師六秩華誕獻壽、馬來西亞盛凱法師弟子,以及國內有懺雲法師帶領之淨土宗團體、續明法師帶領之福嚴精舍學僧、胡崇理經募「章嘉大師室」等陸續捐建。(《圖冊》,1965年圖8)[1]

宏船法師,〈來函〉(1965年3月2日):炳南老居士文席:頃接讀菩提救濟院之聘函,及籌備近況,忻悉李長者大發慈心,護法功深,樂善好施,澤及患者,功德浩大,曷可言喻。

以名譽董事畀與,衲實不敢當,凡我佛門之善舉,義不容辭,惟悉力以赴。而數年來應赴各方,況以星馬處於對抗中,一切均不如前,所以心有餘而力不逮,希長者有予諒我,衲與廣義欲紀念「會泉大師」一室,聞每室約台幣壹萬元之譜,茲先奉夾美幣百枚,即乞查收,見復為盼。即祝願海莊嚴

衲 宏船 廣義 仝敬啟

佛曆二五〇八年時在乙巳春元月念九日

---

[1] 釋宏船:〈宏船法師來函〉(1965年3月2日);釋懺雲:〈致朱斐函〉(1963年10月12日);釋續明:〈致朱斐居士函〉(1963年11月4日);胡崇理:〈經募「章嘉大師室」名錄〉(未載錄日期)。以上俱收見菩提仁愛之家。另請參見:1966年12月12日譜文、《圖冊》1966年圖37:「功德徵信錄」。

懺雲法師,〈致朱斐函〉(1963年10月12日):
宗善居士淨鑒:惠函謹已奉悉。所捐病房,即訂名為「倓虛大師室」,捐助人為全省淨土宗團體。謹覆並頌

蓮安　　　　　　　拙衲　懺雲謹具　十、十二

續明法師,〈致朱斐居士函〉(1963年11月4日):朱斐大士法鑒:茲有敝舍學生等,為響應佛教菩提醫院之籌建,特就個人能力所及,分別樂捐,以示隨喜。唯為數甚少,無補於事,但願集腋成裘,能早日實現此一佛教慈濟事業耳。附上七百元匯票乙紙,乞席右代為轉交,為感。專此,敬祝

慧安　　　　　　拙衲　續明敬啟　五二、十一、四

三月三日(三),晚,於慈光圖書館週三講座宣講《大佛頂首楞嚴經》。

三月四日(四),復函馬來西亞蔡榮華,說明居士不受戒,不能公開講經,至於講演佛法則無限制。若欲讀《維摩經》則以《維摩經折衷疏》最便初學。[1]

榮華賢弟台覽:書係蓮社贈送,郵費係兄奉送,不勞寄還。居士不受戒,不能公開講經,若講演佛法則無限制。至於私室討論,亦可隨便,凡有人請講佛法則不論佛學機構或外道之處,儘可隨緣為種善根也。鄭居士既不指明《心經》,日內自當為之塗鴉。《維摩詰經》

1　香光編輯委員會:《李炳南老居士復蔡榮華居士書函輯》,頁27。

臺灣只有集註及僧肇註,諸注中有《維摩經折中疏》最便初學,但此地無之,香港或有也。專復并詢

學祺　　　　　　　　　　　兄李炳南拜啟　三月四日

【案】「鄭居士既不指明心經」,此係蔡榮華受託向先生請求墨寶,事見一九六四年十二月八日文。

三月八日(一),泰國中華佛學研究社理事黃以道來訪,先生以素席招待。黃居士捐菩提醫院三十坪地,並以其令尊大名黃芳濱做為路名,以表紀念。[1]

本期《菩提樹》月刊,刊載詩友王大任立法委員詩作:〈乙巳新春寄懷李炳老〉。先生有〈詶王立法委員贈詩〉酬答。

王大任,〈乙巳新春寄懷李炳老〉:不見炳南老,知參上乘禪,寒齋思耆舊,海嶠又新年。世態悲雲詭,群生苦倒懸,中興會可卜,慧眼閱桑田。[2]

〈詶王立法委員贈詩〉:直道人猶在,王家詩不群;董狐言有立,摩詰坐平分。皎皎中臺月,蒼蒼北海雲;蘭心契自遠,兩地共清芬。(《雪廬詩集》,頁351-352)

三月十日(三),晚,於慈光圖書館週三講座宣講《大佛頂首楞嚴經》。

---

1 〈新聞〉,《菩提樹》第149期(1965年4月8日),頁53。
2 〈新聞〉,《菩提樹》第148期(1965年3月8日),頁35。

1965 年‧民國 54 年 | 76 歲

三月十三日（六），即日起，每週六晚七至九時，於慈光圖書館開辦週末班慈光學術講座，為大專生講授《佛說阿彌陀經》。[1]

三月十六日（二），即日起每週二晚七至九時，應邀於中興大學主講「國學講座」。講座由智海學社負責辦理，在中興大學理工大樓視聽教室舉行。首講為「國學體用概言」，有〈國學體用概言〉講演講表。[2]（《圖冊》，1965 年圖 9）

紀潔芳口述，〈三十話智海〉：民國五十四年，當時的課外輔導組韋玉華主任，他非常有見地，知道中華文化的重要性，並且非常景仰恩師的德學修養，所以特別以課外輔導組的名義，恭請雪公老師主持「國學講座」，由智海學社負責協辦，一直連續舉辦四年。這是恩師非常有系統講授國學的一段時期，所講過的課程有：〈大學〉、〈中庸〉、〈曲禮〉、〈樂記〉、〈禮運大同〉、佛學、中華文化及《禮記》，當時除了興大

---

1 《台中蓮社第五次社務報告（五十四年度）》，頁 3。
2 李炳南：〈國學體用概言〉（略表），《弘護小品彙存》，《全集》第 4 冊之 2，頁 421；〈國學體用概言〉（詳表），《弘護小品彙存》，《全集》第 4 冊之 2，頁 422-423。「詳表」標題下注記：「李炳南教授于中華民國五十四年三月十六日在中興大學講」。郁英、弘超收集整理：〈雪公與智海的一段緣〉則載錄該學期先生「國學講座：大學」時間為 1965 年 3 月 23 日至 1965 年 6 月 8 日；應係是日起之連續講座。〈國學體用概言〉（講表手稿）共兩紙，鄭如玲（鄭勝陽令媛）提供。

師生聽課外,校外還有許多居士大德均前來聽課,而且還是風雨無阻,從不缺課,其中可能是周老師及徐老師的筆記記得最完整。恩師的講課講義現均保存得很好,所以韋玉華主任對中華文化之推廣實是功德無量。[1]

該講座歷時六年,舉辦至一九七〇年,校內外來學者甚眾。所有演講費等所得悉數捐助智海社為活動經費。

智海人,〈憶 恩師與智海〉:雪公除每週六之慈光佛學講座外,並應智海之請,每週二晚間假中興大學視聽教室主持國學講座,先後講述大學、中庸、曲禮選講及樂記選講等,兼弘儒學,期望儒佛交融。除智海學社同學受益外,台中蓮友隨喜者獲益更多。而此等講座除車資及茶水由恩師自備外,更將所有演講費悉數捐給智海學社舉辦各項活動之用。[2]

三月十七日(三),晚,於慈光圖書館週三講座宣講《大佛頂首楞嚴經》。

三月二十日(六),晚,於慈光圖書館週六慈光講座,為大

---

[1] 蓮德(紀潔芳)口述,編輯組整理:〈三十話智海〉,《智海卅週年紀念專刊》,頁 14-21。另參見:紀潔芳:〈半世紀牽引 一輩子感念——憶慎公恩師兼述智海學社的成長與校園佛法的發展(上、下)〉,《慧炬》537、538 期,(2009 年 3 月 15 日、4 月 15 日)頁 42-51、頁 32-41。

[2] 智海人:〈憶 恩師與智海〉,《明倫》第 183 期(1988 年 4 月)。

1965 年・民國 54 年｜76 歲

專學生講授《佛說阿彌陀經》。

三月二十三日（二），晚，於中興大學「國學講座」講授〈大學〉。[1] 作有〈大學眉注〉、〈大學表注〉。有〈大學講前小言〉說明〈大學〉原本與朱子改本之不同，並指出朱子所稱大學三綱實只二綱。[2]

〈大學講前小言〉：《禮記（小戴）》四十九篇，〈大學〉為其第四十二篇。宋天聖間，始摘出單行。後合〈中庸〉、《論》、《孟》稱為《四書》。朱子讀之，疑有錯簡。遂將原文章次變更，凡單行本皆通行朱編者。而《禮記》則仍存其原者。

《禮記》載者，章句難讀，謂是錯簡，古書每有之，或可疑也。而朱子所編，顯非原式，是無可疑者。而漢唐諸儒疏而未改，朱子移易，亦見仁見智之不同耳，固不必定左右也。惟朱子分此書，有經有傳，細繹文理，確有獨到。然錯簡者，是其傳，非其經也。經則《禮記》與單行本，固無二致也。

傳為推闡經旨者，經尚簡要，而傳尚詳明，是則一傳之言，主固闡經一處，而比援旁通，未嘗不許闡發其他。

---

1 「國學講座：《大學》，1965 年 3 月 23 日－1965 年 6 月 8 日」，見：郁英、弘超：〈雪公與智海的一段緣〉，《智海卅週年紀念專刊》，頁 67-71。
2 李炳南：〈大學眉注〉、〈大學講前小言〉、〈大學表注〉，見《禮記選講》，《全集》第 12 冊，頁 275-319。首頁題下有「民國五十四年在中興大學講」。

非若經文，凡遇扞格，只應存疑，以求文獻之徵。傳則左之右之，通斯可矣，雖屬錯簡，亦無大傷，是朱子移易者傳也，非顛倒乎經也。此章之作，乃聖門弟子而已，古人著述，多不署名，故考據者，亦各見其所見耳。漢儒賈逵曰：「孔伋窮居於宋，懼家學之不明，作〈大學〉以經之，〈中庸〉以緯之。」宋儒朱子分為經傳，曰經：「蓋孔子之言，而曾子述之，其傳十章，則曾子之意，而門人記之也。」後儒各是其是，子思、曾子，只有存疑。

「在明明德，在親民，在止於至善。」朱子定此三句，為大學之三綱。後之研者，亦有主為二綱者。義謂明明德已立已達，本也。親民立人達人，末也。有本有末，其事畢矣。止善只是結論，合言明德與親民二者，必造其極而已，不得稱之一綱。且後有八目，目必統乎綱，余陋，未見三綱統八目之表。若以內外言，格致誠正內也，修齊治平外也，以綱統目言，格致誠正，為明德一綱分目；修齊治平，為親民一綱分目；斯甚分明，止善無目，不必成綱。

三月二十四日（三），晚，於慈光圖書館週三講座宣講《大佛頂首楞嚴經》。

三月二十七日（六），晚，於慈光圖書館週六慈光講座，為大專學生講授《佛說阿彌陀經》。

三月三十日（二），晚，於中興大學「國學講座」講授〈大學〉。

三月三十一日（三），中午十一時，先生偕同《菩提樹》月刊主編朱斐、蓮社董事長等至教師會館迎接泰國佛教青年總會會長巴汕通博里至蓮社午宴，而後參觀各機構，並請於慈光圖書館週三講座講演。

〈新聞〉：蓮社等八所機構聯合歡宴，並邀請臺中市長張啟仲、教界長者蔡念生等人作陪。餐後，參觀慈光育幼院、菩提醫院等處。晚餐後，特請其於慈光圖書館週三講座向大眾講演。巴汕現任泰國宗教廳學術局長、法政大學特別教授、宗教大學院主任、國防部陸軍中校，為泰國佛教重要人才，對泰國華僑佛教贊助甚力。[1]

四月三日（六），晚，於慈光圖書館週六慈光講座，為大專學生講授《佛說阿彌陀經》。

四月五日（一），清明節，前後有詩〈寒食〉、〈清明雨中〉。（《雪廬詩集》，頁352-354）

〈寒食〉：寒食尋何處，青郊獨步遲；春愁風雨共，客味鬢毛知。宿霧皴山黛，晴波漾柳絲；看人明日祭，還似去年時。

---

[1] 〈新聞〉，《菩提樹》第149期（1965年4月8日），頁52。

〈清明雨中〉：幾處赭丹開木棉，一城微雨柳搖煙；高樓不怯春寒入，客袖捲簾看遠天。

四月六日（二），晚，於中興大學「國學講座」講授〈大學〉。

四月七日（三），晚，於慈光圖書館週三講座宣講《大佛頂首楞嚴經》。

四月八日（四），佛誕節，菩提救濟院醫療大樓正式興工建築，預定工期八個月。此大樓由陳汝洲建築師設計，營造廠商何木己先生承建。建築費共需二百萬元，目前尚不足數十萬元；醫療設備方面亦需款約二百萬元，亦持續籌募中。菩提救濟院已完成財團法人登記，由臺中地方法院頒發第五〇號登記證。[1]

四月十日（六），美籍比丘尼明覺法師，隨其師勝光尼法師由新竹前來臺中拜訪先生及朱鏡宙。對臺中佛教及兩位長者印象殊深；對臺中所辦各種文化慈善及社會教育事業讚歎不已。明覺法師日前自美來臺尋師披剃，將於本年在苗栗大湖法雲寺傳三壇大戒時受戒。

從美國來臺出家的艾肯小姐，現在法號「明覺」，於十日隨其師勝光尼法師由新竹來中訪問本刊。事後她來信對臺中佛教及兩位長者印象殊深；尤其對臺中所辦

---

[1] 〈新聞〉，《菩提樹》第149期（1965年4月8日），頁53。

各種文化慈善及社會教育事業讚歎不已。茲譯錄明覺師返竹後致本刊社長之英文函如下：

「李老長者：在臺中時有緣識荊，快慰何如！並悉與朱居士比鄰，大感驚喜！前者未能暢談，至以為憾！閣下弘法有盛名，衲應諸多問難，只因生性羞澀、尤以面對長者，木訥難言，遂失良機耳。承惠多珍甚感！衲等均極喜好，並致謝意。中市景色優美，衲所見之處如新建之大殿、講堂及孤兒院，以及四周之鄉村，均極美麗。衲以英文作書請多原諒。順祝康健愉快，謹再申謝！

　　　　　　　　　　明覺上　四月十四日。」[1]

是日晚，於慈光圖書館週六慈光講座，為大專學生講授《佛說阿彌陀經》。

四月十三日（二），晚，於中興大學「國學講座」講授〈大學〉。

四月十四日（三），晚，於慈光圖書館週三講座宣講《大佛頂首楞嚴經》。

四月十七日（六），晚，於慈光圖書館週六慈光講座，為大專學生講授《佛說阿彌陀經》。

1　〈新聞〉，《菩提樹》第 150 期（1965 年 5 月 8 日），頁 55。

四月二十日（二），晚，於中興大學「國學講座」講授〈大學〉。

四月二十一日（三），晚，於慈光圖書館週三講座宣講《大佛頂首楞嚴經》。

四月二十四日（六），晚，於慈光圖書館週六慈光講座，為大專學生講授《佛說阿彌陀經》。

四月二十六日（一），前福嚴精舍住持兼福嚴學舍舍長續明法師於印度朝聖旅途捨報。續明法師於去歲三月與印順法師、演培法師共同捐建太虛紀念館，此前亦已與福嚴學舍學僧共同捐助菩提醫院。[1]

四月二十七日（二），晚，於中興大學「國學講座」講授〈大學〉。

四月二十八日（三），晚，於慈光圖書館週三講座宣講《大佛頂首楞嚴經》。

五月一日（六），晚，於慈光圖書館週六慈光講座，為大專學生講授《佛說阿彌陀經》圓滿，下週舉行測驗，再下

---

[1] 〈續明法師來函與福嚴學舍學僧捐助明細〉（1963年11月4日），臺中：菩提救濟院檔案。

1965年・民國 54 年 | 76 歲

週舉行頒獎及座談會。[1]

五月四日（二），晚，於中興大學「國學講座」講授〈大學〉。

五月五日（三），晚，於慈光圖書館週三講座宣講《大佛頂首楞嚴經》。

五月十一日（二），晚，於中興大學「國學講座」講授〈大學〉。

五月十二日（三），晚，於慈光圖書館週三講座宣講《大佛頂首楞嚴經》。

五月十五日（六），晚，於慈光圖書館週六慈光講座《佛說阿彌陀經》課程圓滿舉行頒獎，並與學員座談。

五月十六日（日），中國醫藥學院醫王學社假慈光圖書館舉行該社幹事會議。於社務動態報告及討論事項後，禮請先生以及許祖成教授專題演講。最後由同學提問，由先生解答。[2]

---

1 「3 月 13 日起為大專生講《阿彌陀經》八次，考試一次、頒獎座談會一次」，見：《台中蓮社第五次社務報告（五十四年度）》，頁 3。
2 〈新聞〉，《菩提樹》第 151 期（1965 年 6 月 8 日），頁 54。

1739

五月十八日（二），晚，於中興大學「國學講座」講授〈大學〉。

五月十九日（三），晚，於慈光圖書館週三講座宣講《大佛頂首楞嚴經》。

五月二十日（四），晚七時，應邀至逢甲學院大禮堂參加該校普覺學社社員大會，並以學社名申述「佛學是普通學、是正覺學」，有開示講表。[1]

五月二十二日（六），晚，於慈光圖書館週六慈光講座，為大專學生開講《金剛經》。正式報名參加學生有二百五十名，旁聽社會青年亦有百餘人。所用教材為江味農《金剛經講義》。（見《圖冊》，1965年圖10）[2]

　　黃宏介，〈臺中金剛經講座側記〉：五月二十二日（星期六）的晚上，一群群的同學們，湧向慈光圖書館，放棄了自己寶貴的週末，為的是來參加這難得的機會，由臺中市慈光圖書館舉辦盛大的「學術講座」，正由佛學家李炳南教授主講《金剛經》。這真是個殊勝的因緣，我進入講堂，行列間已無插足之隙，一片黑壓壓

---

[1] 〈新聞〉，《菩提樹》第151期（1965年6月8日），頁54。講表見：李炳南：〈在逢甲學院普覺學社講〉，《弘護小品彙存》，《全集》第4冊之2，頁381。

[2] 〈新聞〉，《菩提樹》第151期（1965年6月8日），頁54；頁60有照片。

1965年・民國54年｜76歲

的人頭，使慈光圖書館擠得水洩不通。我正在猶豫，圖書館的工作人員，忽然搬過來幾條椅子，排在門邊。二百多位大專同學與部分旁聽人士，達四百餘人，使講堂裡的聽眾空前爆滿。在座聽講同學，皆為中部地區各大專院校同學，正式報名參加者計包括中部十個大專院校及師大在中部實習同學，達二百五十七名。大多數同學，以前都已聽過李老師所講《佛學概要十四表》、《八大人覺經》、《唯識簡介》、《阿彌陀經》……。按照最先原定計畫，《彌陀經》講到五月八日已告結束，《金剛經》原定下學期開講。後來李老師想到《金剛經》乃六百卷般若之精華。其中所含真空精義，般若妙諦，恐同學於聽講時未能易於領會，同時為配合趙忍庵女公子之贈經功德，於是繼《彌陀經》講座結束後，隨即接講《金剛經》，並計劃到學期結束前講五、六次，在暑期中，則由同學將經文研讀自修，俟下學期開學時，繼續接講，這樣聽講時，較易於領會。

當講座開始時，李老師很高興，今天同學參加人數特別踴躍。因此他老人家首先告訴同學們說：大家都是大專青年，在現今世衰道微，在功利主義社會的環境中。能夠到這裡聽聞正法，這都是多生多劫以來所累積的福慧因緣。願同學們善自珍惜，趁此難得機會，勇猛精進，以證佛道。訓勉完畢，隨即開始解說經題。兩個鐘頭過得竟是這樣快，正好講完「法會因由分第一」及「善現

啟請分第二」。[1]

　　當時李炳南恩師在每週六晚上於臺中慈光圖書館開講《金剛經》，法堂聽眾擠爆到走廊、庭園中，筆者當時擔任佛學社社長，正是意氣風發，一夜率領了兩百餘位同學，也到慈光圖書館擠熱鬧聽老師講經。[2]

五月二十五日（二），前往中興大學，參觀智海學社於該校學生活動中心舉辦之佛教圖片展覽。[3]

晚，於中興大學「國學講座」講授〈大學〉。

五月二十六日（三），晚，於慈光圖書館週三講座宣講《大佛頂首楞嚴經》。

五月二十七日（四），晚八時至十一時二十分，至台中佛教蓮社參加董事會，討論設置社長、興辦托兒所、指派各部門編制及主管人選。決議：推舉董正之為社長，並請朱炎煌董事長親往敦聘。托兒所俟日後空間擴展時再行興辦。編制原設：總務、法務、慈務，現增加：文化、宣傳兩部門，各指派正副主管。

1　黃宏介：〈臺中金剛經講座側記〉，《慧炬》第 35/36 期合刊（1965 年 7 月 15 日），頁 37-38。
2　黃宏介：〈薪傳長憶老恩師〉，《慧炬》第 569 期（2011 年 11 月 15 日），頁 61-64。
3　〈新聞〉，《菩提樹》第 151 期（1965 年 6 月 8 日），頁 54。

董事七名,出席者有:炳南先生、朱炎煌、許克綏、賴天生、陳進德諸董事,德欽法師(施德欽)及張鬧請假未出席。列席者有:林看治、賴棟樑、許炎墩、陳雲、游俊傑。會議主席:朱炎煌,記錄:許炎墩。
二、社長之人選案
　　李董事炳南:現在本社情形與從前不同,以前吾任董事長時,經常到社實際執行社務,社長可有可無。吾的事情越來越多,都忙在教務工作,以致無暇兼顧本社職務,乃辭退董事長,而選朱炎煌居士繼任。朱董事長事業亦忙,不能常常到社,本社又無執行社務者,是故不得無社長之設。
　　朱董事長:以前由許克綏老居士擔任本社社長多年,因他曾以年邁為由。屢次請辭社長一職,同仁等挽留不住,乃同意其辭退,但後任社長人選有那位適當者,請諸位董事公推之。
　　李董事:本社設立於今已十餘年,內容規模、部門很多,必須多人肯發心共同來辦理弘化工作。近年來吾之工作逐漸加多,在本社之活動雖見減少,然在別處的工作仍是不斷增加,在本社以前擔當職務之舊人員,有的已離開,而新的人員又未找出來,所以無論何人來擔任領導者,或來擔當辦事的人,必須有輔助之人,否則雖有能力者,亦無可奈何,所以諸位若肯同心協力來辦社務,吾可提供意見,大家如不肯發心辦者,只賴吾吾亦無能為力。大家如願發心,同辦佛事,吾當從旁幫助,所有功德由諸位得之,倘有罪過由吾擔當。

社長人選,吾無推薦者,唯有此二種之人,可任本社社長,吾可提供諸位作參考。

1. 能犧牲一切,發心來本社親自執行社務者。
2. 有名望地位之人,雖不能躬自到社辦事,但能在外為本社跑腿,聯絡各方面者。亦可任之。

誰來任本社社長都是倒楣的,過去幫助的人很多,現在要找人幫忙,是不容易的,以前本社大家都很和氣,為佛事、為修道故,各蓮友都能聚集而來,乃漸發展而兼辦文化、慈善、兒童、福利等事業,無非是為弘揚佛法而辦的。倘心不住於道而辦這些事業,只是胡鬧而已,然則諸蓮友亦就不肯到此來參加胡鬧,若長此以往則所謂修道亦無成就,求生西方尤為渺然。

決議:一致贊同推董正之居士為社長,並推朱董事長親往敦聘。

四、為協助政府推行社會福利,擬在本社設立托兒所,可否請公決案

李董事:原來辦托兒所是很好的,但是時期尚嫌過早,因為這是一種事業,亦可盈餘些少的款,可是本社現正擬整頓階段,尚未開始,如再加之招來小孩們一亂,內容更不像樣了。現在我們的團體各單位都無男女眾之客室,故不能聚眾原因在此,本社現在只有這一間小講堂,以作招待客人之用,若將此小講堂改為托兒所兒童教室,則蓮友客人來本社無休息談話的地方,蓮友們更不來社矣。若本社稍事整頓,倘能再以十餘萬元購買鄰居房屋來辦,就可以的,因為我們的根本是辦道,

若無注重在蓮友，而只注重辦理事業，則根本便發生動搖，如增購新房屋辦理者，捐款時吾可先捐出款。

朱董事長：托兒所原則是可以辦的，只是地點不夠應用，俟日後再圖鄰居或附近房屋時即來創辦，以免妨礙現在本社各種工作，並蓮友之活動。

決議：本案保留，暫不設立。

十、各部門之編制及主管人選請論決定案

李董事：本社以前之編制有三部：1.總務部、2.法務部、3.慈務部。現在擬增加兩部：4.文化部、5.宣傳部。現在臺中有各大專學生數百名，來參加研究佛學，這個部門工作亦要編入我們的團體裡面。又要開闢編畫刊、壁報等工作，這些工作都歸於新設立之文化、宣傳二部發揮之。

現在將各部之負責人人選如左：

1. 法務部：部長趙錟銓　副部長許炎墩
2. 慈務部：部長許克綏　副部長朱炎煌
3. 總務部：部長黃火朝　副部長林清校
4. 文化部：部長未定　　副部長陳進德
5. 宣傳部：部長賴天生　副部長朱斐

決議：照案通過。[1]

五月二十九日（六），晚，於慈光圖書館週六慈光講座，為

---

[1] 朱炎煌主席，許炎墩記錄：《台中市佛教蓮社董事會會議紀錄》（1965年5月27日），台中蓮社檔案。

大專學生講授《金剛經》。

五月三十日（日），晚七時，參加中部大專佛學研究聯誼中心於臺中慈光圖書館擴大舉行之佛誕節慶祝晚會。由中部四所大專佛學社及慈光、慈德幼稚園等表演節目。[1]

六月一日（二），晚，於中興大學「國學講座」講授〈大學〉。

六月二日（三），晚，於慈光圖書館週三講座宣講《大佛頂首楞嚴經》。

六月五日（六），晚，於慈光圖書館週六慈光講座，為大專學生講授《金剛經》。

六月七日（一），晚七時，應邀參加中興大學智海學社社員大會並致辭，從世界三大學派：歐美物質科學、中國孔孟倫理、印度釋尊佛學，談迷覺興衰之由在國學，勉勵社員：學社既名為「智海」，當承擔責任直追。有〈智

---

1 〈新聞〉，《菩提樹》第 151 期（1965 年 6 月 8 日），頁 54；〈新聞〉，《慧炬》第 35/36 期合刊（1965 年 7 月 15 日），頁 48；黃宏介口述，張瑞和整理：〈我的學佛因緣與早期學社發展史〉，張瑞和主編：《勵德特刊：勵德學社創社三十八週年、勵德社友會成立十二週年紀念》（臺中：臺中師範學院勵德社友會，2001 年），頁 12-17。

海學社講辭〉講演講表。[1]

  中興大學智海學社於六月七日晚七時在該校禮堂召開社員大會，出席社員百餘人。大會由謝正雄及黃偉光兩同學主持，宣佈開會後，乃恭請該校課外指導組韋主任玉華訓話，語多勖勉。繼由李教授炳南暢談〈佛學與民族文化之密切關係〉，菩提醫院院長于凌波講〈人身難得、佛法難聞、中國難生、善知識難遇〉，菩提樹雜誌主編朱斐講〈生活與生命之真義〉，該校教授許祖成講〈檢討過去展望未來〉，並勉勵全體社員：「共負復興民族文化及復國建國重任。」最後由全體社員選出黃偉光等十四位新幹事，並舉行摸彩助興，大會於皆大歡喜中結束。[2]

六月八日（二），於《菩提樹》月刊第一五一期刊載〈重印《護生畫四集》序〉，讚豐子愷為近代之知藝道者，而書者朱幼蘭、主事者廣洽法師、性梵法師等亦皆仁者。

  孔子曰：依於仁，游於藝。是仁為藝之性體，藝為仁之業用，名其二實其一也。禮樂射御書數藝也，格致誠正修齊治平仁也，然則體必借用以彰，而用固不能離乎體也。惟六藝者，聖賢之藝也，降之雕繪博弈百工雜技，無非藝也。吾民五千年來，涵育於聖哲德澤之中，

---

[1] 李炳南：〈智海學社講辭〉（講表），《弘護小品彙存》，《全集》第 4 冊之 2，頁 373。

[2] 〈新聞〉，《菩提樹》第 152 期（1965 年 7 月 8 日），頁 56。

習性皆仁，故於業多所擇焉；矢與函則取乎函，俑與醫則斥乎俑，放鄭聲之淫靡，鄙由瑟之殺伐，欹器警滿，爵柱戒貪，甚則惡名而避之，遇盜泉不飲，勝母不入，致力與仁，何其至矣。而猶不能人皆堯舜，況導之下流，而希其上達，寧非南其轅而北其轍哉。時之言藝者，多沉湎西俗，雕塑必裸女，繪畫尚隱穢，影劇則殺鬥奪色，說部音樂尤以幽會為上作，不皆遠乎仁矣，何有於藝？近代知藝道者，其惟豐氏乎？豐氏畫品之高，台中蓮社，前翻刊光明畫集，予序備稱之矣。茲獲斯作，訝未之見，其眉曰四集，是尚有二三，關山烽火，且更未之聞也。前者為李圓淨氏繫辭，惻悱動魄，馬一浮氏書序，蒼勁逼玉局，世稱三絕，人咸喜得之。斯畫之書，係朱幼蘭氏，集古詩文為之，氣韻在魏隋之間，是三絕而後，繼之以雙璧焉。先為獅山僧性公所得，擬重印而絀於力，謀諸慈光半月刊社，董者喜，遂合資經營之，屬予為弁言，取閱原序，乃星洲廣洽上人，主而成者也。總觀三子之行，皆以生物為心，其機如此，可謂今之三仁矣。夫前之三絕雙璧，固謂之藝，然皆依於仁，後之三仁，固謂之仁，實又託乎藝。故曰：名二而實一也。至若藝之絕也，藝之璧也，既皆依乎仁矣，斯可謂之藝道，故曰：豐氏知藝也。於戲！同一藝也，而業有仁與不仁，仁不仁禍福潛焉；業而仁，猶執火炬照臨坑塹，人有加膏助風，是同其類而幸其福。業而不仁，猶決洪水陷溺人心，有推波助瀾，是同其類而樂其禍。盱衡當世，天下滔滔，終日昏昏，故君子於業，必

1965年・民國54年 | 76歲

有所擇焉,安可以一藝而忽之哉。茲集也,三仁濟物之心也,予為其序,曷敢言讓。

中華民國五十四年清和月　稷下李炳南識於寄漚軒[1]

《菩提樹》月刊同期,刊載先生〈雪廬圖題詞・有引〉,係為林青坡摹繪王獻唐所繪〈雪廬圖〉而作。林青坡原有題咏,王超一亦有詩回應。[2]

〈雪廬圖題詞・有引〉:雪廬者故里齋之榜也,戊寅避寇入蜀山中居,仍襲其名。老友王獻唐繪雪廬圖,以詩紀其概,播遷來臺,圖歸仲懿王氏。青坡居士摹以見示,題咏清新,撫今追昔,感慨萬千,不得無鳴,以酬二雨。

居士閬中俊,蜀山臨輞川,翰香詩與畫,定聚淨融禪;偶著雪廬相,雙留鴻爪緣,仍疑微不似,春去未聞鵑。

林青坡,〈雪廬圖〉:國破家何在,高賢物外居,鴻泥留雪爪,火宅即蓮渠;詩卷酬微尚,迦音溢太虛,偶乘雲水興,杖策訪精廬。

王超一,〈題林青坡居士寫雪廬圖〉:蜀魄已難呼,齊煙入望無,漫將鴻爪影,重寫雪廬圖;薝蔔香彌

---

[1] 李炳南:〈重印《護生畫四集》序〉,《菩提樹》第151期(1965年6月8日),頁25;今收:《雪廬寓臺文存》,《全集》第14冊之2,頁62-64。

[2] 三首詩俱見:《菩提樹》第151期(1965年6月8日),頁56;〈雪廬圖題詞・有引〉後題為〈題林青坡女士臨王獻唐雪廬圖〉,收入《雪廬詩集》,《全集》第14冊之1,頁353。

1749

遠，荃蓀葉未枯，淨名廎說法，添得散花姝。
　【案】王獻唐〈雪廬圖〉，見一九四三年九月三日。

《菩提樹》月刊同期，有王大任詩作呈先生。
　　王大任，〈佛前觀書，豁然有得。敬呈炳老指正〉：
天上休訝月半規，人間亦自有盈虧，夜行莫歎無儔侶，一盞心燈到處隨。
莊嚴世界碧琉璃，生死人天兩不欺，參透幻軀無我相，靈山有份證菩提。
彈指頓驚千劫換，聞鐘疑是再來身，世間人媿骷髏少，蓋代功名一掬塵。[1]

是日，晚，於中興大學「國學講座」講授〈大學〉圓滿。下學期於十一月續講《中庸》。

六月九日（三），晚，於慈光圖書館週三講座宣講《大佛頂首楞嚴經》。

六月十二日（六），晚，於慈光圖書館週六慈光講座，為大專學生講授《金剛經》。

六月十六日（三），晚，於慈光圖書館週三講座宣講《大佛

---

[1] 王大任：〈佛前觀書，豁然有得。敬呈炳老指正〉，《菩提樹》第151期（1965年6月8日），頁56。

1965 年・民國 54 年 | 76 歲

　　頂首楞嚴經》。

六月十九日（六），晚，於慈光圖書館週六慈光講座，為大專學生講授《金剛經》，為本學期最後一講，暑假暫停，於下學期十一月續講。

六月二十三日（三），晚，於慈光圖書館週三講座宣講《大佛頂首楞嚴經》。先生於講經時，特別就六月十九日黛納颱風在臺東造成嚴重災害，籲請聽眾無相布施捐款賑災。當天收到一千七百四十八元五角。十日內有捐款者仍可代收。[1]

六月二十七日（日），應呂佛庭邀請，至臺中師專圖書館參觀其近日完成之鉅作〈長江萬里圖〉，有詩〈題呂佛庭長江萬里圖〉。[2]（見《圖冊》，1965 年圖 11）

　　〈題呂佛庭長江萬里圖〉：筆冢曾堆萬里城，今看揚子更縱橫；若非濡染千缸水，三峽飛濤畫不成。

　　呂佛庭，《憶夢錄》：長江萬里圖於六月十七日上午十一點半點苔完畢，也就全部完成。自前年七月初起稿，至今恰為兩年。蒙佛菩薩加被和朱校長匯森先生之

1　〈新聞〉，《菩提樹》第 152 期（1965 年 7 月 8 日），頁 57。
2　李炳南：〈題呂佛庭長江萬里圖〉，《雪廬詩集》，《全集》第 14 冊之 1，頁 353-354；題詞見：《雪廬老人題畫遺墨》，《全集》第 16 冊，頁 198-199；《雪廬老人題畫遺墨輯》，頁 32。（後者印色較佳）

鼎力協助,能夠順利完成。應朱校長和諸同人之邀請,於十八日上午把長江圖卷帶回臺中西園精舍。二十七日先在臺中師專圖書館展出兩天,承李炳南、蔡念生、高惜冰、孫克寬、徐復觀、李霖燦、陳其銓、徐人眾、朱龍安、趙松泉、韓玉符等道長藝友蒞校參觀。[1]

【案】〈長江萬里圖〉,絹本設色,長一九〇尺,寬二·五尺,比前作〈長城萬里圖〉(長一三四尺,寬二·二尺)更長更寬。創作時間從一九六三年七月起,約半年完成初稿,至一九六五年六月十七日完成,歷時兩年。呂佛庭自題:「大江滾滾萬里長,東流入海接蒼茫⋯⋯中分二水崇明島,樓船抗進衝狂瀾⋯⋯既寫長城之雄,復狀大江之險,聊抒我嚮往故國河山之情,固無意與前哲時賢爭短長也。此圖初落墨於臺中寶華山大山精舍,傅色於臺北樂山淨律寺。至乙巳六月十七日始成,經兩載,三易其居,平生力盡於此矣。乙巳九月一日題長江萬里圖歌一首並序於臺中西園精舍。呂佛庭。」引首為張大千「長江萬里圖」,卷後有馬紹文、莊嚴、王壯為、程滄波、宗孝忱等諸家題跋。

六月三十日(三),晚,於慈光圖書館週三講座宣講《大佛頂首楞嚴經》。

---

[1] 呂佛庭:《憶夢錄》,頁 445-446。

1965 年・民國 54 年 | 76 歲

學期末前後，鹿港佈教所創辦人王銀基獨子王子哲臺灣大學醫科畢業，有詩祝賀：〈王居士子哲家世三代皋比今得醫學博士〉；前後又有詩〈海中〉、〈對蘭〉。（《雪廬詩集》，頁 354-355）

〈王居士子哲家世三代皋比今得醫學博士〉[1]（見《圖冊》，1965 年圖 12）：三槐舊德今還續，鯤島文光數代師；最羨君才尤博雅，醫王學術度生時。

【案】王子哲為現任鹿港佈教所負責人，曾任臺北醫學大學附設醫院副院長。據其自述，此詩係其任臺大住院醫師時，先生所贈，時為一九六七年。[2] 茲據《雪廬詩集》排序，該詩列於〈遷居〉（1965 年 9 月遷居正氣街）前，因繫於此。有可能是一九六五年先有此詩，一九六七年書墨題贈。

「三代皋比」指王子哲王出身鹿港教育世家：外祖母蔡靜枝為鹿港第一位女教師，母親王銀基在鹿港執教三十年。王銀基從學炳南先生，並創立鹿港佈教所。張慶祝回憶：「鹿港佈教所：我最早去鹿港講經，因緣在於王銀基老師——王子哲醫師的母親。老師說女子弘法班十人，一處說五晚，每晚二人，老師有十講表；週一至週五，一人說一表。講前敲鑼宣傳通知，當時都是碎石子路，到處塵土飛揚，我們坐

1　題墨時末句作「醫王學術救生時」，見〈贈王子哲居士之一〉，《雪廬老人題畫遺墨》，《全集》第 16 冊，頁 121。
2　王子哲：〈雪公勉勵我的三首詩〉，《明倫》第 455 期（2015 年 6 月）。

　　　　五分仔車去媽祖廟口講佛法，每次約有四、五十位聽
　　　　眾。交通不便，講畢住在朋友施人豪家，每週講五晚
　　　　後，王銀基找租的地方繼續講，前後二十五年弘法不
　　　　斷。每逢週六、日兩天，獨自一人去。記得八七水災
　　　　當晚夜宿鹿港，和王銀基、王子哲母子同床而眠。」[1]

七月一日（四），中國佛教會理事長道源法師敦聘為該會顧問。[2]（《圖冊》，1965年圖13）

七月七日（三），晚，於慈光圖書館週三講座宣講《大佛頂首楞嚴經》。

七月八日（四），朱斐於本期《菩提樹》發表〈編者小言〉，澄清該刊非某佛教團體機關報。

　　　　朱斐，〈編者小言〉：時常有人誤會本刊是某某佛
　　教團體之機關報，其實本刊自從創刊以來，從未為任
　　何團體作機關報，更未接受任何團體在精神或物質上之
　　支援，與其說是某一佛教團體之機關誌，毋如說是任何
　　佛教團體之機關誌，只要是為宏揚正信佛法，本刊對任
　　何正信團體，一視同仁，無條件為教界服務。恐再生誤
　　會，特附帶聲明。個人今後將辭去一些雜務，專心辦

1　張式銘：《張慶祝師姑九十回顧》（臺中：自印本，2006年），頁40。
2　〈中國佛教會聘書〉（1965年7月1日），中國佛教會中佛人字第178號，台中蓮社收藏。

1965年・民國54年｜76歲

刊。即如菩提醫院之籌創，雖由本刊同人發起，但所謂本刊同人是包括本刊社長、本刊編者、本刊作者，以及海內外的本刊讀者在內，決非指一二人而言。釋尊為一大事因緣出現於世，我們是佛弟子，一舉一動，皆不離此「大事」，眾緣和合，共作一場佛事，只要與眾生有利益，編者個人不過盡一點鼓吹之力而已，來日功成，則責有專人，亦當讓賢也。[1]

【案】「某佛教團體」應指台中蓮社及其聯體機構。朱斐晚年憶述，曾自國外友人手中收到轉寄的信件，係出自某些對炳南先生懷有敵意者，將《菩提樹》月刊與台中蓮社及炳南先生畫上等號，印出「三不主義」：不訂、不捐、不寫稿的書信，大量轉寄。[2]
（參見1960年8月8日譜文）

七月十四日（三），晚，於慈光圖書館週三講座宣講《大佛頂首楞嚴經》。

七月十六日（五），上午十時，禮請印順法師於菩提救濟院建地舉行太虛紀念館之動土奠基典禮。南普陀寺住持國強法師、慎齋堂主德熙法師以及菩提救濟院諸董事、蓮友等觀禮。

---

1 朱斐：〈編者小言〉，《菩提樹》第152期（1965年7月8日），頁55。
2 朱斐居士口述，洪錦淳採訪，2008年9月23日。見洪錦淳：《臺灣當代居士佛教團體台中蓮社之研究》（國立中興大學中國文學系博士論文，2009年7月），頁72。

此間菩提救濟院附設太虛大師紀念館一座，係由虛大師門弟子印順、演培、續明等法師所捐建，建築工程需費約五十萬元。刻正在招工比價中。不久便可與印祖舍利閣、西方助念室、功德堂等工程同時開工。上月間董事長李炳南居士以印順法師出關後蒞中為慈明寺新增佛像開光並講經之便，特禮請印公於觀音聖誕前一日，到院主持館、閣、室、堂等建築物破土奠基典禮。是日印公由慈明寺住持聖印法師陪同蒞臨臺中縣市交界之內新村該院工地，於上午十時開始由李董事長執香禮請印公上香持咒繞念後，舉鏟破土奠基，禮畢迴向。

是日到場觀禮者有南普陀住持國強法師、慎齋堂主人德熙法師及諸董事、蓮友等六十餘人。現場搭蓋布蓬並設香案供品，黃布圍繞處懸掛國旗及教旗，中供地藏大士聖像，儀式簡單隆重。事後並合影紀念。中午設齋供僧及眾，由該院創辦人李炳南、黃雪銀、朱斐、醫院院長于凌波、台中蓮社董事長朱炎煌等作陪。

又該院於禮成時曾由李董事長代表恭呈禮金六百元供養印老法師，印公初則堅不肯受，後經一再懇請慈悲接受後臨行時仍交由本刊捐作建築費用，該院同人等感動異常。[1]

是日下午三時，於菩提樹雜誌社以董事長職召開菩提救濟院第一屆董事會第二次會議。出席董事十二人。先生任主席，宣布開會並致詞後由各組負責人作年來工作報

---

1 〈新聞〉，《菩提樹》第 153 期（1965 年 8 月 8 日），頁 57。

告，而後通過：組織醫療器材採購小組、籌募醫療設備經費、加強董事會組織、設計各紀念病室路名之標誌等議案。

　　工作報告：
甲、行政方面：（1）本院於五十三年十月完成立案手續並領得立案證書，（2）本院於五十四年三月完成財團法人登記，並領得登記證書。
乙、工程方面：（1）基地填土工作：本院院址低窪，必須先用土墊高若干後才能施工興建，適值臺中市區翻修路面產生大量廢土，經蓮友宋元白居士與工程大隊聯絡，無條件運送至本院工地。（6）水電部分：工程費分五期付款，第一期付四八六四八元（六月廿九日）。
丁、施醫藥業務報告：（1）施醫部分五十三年七月至五十四年六月全年施醫三四一九人，（2）義診部分全年共九九七九人，每月平均為八三〇人。（3）業務盈餘部分：全年繳董事會盈餘一三八七二‧三元。（4）參加聯合服務：參加地方政府舉辦之聯合服務，發出施醫券一千張及義診券二千張，分施貧苦病患者，蒙中央頒給銀牌乙座、省黨部頒給感謝狀一幀。

　　討論提案：
通過下列各項：（1）組織醫療器材採購小組以選購醫療器材。（2）籌募醫療設備經費。（3）加強董事會組織。（4）組織菩提環島弘法團。（5）計劃訓練護理人

員。（6）設計各紀念病室、路名之標誌，務求美觀顯著等。[1]

七月二十一日（三），晚，於慈光圖書館週三講座宣講《大佛頂首楞嚴經》。

是日，應大明初級中學董事長林澄秋，創辦人盧中三聘聘為該校顧問。[2]

七月二十八日（三），晚，於慈光圖書館週三講座宣講《大佛頂首楞嚴經》。

七月二十九日（四），下午，至慈光育幼院參加該院董事會議。感謝職事人員辛勞，並勉勵應再求進步，堅定心理建設、作為佛教徒之供養。[3]

〈慈光育幼院第三屆第二次董事會議紀錄〉：老師開示：雙方董事長、各位董事、各位老師，若干年來育幼院、托兒所，一天天的發展，名譽也一天天的增加，這是值得慶幸的。我們是自家人，不必說客氣話，對辦事人員各位老師的辛苦，是很感謝的，但我們不能以目

---

1 〈新聞〉，《菩提樹》第 153 期（1965 年 8 月 8 日），頁 53。
2 〈臺中縣私立大明中學董事會聘函〉（1965 年 7 月 21 日），大澄聘字第壹肆號。台中蓮社收藏。
3 〈慈光育幼院第三屆第二次董事會議紀錄〉（1965 年 7 月 29 日），臺中：慈光育幼院檔案，現收存於慈光基金會。

前的成績,就感到滿足,做了十分,就再做十五分;做了十五分,就要再做三十分。因為社會是競爭的,只要認為滿足,就是落後了。我們所做的工作,與其他團體所辦的不同,我們是宗教團體所辦。宗教中有天主教、基督教、外教。但佛教更不同。佛教是發起在印度,但也可說是我們的國教。印度的佛教可說以滅亡了,因佛法僧三寶都移到中國來。

凡是我們佛教機構都需大大的團結,堅定心理建設,把佛教弘揚,堅定我們的組織。我們要認為減少一分建設,就是減少一分的供養,要有這種精神,那麼我們所辦的團體,就會比他人所辦的好的多了。

再者,辦了這麼大的事業,剛才見了工作報告,交際費花的很少,聽說是有幾位董事自己拿私錢來做交際費,這種為公的精神是值得欽佩的;但是這樣長久下去也不是辦法,希望諸為董事能想出一個好的辦法來處理。

八月四日(三),晚,於慈光圖書館週三講座宣講《大佛頂首楞嚴經》。

八月八日(日),於《菩提樹》月刊一五三期刊載為玄空法師印行《印光大師戒殺放生文》所撰〈序〉文。

　　吾師淨宗十三祖,靈巖印公者,幼以名儒入泮,及冠披緇為高僧,乘戒俱急,智悲雙運,而於修齊治平之道,禮樂書數之藝,亦莫不極其致焉。人有瞻其顏,接其氣,頑者立折其暴,學者益進其業,身教如此,故

皈依弟子遍天下。其為文樸茂渾堅,皆叩而後發者也,有問道獲寸箋者,莫不寶而懷之,後為人蒐集付梓,曰《印光法師文鈔》,其書風行,亦遍天下。讀其文而私淑修淨者,更不知凡幾也。

臺灣玄空上人者,遠慕祖道,宏開淨土道場,為一方之法眼。憫世刀兵繁興,欲杜禍源,摘文鈔中戒殺放生之文,擬合刊廣送,使人懲果畏因,以冀共業共轉之,囑余為序,曰謹諾。或疑之曰:是舉善則善矣,惟前有蓮池大師諸篇,近日編輯尤難枚舉,諄諄藐藐,不其贅乎?余曰不然,蓮池代遠,非學佛之士不知也。近編各家,或只勝於德,或只勝於文,二者劣其一,則言不足以啟感。印祖代近,人皆知之。德文並耀,人皆仰之。似正當機,又安慮乎其贅哉。余熏沐謹為之序。

中華民國五十四年榴月　弟子李炳南識于臺中[1]

八月十一日(三),晚,於慈光圖書館週三講座宣講《大佛頂首楞嚴經》。

八月十五日(日),即日起,於慈光圖書館舉辦暑期「慈光大專學術講座」,全臺各地多所大專院校佛學社同學參加。因本年大專暑假有四個月,講座分兩期進行,各為

---

[1] 李炳南:〈印光大師戒殺放生文〉,《雪廬寓臺文存》,《全集》第 14 冊之 2,頁 36-39。落款「榴月」為夏曆 5 月,1965 年榴月約當 5 月 31 日至 6 月 28 日。

十一日。第一梯次為八月十五日至二十五日,第二梯次為九月十六日至二十六日。先生講授《佛學概要十四講表》與《金剛經》,許祖成講授《八大人覺經》及《唯識簡介》。每日上課七小時。第一梯次參加學員正式生四十二名,旁聽生人數與正式生相當。由臺大晨曦學社副社長鄭振煌擔任學員長。

〈新聞〉:本刊社長李公炳南,每屆暑假,為應本省各大專學校熱心研究佛學同學之要求,特設暑期學術講座,假此間慈光圖書館,免費供給膳宿,講授佛學,已有多年。本年度暑假因臺北各大專院校參加者特別踴躍,加以本年暑假計有四個月之久,故決定分兩期進行。[1]

鄭振煌,〈慈光暑期學術講座瓔珞記〉:八月的寶島,豔陽當空,我們這一群嚮往佛學的大孩子,於十四日下午五點鐘,隨著洶湧的人潮,走過文化城──臺中市的車站天橋,便直接奔向和平街李老師的寓所,拜謁這位悲心深切的八十老人。在老師的小樓上,我們縱談古今,曠論人我;已不覺夕照西斜,才辭別老師,雇車到慈光圖書館,安頓我們暑期佛學講座的工作。

(十五日)下午,同學們陸續來到。晚間,我們出席慈光第一次佛學座談會,由陳進德館長主持,然後李老師、許祖成老師致訓。李老師先介紹「信、解、行、證」的學佛步驟,再從「唯識、般若」兩學,指引我們進窺佛法堂奧。此後,便依次講「佛學十四講表、唯識

---

[1] 〈新聞〉,《菩提樹》第 153 期(1965 年 8 月 8 日),頁 57。

簡介、八大人覺經、金剛經、心經、普賢行品……」。
許老師致訓說：他悲喜交集。悲的是中國固有文化已淪到滅絕邊緣，喜的是正當大廈將圮之際，大專青年掀起了研究佛學的熱潮，這是佛法復興的前奏。

八月十六日上午八時，開始了我們研究十天內典的第一課。李老師開講《佛學概要十四講表》、《金剛經》，許祖成老師講《八大人覺經》、《唯識簡介》。在一天七小時的緊湊課程下，我們的心情是興奮的，這是我們親聞佛法的大好機緣。

這一晚大夥兒並排睡在長方形的通艙榻榻米上，一聊便聊到二更，天南地北，古往今來，東西中外，高談闊論。以佛學的因緣，把這一群天涯海角的小子們（同學中有海外僑生），拉在一道。

八月二十二日上午提早下課，由許祖成老師率領，乘慈光托兒所兩部專車，浩浩蕩蕩，直上成功嶺，去慰問學佛的大專朋友。[1]

【案】一九六五年夏令班第一梯次學員有：鄭振煌（學員長／臺大晨曦學社副社長，外文系三年級）、吳庭烈（臺大電機二／馬來西亞僑生）、紀潔芳（興大農經二）、施人豪（淡江中四）、蕭信雄（文化慧智社社長／中文二）、陳清香（文化史一）、翟本泰（北二女／十六歲）等四十二人；各校人數為：臺大

---

[1] 鄭振煌：〈慈光暑期學術講座瓔珞記〉，《慧炬》第 37 期（1965 年 11 月 12 日），頁 30-32。

1965 年・民國 54 年 | 76 歲

十九,政大一,師大三,中興四,文化六,國防醫學一,北二女一,工專化工一,世新二,淡江一,銘傳一,實踐一,輔仁一。[1] 其中高中生翟本泰,係先生弟子陳克華之令媛,因得隨學。[2]

八月十八日(三),晚,於慈光圖書館週三講座宣講《大佛頂首楞嚴經》,值颱風過境而經座不輟,參加暑期慈光講座同學亦同席聽講。

　　十八日下午瑪麗颱風過境,時有電話來問:「《楞嚴經》繼續講否?」狂風雖挾暴雨以俱至,卻阻止不了來自中興新村的幾位聽眾。當老師講到奧妙處,電燈突然熄滅,老師仍命點起蠟燭繼續講經。此種敬業虔誠之心,深深感動了所有與會人士。[3]

八月二十三日(一),應中國醫藥學院聘為該校夜間部五十四學年度招生委員會委員。[4]

---

1 方萬全、徐天相、陳大雄、邱敏霞編:《暑期大專佛學講座同學錄⑦紀念冊》(臺中:慈光圖書館,1967 年 10 月 15 日)。該年暑期講座兩梯次,錄記為慈光講座第四屆、第五屆。詳見附錄七:〈李炳南居士任教大專講座一覽〉。
2 據〈陳克華翟家林翟本漢書信〉,1970 年 12 月 25 日,台中蓮社收藏。
3 鄭振煌:〈臺中半月記——五十四年暑假第一期大專佛學講座後記〉,《菩提樹》第 155 期(1965 年 10 月 8 日),頁 33-35。
4 〈中國醫藥學院聘書〉(1965 年 8 月 23 日),(54)院聘教字第 1394 號,台中蓮社收藏。

1763

八月二十四日（二），課程即將結束，上午舉行「拜師禮」，下午舉行「三皈依禮」。晚下課後，學員代表鄭振煌獻旗致謝。（見《圖冊》，1965年圖14）

離別前夕，同學們都深深感謝老師及所有臺中蓮友的幫忙，同時澈底瞭解了佛法的崇高偉大。乃於上午舉行「拜師禮」，下午舉行「三皈依禮」。每人送給老師的「贄敬」一元，老師卻送給大家二百元當見面禮，隆情高誼，直凌雲霄。老師說明皈依規矩後，恭喜大家謂皈依即可免墮三途了。

為了表達大家真誠的謝意，晚上下課後，由鄭總幹事代表獻旗。獻給李老師的一面題曰「維摩風範」，許老師的一面是「破迷啟悟」，慈光圖書館的一面為「悲智雙運」，台中佛教蓮社的一面是「菩薩學處」，菩提樹雜誌社的一面是「法音宣流」。[1]

黃潔怡，〈訪馬來西亞吳庭烈居士〉：弟（吳庭烈）於五十三年（1964）來臺升學，住在臺大十一宿舍二〇五室，同室有位唸牙醫的小同鄉，名叫余國榮，和晨曦學社的吳明陽學長認識。一天，室中數位同學，不知何故竟為宗教的問題爭論不休，弟當時對於任何宗教，都沒接觸，根本不了解，但卻老站在佛教的一邊。當爭論終於平息下來後，這位余同學便對弟說：「如果你對佛教有興趣，我可以介紹一位同學給你認識。」就這樣，

---

[1] 鄭振煌：〈臺中半月記——五十四年暑假第一期大專佛學講座後記〉，《菩提樹》第155期（1965年10月8日），頁33-35。

經由他的介紹，認識了吳明陽學長，而進入晨曦學社。

五十四年暑假（1965），弟第一次參加慈光講座，這是弟新生命的開始。就在這一次，弟皈依了三寶，同時和大家一起拜李老師為師。在講座中，只覺老師出言犀利剔透，句句刻入心腑（指聽得懂的），單就「四為三不」、「學佛人沒有休息」、「誠、信」、「要一心不亂」等的教敕，如今仍受用不盡。因感覺這種學佛的因緣非常難得希有，因此竟連續參加了以後的三次講座。而老師的那句「老弟，好好地幹！」便是弟能支持到今天的最大鼓勵，當一個人在文化的沙漠中，而發現自己無才無能竟然還須播種的時候，才會了解這句話的可貴。每當自己疲勞不堪的時候，徬徨的時候，委屈的時候，便會因老師的這些話而咬緊牙根幹下去。從前內子還以為弟是為了好出風頭，現在她終於了解，弟若不做，沒人肯做。[1]

八月二十五日（三），晚，於慈光圖書館週三講座宣講《大佛頂首楞嚴經》，參加暑期慈光講座同學亦同席聽講。

八月二十六日（四），慈光講座課程結束。先生率領慈光暑期講座全體同學前往中部各勝地觀光。先至彰化八卦山大佛禮佛繞佛，再往中興新村、霧峰故宮博物院，並至

---

[1] 弘安（黃潔怡）：〈無盡的追思——海外回國奔喪弟子心聲：訪馬來西亞吳庭烈居士〉，《明倫》第 165 期（1986 年 6 月）。

菩提醫院工地、育幼院等處參觀。（見《圖冊》，1965年圖15）

　　鄭振煌，〈臺中半月記——五十四年暑假第一期大專佛學講座後記〉：一輛大遊覽車，先到彰化八卦山，先禮佛後繞佛一匝。李老師健步如飛在前頭帶路。次至國軍忠烈祠參觀。向陣亡將士行禮致敬。然後往中興新村、省議會。中午過後抵霧峰故宮博物館參觀。李老師講解每件珍貴國寶。車抵臺中，參觀興工中的菩提醫院及慈德托兒所、慈光育幼院。老師透露辦學的宏願，使生、老、病、死各得其所，造成一片人間淨土。[1]

　　施人豪，〈無盡的追思——記雪公恩師二三事〉：民國五十三年暑假，雪公繼周宣德老師倡導大專學生研究佛學之後，在臺中慈光圖書館舉辦北部大專學生佛學講座，報名參加者至為踴躍。這種活動在當時是一種創舉，雪公每天為我們講兩次課，上午講《十四講表》，晚上講《八大人覺經》，並特別安排講兩節國學（授詩、文各一篇），還和同學們共餐，據說講座費用是老師微薄的薪津儲積下來開支的。結束之日，還包了兩輛遊覽車，帶領我們到霧峰省議會、彰化八卦山遊覽。大家隨著老師徜徉於山水之間，如沐春風，老師的身教，至今還歷歷眼前，不稍退減。該期同學目前在大專院校任教者約三十人，老師的身教、言教，相信必能在大專

---

[1] 鄭振煌：〈臺中半月記——五十四年暑假第一期大專佛學講座後記〉，《菩提樹》第155期（1965年10月8日），頁33-35。

1965 年・民國 54 年 | 76 歲

院校繼續薪傳下去。

慈光講座之後，老師還常利用連續三天的假期。為一些教書的同學開特別班。同學們坐在台中蓮社的榻榻米上，前面排著小書几，聽老師講佛學、講禮記、唐詩等，那種傳道的氣氛，至今令人回味無窮。記得有一次老師事先聲明，要諸同學妥做準備，他老人家要訓練我們講經。同學們大多在學校任教，對於上臺講課，並不認為難事。沒想到經老師示以宣講大要後，輪到同學上臺，每人講一段《八大人覺經》，竟然個個鎩羽而下，此次失敗經驗，使同學們對於演說佛法，不敢再掉以輕心。[1]

【案】據《慈光大專講座第七屆同學通訊錄》，施人豪參加講座為「五十四年度夏令班第一期」，時為一九六五年八月十五日至八月二十五日。

於八卦山停留時，曾以「正知正見」、「四為三不」開示諸學員。

　　正知：知現在苦、知將來苦、求出輪迴、求了生死。
　　正道：佛經諸法，契方成就。
　　正見：不為名利、不為熱鬧、非能錢買、辨別是
　　　　　非、近真遠假。
　　正修：如法奉行、專一深入、不亂夾雜。
　　正心：依教省過、懺悔痛改。

---

[1] 施人豪：〈無盡的追思──記雪公恩師二三事〉，《明倫》第 164 期（1986 年 4/5 月合刊）。

四為：為求學問、為求解脫、為轉移汙俗、為宏護正法。

三不：不借佛法貪名圖利、不以佛法受人利用、不昧佛法同流合汙。[1]

八月二十七日（五），週五晚，例行《古文觀止》課。先生改為同學講授《菩提樹》月刊本期刊載之「雪廬詩集」三首詩。

鄭振煌，〈臺中半月記——五十四年暑假第一期大專佛學講座後記〉：例行的每週五晚《古文觀止》課，老師因略感疲倦，本擬改為座談，但熬不過同學們的要求，乃講了《菩提樹》上「雪廬詩集」的三首詩，描述初來臺灣時斷炊的窘況。勉勵大家要有骨氣，要知書明禮，詩云：「未必老還壯，卻能窮更堅。」又云：「只愁施德者，還待受人傳。」正是當今文天祥〈正氣歌〉的再版了。[2]

【案】三首詩，「未必老還壯，卻能窮更堅」出自〈更堅〉，「只愁施德者，還待受人傳」出自〈遷臺阮囊已空饔飧不繼漂母張氏憐而貸金幸不餓莩誌德弗

---

1 李炳南：〈正知正見〉（演講稿表），《弘護小品彙存》，《全集》第4冊之2，頁372。該講表標識係為「大專學生旅行八卦山講話」，應係慈光講座期間，然未能確定年日。據「四為三不」為一九六四年十一月提出，因繫於是。

2 鄭振煌：〈臺中半月記——五十四年暑假第一期大專佛學講座後記〉，《菩提樹》第155期（1965年10月8日），頁33-35。

1965 年・民國 54 年 | 76 歲

忘〉，另首應是〈與屈君翼鵬避亂來臺同作流民君忽得祿先施之〉，三首均刊於《菩提樹》月刊本期（153 期）「雪廬詩集」專欄。

八月三十一日（二），應台中蓮社董事長朱炎煌禮聘，擔任蓮社導師。[1]（《圖冊》，1965 年圖 16）

是月，應中國醫藥學院董事長兼代院長王德溥敦聘，擔任該校學術講座。[2]（《圖冊》，1965 年圖 17）

九月一日（三），晚，於慈光圖書館週三講座宣講《大佛頂首楞嚴經》。

九月八日（三），晚，於慈光圖書館週三講座宣講《大佛頂首楞嚴經》。

九月九日（四），應中國醫藥學院敦聘，擔任該校中國醫藥學術研究委員會副主任委員。[3]（《圖冊》，1965 年圖 18）

---

1 〈台中市佛教蓮社聘書〉（1965 年 8 月 31 日），中佛蓮聘字第 389 號，台中蓮社收藏。

2 〈中國醫藥學院聘書〉（1965 年 8 月），（54）講人聘字第 013 號，台中蓮社收藏。

3 〈中國醫藥學院聘書〉（1965 年 9 月 9 日），台中蓮社收藏。案：1961 年 9 月，第三屆董事會成立，由王德溥擔任董事長兼代院長；1965 年 8 月 24 日，改聘徐佐周為代理院長。

1769

九月十二日（日），夏曆八月十七日，遷入臺中市南區正氣街九號，命名「寄漚軒」。房舍占地十七坪，約五十六平方米。（見《圖冊》，1965 年圖 19）

　　朱斐，〈炳公老師與我——兼述臺中早期建社弘法的經過〉：綜觀炳公老師開創道場、事業之艱辛，他個人的生活又極簡單，每天的食物，晨、午兩餐，一個饅頭一菜一湯而已！他不吃水果，唯一的享受是喝茶。穿的方面一襲布衣（長衫）、或中山裝，從來沒有穿過西裝。住的地方，起初住在復興路奉祀官府的日式住宅，外面一間八疊榻榻米的是辦公室，裡面就是他老人家六疊的臥室，早晚地鋪沒有床。後來租了和平街本刊貼鄰的二樓，有十六疊榻榻米，略升一級，騎樓作佛堂，八疊會客，八疊作臥室。加了一張床，算是大享受了。後又搬到正氣街平房，去了榻榻米，有會客室一小間，佛堂半間、臥室一間，外面把走廊隔成一間作為置放贈書和侍者鄭居士的辦公室。[1]

　　黃潔怡，〈寄漚軒雪廬老人寓所導覽〉：正氣街九號，這寓所是雪公從民國五十四年八月遷入居住的寓所，直到七十五年往生為止，一共住了二十一年。老人家為它取名「寄漚軒」，漚是水泡的意思，雪公又號「一漚」、「海漚」，意思是說，這是滄海一漚寄住的地方。這兒的房屋可以長久居住，但土地並無所有權，

---

[1] 朱斐：〈炳公老師與我——兼述臺中早期建社弘法的經過〉，《菩提樹》第 403 期（1986 年 6 月 8 日），頁 23-32。

可見雪公在臺灣，是居無恆產的人。

「寄漚軒」共約十七坪。

客廳，三・八八坪，是老人家會客、接見蓮友弟子、同時也是藏書及用餐地方。看那滿屋的藏書，雪公曾說：「我的書，不是擺著當門面的。」雪公平日把讀書當作休息，是在年輕時就養成的習慣，老人家雖然早已滿腹詩書，卻還是手不釋卷，而且眼力奇佳，近百高齡，還不用戴老花眼鏡呢！

佛堂，一・七五坪，這是老人家早晚作功課的地方。雪公說他學禪八年，學唯識八年，學密八年，最後棲心淨土，一心念佛，志求往生極樂。

臥室，三・八八坪，寄漚軒這一床、一桌、一椅，就是他起居的天地。老人家每天起床，便將昨夜準備好的衣服，一一穿上，怎麼穿衣，都有一定的次序，連扣扣子，也有他固定的次第和方法，洗臉的次序，也是固定不變的，老人家每天都用鹽水洗眼睛，洗好後，再回到屋裏穿上作功課的衣服。

總合這佛堂、臥室，也只有四、五坪的大小，而雪公上佛堂，都還要再換上上佛堂固定的衣服。老人家不只內功不亂，生活作息食、衣、住、行的外功，也是這般絲毫不苟。他不但執持名號，也執持每一件事物的規矩。這是我們修行求往生的人，所必須跟雪公學習的地方。[1]

---

[1] 弘安（黃潔怡）：〈寄漚軒雪廬老人寓所導覽〉，《明倫》第266期（1996年7月8月）。

【案】一九四九年十月六日中秋節，先生為臺籍耆宿呂默庵居士大作《默庵雜著》撰〈序〉時，落款時即以「寄漚軒」為住所名，應是以此名為寓臺處所名。據戶籍資料，先生一九四九年二月來臺時，初居新生日報巷一號；同年三月遷居復興巷十六號；[1] 一九六二年下半年遷和平街九十八號，與菩提樹雜誌社為鄰；[2] 一九六五年八月遷正氣街九號；而後居此二十一年。雪心基金會收藏一幀「國曆九月十二日，農曆八月十七日」日曆，注記：「五十四年此日，師遷入正氣街」。

鄭惠文，〈口述歷史訪談〉：我原本從事美髮工作，民國五十四年，正氣街九號的原屋主，他的夫人在土地銀行上班，每日上午都來店裡，為她吹整後才去上班。有一日，她說房屋要頂讓出去，母親告訴老師，老師拿出十萬元就買下來了，但無土地權狀。老師就搬到正氣街住下來，直到七十五年往生。[3]

【案】正氣街九號，係先生以肆萬柒仟貳佰伍拾元頂讓取得之居住權，該房舍為國防部軍備局所有，土地屬國有財產局。

---

1 1952 年 5 月，臺中市政府核發「炳南中醫診所」證照，所址位於臺中市東區新庄里復興巷十六號。
2 據戶籍資料，遷至和平街九十八號登記日為 1963 年 8 月 13 日；實際遷入則為 1962 年下半年。見 1962 年年末譜文。
3 張式銘：〈鄭惠文師姑口述歷史訪談〉（2017 年 4 月 10 日、5 月 6 日），台中蓮社檔案。

九月十五日（三），晚，於慈光圖書館週三講座宣講《大佛頂首楞嚴經》。

遷居後有詩：〈遷居〉、〈小院〉、〈菊籬〉、〈看竹〉，來臺近二十年，首度居處有院落、能栽竹菊。（《雪廬詩集》，頁 355-356）

　　〈遷居〉：遲回揖別滿樓山，孤負敬亭看謫仙；陋室慚來三徑雨，低垣喜見四周天。詩成移杖頻隨月，茶歇垂帷小坐禪；難得舊鄰猶饋贈，此鄉疑是太初年。

　　〈小院〉：小院千金地半弓，舉頭無際碧高空；珍珠幾斛銀河上，月殿雲衢作主翁。

　　〈菊籬〉：一叢秋色似陶潛，滿院西風暮捲簾；籬畔微吟人不去，新弦月白屋東簷。

　　〈看竹〉：每欲揮毫畫此君，卻愁畫出贈何人；人多賞識盤中肉，絕少嚴陵把釣綸。

九月十六日（四）至二十六日（日），舉辦本年度暑期「慈光講座」第二梯次。課程同八月第一梯次：先生講授《佛學概要十四講表》與《金剛經》，許祖成講授《八大人覺經》及《唯識簡介》。每日上課七小時。第二梯次參加學員正式生五十八名，旁聽生人數與正式生相當。仍由臺大晨曦學社副社長鄭振煌擔任學員長。

　　本年暑期大專佛學講座，仍在此間慈光圖書館舉行，但因臺北各大專院校學生參加者比去年多出二倍，乃分兩梯次舉行，每次五十至六十人。各為期十天，由本刊

社長李炳南居士主講,農學院教授許寬成居士助講。講學期中供給膳宿,男同學住在台中蓮社,女同學住慈光圖書館。每期結業時,並由李老師領導參觀臺中附近名勝及各佛教機構。講座經費係由下列各團體或私人樂助,茲錄於後以資徵信:菩提救濟院捐白米二八〇斤,詹林甘妹居士二千元,蓮社四十八願、廖玉嬌、黃以道、無名氏等居士各一千元,甘王鎮芬居士五百元,韋玉華居士四百元,二位無名氏各三百元,許慈化、許夢珠居士合五百元,洪秀英居士二百四十元,王國光、王子哲、張慶祝子女、洪浣雪、藍吉裕、顧鳳英、王國爵等居士各二百元,李陳金花、無名氏、柯紡、王錦、吳佳蓉、劉秀雲等居士各一百元。謝綢、謝輝煌居士合一百元,王志賢、鄭遠謨、何美雪、林月嬌等居士各五十元,周慧德居士四十元,本期收入共計一萬零五百八十元。[1]

【案】一九六五年夏令班第二梯次學員有:鄭振煌(學員長/臺大晨曦學社副社長/外文三)、吳庭烈(臺大電機二/馬來西亞僑生)、林敏雄(臺大農推五/臺大晨曦學社前社長)、吳明陽(臺大牙醫二/臺大晨曦學社社長)、王國光(中興社會三)、紀海珊(屏東農專三)等五十八人;各校人數為:臺大二十二,政大六,師大七,中興七,臺北工專二,屏東農專四,文化一,逢甲四,輔大一,中師一,東大

---

[1] 〈新聞〉,《菩提樹》第 155 期(1965 年 10 月 8 日),頁 57。

一,中原一,靜宜一。[1]

九月二十二日(三),晚,於慈光圖書館週三講座宣講《大佛頂首楞嚴經》,參加暑期慈光講座學員同席聽講。

九月二十四日(五),上午,舉行拜師禮;下午,二十位大專同學虔求皈依三寶,禮證蓮老和尚為證明師。[2]

九月二十五日(六),應慈光講座學員請求,先生特別開講修學淨土法門之大要:〈淨宗簡介〉,解說淨宗根據之經典為淨土三經,淨土法門旨在伏惑帶業往生,成果為一生補處,念佛方法在家人以持名為主,修持工夫則以事一心為初步目標。[3]

〈淨宗簡介〉:(一)經典:淨土宗所根據經典,說到專門上,十方佛都有,在這裏單指阿彌陀佛極樂

---

[1] 方萬全、徐天相、陳大雄、邱敏霞編:《暑期大專佛學講座同學錄⑦紀念冊》(臺中:慈光圖書館,1967年10月15日)。

[2] 鄭振煌:〈臺中受業再記——五十四年暑假第二期大專佛學講座日記〉,《菩提樹》第156期(1965年11月8日),頁30-31。

[3] 鄭振煌:〈臺中受業再記——五十四年暑假第二期大專佛學講座日記〉,《菩提樹》第156期(1965年11月8日),頁30-31;〈淨宗簡介〉由周家麟筆記,收見:《脩學法要》,《全集》第9冊,頁176-183;標題下注記「民國五十四年秋對大專講座同學講」。另《慈光》第223號(1969年2月17日),第3版,「慈光大專講座同學見聞錄」登載〈淨宗簡介〉亦簡要記錄本次講說內容,收見《雪廬述學語錄》,《全集》第10冊之2,頁13-15。

淨土。為何單指阿彌陀佛極樂淨土呢？因為阿彌陀佛願力最大，專為人了生死故。有三部經典可資證明。第一、《無量壽經》，這部經敘述西方極樂世界依正莊嚴及阿彌陀佛因行果用，甚為詳細，等於西方極樂世界小歷史，同時說幾種行為，就是菩薩所修的六度萬行。第二、《觀經》，俗名十六觀經，係西方世界十六種觀法，第一觀教觀太陽，觀到開眼閉眼都能見到，就算成就。第二改觀水象，觀成了再改觀冰象，再改觀金銀界限，再改觀樹寶等等，如此一層一層計十六層觀法，叫作十六觀經，也是淨土宗重要經典之一。第三，《阿彌陀經》，這部經專教念佛的方法，簡單扼要。我們研究淨土的學人，最低限必須看這三部經。此外我們應知，千經萬論，處處指歸，念佛法門，通一切法門，江味農居士曾說：「教研般若，行尚彌陀。」可以想見。

（二）義旨：為什麼要修淨土法門呢？修淨土法門的義旨，是因為要了生死，必須要明心見性，要明心見性，必斷見、思二惑，斷見、思二惑就是了生死的不二法門，但試問誰能斷見思二惑呢？斷見思二惑非任何人能做得到，所以佛開淨土法門，要修行人伏惑帶業往生。

（三）結果：往生西方特殊勝妙處就是：第一，只要到了西方，神通自然就有，不比此土得了定後才有。第二，到了西方以後只有進境，沒有退緣。第三、此土見思諸煩惑，一品未斷，就不能了生死，生到西方，不論功夫深淺，一律皆能成就。我們若能往生西方，只一生就能斷盡煩惑，就得候補佛位，所以說是一生補處，

也叫作一生成辦。

（四）方法：淨土宗修行方法有四種：第一、是持名，執持南無阿彌陀佛六字名號，無論閒忙，皆不放鬆，接接續續，一直這樣做。第二、是觀相，對著阿彌陀佛聖像觀看，看到開眼閉眼阿彌陀佛皆在眼前就成，這都是方便法。第三、是觀想、按照十六觀經所說，一步一步修觀，觀至西方三聖，然後觀自己，觀常了，隨處坐下，境界就變，神識定於這種境界。第四、是實相，這項不容易修，實相理體就是如來藏、就是般若，修的時候，須觀照萬法皆空，須一步步次第做。這四種任選一種都可以，前三種是事，後一種屬理，比較最究竟的，是實相，但是等於《金剛經》，做不到，所以佛特設善巧方便，什麼善巧方便呢？實相念佛做不到，所以教你以心觀心，以心觀心再不行，教你觀相，觀相環境不允許，古人有主張持名帶觀想的，明蓮池大師改為專修持名，因為觀相不是隨便觀的，必須按照經上所說，切實去觀才可，否則就是邪觀。所以他教人採取徑中徑又徑所示修法。四法之中，在家人所能做者，只持名一法。持名的功效，就是成就「一心不亂」，所謂一心，意思是使千心萬心，變為一心，起念就是阿彌陀佛。不亂，是任何事不能擾亂。這辦法要多久時間才能成就呢？有一輩子做不到的，快的七天就可成就。這叫難信之法，惟佛與佛，乃能究盡。念佛念到一心不亂時，若只是念，不懂般若的道理，叫懂事不懂理。不懂理，在修功課時，叫作事上修行。得了事一心不亂，可

以伏惑。若懂了理用功夫，可得理一心不亂，可斷見思惑。[1]成羅漢須經天上人間七番生死，才證成理一心，這裏七天就證羅漢果。

（五）修持：修持的方法，以持名而論，有四十九種，簡言之，就是要求一心不亂，到了一心不亂，雖不能到理一心斷惑，能得事一心伏住煩惑，也就保了險。念佛時萬不可起別念，志在修心，古人說：口念彌陀心散亂，喊破喉嚨也枉然。但念時要心不起別念很難，這裏有方便法，不必用念珠，記數字，三、三、四，為十，再二十，再三十，……念到一百，再從頭起，記須用心記，如銀行數鈔票，不能旁騖，再有念的時候，須注意昏沉掉舉，昏沉的時候，或用兩手搓耳，或用冷毛巾揩臉均可對治。像這樣做，必須求解，否則提不起興趣。

是日晚，先生講解倪元璐〈題元祐黨碑〉及崔鉉〈詠架上鷹〉，勉勿同流合汙。

晚上，遊罷八卦山回來，老師講解了倪元璐的〈題元祐黨碑〉及崔鉉的〈詠架上鷹〉。點出「起、承、轉、合」之處，並示以文章做法須言中有物，切忌無病呻吟。老師勸大家不要同流合汙，要像〈詠架上鷹〉詩

---

[1] 「事一心」、「理一心」之說明，先生有〈答李蓮階〉云：「囊時或有誤記，不作如是說，前所言者，係本蕅益大師《要解》，其說如下：不論事持理持，持至伏除煩惱，乃至見思先盡，皆為事一心。不論事持理持，持至心開見本性佛，皆理一心。」《佛學問答類編（下）》，《全集》第 7 冊，頁 1644-1645。

中所說:「萬里碧霄終一去」,傲然有睥睨大地之慨。[1]

是日,受聘擔任中國佛教華僧代表大會籌備委員會護法委員。該會主任委員為白聖法師,副主任委員道安法師、賢頓法師。常務委員有證蓮、太滄、南亭、印順、心源、廣欽、甘珠、玄妙諸位法師。[2]

九月二十六日(日),率領慈光講座學員參訪菩提樹雜誌社、慈光育幼院、菩提醫院、霧峰靈山分寺、霧峰佈教所、故宮博物院、省議會和中興新村。[3]

九月二十八日(二),應邀至菩提救濟院醫療大廈參加敬師晚會,該大廈結構初具,但尚未完工。晚會由青年蓮友及部分大專同學舉辦,慈光講座雖已結業,仍有部分學員留下參加。先生謙謂不敢勞煩諸位敬師,但為提倡尊師風氣而承當。(見《圖冊》,1965 年圖 20)

　　此間青年蓮友及部分大專同學,於孔聖誕辰為誌慶祝並尊師重道起見,特假菩提救濟院醫療大廈內設素席七桌,公宴李老恩師,並有精彩餘興以娛師長。中北部

1　鄭振煌:〈臺中受業再記——五十四年暑假第二期大專佛學講座日記〉,《菩提樹》第 156 期(1965 年 11 月 8 日),頁 30-31。
2　〈中國佛教華僧代表大會籌備委員會聘書〉(1965 年 9 月 25 日),(54)中佛僑秘字第 020 號,台中蓮社收藏。
3　鄭振煌:〈臺中受業再記——五十四年暑假第二期大專佛學講座日記〉,《菩提樹》第 156 期(1965 年 11 月 8 日),頁 30-31。

大專同學雖已學成賦歸，但仍有部分參加此一盛大之敬師宴會。[1]

今天是孔子聖誕，又是教師節。下午五點多鐘時，南門橋外即將完成的菩提醫院大廈，已聚集了許多的蓮友。聚餐之後，同樂晚會開始。首先大家向老師三問訊，然後請朱斐居士代表呈獻紀念品。接著餘興節目開始，呂富枝同學和蔣伯興居士先後朗誦了自己所作的教師節獻詞和教師頌，以從師所學的成果來追述老師十餘年來循循善誘、誨人不倦、厚人薄己、不求名利，發揚固有文化之豐功美德，確是含義深長。再來是女青年們合唱〈孔子紀念歌〉和〈佛教青年〉。熱烈的掌聲未落，忽然跑進來了一位「郵差」送來一封大信，規定凡是接到信的都要出場表演，連我們張慶祝師姊也不例外，出來表演了個「娃娃叫」。《樹刊》主編朱斐三思而後，認為最好是向老師頂禮。他不顧地上泥土，脫了皮鞋先做了一次示範並說明順序後，才恭敬虔誠的向老師三頂禮。最後這封信由最用功的呂富枝同學接去，指定要三頂禮後送給老師。老師拆開一看，原來是江逸子居士呈獻給老師的一首詩。司儀代為高聲朗誦後，大家都深深的感覺到老師真不愧是維摩風範。接著還有唱遊、燈謎、舞劍等節目助興。最後由鄭振煌同學主持「無盡燈法門」。全場燈光忽然熄滅，大地一片黑暗，

---

[1] 〈新聞〉，《菩提樹》第155期（1965年10月8日），頁57；鄭振煌：〈臺中受業再記──五十四年暑假第二期大專佛學講座日記〉，《菩提樹》第156期（1965年11月8日），頁30-31。

象徵人天長夜、宇宙黮闇,眾生智慧被無明遮蓋。剎那間,老師手上的燭光開始亮了起來,光被十方,象徵老師智慧光輝的廣被逐漸地一傳十、十傳百,全場充滿了法喜與光明。即時三寶歌聲悠揚而起。

歸途中,心中仍回憶著老師剛才說的話:「今天教師節,我學人實在不敢當煩勞大家來慶祝的,不過我們能乘此機會發揚尊師重道的精神,建立一股新風氣,這是最重要的一點⋯⋯。」[1]

【案】蔣伯興〈老師頌(附誓詞)〉係一九六三年教師節所作,讚歎先生為學子而捨甘就苦、捨逸就勞,如同周朝林回,棄千金之璧而負赤子。頌文後有誓詞曰:

我等學佛道,幸福值明師。慧命幸得救,知識蒙復訓。諄諄善教誨,陶冶以薰成,不棄愚頑輩,偏勞師殷勤。大匠無棄材,良冶無窳器;願我學成後,效法師志行。說法闡大教,功績光佛門。師恩深如海,誓詞報來茲。不怕魔障難,高山必逾頂。願在此形盡,誓願亦不已。餘祝師萬壽,福體永康寧,為眾常住世,為法不忘軀。我等常親仰,解疑無有已。臺中如實班全體同學謹誓[2]

---

[1] 紀潔芳:〈教師節之夜〉,《菩提樹》第 156 期(1965 年 11 月 8 日),頁 44-45。

[2] 蔣伯興:〈老師頌(附誓詞)——五十二年教師節於菩提精舍〉,《菩提樹》第 131 期(1963 年 10 月 8 日),頁 43。蔣伯興與胡遠志為軍中同袍,1951 年由先生接引學佛。日後出家。參見:1951 年 3 月 20 日譜文。

九月二十九日（三），晚，於慈光圖書館週三講座宣講《大佛頂首楞嚴經》。

十月一日（五），即日起，連續五晚，應嘉義縣佛教支會理事長黃芳來邀請，至該會演講，聽眾多在二百人以上。每日午前或午後時間，則為一般智識分子，座談或研討佛法，盛況異常。由張進興擔任譯語。[1]
同時間，由黃理事長陪同至當地各寺院參訪，並曾由中油嘉義溶劑廠土木課長謝潤德陪同至廠長戈本捷宿舍造訪。（見《圖冊》，1965 年圖 21）

【案】謝潤德具建築技師執照，經戈本捷廠長推薦，義務為太虛紀念館繪製建築藍圖。（小傳見 1964 年 7 月 28 日譜文）

十月三日（日），嘉義行旅間，復函香港李相楷，回應有關圓瑛法師注解等疑問，指示初學可以不問。（見《圖冊》，1965 年圖 22）

〈復李蓮階居士書〉：蓮階賢弟台鑒：別後至想，接手翰，藉悉佳況，至慰。
所談某尼呵斥圓瑛法師之注，亦係人云亦云，恐自並無正解。蓋瑛師之注，根據《楞嚴正脈》。著《正脈》者，不遵台家三觀，而又主張「用根捨識」，大為台宗

---

[1] 〈新聞〉，《菩提樹》第 155 期（1965 年 10 月 8 日），頁 57。謝潤德論文有多張訪嘉照片，當亦此時訪戈本捷。

呵斥，有顯劇之爭端。中國佛家教義，台宗幾遍天下，故《正脈》受謗者，幅員甚廣。至於二家之爭，初學可以不問。所採者瑛師之注，句句有解，非若古德但釋其旨，不解其文，宿學雖有益，初機則非釋文句不易入也。《蒙鈔》亦便初機，應不存成見，但取易解。至其旨若何，不妨廣參他注，此真相也。

所言太白「羣峭碧摩天」一首，題為〈訪雍尊師「隱居」〉，非不遇也。因選諸詩者，往往將「犬吠水聲中」一首並列，此首之題有「不遇」二字，恐一首詩傳鈔有訛也。

今暑假講座，參加同學，前後兩期共有百人，情緒及反應皆好。聯絡辦事，由臺大鄭振煌弟經手，明歲擬再擴大。吾弟心細品高，而又隱重，可謂英才。希本所學，研究推廣，不勝企望。

兄今應嘉義佛教會之邀，講演五天，抽暇作復，匆匆專此　並頌學祺　　兄李炳南在嘉義拜啟　十月三日
敝廬已移臺中南區正氣街九號，後通信，希寄新址。[1]

十月五日（二），先生偕同菩提救濟院董事朱斐、林看治、林慧繄、張慶祝、林進蘭等至嘉義博愛救濟院參觀，由該院董事吳大海等引導。[2]

1　李炳南（雪公）：〈復李蓮階居士書〉，《明倫》第 489 期（2018 年 11 月）。

2　〈新聞〉，《菩提樹》第 155 期（1965 年 10 月 8 日），頁 57。

十月六日（三），晚，於慈光圖書館週三講座宣講《大佛頂首楞嚴經》。

十月十三日（三），晚，於慈光圖書館週三講座宣講《大佛頂首楞嚴經》。

十月十五日（五），菲律賓自立法師來函附菲幣壹仟陸佰元，係為菲律賓佛教教友捐建「清和姑室」紀念病房。

十月二十日（三），晚，於慈光圖書館週三講座宣講《大佛頂首楞嚴經》。

十月二十七日（三），晚，於慈光圖書館週三講座宣講《大佛頂首楞嚴經》。

是月，應中國文化學院董事長張其昀，院長王志鵠敦聘，擔任該校佛學研究所顧問。[1]

是月，為《慈光大專講座通訊錄》撰〈序〉，嘉勉學員先憂後樂，能得為學之大；樂群求友，能得為學之要。

　　嘗聞學以致用，人固不可以不學，惟學有多端，簡

---

[1] 〈文化學院聘書〉（1965 年 10 月），（54）中人研佛字第拾伍號，台中蓮社收藏。周邦道於是年受聘為該校佛學研究所所長。該所為研究單位，非教學單位。

之則有小儒大人之異，小儒善身，大人利天下，其旨趣雖殊，然皆必有其所學也。又聞獨學無友則學陋，敬業樂群則業精，古人讀萬卷書，復行萬里路，入讀而出交，博學而多聞，是能扼為學之要矣；積欲其厚，培欲其固，其學乃有所成也。臺省大專諸學子，輒於暑寒假期，相邀集中部，研學內典。時雖促而習博，義雖深而能入，業未結，慨焉如有得，業已結，卓爾如有立。予欣然叩所志，咸曰：願以所知，先憂其憂，必使終而無憂，後樂其樂，必使終而常樂。予曰善，諸子可謂能得為學之大者矣。然三藏煙海，浩浩難窮，三獸渡河，貴取象足之踐底，必由是而不息，於所知而精進，學庶其有矣。咸曰：切磋琢磨之自修，必賴熏習陶染之觀摩，故樂群求友，有不可少忽者焉。遂有同學齒錄之編，始期志道之同契，終期學行之極至。予曰善，諸子可謂能得為學之要者矣。然天涯海角，聚散不時，暮雲春樹，尚乎心神永結，從窮舊學之邃密，以發新知之英華，學庶其成矣。嗚呼，士欲以功業澤乎世，固必先立其志，志既立，自當以所知見諸行，是之謂學以致用也。今者，已觀諸子之志矣，將欲觀諸子之行，故為序以企之。

　　中華民國五十四年十月　稷下李炳南識於寄漚軒[1]

【案】此〈序〉係應本期（1965年夏令班，第四、

---

[1] 李炳南：〈慈光大專講座通訊錄序〉，方萬全、徐天相、陳大雄、邱敏霞編：《暑期大專佛學講座同學錄⑦紀念冊》；收見《雪廬寓臺文存》，《全集》第14冊之2，頁79-80。

第五屆)「慈光講座」學員通訊錄而作,後續第七、八、九各期講座通訊錄亦均沿用。唯下期(1966年夏令班)「慈光講座」學員通訊錄先生另有〈民國五十五年暑期大專學生慈光講座同學錄序〉(見1966年8月12日譜文)。

是月,太虛紀念館開始興工建築,大樓由中油公司嘉義溶劑廠謝潤德建築師義務設計,營造廠商何木己先生承建。[1]

是月,慈光講座學員劉南生畢業返僑居地馬來西亞檳城服務,受邀於檳城佛教義學研究會主持佛學講座,開講先生所編《佛學概要十四講表》。該講座於每週日下午二時舉行,預計十四講。[2]

【案】劉南生畢業於臺灣大學外文系,就學時參加該校佛學社團晨曦學社,為「慈光講座」第二期(1964年夏令班)學員。一九六六年一月二十八日,先生致函蔡榮華時,曾請其代轉問候。見該項譜文。

十一月三日(三),晚,於慈光圖書館週三講座宣講《大佛頂首楞嚴經》。

十一月六日(六),晚七至九時,於慈光圖書館週六慈光講

---

[1] 謝嘉峰:《雪公與菩提》(臺中:今成出版社,1998年1月)。
[2] 〈新聞〉,《菩提樹》第156期(1965年11月8日),頁55。

座,接續上學期,為大專學生講授《金剛經》。

【案】週六慈光講座《金剛經》之宣講,始於一九六五年五月二十二日(見前譜文);智海社〈社史〉紀錄登載則為「一九六五年十一月－一九六六年四月」,[1]據知本學期續講時間為十一月,唯不知為何日。今依一九六三年開辦日為十月二十六日、一九六四年開辦日為十一月七日,繫是年開辦日為十一月第一週週六:十一月六日。另據《慧炬》報導,「此次金剛經講座,預料在暑期前先講五次,下學期接講六至七次圓滿。」[2]則《金剛經》宣講應至是年十二月十八日或二十五日結束。

十一月八日(一),中興大學智海社發行《迎新特刊》,有先生題辭。[3](見《圖冊》,1965年圖23)

　　智慧升朝日　文章湧海濤　從教洛陽紙　常與碧天高
　　智海學社　　　　　　　　　　　　　　　　李炳南祝

十一月十日(三),晚,於慈光圖書館週三講座宣講《大佛頂首楞嚴經》。

1　見:智海學社:〈社史〉,《智海卅週年紀念專刊》,頁129-198。
2　〈新聞〉,《慧炬》第35/36期合刊(1965年7月15日),頁46。
3　〈雪公太老恩師墨寶〉,《智海卅週年紀念專刊》,頁45;該幀下注記「五十四年十一月八日智海迎新特刊(第五屆)。收見:《雪廬老人題畫遺墨》,《全集》第16冊,頁158。

十一月十三日（六），晚七至九時，於慈光圖書館週六慈光講座，為大專學生講授《金剛經》。

是日，全國大專佛學社團第二屆代表大會，於臺北市慧炬月刊社召開，決議成立「中華民國大專佛學社團聯誼會」。當日通過組織簡則，並決議聘請李炳南、周邦道、南懷瑾、周宣德……等教授為顧問，指導今後活動。[1]（見《圖冊》，1965 年圖 24）

十一月十七日（三），晚，於慈光圖書館週三講座宣講《大佛頂首楞嚴經》。

十一月十九日（五），上午八時，恭迎全球華僧大會海外代表及觀察員百餘人，蒞臨菩提救濟院參觀。該院及蓮社同仁與來賓合影並贈禮。[2]

十一月二十日（六），晚七至九時，於慈光圖書館週六慈光講座，為大專學生講授《金剛經》。

十一月二十四日（三），晚，於慈光圖書館週三講座宣講《大佛頂首楞嚴經》。

---

[1] 〈新聞〉，《菩提樹》第 157 期（1965 年 12 月 8 日），頁 53。
[2] 〈新聞〉，《菩提樹》第 157 期（1965 年 12 月 8 日），頁 52。

十一月二十七日（六），晚七至九時，於慈光圖書館週六慈光講座，為大專學生講授《金剛經》。

十一月三十日（二），晚，於中興大學「國學講座」講授〈中庸〉，每週二在該校理工大樓視聽教室宣講。有〈中庸眉注〉、〈中庸表注〉。前有〈介言〉說明〈中庸〉旨在闡明人天之道相通。但人道為物欲所蔽，應法天，以復其本。[1]（見《圖冊》，1965 年圖 25）

　　〈中庸講述筆記‧介言〉：《中庸》一書，本《小戴禮》之一種，列於《禮記》中第三十一篇。提出單行，較〈大學〉為早。大概始於漢時，非由宋程朱為之也。漢劉歆《七略》禮類有此，同時又有〈中庸說〉二篇。迨後六朝及唐，皆有注釋，惜多散失。

《中庸》古本章句，依鄭康成、孔穎達諸儒所訂，為三十三章。後經宋朱晦庵重編，亦三十三章。章數雖同，然段落畫分則有異。但原文卻未移動，不若〈大學〉前後之更張。現通行之單行本，即朱所編之章次也。

《中庸》之作者，歷代諸儒，多以為子思。各書記載，都如是也。惟後人在中庸文句中，摘出一句一辭，如書同文、華嶽等，而疑為晚出偽託，已由考據家辨而駁

---

[1] 李炳南：〈中庸眉注〉、〈中庸表注〉、〈中庸講述筆記‧介言〉，見《禮記選講》，《全集》第 12 冊，頁 197-274。另參見：徐自民筆記，《禮記中庸講記》（至哀公問政章，民國 54 年 11 月 30 雪廬老人在中興大學開講）：http://www.minlun.org.tw/1pt/1pt-18-1/13-1.htm

之。管窺一見,不能盡擴群書之言也。

「中庸」二字之義,漢鄭康成釋為中和之為用也。庸作動辭,宋程伊川釋為不偏之謂中,不易之謂庸。其意中則不過與不及,亦不偏於左右。即認出事理中正重心,堅立不移;庸則平實自然,而無素隱行怪,即踏上事理平實之路,恆久不息。兩者雖異其言,而義未嘗不可融也。

中庸之旨,在闡明人天之道相通。天道至誠無息,化育萬物。人道本亦如之,後為物欲所蔽,失其高明,故應法天,以復其本,始能並育不害,悠久無疆。

【案】智海社〈社史〉,錄此為一九六五年十一月二十三日－一九六六年四月五日。[1] 今據《菩提樹》[2] 及《中庸講述筆記》,開講於一九六五年十一月三十日。

是月,應邀至中國醫藥學院參加「大體解剖慰靈祭典」並演講,有〈中醫學院五十四年解剖慰靈祭〉講表。[3]

是月,題早年舊作〈冬夜宿山寺〉贈王湘娥。[4]

千峰雪掛暮天霞。枯木搖風噪落鴉。塔院無人門早閉。却來山月照梅花。乙巳初冬　湘娥居士　正　李炳南

---

[1] 見:智海學社:〈社史〉,《智海卅週年紀念專刊》,頁129-198。

[2] 〈新聞〉,《菩提樹》第158/159期合刊(1966年1月8日),頁58。

[3] 李炳南:〈中醫學院五十四年解剖慰靈祭〉,《弘護小品彙存》,《全集》第4冊之2,頁412。

[4] 李炳南:〈冬夜宿山寺〉,《雪廬老人題畫遺墨》,《全集》第16冊,頁86。

十二月一日（三），晚，於慈光圖書館週三講座宣講《大佛頂首楞嚴經》。

十二月三日（五），靈山寺舉行乙巳冬季佛七，先生應邀開示三次。有佛七開示講表，各有偈頌。[1]

第一次開示，偈曰：修法必如法，功夫不唐捐；始終存誠敬，秘密之真傳。

第二次開示，偈曰：彌陀聖號鐵絲繩，結在心頭莫放鬆；身爬懸崖原不穩，絲繩一斷落深坑。

圓滿開示，偈曰：一心誠佳否不遲，出場當如在場時；數年退轉此補救，芳名許汝掛蓮池。

十二月四日（六），晚七至九時，於慈光圖書館週六慈光講座，為大專學生講授《金剛經》。

十二月六日（一），菩提醫院院長于凌波榮膺本年度臺中市好人好事代表，於臺中中山堂接受表揚。先生題詞祝賀。[2]（見《圖冊》，1965年圖26）

---

[1] 李炳南：〈乙巳冬季靈山寺佛七第一次開示〉、〈乙巳冬季靈山寺佛七第二次開示〉、〈乙巳冬季靈山寺佛七圓滿開示〉，《弘護小品彙存》，《全集》第4冊之2，頁466-468。

[2] 李炳南：〈于凌波居士榮膺好人好事紀念〉，《雪廬老人題畫遺墨》，《全集》第16冊，頁321。于凌波六度獲選為地區、全國「好人好事代表」。1965年獲選為臺中市好人代表。事見：于凌波：《于凌波七十自述——曲折迂迴菩提路》，頁296-307。

> 身心脩正,是謂醫王;善為國寶,吾道亦光。
> 凌波賢棣榮膺全國好人好事之選紀念
> 　　　　　　　　　乙巳仲冬李炳南

十二月七日(二),晚,於中興大學「國學講座」講授〈中庸〉。

十二月八日(三),晚,於慈光圖書館週三講座宣講《大佛頂首楞嚴經》。

十二月九日(四),同門友人陳煌琳與其封翁各為七秩、百歲壽辰,印行蕅益大師、圓瑛法師之《阿彌陀經要解講義》,以及印光大師《靈巖法語匯時輯要》以為祝禱,先生撰序述其緣起。

　　〈阿彌陀經要解講義重刊序〉:俗習以祈年誦《金剛》,超薦誦《彌陀》,世久泥之,豈其然乎?夫佛法本圓,無不一體而廣用,其機如此,安能因世俗而變之哉。觀四句偈,戒著壽相,孰謂祈年;持一聲佛,罪消億劫,寧獨超薦耶?予友陳開士煌琳,學優而仕,退修淨業。歲乙巳,眉介七秩艷,亦其封翁,返真百紀。子弟輩咸謀稱觴,開士則噓唏追念遠芬。止之再,子弟請之再。既而曰:稱觴何若祈年,追遠莫如超薦。然二者皆當作福,有以成之。遂議刊是經解,行乎法施。於戲!盡美矣又盡善也。彌陀聖號,漢譯無量光壽,可云善祈年矣;聞經受持,即得往生,可云善超薦矣;子壽

其父,孫薦其祖,詩云「孝子不匱,永錫爾類。」刊施斯經,得非美耶?蕅祖《要解》,靈巖印師歎為古佛不逾;文微感深,古閩瑛公復作《講義》以顯。印師開士之業師也,瑛公開士之鄉黨也,刊是經解,兼有尊師敬鄉之義,斯又足稱善矣。且所施之法,為三根普被,利鈍全收者,普被則法易得宏,全收則眾易得化。合而觀之,以此經解刊施,實為四恩總報,三有齊資,正不止一人之祈年,一人之超薦也。故曰:盡美矣又盡善也。

中華民國歲次乙巳彌陀聖誕　穉下李炳南謹識[1]

〈靈巖法語匡時輯要序〉:歲乙巳,為余同門友陳煌琳居士七秩初慶,適其封翁本標公百齡仙紀。居士不自為壽,而遠追劬勞,思有所報,可謂知本者矣。夫俎豆追薦,一享而已;功德迴向,則超拔難量。然功德之大者,莫若濟眾;濟眾之勝者,無逾佛法。故檢吾師遺著,能被群機者,一為上海護國息災法會開示錄,一為遺教兩要,合梓一冊,廣結法緣,以此布施,用培先芬之福田焉。得之者,居亂世,處流俗,因而戒慎,可轉淳風,是濟眾於今也;因覺而厭火宅,苦六趣,進而修持,更能獲乎清涼,達乎彼岸,是又濟眾於來也。嗚呼!弘一道法,俾沙眾福慧齊資,勝因若是,勝果寧思議哉。竊聞之,孝為仁本;又聞之,仁者則壽;今居士

---

[1] 李炳南:〈阿彌陀經要解講義重刊序〉,《菩提樹》第 162 期（1966 年 5 月 8 日）,頁 10;收見:《雪廬寓臺文存》,《全集》第 14 冊之 2,頁 8-10。

雖不自壽，而既孝且仁，壽自歸之，是不為之為，不壽自壽者矣。二者之旨，各有其序，並存之，於此可不贅述，謹敘合梓緣起，以言乎壽之有道也。

中華民國歲次乙巳嘉平月　稷下李炳南謹識[1]

十二月十一日（六），下午，應邀至慈光圖書館參加「全國大專佛學社團聯誼會」中部分會成立會議，受聘擔任顧問，並致詞勉勵。「全國大專佛學社團聯誼會」於上月十三日在臺北成立。

中華民國大專佛學社團聯誼會臺灣省中部分會，業於上（十二）月（十一）日假臺中市慈光圖書館召開成立會。中部各大專佛學社團推派代表十餘位出席，就近邀請李炳南、蔣俊義、許炎墩等大德列席。

主席朱家豐致詞後會議即開始，結果選出朱家豐（逢甲學院）為主席。紀潔芳（中興大學）、李昌雄（中國醫藥學院）為副主席。王松溪（臺中師專）為執行祕書。並通過組織簡則、活動計畫，並決定聘請李炳南、周宣德、周邦道、許祖成、侯紹文、成開勛、倪渭卿、王禮卿、呂佛庭、王文魁等教授為顧問，另聘朱斐、于凌波、董正之、許炎墩、蔣俊義、陳進德、朱鏡宙等大德為名譽顧問。最後請李顧問致詞，語多策勉，望能促進

---

[1] 李炳南：〈靈嚴法語匡時輯要序〉，《菩提樹》第162期（1966年5月8日），頁29；收見：《雪廬寓臺文存》，《全集》第14冊之2，頁39-40。

各學社間之聯繫,團結合作,宣揚東方學術文化。[1]

是日晚,七至九時,於慈光圖書館週六慈光講座,為大專學生講授《金剛經》。

十二月十四日(二),晚,於中興大學「國學講座」講授〈中庸〉。

十二月十五日(三),晚,於慈光圖書館週三講座宣講《大佛頂首楞嚴經》。

十二月十八日(六),晚七至九時,於慈光圖書館週六慈光講座,為大專學生講授《金剛經》。

十二月二十一日(二),晚,於中興大學「國學講座」講授〈中庸〉。

十二月二十二日(三),晚,於慈光圖書館週三講座宣講《大佛頂首楞嚴經》。

十二月二十五日(六),晚七至九時,於慈光圖書館週六慈光講座,為大專學生講授《金剛經》圓滿。

---

[1] 〈新聞〉,《慧炬》第 39 期(1966 年 1 月),頁 39。

十二月二十八日（二），晚，於中興大學「國學講座」講授〈中庸〉。

【案】中興大學「國學講座」每週於該校理工大樓視聽教室或交誼廳舉行。除一九六五年三月至六月〈大學〉講座，起始日至圓滿日皆在學期間，其餘〈中庸〉、〈曲禮〉、〈樂記〉、〈禮運大同〉、「曲禮選述」各講座，中間皆跨越寒假或暑假。唯據智海社〈社史〉，各講座僅記起始日與圓滿日，不確知寒暑假是否停課。今依慈光圖書館週三講座及蓮社週六講座慣例，寒假過年前後暫停宣講；慈光講座週六班慣例，每學期期末考前停講，開學後續講。

十二月二十九日（三），晚，於慈光圖書館週三講座宣講《大佛頂首楞嚴經》。

是年，菩提醫院院長于凌波於醫院創辦期間，跟隨先生學習，見識先生法度嚴明之堅持，但與人方便之智慧。

于凌波，〈「我活著、是為了弘揚佛法」！——雪廬老人嘉言懿行瑣記〉：老人做事堅持原則，絲毫不容假借。菩提醫院創辦期間，有一次為了買建築材料缺錢，總務向老人報告，老人正在沉吟思索，我不知輕重的接口說：「醫院施醫費下有存款，何不先挪用一下。」「不可」，老人正色說：「為佛菩薩辦事，買磚的錢不可買瓦，人家捐的是施醫費，我們怎可拿來挪用？這是會背因果的。」我惕然而驚，原來佛門辦事，分際是如此嚴謹。

但老人也有通權達變的時候，有一次臺中一位經商的居士對佛教極為發心也頗有貢獻，他為銀行的一筆借款要「轉期」，頭一天還了，第二天再借出來，這位居士一時不便，事急時去找老人設法，希望以醫院的公款借用兩天，老人要他第二天早上再聽回話。當晚把我們醫院中辦事的人找去說明此事，徵詢大家的意見，大家覺得應該幫這位居士的忙，以維持他的信用。這時老人拿出一張事先寫就的保證書，說明這位居士借公款週轉兩天，若第三天前未送回來，我們全體保證人把這筆錢賠出來，歸還公款。大家無異議簽了名，第二天總務到銀行提款交給那位居士，第三天那位居士把原款送回來，我們的保證書也火化作廢。這是我們的「內部作業」，外人，連借錢那位居士在內全不知道這一段經過。[1]

是年，為蕭松川往生加持灌頂助念，慈光圖書館郭阿花等帶領大眾助念。

民國五十四年，森玉居士長子蕭松川，突然因小病過世。雪公立刻來家加持灌頂，阿花師姑帶著大家念佛。入殮時，原來僵硬的身體變得非常柔軟，使得基督徒的弟弟（前中山醫學院院長蕭松瑞）也直說不可思議。長媳碧蓮居士面對婆婆及先生驟逝，深切體悟生老病死之苦，不生無常之痛，於是放下一切，把自己負責

---

[1] 于凌波：〈「我活著、是為了弘揚佛法」！——雪廬老人嘉言懿行瑣記〉，《菩提樹》第 403 期（1986 年 6 月），頁 20-21。

照顧的森玉戲院交由小叔經營,跟隨阿花師姑到處助念,並全心護持慈光圖書館三十年。[1]

【案】蕭松川令尊蕭森玉,為先生抵臺後第一位助念往生者。先生稱,與蕭家有「五代因緣」。(見1949年12月譜文)

---

1 陳秀惠:〈總在遇緣不同 —— 話說雪公老師和蕭家的「五代因緣」〉,《回首前塵二十春 —— 雪廬老人示寂廿週年紀念專輯》(臺中:雪心基金會,2006年3月),頁65-74。

1966 年・民國 55 年・乙巳－丙午

77 歲

【國內外大事】

- 八月，毛澤東發動「文化大革命」，提出清除「舊思想、舊文化、舊風俗、舊習慣」等四舊。
  蔣中正總統隨即定以國父誕辰紀念日（十一月十二日）為中華文化復興節，倡導中華文化復興運動。
- 四月，證嚴法師在花蓮成立慈濟功德會。

【譜主大事】

- 一月，元旦，受邀於慎齋堂講演，講授唐朝天台宗高僧荊溪湛然之〈始終心要〉。
  臺灣大學晨曦學社社長吳明陽及社員鄭振煌、楊惠南等六人前來求學，歷時一週。
- 二月，菩提救濟院附設菩提醫院之醫療大樓全部竣工。醫院聘王祖祥為院長，于凌波、崔玉衡任副院長。
- 三月，菩提救濟院聖蓮室及靈巖書樓動土典禮。「聖蓮室」係為病人臨終助念而設，「靈巖書樓」原以先生法名命為「德明樓」，經先生囑咐紀念印光大師改名。
- 四月，全國大專佛學社團聯誼會中部分會舉辦「第一屆演講比賽」，擔任評審。中部各大專院校代表參加。
- 五月，赴中興新村，為中興佛社興建佛堂工程主持奠基動土典禮。

- 六月，獲任命擔任本年度中醫師特種考試典試委員。
- 七月，主持菩提救濟院院舍落成暨附設菩提醫院開幕典禮。

  辭去菩提救濟院、台中蓮社、慈光圖書館、慈光育幼院、菩提樹雜誌各機構董事長、董事、社長等職，將專心專力於教學講經等弘化事宜。

  於慈光圖書館舉行五十五年度暑期「慈光大專學術講座」，分兩期舉行，各十二天。

  奉祀官孔德成先生舉家搬遷至臺北，惟奉祀官辦公室仍駐臺中。
- 十月，菩提救濟院董事會改組，推選周邦道為董事長。菩提醫院院長王祖祥請辭，由救濟院院長徐灶生兼代。

  菩提救濟院安老所動土典禮。
- 十二月，太虛紀念館落成典禮，禮請印順老法師、演培法師剪綵開光。「聖蓮室」亦同時落成。

1966 年・民國 55 年 | 77 歲

一月一日（六），元旦，受邀於慎齋堂講演，講授唐朝天台宗高僧荊溪湛然之〈始終心要〉，有〈始終心要講表〉。
　　甲釋題：
　　始終－理即、名字即、觀行即、相似即、分證即、究竟即。事則始終宛然曰六，理則始終不二曰即。
　　心－圓明寂照常住真心。
　　要－真諦：空如來藏自心寂體；
　　　　俗諦：不空如來藏自心照體；
　　　　中諦：空不空如來藏寂照不二。
　　審實曰諦。[1]

一月五日（三），晚，於慈光圖書館週三講座宣講《大佛頂首楞嚴經》。此為乙巳年四十八講次最後一講，下週起暫停，俟春節後繼續。[2]

一月上旬，過年前，臺灣大學晨曦學社社長吳明陽與社員鄭振煌、楊惠南、吳庭烈、游祥洲等共六人前來求學。先生安排住宿於蓮社，每日至慈光圖書館為其授課，歷時一週。
　　游祥洲，〈全球視野的多元文化傳承守護者——淨空法師〉：一九六五年一月，我們臺大六位同學，包

1　李炳南：〈始終心要講表〉，《講經表解（下）》，《全集》第 3 冊，頁 1273-1282；首頁注記「在慎齋堂講　丙午年元旦記」。另見：《蓮社日誌》，1966 年。
2　《台中蓮社第五次社務報告（五十四年度）》，頁 3。

括鄭振煌學長、楊惠南學長、吳明陽學長、吳庭烈學長等,利用寒假,專程到臺中拜見李炳南老師。李老師看到我們,笑著問:「老弟們,可以呆幾天?」我們回報七天,老師馬上吩咐他的侍者鄭勝陽學長:「好的,安排大家住在台中蓮社,明天開始,每天上午八點到慈光圖書館上課。給大家講〈普賢行願品〉。」就這樣,連續七個上午,李老師非常慈悲地為我們講課。[1]

【案】據《慈光講座第七屆紀念冊》,游祥洲曾參加是年夏令一九六六年七月十八日－七月二十九日慈光講座,注記為「臺大中文系一年級」。若一九六六年七月為大一學生,則游前引〈序文〉「一九六五年一月」時,尚為高中生,正在準備聯考,也無序文所稱「臺大」六位同學。再者,一九六五年二月六日台中蓮社正要舉辦為期九天之慈光講座,時間似乎太過緊密。另據何謹,〈游祥洲此生奉獻龍樹學〉敘游參加晨曦學社事,確認:一九六六年一月,由吳明陽帶領六人至臺中。[2]

【又案】楊惠南憶述該次炳南先生所講授課程為《佛學概要十四講表》。除在慈光圖書館學習,先生並曾在正氣街寓所為同學講授古文〈陋室銘〉。[3]

---

1 游祥洲:〈全球視野的多元文化傳承守護者——淨空法師〉,鄭樺主編:《淨空老法師九十年譜》,序八。
2 何謹:〈游祥洲此生奉獻龍樹學〉,《臺大晨曦學社50週年社慶專刊》,頁106-110。
3 林其賢:「楊惠南口述紀錄」,電話訪談,2021年12月。

1966 年・民國 55 年 | 77 歲

一月二十一日（五），丙午年新春正月初一，至蓮社參加團拜。參加念佛團拜蓮友約有千人之多。（《蓮社日誌》）

一月二十二日（六），任職屏東地方法院檢察處之蔡中立來函，啟請退休後，有機會至菩提醫院擔任志工，專修淨土念佛。先生函復，醫院成立後，接辦佛化新村及安老所，屆時當徵求同意。（《圖冊》，1966 年圖 1）[1]

〈復蔡中立函（指示稿）〉（1966 年 1 月 23 日）：
茲正辦醫院，成立後，即接辦佛化新村及安老所。屆時自當徵求同意也。

此信復後，登記。炳託

一月二十六日（三）至二十九日（六），年初六至初九，連續四日，每晚七時半至九時半，於台中蓮社舉行青年講演大會。第一晚有李博仁講，余金星譯「恭喜發財」；李正寬講，陳俊佑譯「宇宙人生觀」。第二晚張瑞德講，陳炳勳譯「三界苦海三寶是船」；劉連勝講，魏正雄譯「防範子弟犯罪」。第三晚蔡添鎮講，洪鎮平譯「素食的好處」；曾蓮義講，陳文廣譯「易行易成的法門」。第四晚劉康雄講，簡豪弘譯「宗教與民族文化不能脫節」；江寬玉講，朱德光譯「放開眼界捨小求大」。每日聽眾約有二百餘人。圓滿日，贈送聽眾點心。（《蓮社日誌》）

---

[1] 李炳南：〈復蔡中立函（指示稿）〉（1966 年 1 月 23 日），菩提仁愛之家檔案。

一月二十六日（三），函復東海大學中文系同學王孝廉，論創業、守業之艱難。（見《圖冊》，1966年圖2）

孝廉吾兄台鑒：奉示敬悉，種種卓見極佩，開墾生地，勝耕熟田。眼光遠者韙之，淺者誹之；今日之人喜論現實，以故多無後成。佛界中人亦現代者流，清明者有心而無力，昏昧者有力而無心。弟十數年來所辦諸事，備嘗其苦，備知其情，大有烏倦欲還之意；創之固艱，守之則多起紛爭，竟變初衷，良可歎也。聞北部有一二大力，以前甚少往還，蓋道不同難共謀事，縱與之談，恐先犧牲，定不肯為。吾魯武訓其人，今不之見也。囑件只有觀機待緣，再為報命。專復並頌

春祺　　　　　　　　弟李炳南拜啟　元月二十六日[1]

【小傳】王孝廉（1942-2022）山東昌邑人，筆名王璇，散文家、小說家、神話研究者。童年時隨父母遷居臺灣，居住中部鄉下。東海大學中文系畢業後曾任教於母校彰化中學。一九六九年二十七歲時赴日留學；一九七三年，全家移居日本福岡縣，取得日本廣島大學中國文學博士，後任教於西南學院大學。有《中國的神話與傳說》、《花與花神》、《中國神話世界》等著作。

一月二十八日（五），函復馬來西亞蔡榮華有關弘法儀式及音讀問題，囑工作之外，多多讀書研經，以期日後大

1　【數位典藏】書信／在家居士／王孝廉／〈王孝廉之二〉。

用。[1]（見《圖冊》，1966年圖3）

榮華賢弟鑒：奉函敬悉一切，極為歡喜。能弘法教學皆是有益人羣之事，自然功德無量，不愧在臺求學一番，惟惜相聚太短耳。囑辦之件另紙答復，所索之物另包郵寄，到希查收。尚希工作以外多多讀書研經以期後來大用，是兄之所盼望。音字原函特剪附以便易於對照也。專復并頌

淨祺　　　　　　　　　　　兄李炳南　元月廿八日
　　　　　　　劉南生老弟有機會乞代問候
淨空、朱斐、家麟、勝陽、慶祝、進蘭，統附筆問候

（甲）（彌陀經可分十二段）按《彌陀接蒙》所列即妥，幾次講完，並不一定，在講者自己定時。居士講經，不必過講儀式，但上下台各三拜而已。

（乙）（迴向板眼）如不清楚，茲寄「課誦本」一冊，內容俱列詳細，照而學習可也。五重玄義，《彌陀要解》中列甚清楚，1「釋名」即是講題，2「辨體」即此經之本體，乃「實相」也。3「明宗」即是此經修行之宗旨（信願行）。4「達用」即是以往生不退為作用。5「教相」此經在三藏中，屬大乘菩薩藏。《彌陀要解》中俱詳，宜細研學，但初講經，除講題外，玄義可以不講。

（丙）（字音）（一）說（二）說音ㄕㄨㄛ（三）行（四）行

1　【數位典藏】書信╱在家居士╱蔡榮華╱〈蔡榮華之三〉。

（五）行音ㄒㄧㄥˊ（六）比音ㄅㄧˇ僧音ㄙㄥ（七）土（八）土（九）土（十）土音ㄊㄨˇ原來念（度）從眾念ㄊㄨˋ（十一）養音一ㄤˇ（十二）耨音ㄋㄡˋ（十三）楯音ㄕㄨㄣˇ（十四）樂音ㄩㄝˋ（十五）悶音ㄔㄨˋ

【案】蔡榮華於一九八四年曾函先生稱，十八年前曾宣講《阿彌陀經》。[1] 上引函文內容，當為初次講經前，先生之教導。且先生函文首頁末行附筆問候諸人有淨空法師。淨空法師一九六六年應慧忍法師邀請北上臺北木柵法藏蓮社講經，[2] 此函當是淨空法師北上以前事。因繫是年。

一月三十一日（一），下午二時四十分，復興班等小組集會，禮請先生開示。晚，先生至慈光圖書館講開示，出席聽講大眾有三四百人。（《蓮社日誌》）。

一月，菩提醫院由先生、朱斐、于凌波代表，與中國醫藥學院院長徐佐周、祕書王壽如、教務主任王祖祥代表協商，簽定合約，醫學院以菩提醫院為實習醫院，雙方醫師交流。

　　在五十四年下半年，醫院工程進行期間，有一天李

1　見蔡榮華：〈1984 年 9 月 25 函〉（無題），《李炳南老居士復蔡榮華居士書函輯》，頁 26。

2　鄭樺主編：《淨空老法師九十年譜》，頁 37。

炳公老師告訴我說，中國醫藥學院希望與菩提醫院合作，以菩提醫院作為醫藥學院的教學實習醫院，醫藥學院的徐院長最近要去看我——那時中國醫藥學院沒有實習醫院，急需找一所有規模的醫院合作。

九月下旬，中國醫藥學院院長徐佐周先生，偕同該院祕書王壽如先生，教務主任王祖祥先生到菩提醫院看我，談雙方合作問題，徐院長曾任八〇三總醫院院長，我們是熟人，另外兩位王先生是初見。我拿出施工圖，向他們三位介紹醫院規模、情況，並陪他們到南門橋工地實地察看。

這事在董事會開會通過，五十五年元月，炳公老師與朱時英師兄和我出面，請徐院長等三人吃素齋，過後雙方並簽定了一份合作契約，大意是醫藥學院以菩提醫院為實習醫院，雙方醫師人事交流，醫藥學院教授可兼醫院醫師，醫院醫師可到醫藥學院授課等。[1]

自一九六五年十二月一日至一九六六年一月三十一日，菩提救濟院收得樂捐款約四十三萬元，支出費用約二十萬元。[2]（見《圖冊》，1966 年圖 4）

二月四日（五），為羅永正所著《佛法在原子時代》撰

---

[1] 于凌波：〈曲折迂迴菩提路〉，《于凌波七十自述——曲折迂迴菩提路》，頁 438。

[2] 〈菩提救濟院董事會收支報告表〉，《菩提樹》第 160 期（1966 年 3 月 8 日），頁 53。

〈序〉，稱羅此著從科學角度談論佛法，契合時機尤勝往昔王小徐，尢智表之作。

　　時人崇科學，在窮物質之利用，佛法立三諦，為闡眾生之性德，粗觀有理事之異，細思則理事相即也，實則科學不超三諦，三諦未捨科學，惟佛法了覺而圓融，所以隨緣不變，究竟涅槃，時人迷昧而偏執，反成觸境縛心，輪迴六趣。然覺為固有，迷乃妄加，故迷應藉方便以啟覺，覺必藉弘化以覺圓，迷者三惑所迷，覺者三諦之覺也。

羅居士無虛者，現科學家身，行菩薩道，際原子時，說原子佛法，契眾機而了義，就唯物以顯覺性，翠竹黃花，無非般若，何異是哉。輯其弘法數講，彙成一冊，名曰：《佛法在原子時代》；今世之人，見聞而心折之，爭倡付梓，屬予為序，曰：此利眾之舉也，其勿辭。

予三環讀之竟，曰：昔王小徐，尢智表二居士，俱優為此調，不圖今日而有斯文也。且時境又遷，此文契機，似尤勝於前賢，至其筆粲電化，氣暢電流，尚餘事也。是時代不曰太空乎？不曰原子乎？彼執假而來，我執空以應，二執交攻，徒見其鑿柄不入，方便云乎哉？弘化云乎哉？！

不有方便，於世法亦有所難行，喻一晝夜，實非日升月落，語人日時，必稱曰地一私轉，人將笑其顛。從事弘化，不權巧無以收攝折，譬醫療疾，必察所患與藥，墨守一方，而應百千種症，人將被其殃。況大乘佛法性相圓通，無虛無實，又安可執時間之今古，空間之東西也

哉。說三諦即是科學，明乎體，恰如其分，說科學即是三諦，達乎用，今正是時。弘化也，方便也，是文俱得之矣，予欣為其序以表之。何有乎辭。

中華民國丙午立春日　穀下李炳南識於臺中[1]

【小傳】羅永正（1913-2001），法名無虛，生於上海。父母茹素四十餘年，長年禮拜觀世音菩薩，影響無虛居士甚鉅。一九四二年十二月，由上海赴香港定居，東亞太平紡織公司禮聘出任總經理，掌管八家合併之公司。公忙中，從未中輟佛學之研究及修行，親近當代大德太虛、虛雲、印光等法師。一九六三年底，成立中道學會；一九七四年退休移居美國加州，促成美國菩提學會成立。

羅在香港期間有《佛法在原子時代》、《八正道釋義》等專書出版，一九八九年提倡《雜阿含經》重新編排，一九九一年元月《雜阿含經選要》完成。二〇〇一年九月二十五日捨報往生，享年八十九歲。

二月八日（二），下午一點，蓮社近鄰安生婦產科醫院院長陳銘燁在自宅舉行告別式，先生與多位蓮友前往拈香致弔。陳院長年方四十，英年早逝。（《蓮社日誌》）

---

[1] 李炳南：〈《佛法在原子時代》序〉，《菩提樹》第 160 期（1966 年 3 月 8 日）頁 23；收見：《雪廬寓臺文存》，《全集》第 14 冊之 2，頁 53-56。

二月十六日（三），晚，於慈光圖書館週三講座，接續年前，宣講《大佛頂首楞嚴經》。（《蓮社日誌》）

二月二十日（日），菩提救濟院附設菩提醫院之醫療大樓全部竣工。先生籲請支援內部醫療設備。同時醫院人事調整，聘請王祖祥為院長、原院長于凌波退居副院長，另增聘崔玉衡任副院長。

〈新聞〉：二十日，臺灣省私立菩提救濟院附設菩提醫院之醫療大廈，全部完工。此醫療大廈為三層建築，由青年工程師陳汝舟設計，何建榮營造廠承建，自民國五十四年四月八日佛誕節開工至今，共計十個月工作天。

大廈完工，內部醫療設備仍付闕如，救濟院董事長李炳南居士發出呼籲，希望大心菩薩繼續支援，共襄盛舉。至於前欲捐建紀念病房因額滿未能滿願者，李老居士籲請「善緣當前，莫再失去」。

醫務方面，自門診部自行開業以來即將三年，全由于院長凌波一人擔當，每天為病者服務十二小時，為了建築工程，經常往返工程現場督察工事，勞苦功高。但于院長為人謙虛，為醫院業務發展，功成讓賢，向董事會推薦王祖祥為菩提醫院院長，自願退居為副院長，另加聘崔玉衡居士為副院長。王院長出身北洋醫學校，留學美國霍普金氏大學取得公共衛生學碩士。歷任南京市立醫院院長、南京市衛生局長、衛生署副署長、衛生部常務次長、內政部衛生司長，現任行政院顧問及中國醫藥學

院教務主任。崔副院長出身遼寧醫學院醫學士，歷任哈爾濱市立第一醫院、南京中央醫院內科醫師，空軍軍醫主任、科長、所長等職。現任斗六糖廠醫務主任。[1]

〈善緣當前，莫再失去〉：嘗聞作善降祥，種德收福，然必有作種機會，始得受其祥福。敝院本我佛慈悲之旨，尊重眾生身慧二命，故有菩提醫院義診之組織，又有念佛堂及往生室之設備，俾人現免病苦，歿歸蓮邦。前曾發動捐房運動，不一年而百間大廈已成。因各地消息多阻，仍有源源寄款。而諸大善士，又以未能捐房為憾，紛紛函商，希壁增築。實以地基有限，不能勉如其願，至感歉仄。

然此善舉，尚未圓滿，房舍雖成，至內部醫療器材，尚付闕如。擬將房舍餘款，函商改購器材外，特將應用之件，印單說明，規定紀念辦法，徵求各界善人，或樂捐現款，或樂捐器材，功德皆同，一例按章祝願宣揚。

佛慈廣大，感應無差，大德必壽，必祿必名。敝院開幕，計劃在佛誕以前，惟待此一批器材，即可開始工作。善緣當前，莫再失去！往者難諫，來者可追。救人身命，救人慧命，今正是時。種德作善，受福受祥，今正是時。敬為諸大善士報告消息！

菩提救濟院附設菩提醫院董事長　李炳南[2]

---

1 〈新聞〉，《菩提樹》第160期（1966年3月8日），頁52。
2 李炳南：〈善緣當前，莫再失去〉（印刷小單張，未載錄日期），菩提仁愛之家檔案。

〈樂捐通函〉：○○賜鑒：本院創建之初，實鑒於社會上之一般貧苦病患及老幼無依者，呻吟流離，至堪憫惻，是以不計困難，而具決心興辦。倡議以來，仰蒙海內外仁人善士大力支持，贊畫劻助，暨政府多方輔導，院舍病房，已臻完成，惟院內之一切設備（如醫療器材及病牀等項）尚付闕如，瞻茲前功，仍須繼蕡，夙仰左右德範當世，慈悲為懷，用將樂捐名冊乙本，附函奉上，敬祈代為宣揚，廣結善緣，共成斯舉，無任感荷之至。耑此敬請

道安　　　　　　　李炳南　謹啟　五十五年三月[1]

王祖祥為中國醫藥學院教務主任，曾任衛生部政務次長。為提高菩提醫院號召力，于凌波特為推薦。

于凌波，〈曲折迂迴菩提路〉：王祖祥先生是醫界的老前輩，早在劉瑞恒博士擔任衛生部長時代，他即出任衛生部政務次長。那是一位恂恂君子，我二人年齡相差將近三十歲，但一老一少很聊得來，二人常到綠川西街小吃店吃小吃，聽他說醫林掌故。

由於醫藥學院與菩提醫院合作，雙方人事交流，我想王祖老在醫界輩分高，名望大，如果由他出任未來的菩提醫院院長，將會提高菩提醫院的號召力，我在董事會開會時提出這個意見，有的董事說醫院是我一手辦起來

---

[1] 李炳南：〈樂捐通函〉（印刷通函，1966年3月），菩提仁愛之家檔案。

的,中途換人,不大妥當,我聲明說我是董事,是自家人,為醫院著想,請一位德高望重的人做院長,我作他的助手,也是理想的安排,當時會中未做結論,過後炳公老師探詢王主任的意思,他也頗願接受,於是董事會內定王祖祥先生出任未來的院長。[1]

【案】于凌波退居副院長,而在菩提救濟院附設醫院落成前即另籌設「普濟聯合醫院」,於七月初先行開業。其中另有曲折,見後一九六六年七月九日譜文。

二月二十二日(二),晚,於中興大學「國學講座」講授〈中庸〉。

二月二十三日(三),晚,於慈光圖書館週三講座宣講《大佛頂首楞嚴經》。

二月二十五日(五),下午,至蓮社,為念佛班小組集會開示。(《蓮社日誌》)

二月二十八日(一),函復香港李相楷,指點詳讀江味農《金剛經講義》、圓瑛法師《楞嚴經講義》、《彌陀要解講

---

[1] 于凌波:〈曲折迂迴菩提路〉,《于凌波七十自述——曲折迂迴菩提路》,頁438。

義》三書，循環細讀，自能識途不退。[1]（見《圖冊》，1966年圖5）

蓮階賢弟台鑒：冬季手書已收已復，洪喬之厄在此不在彼也。大約上次地點，只有唐人新村而無門號，或在香港郵局招領，亦未可知。吾弟品學志氣，實為今年少中翹楚，不過佛學所造不深，又無善知識契機誘掖，自不免於徬徨。我輩聚緣苦短，未能日夕切磋，致使驥足不能展才也。念佛大旨，在斷妄顯真，若非克期求證，十年或數十年，仍有不得力者，況二年乎！茲為弟鄭重聲明，眾生實生死相續，佛法實能斷之，倘致無念，後有不受矣，一切方法俱可成功，可參《楞嚴》二十五圓通，惟皆困難。只有念佛，普被三根，捨此修他，更非我輩作到。他法成則成，如有一絲之功未圓，仍不能了其生死。淨功則有九品全收之奇，難信易行，佛豈騙人？念到一心，有理事之別：理一心，見思惑斷，神通具足。事一心，但能伏惑，不能現通，可帶業往生，亦在中品。未能一心，只能臨終正念不失，亦能往生下品。然念佛屬於行門，必須求解，方能堅其道心。惟讀經，須圓會旁通，不可死在句下。以弟近中所見，有江味農之《金剛講義》，圓瑛法師之《楞嚴》及圓師之《彌陀要解講義》，此三種循環三遍或十遍，必

---

[1] 【數位典藏】書信/在家居士/李蓮階/〈李蓮階之二〉；收見：〈復李蓮階居士書（二）〉，《雪廬老人題畫遺墨》，《全集》第16冊，頁304-306。

1966年・民國55年 | 77歲

大開悟解。屆時自能識途不退,且亦不為一般半通逞舌之徒擾亂矣。倘緣有藉,能回臺省小住半年,兄當盡其所知,以為貢獻也。江味農研《般若》行在彌陀,圓師研《楞嚴》行亦彌陀,自古禪、相、律、密諸祖,悟證後仍持彌陀,有事實可查。即淨土諸祖,亦半為禪歸淨者,可知是法之重且要矣。弟其無疑,專復順頌

淨祺　　　　　　　　兄李炳南拜啟　二月廿八日

【案】是函年分不詳,據首段語意,當是李相楷大學畢業返回香港初期。李於一九六五年六月畢業,因繫於是。

三月一日（二）,晚,於中興大學「國學講座」講授〈中庸〉。

三月二日（三）,晚,於慈光圖書館週三講座宣講《大佛頂首楞嚴經》。

三月三日（四）,即日起連續三日,台中蓮社舉行春季祭祖。

三月五日（六）,蓮社春季祭祖第三天,圓滿日。晚六點,由先生引薦皈依三寶者有三十餘人。參加最後一支香禮拜者約有二百餘人。（《蓮社日誌》）

三月八日（二）,晚,於中興大學「國學講座」講授〈中庸〉。

三月九日（三），晚，於慈光圖書館週三講座宣講《大佛頂首楞嚴經》。

三月十四日（一），下午一時三十分，至蓮社參加蓮社董事余四海告別式。余董事二月二十三日往生。（《蓮社日誌》）

三月十五日（二），蓮社董事余四海往生三七日法會。先生與董事長等前往慰問家屬。（《蓮社日誌》）

是日晚，於中興大學「國學講座」講授〈中庸〉。

是日，函復王孝廉，指點求學當有簡擇，且應次第而進，不宜躐等。（見《圖冊》，1966年圖6）
　　孝廉先生大鑒：奉讀手示敬悉一切。前日相晤，正值與同學補習，時間所限，不免有應酬過去之存心，答辭有兩種錯誤，〈中庸〉說為〈大學〉，此係口頭草率如枕流漱石之類。緣近日正為人補習〈中庸〉也，何至便忘！尼羅河或係尼連河之悞，然事隔多年究為恆河或尼連，只有此一事是實，地名亦不能清記矣。再所言必有良師者，專指內功行持而言，趙州八十猶行腳類，可見師必求而難逢之概。台端不輕易求師，區區極表贊成，若悞結合，無得尚屬小事，且有入歧之虞；至於研究教理，果肯困學不厭，自勝問道於盲。再尊論世解經人，獨乏中肯之語，卻不盡然；看注必須選擇，注與講師相

1966 年・民國 55 年 | 77 歲

等，其解若何，實關學力。故數十年來區區不敢注經，僅古今各注，少能辨其長短。詳味尊函，頗見其志，深為欽佩，倘於此道，果有興趣，經注介紹或代物色，皆願效勞。有志竟成，豈可遽言難也。後有下問，亦當盡知貢獻，惟晤談須先約定，以不在家時居多。專復敬頌

學祺　　　　　　　　弟李炳南拜啟　三月十五日
信將發，忽有所憶，敬為補充。研此，雖非如校課階級，然亦有深淺次第，否則躐等，欲速皆有遲滯之病；至於雜誌概論等，只可參考，醇疵皆具，更須自辨。[1]

【案】上引末段，係書於信封背面，當是函文已封未寄時所加注記。王孝廉一月間曾來信提問，先生於一月二十六日函復。日前至蓮社訪候，先生正要授課，匆忙間未能盡意，是以有此函示。

三月十六日（三），晚，於慈光圖書館週三講座宣講《大佛頂首楞嚴經》。

三月十七日（四），晚七時，至中興大學大禮堂參加智海學社成立五週年慶祝晚會。與會者另有周宣德、傅益永、方修德、張炳南、朱斐等居士，及該校許祖成、湯之屏等教授暨中醫學院醫王學社、逢甲普覺學社、中山醫專能仁學社、師專潮音學社、東海大學、靜宜、商專等多位代表。

1　【數位典藏】書信 / 在家居士 / 王孝廉 /〈王孝廉之一〉。

晚會開始時,由該社總幹事紀潔芳報告社務概況後,慧炬月刊社顧問周宣德居士謂:「貴社社友在慧炬月刊投稿頗多佳作,足見學有心得,貴社得受李炳南老師的精神感召,自利利他最可慶幸。此次全省大專佛學社壁報比賽,貴社榮獲冠軍,這種榮譽是很難得的。」台糖公司農務處副經理傅益永居士,簡短而風趣之講詞,博得熱烈掌聲。李炳南教授強調研究科學以求技能,研究佛學以建設心理,如心理不健全,不但科學之技能不能好好利用,且發生反作用,李老師並勸同學要辨別邪正,莫被藉佛教歛財者所誘惑,一切須以佛經為標準,方不致誤入歧途。許祖成教授以梅花五瓣喻智海學社之五週年,梅花不怕風雪之寒氣所勒,這種堅強的反抗精神是最寶貴的。他說:「五福之中攸好德之福特別可貴。學佛如火裡栽蓮,蓮花之出淤泥而不染,正如在汙濁之社會中不同流合汙」。勗勉開發妙智,讓蓮花香雲遍薰大千世界。

來賓師長們開示後,接著請周宣德居士代表切社慶蛋糕,並分贈壽桃。大家一面品嚐蛋糕壽桃,一面欣賞精彩的遊藝節目。有藝術家江逸子居士的「舞劍」,洪秀娥陳滿碧的「苗女弄杯」、「合歡鈴聲」、「芭蕾舞」表演,張倉明、黃偉光的「送君笑容」、「打響尾蛇」、「放煙火」、「心心相印」、「斯文競走」等團體遊戲,另有「國樂演奏」、「合唱」、「催眠術」、「詩歌朗誦」、「摸彩」、「無盡燈」等節目演出,晚會直至十時三十分才在輝煌燦爛的無盡燈下,莊嚴柔和的三

寶歌聲中圓滿結束。[1]

三月十八日（五），晚，先生至蓮社教學。（《蓮社日誌》）

三月十九日（六），於菩提救濟院主持聖蓮室及靈巖書樓動土典禮。「聖蓮室」係為病人臨終助念而設，由加拿大僑領詹勵吾捐建；「靈巖書樓」係蓮社吉祥班蓮友捐建，原以先生法名命為「德明樓」，經先生囑咐紀念印光大師改名。（見《圖冊》，1966年圖7）

　　旅加拿大詹勵吾居士為紀念虛雲老和尚及其先父蘊齋公，在臺中菩提醫院捐建一座聖蓮室。舉行動土典禮，室址位於太虛大師紀念堂之側，室內供西方三聖像，用作病人臨終助念往生。儀式託周宣德居士代表主持，該院董事長李炳南老居士、常董朱斐、董事林看治及院長于凌波、來賓傳益永等居士。詹勵吾居士題一偈，趙恆惕老居士代書鐫石，偈云：「為報師親恩，建此聖蓮室，願諸有情眾，皆從苦聚出。一念蓮花開，同登安養域，吾親早得度，吾師本成佛。南無薄伽梵，般若波羅蜜。」[2]

　　由加拿大僑領詹勵吾居士獨捐淨資十萬元建設西方聖蓮室工程，舉行奠基典禮，特請詹居士全權代表人

1　〈新聞〉，《臺灣佛教》20卷5/6期合刊（1966年5月15日），頁25。
2　參見詹勵吾：〈我與臺灣青年學佛運動〉，《慧炬》第113/114期合刊（1973年6/7月），頁89-94。

周宣德居士主持。同時,舉行該院靈巖書樓新建工程動土典禮,由吉祥班代表藍文奎居士代表主持。該項新建工程係由台中蓮社吉祥班蓮友捐建,原係為報答李炳南老師十餘年來教學之恩而發心捐建,取李老師法號名為「德明樓」,以供院方作為學術研究及接待貴賓之用。但李老師虛懷若谷,囑另取一名代之,一直擱置未決。後來有淨業同門陳煌琳老居士來中,談及印祖舍利可向香港方面求得到一二顆,將來在救濟院中蓋造一塔以留永思遺範。李老師即將此意商得發心捐建「德明樓」之蓮友同意,將德明樓改稱為「印祖舍利閣」。最後又因印祖舍利均在大陸無法請出,現有印祖親手翰墨長卷,即以此件藏於此中,改名為「靈巖書樓」。[1]

三月二十一日(一),下午三時,「四十八願」小組集會,禮請先生開示。(《蓮社日誌》)

三月二十二日(二),晚,於中興大學「國學講座」講授〈中庸〉。

三月二十三日(三),晚,於慈光圖書館週三講座宣講《大佛頂首楞嚴經》。

---

[1] 〈新聞〉,《菩提樹》第 152 期(1965 年 7 月 8 日),頁 57;第 161 期(1966 年 4 月 8 日),頁 46。

三月二十五日（五），下午三時至四時半，至蓮社大殿參加念佛班小組集會。（《蓮社日誌》）

三月二十九日（二），晚，於中興大學「國學講座」講授〈中庸〉。

三月三十日（三），晚，於慈光圖書館週三講座宣講《大佛頂首楞嚴經》。

是月，於菩提救濟院下設施醫所及安老所各一。聘請菩院籌建委員會正副主任委員林吳帖、王彩雲、李繡鶯為安老所正副所長，另聘呂正涼、黃雪銀、林慧縈為施醫所任正副所長，皆為無給職。

　　菩提救濟院下設有施醫所及安老所各一。今以醫院大廈即將啟用，為積極展開救濟業務，經董事會決定，聘請菩院籌建委員會正副主任委員林吳帖、王彩雲兩女士為安老所正副所長，另加聘李繡鶯居士為副所長。林女士為臺中市國大代表，王女士為彰化銀行董事長張聘三先生之夫人，李女士為慈光育幼院副院長，三人均為臺中婦女界之名流，對安老方面之貢獻可為預卜。
施醫所相當於各大醫院之社會服務部門，負責辦理施治經費籌募、貧病門診住院之調查、施診券之核發等。該所人事亦經決定由呂正涼、黃雪銀、林慧縈三居士分任正副所長，負責處理此慈濟業務。

以上各人皆為無給職,完全發心為義務者。[1]

四月二日(六),與臺中蓮友至阿里山遊覽。[2](見《圖冊》,1966年圖8)有詩:〈遊阿里山〉,前後又有〈觀釣〉、〈月鉤〉。(《雪廬詩集》,頁356-357)

〈遊阿里山〉二首(有序):鑿山數十洞,車穿盡而登巔。有古柯數處,曰:三代木、神木等,皆數千年物,楞腹皴皮,盤根錯節,所奇枯而復榮。次日昧爽,登峰觀日出,適新晴,眾壑鋪雲海。

飛車百洞穿,喬木半空懸;絕頂涼於水,繁陰碧似煙。名山懷古意,枯幹再春年;安得攜書隱,林間屋數椽。

尚有前山峻,四更登極峰;群星掩爛彩,一曜煥金容。別有人間世,纔聞野寺鐘;俯身雲萬壑,滾滾欲騰龍。

〈觀釣〉:渭水嚴灘釣不同,千秋一例話高風;賢才朝野今多少,愧我年髦耳已聾。

〈月鉤〉:黃昏月似白銀鉤,欄外蒼蒼萬里愁;怪底玉關人不返,教他掛在海西頭。

四月五日(二),晚,於中興大學「國學講座」講授〈中庸〉圓滿。下週起,本講座暫停,於五月三日續講〈曲禮〉。

四月六日(三),晚,於慈光圖書館週三講座宣講《大佛頂

---

1 〈新聞〉,《菩提樹》第161期(1966年4月8日),頁46。
2 日期據相片下緣紫色數字章標記:「55.4.2」。

首楞嚴經》。

四月八日（五），佛誕日，先生領導台中佛教蓮社聯體機構共十七單位參加臺中市佛教界舉行之慶祝活動。上午七時集合，開始盛大遊行。繞遍市區後至中山堂會場舉行慶典。

  臺中市佛教界慶祝佛誕，上午七時即集合於平等街佛教會，開始盛大遊行。許多手持佛旗及總統玉照的僧尼及善男俗女，排整齊的隊伍，在中市最熱鬧的幾條大街如中正、中山、民權、臺中、和平、復興、成功等路遊行。隊伍最長人數最多的要數本刊社長李炳南領導的台中佛教蓮社，因其聯體機構有十七單位之多，舊的單位如慈光圖書館、育幼院、兩個托兒所、菩提樹雜誌社、慈光半月刊、國文補習班、救濟會、放生會、霧峰佈教所，新的有菩提救濟院、菩提醫院、后里蓮社、佈教所、草屯佛光社及大專學術講座等，都有老年、中年、少年等男女蓮友參加遊行繞遍市區直達中山堂會場。大會慶典由佛教會理事長翁茄苳主持。市長、議長、省議員等首長分別致詞，大會並上電總統致敬、午後有各佛教托兒所表演遊藝節目，寶覺寺林錦東住持演講〈佛教的孝道精神〉後散會。[1]

四月十三日（三），晚，於慈光圖書館週三講座宣講《大佛

---

1 〈新聞〉，《菩提樹》第162期（1966年5月8日），頁48。

頂首楞嚴經》。

四月十七日（日），至慈光圖書館參加全國大專佛學社團聯誼會中部分會舉辦之「第一屆演講比賽」，擔任評審。中部各大專院校代表十三人參加，以「民族文化與國運」及「青年應有的修養」為題發表演說。此後，慧炬社、詹氏獎學基金會與慈光圖書館，即逐年在臺中舉辦中部大專佛學社團演講比賽。

全國大專佛學社團聯誼會臺灣省中部分會於四月十七日上午九時正假本市慈光圖書館大講堂舉辦「第一屆演講比賽」，講題為〈民族文化與國運〉和〈青年應有的修養〉。參加比賽者計有中部各大專院校代表十三人，恭請李炳南、周宣德等教授多位主持評判，聽眾除各校學生外尚有來賓近二百人。講者個個辯才無礙、闡盡佛儒之精義，圓融不偏，因此博得掌聲無數。比賽結果：冠軍興大紀潔芳、亞軍逢甲顏桃綠（僑生）、季軍鄭月貴、殿軍童梅妹，均頒給錦旗、獎金及本刊贈送之獎品等，凡參加者均贈給紀念品二件，莫不皆大歡喜。[1]

四月二十日（三），晚，於慈光圖書館週三講座宣講《大佛頂首楞嚴經》。

---

1 〈新聞〉，《菩提樹》第 162 期（1966 年 5 月 8 日），頁 49；《慧炬》第 43 期（1966 年 5 月 15 日），頁 35。

是日,於慎齋堂為江逸子伉儷佛化婚禮福證。[1]

四月二十四日(日),上午,臺中師專潮音學社由該社顧問老師呂佛庭領隊,前往中興新村、省議會郊遊,並至靈山寺、霧峰佈教所、菩提醫院、慈光育幼院等處參觀,先生及許祖成、朱斐、許炎墩等大德應邀參加並作短講,中部各大專佛學姊妹社團亦均應邀推派代表同遊。[2]

四月二十七日(三),晚,於慈光圖書館週三講座宣講《大佛頂首楞嚴經》。

是月,台中蓮社助念團團長張佩環發起樂捐,籌建臺中水湳佛教蓮社。[3]

是年春,有詩〈花朝〉、〈晚晴〉、〈紙鳶〉、〈題江光亞中興鼓吹集〉、〈一人〉。(《雪廬詩集》,頁357-359)
〈花朝〉:山雨濛濛傍午晴,香來始覺細風生;花朝小院花開滿,客有客無壺自傾。

---

[1] 江逸子自述為三十歲時夏曆3月30日結婚。1966年前後,僅該年因閏3月,故3月有大月,其餘各年之3月均為小月,無30日。
[2] 〈新聞〉,《菩提樹》第162期(1966年5月8日),頁48;《慧炬》第44/45期合刊(1966年7月15日),頁50。
[3] 見周家麟:〈臺中水湳佛教蓮社樂捐緣啟〉,《菩提樹》第161期(1966年4月),頁19。張佩環為先生常隨弟子,小傳見1954年7月8日。

〈晚晴〉：兩岸桃花入晚晴，東風皺水綠波生；來日不愁衣典去，料應時節近清明。

〈紙鳶〉：百仞長絲繫鵠鴻，花村柳陌故城東；誰家借取并州剪，欲似前朝破網籠。

〈題江光亞中興鼓吹集〉：天地悠悠恨幾多，江郎搔首苦吟哦；料知恢復中原日，痛定還應一放歌。[1]

五月三日（二），晚，即日起每週二晚於中興大學「國學講座」開始講授〈曲禮〉。有〈曲禮眉注〉、〈曲禮講述筆記〉並附《常禮舉要》，前有〈曲禮選講介言〉說明禮之本質起於性天；曲禮之義，在屈曲行事。而古今事物變遷，環境不同，須有選擇，以符應學子之取法。此次講學乃呼應復興文化與提倡倫理而作，故重於尊德性之實踐，而不專在知識之講究。

〈曲禮選講介言〉：禮者理也，理者何，性起之理也。〈禮運〉云：「夫禮必本於天。」〈中庸〉云：「天命之謂性。」故性稱性天，亦稱天性。又云：「率性之謂道。」是天即性，性即道矣。本篇云：「太上貴德，其次務施報，禮尚往來。」是以《老子》云：「失道而後德，失德而後仁，失仁而後義，失義而後禮。」從知道德仁義禮五事，皆性天所本有，故曰：「夫禮必本於

---

[1] 江光亞，時任臺灣省政府經濟建設動員計畫審議委員會專員，應係省府中興佛社社員。著有《中華道統》（原名：中國儒家思想史，臺中瑞成書局出版），《中興鼓吹集》未見，應為其詩集。

1966年・民國55年 | 77歲

天。」〈曲禮〉者，《禮記》之首篇。《禮記》乃記《周禮》、《儀禮》二種之遺闕，鄭云：「《周禮》乃禮之體，統之於心也；《儀禮》乃禮之履，踐之於行也。」〈曲禮〉謂於五禮屈曲行事也，但《儀禮》重在威儀，是其別也。皇氏云：「禮有三起：禮理起於大一，禮事起於燧皇，禮名起於黃帝。」後人是其一，非其二三，非之是矣。周因於殷禮而損益，殷因於夏禮而損益，從而上之，亦必有因而無疑，必謂其起，則三皇之作無徵，似無可遽斷之。既曰天地未分，即有其理，或可曰：生民以來，即有其事。〈曲禮〉之義，在屈曲行事也，而禮既分五（吉凶賓軍嘉），自於宮室衣裳器具等，均有直接之關係，然古今事物變遷，有已廢者，有所增者，自必就其存者先知之，無者擇其似者類推之，則不得不有所選要，以應乎學子之取法也。此次講學動機，乃應乎國家提倡禮貌及復興文化與提倡倫理等而作，故偏重於尊德性，而不專在道問學。所有不選之文，留作課餘自修。急其所急，非敢妄有刪述也，希體此意。[1]

【案】中興大學國學講座：〈曲禮〉，自一九六六年五月三日起，至一九六七年十二月二十七日止；時間同前，每週二晚間在該校理工大樓視聽教室舉行。

---

[1] 李炳南：〈曲禮眉注〉、〈曲禮講述筆記〉、附《常禮舉要》，收見：《禮記選講》，《全集》第12冊，頁1-78；標題下有「民國五十五年五月三日在中興大學講」。【數位典藏】手稿／儒學研究／曲禮選讀／〈曲禮選講眉注〉八紙。另參見：智海學社：〈社史〉，《智海卅週年紀念專刊》，頁129-198。

暑假期間配合學校假期作息，暫停上課。

五月四日（三），晚，於慈光圖書館週三講座宣講《大佛頂首楞嚴經》。

五月十日（二），晚，於中興大學「國學講座」講授〈曲禮〉。

五月十一日（三），晚，於慈光圖書館週三講座宣講《大佛頂首楞嚴經》。

五月十六日（一），僑居檀香山佛教教友，捐建六間雙人病室及八間單人病室後，續捐病室設備費。公推林李傳新代表專程攜款至臺中面交董事會。（見《圖冊》，1966年圖9）

　　海外響應最熱烈者為僑居檀香山之佛教教友。已捐建六間雙人病室及八間單人病室。該等病室之設備費，在林楊傳正女士全力協助下，續由各原施主認捐，共助新臺幣五萬零一百六十元，並公推林李傳新女士專程攜款，於十六日飛抵臺北，當日即到臺中將淨資面交董事會。傳新居士將參加該院開幕。傳新抵臺北，董事會派朱斐、鄧慧心居士夫婦及臺北蓮友甘王鎮芬居士前往接機。此外又有胡張寶容女士亦匯到新臺幣五千元捐充中醫診療室之設備費。檀香山佛教同仁係在知定法師領導下，虔誠篤行。[1]

---

[1] 〈新聞〉，《菩提樹》第163期（1966年6月8日），頁52。

五月十七日（二），晚，於中興大學「國學講座」講授〈曲禮〉。

五月十八日（三），晚，於慈光圖書館週三講座宣講《大佛頂首楞嚴經》。

五月十九日（四），先生率菩院諸董事至車站歡迎菲律賓隱秀寺住持、慈航雜誌社董事長清和姑。清和姑於日前飛抵臺北，前來臺中參觀菩提醫院新建大廈及太虛紀念館，對該院建築表示滿意，謂返菲後將協助該院設備之籌募。[1]

五月二十二日（日），晚七時半，至臺中家事職業學校大禮堂，參加全國大專佛學社團臺灣中部分會與慈光大專講座聯合舉辦之「慈光晚會」。晚會為慶祝佛陀誕辰而舉行，同時慶祝慈光圖書館成立八週年及大專學術講座五週年紀念。除中部學佛大專青年八百餘人外，尚有學生家長、地方人士參加，共計約一千三百餘人與會。[2]

五月二十四日（二），晚，於中興大學「國學講座」講授〈曲禮〉。

1　〈新聞〉，《菩提樹》第 163 期（1966 年 6 月 8 日），頁 53。
2　〈新聞〉，《慧炬》第 44/45 期合刊（1966 年 7 月 15 日），頁 48。

五月二十五日（三），晚，於慈光圖書館週三講座宣講《大佛頂首楞嚴經》。

五月二十七日（五），即日起五天，每晚七時半至九時，大專佛學社團聯誼會中部分會與慈光大專學術講座為慶祝佛誕，於臺中慈光圖書館大講堂聯合舉辦「女青年佛學演講大會」。參加講演者每組兩人，講題有「倡導佛學與預防犯罪」、「布施與福報」、「佛法與道德生活」等。[1]

五月二十九日（六），上午，赴中興新村，為中興佛社興建佛堂工程主持奠基動土典禮。中興佛社係一九六二年先生應邀每週前往中興新村介紹佛法概要後所組成，前年開始籌建共修場所，先生亦解囊相助。[2]

是日下午，北上至臺北，參加臺灣大學佛學社晨曦學社為畢業同學舉行之聚餐晚會，應邀致詞，以「立定腳跟，自度度人」贈言勉勵。會後，偕周邦道、周宣德與劉勝欽、范進福、林敏雄等三位畢業同學合照。（見《圖冊》，1966 年圖 10）

劉勝欽，〈臺大晨曦學社之創立及其影響〉：臺灣大學佛學社晨曦學社為歡送畢業同學，舉行聚餐晚會，

---

[1] 〈新聞〉，《慧炬》第 44/45 期合刊（1966 年 7 月 15 日），頁 52。
[2] 〈新聞〉，《菩提樹》第 163 期（1966 年 6 月 8 日），頁 53。另參見：〈社史簡介〉，中興佛社：http://www.zxbsf.org.tw/index.php/test/

1966 年・民國 55 年 | 77 歲

李炳南大德特來參加，應邀致詞指出：「佛法探討對象在人生宇宙，認識本性及環境，可得大自在。支配萬法，所謂萬法唯心，心、佛、眾生三位一體，皆具萬德萬能，故科學可以發明佛學，而佛學足以領導科學。」並以「立定腳跟，自度度人」相勉。這一年李老居士高齡七十六歲，仍自臺中僕僕風塵，專程前來臺大，勉勵晨曦學社同學，並留有一張與周邦道、周宣德三位佛門居士界大德，與范進福、林敏雄等三位同學之合照，殊屬難得。[1]

〈在臺大晨曦畢業歡送會講〉（講表）：賀各得學位，傷別意黯然，喜佛種廣播，慮進退不定。但能覺則進，不覺則退。覺與不覺，從佛學非一般宗教見得，佛家乃自性真我，故我必求覺、覺必求行。覺此身是寄生之物，無常迅速；先此世界皆心幻影，如作蠶作繭。如是則所行必以戒定慧自度以了生死，而不離世間覺，自度之外亦必轉環境以立人達人。[2]

〈新聞〉：臺大晨曦學社及慈光講座同學會，為歡送畢業同學，特於五月廿九日晚七時，假臺大福利社舉行聚餐晚會，以素菜招待與會一百三十位同學。到有各界大德李炳南、周宣德、張伯英、周邦道、孔服農、蒯通林、宮地廓慧及張廷榮諸先生。晚會並以「宏揚正

---

1 劉勝欽：〈臺大晨曦學社之創立及其影響——為紀念周宣德居士誕生一百一十週年暨其推動大專青年佛學運動屆滿五十週年而作（二）〉，《慧炬》第 535/536 期合刊（2009 年 2 月 15 日），頁 38-53。
2 李炳南：〈在臺大晨曦畢業歡送會講〉（講表），《弘護小品彙存》，《全集》第 4 冊之 2，頁 379。

法」及「檀施濟眾」兩面錦旗分別獻給李教授和詹勵吾居士。[1]

五月三十一日（二），晚，於中興大學「國學講座」講授〈曲禮〉。

六月一日（三），晚，於慈光圖書館週三講座宣講《大佛頂首楞嚴經》。

六月七日（二），晚，於中興大學「國學講座」講授〈曲禮〉。

六月八日（三），晚，於慈光圖書館週三講座宣講《大佛頂首楞嚴經》。

六月十一日（六），獲任命擔任本年度中醫師特種考試典試委員，有簡字第一四三二八號任命令。

六月十四日（二），晚，於中興大學「國學講座」講授〈曲禮〉。

六月十五日（三），晚，於慈光圖書館週三講座宣講《大佛頂首楞嚴經》。

---

[1] 〈新聞〉，《慧炬》第 44/45 期（1966 年 7 月 15 日），頁 51。

1966 年・民國 55 年 | 77 歲

六月二十一日（二），晚，於中興大學「國學講座」講授〈曲禮〉。本學期最後一講，暑假暫停。

六月二十二日（三），晚，於慈光圖書館週三講座宣講《大佛頂首楞嚴經》。

六月二十三日（四），參加臺中慈光育幼院附設慈德托兒所第五屆結業典禮，與師生合影。[1]（見《圖冊》，1966 年圖 11）

六月二十七日（一），同鄉友靳鶴聲來函，請再寄菩提醫院捐冊，擬再為醫院設備努力勸捐。日前亦有菲僑蔡東南以及僑居馬來亞之寶松法師等多位大德來函捐助醫院設備。（《圖冊》，1966 年圖 12）[2]

　　　　靳鶴聲，〈來函〉（1966 年 6 月 27 日）：炳老賜鑒：來函已轉可均兄，弟日內當往面談。再前寄弟之菩提醫院捐冊（大約是 300 號），即速再寄下，弟再努力捐捐。因杜德三兄北來，面告弟內部設備，尚需百餘萬，頗為著急，再奔走奔走，當能多湊若干。專此，敬祝
健康　　　　　　　　　　　　弟靳鶴聲　六、廿七
　　　　蔡東南，〈來函〉（1966 年 4 月 12 日）：李董事長炳南大德淨鑒：敬啟者，讀《樹刊》欣悉菩提醫院近

1　【數位典藏】照片／教育研習／幼稚園／〈慈德托兒所第五屆〉。
2　靳鶴聲：〈來函〉（1966 年 6 月 27 日）；蔡東南：〈來函〉（1966 年 4 月 12 日）；釋寶松：〈致李炳南居士函〉（1966 年 5 月 16 日）；俱收存於菩提仁愛之家。

將完成,今後中市一帶病苦之士女,當有所依賴矣。大德為教努力,渡人救世之精神,堪作後學之軌範。末學能力微薄,未能發大宏願,唯盡佛子棉力,計捐得菲幣貳仟參佰元以充病房設備之用。請在捐獻者姓名之上冠以「菲僑」兩字,以資紀念。捐冊隨郵付上,但不知捐款要如何轉寄?請指示,當照辦無悮。耑此奉陳,順祝
大安　　　　　　　　後學蔡東南合十　四月十二日

寶松法師,〈來函〉(1966年5月16日):炳南大居士道鑒:敬啟者,三月中接讀大札并菩提醫院捐冊二本領悉。醫所業經報竣,不勝欣慰。松自深居法界而來,甚少下山,惟將此事交托小徒真如。她已募有港幣四仟元,茲款不日即可寄上。希到時乞祈見覆為盼。耑此,敬頌
修祺　　　　　　　　　　　　　　衲寶松合十
并附上捐冊二本　　　　　　　　　1966年5月16日

六月二十九日(三),晚,於慈光圖書館週三講座宣講《大佛頂首楞嚴經》。

學期末,有詩〈贈中國醫藥學院畢業諸生〉,前後又有〈收帆〉、〈脫冠〉、〈去〉。(《雪廬詩集》,頁359-361)

〈收帆〉:孤舟孤月伴青衫,萬折滄江兩岸巖;已過瞿塘三峽夜,風平浪靜好收帆。

〈脫冠〉:脫卻高冠百事閒,親朋滿眼盡青山;從茲相見談風月,帶笑時來帶笑還。

〈去〉:歸去清閒便是僧,案無書牘座無朋;昂頭

忽憶前朝事,也覺心如一片冰。

〈贈中國醫藥學院畢業諸生〉:人生義何謂,天地才或疏;知能良各具,挺起為補苴。蒼生有痌瘝,君志抱悉如;應出作霖雨,普施及葘畬。學以七年進,不同櫟與樗;恆充中和氣,化育參太虛。壽域開八表,炊煙接閶闔;形神不敝散,長歲安且舒。借問孰為此,農軒遺我書;華冑多英俊,授之不靳餘。西俗嗜功利,東方乃仁廬;良相不代興,良醫喜聯裾。俛仰庶無愧,新德觀厥初;琢磨在悠久,君子猶璠璵。

七月六日(三),晚,於慈光圖書館週三講座宣講《大佛頂首楞嚴經》。

七月八日(五),為翌日菩提醫院開幕預作準備,為全棟醫療大樓灑淨。(見《圖冊》,1966 年圖 13)

是日,本期《菩提樹》月刊刊出「雪廬詩集」專欄最後一次,已成之作均已刊畢,下期起該園地改為「菩提詩選」,精選名家作品刊行。[1]

【案】《雪廬詩集》自《菩提樹》月刊第一二〇期(1962 年 11 月 8 日)起刊行,至本期一六四/一六五期(1966 年 7 月 8 日)止。本期刊布〈廬山〉、〈誚

---

[1] 朱斐:〈編者語〉,《菩提樹》第 167 期(1966 年 10 月 8 日),頁 43。

王立法委員贈詩〉等十餘首,至〈遊阿里山〉(二首)止;《爇餘集》、《蜀道吟》、《還京草》皆已刊載,《浮海集》則刊登至去歲(1965)所作。

七月九日(六),上午,主持菩提救濟院院舍落成暨附設菩提醫院開幕典禮。內政部長徐慶鐘親臨剪綵,省社會處長、臺中縣市首長、以及海內外佛門善信數千人參加盛典。(見《圖冊》,1966年圖14)

〈新聞〉:臺灣省私立菩提救濟院附設菩提醫院大樓落成,業於七月九日敦請內政部長徐慶鐘先生從臺北專程蒞中主持揭幕剪綵,又請省政府社會處長傅雲(由主任祕書張丹柏代)為醫療大樓啟鑰,儀式簡單隆重。臺中縣市各機關首長及全省佛教人士均被邀請觀禮並參觀內部。最遠的來賓有自美國檀香山專程前來參加的林李傳新居士。

菩提救濟院及醫院方面,除由李董事長炳南致開幕詞並感謝海內外佛教慈善人士協助完成外,並由常務董事朱斐向各首長及貴賓作兩院簡報;旋即分請徐部長及傅處長代表分別致詞,徐部長讚揚該院的成就,他說:「內政部非常關心宗教事業,因為宗教一方面以其崇高的教義來解除人生的煩惱;一方面勸人為善,增進社會安定。」又說:「關於宗教團體所作慈善事業,以天主教與基督教來說,各種慈善事業經費來源大多來自外國,所以做起來比較容易;而佛教經費來源比較困難。菩提救濟院在經費困難的情形下,對救濟事業有如此成就,

1966 年・民國 55 年 | 77 歲

非常難得!」徐部長強調政府想作的社會福利與慈善事業很多,但是力量有限,希望以菩提救濟院的成立,影響其他宗教及佛教團體,共同行善。

繼請省社會處長代表張主任祕書丹柏致詞,他首先對該院董事長李炳南居士致崇高敬佩,他說:「總統在去年即號召推行社會福利政策,以促進社會的進步;此項工作專靠政府推行,自感力量有限,但是人民的力量無窮,宗教團體能配合政府的福利政策,推行慈善救濟事業,必能造成安定祥和的社會,像李老居士如此努力於救濟事業,實在難得。社會處方面將協助其完成,曾先後補助二次計五十萬元,今後仍將盡最大努力來幫助菩院發展。最後希望此種慈濟精神擴大推行全國。」

該院以清素酒會接待各機關首長,中午則以素齋招待來賓及佛教人士。前往觀禮及道賀的來賓有前內政部長王德溥及立法委員黃玉明伉儷、臺中市長張啟仲、議長劉火旺、主委傅有權、臺中縣議長及各報新聞記者等數千人。[1]

朱鏡宙,〈菩提醫院〉:翻遍中國佛教史,像臺中的菩提醫院,可說是佛教界破天荒的第一座具有新式設備,而且規模相當可觀,夠資格稱為現代化的醫療機構。真值得驕傲!當開創立會(?)時,我曾往賀,致送禮金二百元。李炳老說:「好!我替你暫時收下;如果辦不成,還要原封退還。」我相信這句話是從肺腑中

---

[1] 〈新聞〉,《菩提樹》第 164/165 期合刊(1966 年 8 月 8 日),頁 60。與會全體合照取自《雪廬風誼》,《全集》總目冊,頁 214-215。

流出來的,絕不是客套語。像這樣大的事業,他是客居寡人,委實沒有把握。「皇天不負苦心人」。只要發心正大,自然會得到十方諸佛菩薩加被;菩提醫院終於在他提倡之下,平地湧出樓臺了。那末,李炳老憑什麼做號召,而有這樣的成就,說來頗不簡單。當他初來臺中的時候,在各寺廟,擺張桌子,為人診病,診金分文不收,不在話下;有時還要掏腰包,為貧病買藥。如遇重病,有請必到,絕不躊躇。大概也是他該走紅運吧,說也奇怪,都能著手成春,藥到病除,於是李老師之名日顯。後來在南臺中創設一間蓮社,時為蓮友說法外,又教他們讀書、識字、作文。蓮友特為他闢一室,他沒去住;自願在孔奉祀官府,白天伸出五指看不見的那間漆黑房間裡宿著。慈光圖書館落成,也為他置一室,仍同樣空著。但有一點:凡從他聽過法的人,他都不客氣,一律以老師自居。如遇定期講經,中途退惰缺席的,還要查問一下。所以一般人對他,都愛之如父兄,敬之如神明。一言以蔽之,他是用人格來感召一般人的。到了現在,他幾乎成為臺中佛教界的一座偶像;人們提到李老師,都會不期自然地翹起大拇指來,頗像梁山泊上的宋押司:「提起此人,大大有名,如雷貫耳!」之概。而婦女們更以能躋身李老師門下,沾沾自喜。「身教者從」,決不是偶然之事![1]

---

1 朱鏡宙:〈夢痕記(22)〉,《菩提樹》第 198 期(1969 年 5 月 8 日),頁 36-41;收見氏著,〈第 108 章　菩提醫院〉,《夢痕記》(臺中:樂清朱氏詠莪堂出版,1970 年),頁 610-611。

是日下午,典禮結束,歡送賓客後,于凌波請辭醫院職務。

　　于凌波,〈曲折迂迴菩提路〉:當天下午,典禮盛會告一段落,賓客散盡之後,我把我預先打字印就的辭職書分送給董事會各位董事,聲明我辭職退出醫院。朋友們也許會奇怪,一開始就由我倡議,參與的醫院,辛勞數年,有了成果,我何以會在建築完成,醫院開幕之日辭職引退呢?這事說來話長,簡單的說,一方面是我個人的因素,一方面是董事會的因素。

五十二年我到臺中辦菩提醫院,家遷到臺中,她(妻)南投臺中兩地奔走,既放不開工作捨不得辭職不做——又丟不下家,這樣愈拖愈重,到了五十四、五年間,病情惡化,住遍了臺中臺北的幾家大醫院,可以說是,在家的時間少,住院的時間多,她住院時,我既要到醫院中去探視病人,回家又要照應四個讀初中小學的孩子,而那時,菩提醫院的建院工作正在緊鑼密鼓階段,我要在門診部應診,要寫許多章程計劃,要接應賓客,要跑工地看工程,常常人在外面,心中還掛念家中四個孩子,這樣的生活,三、四年下來,拖得我心力交疲。

但真正促成我辭職退出的原因,與董事會內部意見分歧有關。

董事會十多位董事之間,一向同心協力,合作無間。但到最後幾個月,似乎是因為兩個要參加菩提醫院工作人,董事會之間有了不同的意見。這兩個人,一個是當時的中國醫藥學院教務主任王祖祥先生,一個是台糖公

司斗六糖廠醫務室主任崔玉衡醫師。

六月下旬,一天下午我到炳公老師處,崔醫師正在和老師談話,我一到,他忽然一陣激動,站起來抓住我的手臂嚎啕大哭,對我說:「我們是好兄弟,老哥哥有什麼不好之處,你儘管教訓我,但是我們必須把醫院辦好,才對得起佛菩薩。」

這時我才知道崔醫師已辭掉了斗六糖廠的工作到臺中來,似乎董事間對人事問題意見分歧,他深感苦悶和委屈,才有感而發。

事實上,早在此事之前,我已有點感到董事間的氣氛不對,早先董事間開會,一團和氣,合作無間。開幕前幾個月開會,時有爭辯,到最後,開幕前幾天,對我似乎也有一些風言風語,好像說我因辦菩提醫院發了財。到崔醫師那麼一哭,我覺悟到董事間一定是暗潮洶湧,只有我一個人不知道。我想院長副院長都已經有了人,我最好自找台階,退出醫院——我的確該休息一陣子了。[1]

　　于凌波,〈感恩、慚愧與自勉——為雪公老師往生十周年而作〉:醫院落成,我的任務告一段落。我推薦曾任衛生部次長的王祖祥博士擔任院長,翌年我退出醫院,保留了一個菩提救濟院常務董事的名義。在佛教圈中接觸多年,使我感到佛教界的種種現象,似乎和世俗社會沒有什麼差別,於是我學佛之心退轉了,我重入

---

[1] 于凌波:〈曲折迂迴菩提路〉,《于凌波七十自述——曲折迂迴菩提路》,頁 436-440。

紅塵，爭名逐利。我開醫院、辦學校，參與種種社會活動，擔任各種名譽公職、和臺中市民意代表。雖然如此，我並沒有和佛教脫離關係，我常常去參謁雪公老師，老師也常到醫院中看我，我代理周邦道慶光老居士，執行菩提救濟院董事長任務，也常以民意代表的身分，協助佛教機構解決一些小困難。[1]

先生似亦預感菩提醫院經營將有困境，先已預告，並囑于凌波將來仍要借重。

于凌波，〈曲折迂迴菩提路〉：炳公老師似乎早已看到這一步，開幕前數日我去看他，談了很久，事隔二十年，早已忘記了談話的內容，翻閱舊日記，那天寫著這麼幾句話：「早上去看炳公老師，老人仍念念不忘要我將來出面收拾菩提醫院殘局，我自己『家宅空心，神亂如麻』，實在無意再多事了。」[2]

張式銘，《張慶祝師姑九十回顧》：菩提醫院不久經營不善關門。（未開幕時，）老師預先就說：菩提醫院開門就是要關門，你們不信拿來錄音。真是開不到一日就關門。有一天老師說我們十姊妹都沒辦法，於是叫董正之居士、周邦道居士、周宣德居士、趙茂林居士四人當常務董

---

1 于凌波：〈感恩、慚愧與自勉——為雪公老師往生十周年而作〉，《淨土與唯識》（臺北：佛陀教育基金會，2019年2月），頁177-185。

2 于凌波：〈曲折迂迴菩提路〉，《于凌波七十自述——曲折迂迴菩提路》，頁441。

事。老師和周邦道飯後即開支票遣送醫師、護士。[1]

【案】張慶祝所述請董、周、周、趙四居士任常務董事，係一九六七年九月二十三日，菩提救濟院第二屆董事會組成事。第一屆董事會改組事，詳見是年十月十五日譜文。

七月十日（日），先生發出通告函：即日起辭去台中蓮社董事、慈光圖書館董事、慈光育幼院董事、菩提救濟院董事長及董事、菩提樹雜誌社社長等職，將專心專力於蓮社教學、念佛班月會、四十八願講經、皈依者代說開示，以及菩提救濟院講經、菩提樹雜誌佛學問答、以及各地弘法講演等弘化事宜，期能流通佛法，普益眾生。

〈本刊社長李公炳南來函照登（油印信）〉：敬啟者：學人樗櫟之材、頑鈍之器，諸承垂青，委以重任，不自度德量力，濫竽十七星霜，毫無建樹，隕越孔多，清夜捫心，慚悚無地。

茲以各單機關，諸務發展，總計機構，幾達三十有零，固然各有專員，分負其職；身為董事，心豈置諸九霄。是以內埠外埠之講經，蓮社他社之講學，學期中本埠大專講座，暑寒假外埠大專講座，各念佛班之月會，四十八願之週會，甲處開會主席、乙處開會質詢，待興者籌劃進行、舊有者研究改善，初學人常期問事，出版

---

[1] 張式銘：《張慶祝師姑九十回顧》（臺中：自印本，2006年），頁59-60。

物時索作文，婚喪壽病，尚須東西慶弔，遠近賓客，猶須送往迎來，函件雪飛，必親裁答，求醫人多，降氣應付，又因身無恆產，室無宿糧，更得賣文生財，舌耕餬口，晝僅一食、夜睡五鐘，形成只知星週七天，不記月為某日，務博而荒，萬事俱廢。

學人年屆八旬，筋骨頹朽，孤苦客身，遣誰代助。加以昏庸耄憒，說後忘前，老境自然病侵，近患頭眩心跳。飲食頓減、湯藥無人，或可閉戶夜臥，未必明晨能興，風燭殘喘，自顧尚難，何堪再供驅策。

《禮經》：「在朝七十致仕，居家七十而傳」。俗云：七十不留宿，八十不留飯，近政六十退休。古法耄衰不罪，無非憐恤朽殘，妨生意外。揆諸禮俗古今，俱應引退。古訓為法忘身，然身固可忘，法應擇其能為。凡關於蓮社教學、念佛班月會、四十八願講經、皈依者代說開示等；菩提救濟院講經、菩提樹雜誌佛學問答、以及各地弘法講演等，相機勉盡衰朽，繼續為之，以期佛法流通，眾生普益。

據上種種事實，度理度情，謹將台中蓮社董事、慈光圖書館董事、慈光育幼院董事、菩提救濟院董事長及董事、菩提樹雜誌社社長等職，一律辭去，少息仔肩。

人老不能還少，木枯不能復榮，除通函分辭外，所有貴社社長一職，從今日起，實行辭去。君子不竭人之力，不強人所難，並懇於慰留名譽等統套，一概免除，庶彼此無礙，大家清心，否則時間萬變，恐增友好以悔恨之虞，以巨扇而撲殘燭，當非諸友樂為也。掬誠陳辭，至

希朗照。（此函自發出之日生效合併聲明）謹致
菩提樹雜誌社公鑒　　學人李炳南　頂禮　七月十日[1]

【案】先生常用通訊錄小冊中收存有一九六六年七月十一日「限時掛號函件執據」，寄出限時掛號函五件，收件人為朱時英（斐）、許克綏、朱炎煌（家）、朱炎煌（慈光育幼院）、朱時英（及于凌波、黃雪銀、林進蘭）。而後，又於一九六七年十二月五日、一九六八年二月十三日，兩度發函向菩提救濟院辭創辦人名銜。[2]（《圖冊》1966 年圖 15）

先生辭卸各機構董事職，朱斐以時機尚未成熟力爭其不可，因亦引退，於是有董事會改組事。增聘周邦道、董正之等四人為董事，又推選考選部次長周邦道為董事長，新任董事於十月十五日就職。

朱斐，〈炳公老師與我——兼述臺中早期建社弘法的經過〉：我們師生之間，也曾有過意見相左的時候，這就是為了菩提醫院，他要功成身退，辭去董事長職，我以時機未熟不能同意，他卻堅持，我只好學他一樣引退。結果弄得雙方都很尷尬！我祇好北上找周慶光、董正之、趙茂林等諸公，在周府向他們三位師兄磕頭，請他們出來收拾僵局。我們師生之間，因此而稍微疏遠，

1　〈本刊社長李公炳南來函照登（油印信）〉，《菩提樹》第 166 期（1966 年 9 月 8 日），頁 53。
2　「限時掛號函件執據」（1966 年 7 月 11 日），臺中一支局，黃潔怡提供。

但我每逢年節仍侍以師禮。也許,我當時的想法不對,原應該隨順師意的。但我是一根腸子通到底的人,沒有想得那麼複雜,忘了他「以退為進」的習氣。總之,一旦共事一樁事業,難免意見上便有出入,這就要傷感情了。如今想起來,又怎能不揮痛淚呢!

回憶當初追隨老師聽經聞法,學佛求道,這是我這一生中的一樁勝緣。他老一向都很接受我的建議,如蓮社的種種設施,圖書館的成立,育幼院的構想,我無不參與意見和計劃,凡是我出的點子,老師莫不欣然接受。我也非常尊重老師的意見,他一向認為我們播遷來臺,應為臺省同胞多樹立一些規範,將來我們要回大陸,也好交給他們自己去做,(想不到我們都將老死臺灣,一歎!)所以無論蓮社及各機構的常務董事,多讓給本省同修,他只出任第一屆的首席職位,任滿即退。但只從旁負起指導責任,如果不接受他的指導時,他也毫不留戀的予以放棄。因此,在這許多機構中,仍不免有許多不如意的事發生。這也是凡夫世間所難避免的。但近年來已大為改善,因為部分機構都改由下一代的青年人負責,年輕人比較單純,老師從旁指導都能接受,如果今後能全部讓青年一代去做,也許會更好些。[1]

先生〈啟事〉日後又刊於《菩提樹》月刊第一六六期,同期同頁亦刊出〈朱斐居士啟事〉,並附識謂「炳公老

---

[1] 朱斐:〈炳公老師與我——兼述臺中早期建社弘法的經過〉,《菩提樹》第 403 期(1986 年 6 月 8 日),頁 23-32。

師雖亦謙辭各職，但仍為各單位精神領袖。」

朱斐，〈啟事〉：敬啟者：學人無才無德，承蒙中市蓮友，委以重任，不自量力，充數以來，慚悚無已！茲以胃疾日厲，淨業日退，加以《樹刊》業務日增，而菩提救濟院暨附設醫院業已落成揭幕，仔肩當可告一段落。茲將臺中慈光圖書館董事、慈光育幼院董事、菩提救濟院常務董事、暨董事諸職，自即日起一概辭去，以期另讓賢德。休養身體，俾可閉門養德，專心刊務。惟今後凡台中蓮社各聯體機構，有需《樹刊》效勞之處，概與任何正信佛教團體一視同仁，照常服務。除另分函懇辭外，特再登刊聲明，不得已處，諸希諒照！（啟事刊出之日生效合併聲明）學人朱斐拜啟 九月八日

朱斐，〈又啟〉：此啟曾於七月十日分送各單位懇辭去後，承蒙各單位挽留，惟以庸才力不勝任決心辭退，公私咸宜。盛情心領，容後圖報。好在炳公老師雖亦謙辭各職，但仍為各單位精神領袖，當事者亦皆為其忠實弟子，必能賴以繼續展開業務也。[1]

七月十三日（三），晚，於慈光圖書館週三講座宣講《大佛頂首楞嚴經》。

七月十八日（一），即日起，於慈光圖書館舉行五十五年度暑期「慈光大專學術講座」。因場地限制，分兩期舉行，

---

[1] 朱斐：〈啟事、又啟〉，《菩提樹》第166期（1966年9月8日），頁53。

各十二天。第一梯次於七月十八日至二十九日,第二梯次於八月一日至八月十二日舉行。參加學生來自全省各地,有臺灣大學、師範大學、中興法商及農學院、中國文化學院、臺北醫學院、臺北工專、逢甲、屏東農專等校學生,共百餘人,由台中蓮社及慈光圖書館分別供給膳宿。[1](見《圖冊》,1966年圖16)

【案】據《菩提樹》月刊報導,「因場地有限分兩期舉行」,且明列兩期始末時間。唯今所見慈光講座《第七屆紀念冊》(1967)所追記之一九六六年夏令班學員名單並未分錄。本期參加學員,旁聽生不計,正式生有:楊惠南(臺大哲四)、、吳庭烈(臺大電機二/馬來西亞僑生)、黃俊傑(臺大史一)、游祥洲(臺大中一)、蔡明田(臺大政研二)、林政華(臺大中一)、陳萬益(臺大中一)、古正美(臺大哲三)、胡萬川(政大中一)、紀潔芳(興大農經二)、李榮輝(興大農教一)、陳清香(文化史二)、賴清祺(中師五專三)等一百一十六人;各校人數為:臺大五十三,政大五,師大九,中興五,成大一,文化七,淡江二,東海一,逢甲四,屏東農專二,世新專二,東吳二,北醫三,北師專二,中師專十,北工專一,臺中商專一,銘傳商專一,僑光專一,三信高商一,智光商職一,夏威夷大學一,其他一。[2]

---

1 〈新聞〉,《菩提樹》第164/165期(1966年8月8日),頁61。
2 方萬全、徐天相、陳大雄、邱敏霞編:《暑期大專佛學講座同學錄⑦紀念冊》(臺中:慈光圖書館,1967年10月15日)。

先生主講《佛學概要十四講表》、「般若大意、《心經》」、《佛說阿彌陀經》及「國學」；許祖成講授《八大人覺經》、《唯識簡介》；劉汝浩講授〈普賢行願品〉。「慈光講座」系統學習六門功課之規模，大抵定型。[1]

楊昆生，〈慈光學術講座誌感〉：為我們上《十四講表》、「般若大意·心經」及《阿彌陀經》的，是李老師炳公。如果說「人生七十才開始」的話，那李老師也夠學齡兒童的資格了。歲月不曾忘了在那仁慈的面龐上留下痕跡，只是那年輕人的活力，仍奇蹟似的駐留在他身上：那高昂有力的聲調，挺直的脊樑，快速而穩健的步伐，處處都使大家驚訝——老師不老，尤其是那不知疲倦的精進精神，即使是年輕人，也不能望其項背。老師給我們的印象是：溫和中含著慈悲，肅穆而不失風趣，而且，似乎永遠也別想在他臉上找到一絲慍色。

許老師為我們開的課是《佛說八大人覺經》和《唯識簡介》。在第一堂課，許老師沉痛指出時俗之弊；也愷切地闡明了我們青年學佛的目的：「移風易俗，振興文化，崇信正道，了生脫死。」更以自身的遭遇現身說法，對我們反覆提撕，希望大家在跳進社會的染缸後，仍能在自己的羅盤上找到自己的方向。

---

[1] 六門功課內容見：《大專佛學講座初級教材》，《全集》第 4 冊，頁 1-150；另參見徐醒民：〈雪公《大專佛學講座初級教材》述要〉，《明倫》第 363 期（2006 年 4 月）。

身為國大代表,年高德劭的劉老師,時常帶著慈祥的笑容,為我們講《華嚴經·普賢行願品》。雖然普賢菩薩只發了十願,但每一願都是無量無邊,看來真個觸目驚心。劉老師不厭其詳地逐句闡說,希望我們也能效法先賢,齊發微塵諸願,同證菩提正果;一番婆心溢於言表。[1]

陳清香,〈懷恩師憶慈光——紀念雪公老師〉:五十四年度慈光講座結束之後,由於對佛法仍未全解,又參加了五十五年度的講座。……老師每日晨八時至十時授《十四講表》,晚間七時至九時授《阿彌陀經》。其他尚有許祖成、徐醒民、周家麟等老師講《八大人覺經》、〈普賢行願品〉、唯識要義等。其中《十四講表》是老師所編的表解式講義,言簡義賅,深入淺出,對整個佛法的體系綱領,可以作最扼要的體認,對日後的研經讀經幫助很大。因之後來回到學校辦社團,接引初機,以致日後的為人師表,總不忘以《十四講表》作為基本教材。慈光講座為期二週,女學員被安排住在慈光圖書館後的「指月亭」,是棟木造的樓閣,每日由一木梯上下,住在其間,想起老師述說「指月亭」名稱的典故,很是愜意。

參加講座期間,除了大專學生之外,還有一位法師也在座下聽講,據云他已跟隨老師十年,老師到哪兒演講他便跟到那兒聽,並詳細作筆記。他出示所作的筆記,文

---

1 楊昆生:〈慈光學術講座誌感〉,《慧炬》第 46 期(1966 年 11 月),頁 22、28。

字細若蚊足，工整詳實，令人讚歎！以他如此虛心地向老師學習，難怪今日能成為國際知名的大法師。[1]

〈大專講座初級教材・摘要〉：《大專講座初級教材》分為六種，除〈普賢行願品〉外，皆由先生自編講表，實施講授。爾後各期佛學講座，亦皆以此為課程規劃之核心，稱為「六門功課」。（一）《佛學概要十四講表》：為初聞佛法的基本教材，為「教、理、行、果」勾勒出清晰的輪廓，等於三藏的縮影，次第井然，解行並重。（二）《八大人覺經》：為研經的初步，列有講述筆記，科判兼具大、小乘精義，對經文中「覺悟」、「覺知」之義，有精深析辨。（三）《唯識簡介》：介紹法相的概要。（四）《般若心經》：介紹法性的精華。（五）《阿彌陀經》：專說持名念佛之法，為修行的歸趣。（六）〈普賢行願品〉：說普賢菩薩以十大願王導歸極樂，為發心的楷模。（吳毓純編撰，鍾清泉審訂）[2]

【案】六門功課為慈光講座以及後續明倫講座之基本科目。六門功課，以《佛學概要十四講表》為綱領，該《講表》於一九六一年創設慈光講座週末班時即已編成，一九六四年冬令研究班、夏令研究班時皆亦以此為主要教材。至一九六五年冬令班，講授《佛學概要十四講表》及《佛說八大人覺經》；一九六五

---

[1] 陳清香：〈懷恩師憶慈光——紀念雪公老師〉，《慧炬》第264期（1986年6月15日），頁21-22。

[2] 【數位典藏】全集／第四冊／大專佛學講座初級教材／〈大專講座初級教材・摘要〉（吳毓純編撰，鍾清泉審訂）。

年夏令班,講授《佛學概要十四講表》、《金剛經》、《八大人覺經》及《唯識簡介》,另應學員請求,加講〈淨宗簡介〉。至一九六六年夏令班,六門功課方才定型,其訂定係經長期應機醞釀而成。

七月二十日(三),晚,於慈光圖書館週三講座宣講《大佛頂首楞嚴經》,慈光講座夏令班學員同席聽講。

七月二十一日(四),出席慈光圖書館附設慈光托兒所第八屆畢業典禮,並與師生合影。[1](見《圖冊》,1966年圖17)

七月二十五日(一),舊友王仲懿日昨來訪未遇,去函致歉並為菩提醫院諸事致謝。[2](見《圖冊》,1966年圖18)

〈王仲懿之二〉:仲懿老弟大鑒:昨承枉顧,至歉。近日各大專學生集中研佛,兄日課四小時,尚有他務,多不家居。菩提醫院在諸好友人物二力支持開幕,心感靡盡。尚希晤人眾、德超、亞青以及諸友時,代致謝意為禱。專函謝步,順頌

道祺　　　　　　　　　兄李炳南拜啟　七月廿五日

【案】此函所及菩提醫院開幕事可能有二,一為菩提醫院門診部於一九六三年四月五日開辦,一為一九六六年七月九日菩提救濟院附設菩提醫院落成啟

1　【數位典藏】照片／教育研習／幼稚園／〈慈光托兒所第八屆〉。
2　【數位典藏】書信／在家居士／王仲懿／〈王仲懿之二〉。

用。「近日各大專學生集中研佛」及落款「七月」,當指一九六六年七月十八至二十九日舉辦之暑期慈光講座,一九六三年七月無類似活動。因繫於是。

【小傳】王仲懿(1910-2005),山東省日照縣人,為先生居重慶時摯友王獻唐之賢侄。來臺後,任職省政府中興新村,為中興佛社之重要力量。據《菩提家訊》報導:「少年從軍,歷經抗戰國共內戰,並負笈東瀛。政府遷臺,歷任政府要職,四十七年定居南投市中興新村后,公餘即師事鄉賢雪公老師,寒暑無間。每週至台中慈光圖書館、台中佛教蓮社聽講儒佛之道,時有如沐春風化雨之感。王老伯於本家數次經營困境中,皆鼎力相助,並居中協調折衝。」[1]先生知其愛重王獻唐書法,將收藏之王獻唐書函題畫悉數相贈,王仲懿據以編纂有《王獻唐先生詩文集》(1985年)。

是日,菩提救濟院董事會全體董事函請先生收回辭退職事之成意。[2](《圖冊》,1966年圖19)

七月二十七日(三),晚,於慈光圖書館週三講座宣講《大佛頂首楞嚴經》,慈光講座夏令班學員同席聽講。

---

1 〈本家報導/二、傷逝・王仲懿老伯〉,《菩提家訊》第51期:http://www.bodhi.org.tw/index.php?sid=c.1&no=51#bodhi11

2 〈菩提救濟院董事會函〉,1966年7月25日,台中蓮社收藏。

七月二十九日（五），暑期「慈光大專學術講座」第一梯次
　　圓滿。

是月，奉祀官孔德成先生於二公子維寧高中畢業後，舉家搬
　　遷至臺北，惟奉祀官辦公室仍駐臺中。[1]

　　孔先生住臺中時，常於節日邀約一人在臺之先生至府邸
　　餐聚。（見《圖冊》，1966 年圖 20）在重慶時，朝夕相伴；
　　來臺後同在臺中，聚首亦多；自孔先生北上後，一北一
　　中，聚處時間漸少。

八月一日（一）至八月十二日（五），舉辦本年度暑期「慈
　　光大專學術講座」第二梯次。（見《圖冊》，1966 年圖 21）

八月三日（三），晚，於慈光圖書館週三講座宣講《大佛頂
　　首楞嚴經》，慈光講座夏令班學員同席聽講。

八月十日（三），晚，於慈光圖書館週三講座宣講《大佛頂
　　首楞嚴經》，慈光講座夏令班學員同席聽講。

八月十二日（五），暑期「慈光大專學術講座」第二梯次圓
　　滿。日後學員編集《同學錄》，請先生撰序，先生於是

1　張臨生、陳筱君講述，編輯部整理：〈從文物中仰視孔德成先生傳
　　奇的一生〉，《典藏》第 317 期（2019 年 2 月），頁 52-59。

年雙十節撰有〈民國五十五年暑期大專學生慈光講座同學錄序〉,讚勉諸學子有志知學,且知共學切磋以向道。

余聞之,學必有朋,志尚求友,始得相礪並進,相仰齊高,學進而志高,士有為者之業也。然必朝斯夕斯,悠久之功,非於邂逅之間,而能有所成也。士何所業,而何所為?樹國於列強之際,內固外榮,講信修睦,堪為天下型。安民於惡濁之世,豐衣足食,履禮遵道,俾明人類義,此士之所業也。政亂而能理,國顛而能扶,不伐其功。民困拯獲蘇,風澆化歸淳,不居其善,此士之所為也。臺中大專學子,有志者,慨時風不競,人天道隱。校課外,欲窮宇宙人生真諦,思有立達,以期有助於安民濟世。咸集於柳川慈光圖書館,研究內明,五易寒暑,成績斐然。惟學已彌知不足,擬進求以益之,志立恐涉虛憍,擬力行以實之。夫不足而益,虛憍而實,其道云何?亦有觀摩而已矣。所悵然者,於時既不得常侍於師,於方寧能再離乎朋友耶?無師朋友,觀摩云乎哉。於焉而憂,何若謀之,形雖不晤言於一室,神豈不接靈乎千里。切磋琢磨可以文,不必盡親炙,誦堯之言,則堯是也。使講論恆置郵傳,亦可優所為而成其業,故君子必有朋也。仁人必輔友也。齒錄之編,旨在於斯,若目為循率固實,則失之遠矣。

中華民國丙午年雙十節　穉下李炳南識於臺中[1]

1　李炳南:〈民國五十五年暑期大專學生慈光講座同學錄序〉,《雪廬寓臺文存》,《全集》第 14 冊之 2,頁 81-82。落款據【數位典藏】/手稿/詩文創作/雪廬寓臺文存。

【案】此篇僅刊行於《民國五十五年暑期大專學生慈光講座同學錄》，此後七、八、九屆《慈光講座同學錄》均沿用先生一九六五年十月「嘗聞學以致用」之序文。

八月十七日（三），晚，於慈光圖書館週三講座宣講《大佛頂首楞嚴經》。

八月二十二日（一），新聘前臺中市議會議長徐灶生為救濟院院長，是日就職。（見《圖冊》，1966 年圖 22）

  菩提救濟院前任院長林看治居士法務忙碌，每週前往新竹等各地定期講經，無法兼顧院務，屢請辭去院長職務，經該院董事會於上月臨時會議決議，改聘前臺灣省議員徐灶生居士為院長，由該院董事長李炳南率同常務董事黃雪銀、朱斐等親往徐府致送聘書。徐院長已於八月二十二日正式就職視事，由黃雪銀代表移交，李炳南監交，全體董事偕新院長同詣佛前頂禮宣誓。徐院長為臺中人，歷任臺中市議員、議長、省議員等職，為中市德高望重，人緣極佳之地方紳士。[1]

八月二十四日（三），晚，於慈光圖書館週三講座宣講《大佛頂首楞嚴經》。

---

1 〈新聞〉，《菩提樹》第 166 期（1966 年 9 月 8 日），頁 53。

八月三十一日（三），晚，於慈光圖書館週三講座宣講《大佛頂首楞嚴經》。

九月一日（四），即日起，應邀至中興大學中國文學系擔任兼任教授。[1] 此係先生任教該系之始。

　　「臺灣省立中興大學聘書」：敬聘李炳南先生兼任本大學中國文學系教授，自民國伍伍年玖月壹日起至民國伍陸年壹月底止，校長湯惠蓀。

　　【案】先生於一九六五年三月起，應該校課外輔導組主任韋玉華邀請於中興大學理工大樓視聽教室開設「國學講座」，此係由智海學社承辦之學藝活動。擔任正式課程則始於一九六六年九月一日此時。唯開設科目未詳。文獻可徵者，為一九六八年一月中旬中國文學系之「禮記期末考試題」（見該項譜文），徵知一九六七年九月「五十六學年度」起，講授科目為《禮記》，此後至一九七三年七月「六十一學年度」止，皆擔任同一課程，次學年則轉開設「佛學概要」，原《禮記》科目由孔德成先生教授。一九七五年九月（六十四學年度），轉開設「李杜詩」，至一九七七年七月（六十五學年），結束該系日間部任教。該系夜間部則任教至一九八一年六月（六十九學年度）圓滿。

---

1 〈臺灣省立中興大學聘書〉（1966年9月），（55）教聘兼字第014號，原件現收存於臺中市雪心文教基金會。

是日，周宣德來函，回復先生日前託辦之事已完成。[1]
（《圖冊》，1966年圖23）

  周宣德，〈周宣德來函〉（1966年9月1日）：炳師尊右：中市聆教，並飽郇廚，至感且慚。囑轉印老法師事，弟昨值中元法會，特往晉謁，業已代陳。彼深表贊成。謂師如擬好章程作書來徵同意時，彼必書面表示贊同。詹公處亦已遵轉達，倘蒙師賜書（寄生轉亦可），彼亦必衷心擁護。是紓厪念，專上。敬敬
法安　　　　　　　　　　　生周宣德敬叩　九、一
　　許陳黃許朱劉等師兄，見時乞致敬，拜託拜託

九月五日（一），菩提醫院副院長崔玉衡來函，說明擬避去，身居事外。[2]

  崔玉衡，〈崔玉衡來函〉（1966年9月5日）：炳公師尊座右：九、四手教奉悉。寒荊晉謁，衡事前不知，事後深感伊之孟浪。然事既已過，怨又何益！院方現狀，殊出衡意料之外。開幕前衡代籌三策，前二策均為脫身之計，不蒙採納，飭行下策，致衡陷入進退維谷之境。然亦只思盡其在我以求心安而已。今奉教，似院中將有劇變。變至何境，衡不願預測，然衡仍願身居事外，不牽入任何漩渦，正如我公現自以為所處之境。然

1　周宣德：〈周宣德來函〉（1966年9月1日），台中蓮社收藏。信封背面郵戳為「五五年九月二日」。
2　崔玉衡：〈崔玉衡來函〉，1966年9月5日，台中蓮社收藏。

衡所求者實境,非虛境也。進退不關重要,公亦正不必為此而有所慮也。衡為避去是非,仍以免走謁為上。專此,順叩塵安　　　　　弟子崔玉衡和南　九、五

九月七日（三）,晚,於慈光圖書館週三講座宣講《大佛頂首楞嚴經》。

九月十四日（三）,晚,於慈光圖書館週三講座宣講《大佛頂首楞嚴經》。

九月十九日（一）,辭卸救濟院董事長兩月餘,為澄清誤會,有〈啟事〉述明菩提醫院緣起及出任董事長實況,並提出一年前所擬救濟院、佛教機構團體之計畫書。[1]（《圖冊》1966年圖24）

　　〈啟事〉:
李炳南出任董事長之實況:
1. 董事會付託稱董長,以名義對外,以計畫建內。
2. 接受董事長開始終結:言明時期至醫院開幕為止,且有錄音為憑。林舊董長退為院長。醫院開幕之第二日,履約辭退。

李炳南建設計畫（兩個組）之性質
甲、救濟院:施診所、安老所,為法定,屬於消費者。醫院、蓮友村,為私設,屬於收穫財力人力。

---

[1] 李炳南:〈啟事〉（1966年9月19日）,鄭如玲提供。

財產：為各界樂捐所成，政府年有補助。

辦事：對內對外情形複雜，管理施政須有經驗。

（附）現況：董事會男一人，餘皆女子。內部恐難控制醫院等四機構。外難爭取公保營業補助。

政府議會等消息聯繫俱難。董事會必加強，事方能發展。加強有滲入外教之危險。

乙、佛教機團：太虛館（弘法），靈巖樓（招待），功德堂（報恩），聖蓮室（往生）。此係宗教團體，不屬救院範圍（法規無此指定）。

財產：四單位由四單人承捐，活動費由蓮友捐輸。

事業：協助醫院，擔任捐募施診所藥費、醫院宣傳、力行發動建院四種誓願、以醫院安老等事弘揚佛法。本處講經、四鄉通俗講演。圖書閱覽、娛樂設備，供病人消遣。

組織：四單位獻款人，受五戒以上者，有講經弘法之成績者。獨立財團法人，不隸救濟院下。

（附）意見：使救院董事三之二退彼入此，捨短用長。醫院係生財機構，難免爭端（各地有多例）。救院董會動盪變更時，不影響佛事。救院董事加入外道作主時，佛法不受消滅。救院醫院之興衰存亡，佛團不隨之存亡。佛團房舍不致被救院改作他用。

說明：乙種佛化計畫，係一年前之貢獻，雖經董會議決進行籌備但未推動。此計是公是私、合理與否，付諸公論。更聲明者，炳南辭退董長，已經兩月之久。不在其位、

不謀其政。因此事曾引起誤會，謹表而出，俾明真相。

是日，周邦道來函，勸請先生不可辭救濟院董事長職，並自陳無法擔負董事長名義。[1]（《圖冊》，1966年圖25）

  周邦道，〈周邦道來函〉（1966年9月19日）：雪公夫子大人函丈：奉讀諭章，敬聆一是。事至如此，殊出意表。函丈慘澹經營、智珠在握，道以為創辦人領袖群倫，如水淵源、如樹根柢，萬不可辭，並不宜委托。數日前，正之、茂林、子慎、時英諸兄蒞厲〔寓〕，謂須道負董事長名義，藉以挽回局面。道公務繁冗且鞭長莫及，自省無濟于事，請以茂林、正之、子慎三兄中擇一而代。聞渠等明將南來就教，請與細談。道意任何人代理，事實上均須仰仗函丈統理領導，局始能定，院始能安，否則渙散分崩，不堪收拾矣。肅此奉陳，諸乞裁誓，順敬

鈞安　　　　　　學生周邦道頂禮　五十五年九月十九日
聞時英已深切悔悟，請吾師與其進也，不與其退也。不咎既往，且勵未來。

九月二十日（二），晚，於中興大學「國學講座」，接續暑假前進度，講授〈曲禮〉。（見《圖冊》，1966年圖26）

九月二十一日（三），晚，於慈光圖書館週三講座宣講《大

---

[1] 周邦道：〈周邦道來函〉，1966年9月19日，台中蓮社收藏。

佛頂首楞嚴經》。

九月二十六日（一），周邦道來函，說明願遵照先生指示，暫時擔任救濟院董事長。[1]（《圖冊》，1966年圖27）

  周邦道，〈周邦道來函〉（1966年9月26日）：
雪師大人函丈：奉讀諭章，暨子慎茂林二兄（正之兄赴新竹）轉告，敬聆種切。此種局面，如暫挂微名，可以緩衝，自當遵命，唯恐紛擾不止，于事無補耳。容俟稍有頭緒，謹擬晉謁乞示周行，諸仗碩畫鼎力，為禱無量。之屏弟已舉家赴加拿大，尊辭當轉去。耑此肅叩
鈞安　　　弟子周邦道頂禮　五十五年九月廿六日

九月二十七日（二），晚，於中興大學「國學講座」講授〈曲禮〉。

九月二十八日（三），晚，於慈光圖書館週三講座宣講《大佛頂首楞嚴經》。

九月二十九日（四），中秋節，台中蓮社併同昨日孔子聖誕教師節舉行「敬師觀月晚會」，禮請先生蒞會。蓮友代表呈獻《華嚴疏鈔》一部，啟請來年開講。先生為大眾講說王建〈十五夜望月〉詩：「中庭地白樹棲鴉，冷露無聲濕桂花；今夜月明人盡望，不知秋思落誰家？」

---

[1] 周邦道：〈周邦道來函〉，1966年9月26日，台中蓮社收藏。

九月二十八日為孔子聖誕，也是我國定紀念日之教師節。中市蓮社有一百多位老年、中年、少年的蓮友為表示「尊師重道」，恭請李公炳南老師駕臨共渡佳節、同祝聖誕，舉行了一次老少同樂的晚會。

晚會在齊唱三寶歌和社歌聲中展開序幕，首先由該社董事長朱炎煌居士向李老師致敬詞，繼由諸蓮友公推一位代表，向李老師呈獻一部《華嚴疏鈔》並啟請老師於明年起開講此經。繼由老師開示，語多勉勵。炳公希望各蓮友，外儒內佛、自利利人，攜手合作，共作佛事。

餘興節目，有朱董事長男女公子之銅笛、小提琴及獨唱等尤為精彩，更有老學生興大教授許寬成居士，以老萊子自居，高歌一曲「大哉孔子」，這是他五十多年前童年時代的歌詞，感人至深！其他尚有填詩、猜謎等節目，並備有獎品，分贈給猜中的蓮友。最後由本刊記者攝影留念，盡歡而散。[1]

是日，為李君晰翻譯日文《玄奘三藏法師傳》作〈序〉，指出：玄奘於我國政治、文學、風俗、藝術等影響廣大，而竟然正史無傳。昔之東洋、今之西洋，則俱尊崇奘師之偉業。讚歎譯者顯揚奘師之德。

　　〈日著玄奘三藏法師傳李譯序〉：唐玄奘法師者，悲世沉迷，欲藉覺王之化，醒彼群生，孤身萬里，西求

---

[1] 〈新聞〉，《菩提樹》第167期（1966年10月8日），頁53；講解王建詩見《蓮社日誌》。

典奧。攀峻嶺之層冰,衝沙漠之炎颺,雨晨涉流,雪夜依巖,虎蛇遮於前,鬼魔嘯於後,嘗經旬無糧,連朝絕飲,不厭千折百難,終克厥功。播華夏威德於西方,輸乾竺聖言於東土,文化交流民互受益。視彼張博望、哥倫布輩,俱依國主財助,僅求得謬誤之地,誑言欺人,而竟螢光熠世,虛名駭俗者,真不堪一哂而置之矣。攜回梵經六百五十餘部,譯成千三百餘卷,從茲籍豐而義顯,文精而信徵矣。影響所及,中國之政治、文學、風俗、藝術等,無不茹佛義之精英,因致四夷向化,尊號上國。國光維揚,豈獨屬於武功哉。

時日本首慕唐化,浮海來求,攬我瑰寶,易彼民俗,而朝野古今,尤崇獎師偉業,是以多有著述,甲乎我國。繼日興者,若韓、若暹、若越緬、若南洋、西藏等,或者來,或者往,咸能同我之化,於師亦各有記。至歐美諸國,習性獷悍,喜務奇,俗好行險,聞師履險孤征,各歎弗及,亦爭著作考證,而樂道之。統觀東西兩洋之景崇,雖有文化履險之不同,而驚師為曠古傑出,則無不一也。嗚呼,我華人文,得以光被四表,而終塞於鄉邦,吾不信也。

是書為日人所撰,久已風行彼土,臺灣李子君晰,好學愛國之士也,讀而感焉。曰:舉世景崇之大傑,吾國之人傑也,全亞涵濡之聖教,吾國播揚之文化也。我忽之,人取之,猶衣掩珠而不知,是國之羞也。遂奮筆譯之。復恐文言澀晦,特採語體,以期家喻戶曉,俾國人揚眉吐氣,或有執卷激厲,為文化崛起者,再開未來之

新元,是乃譯者之志也。夫如是,則奘師皎皎之日,縱有頭上片雲,又何能掩四射之光哉?史不有傳,是譯出,則有口皆傳,況師之偉業,即不依史傳,亦自有其昭昭者在焉。

　　　　　中華民國丙午年中秋　　雪下李炳南識於寄漚軒[1]
【案】李君晰,日本京都大學畢業,成立出版社譯介多位日本作家名著,除玄奘三藏外,另有李白、莊子、諸葛亮⋯⋯等歷史小說,與歷史傳記之書寫有別。

是日,董正之來函,評論救濟院人事問題。[2](《圖冊》,1966年圖28)

　　董正之,〈董正之來函〉(1966年9月29日):雪公師座慈鑑:昨晚奉到手諭,敬悉乙是。時英此種做法,實係自絕於人,并毀前途。如彼終不覺醒,對團體不利尚少,對其自身損失最大。吾師雖慈悲亦難挽救也。據趙茂老稱,彼將再赴中市一行。弟子致時英函亦發出矣。總之,中社各組織仰賴老師多年威德,萬一時英鬧到底,亦只有增加各地道友對彼反感也。謹肅敬叩法安　　　　　　　　　　弟子正之頂禮　中節

---

[1] 李炳南:〈日著玄奘三藏法師傳李譯序〉,《雪廬寓臺文存》,《全集》第14冊之2,頁73-77;落款據【數位典藏】手稿／詩文創作／雪廬寓臺文存。

[2] 董正之:〈董正之來函〉,1966年9月29日,台中蓮社收藏。信封郵戳為「五五年九月廿九」,是日為中秋節。

1966 年・民國 55 年 | 77 歲

是月，侍者鄭勝陽入伍服兵役，至一九六八年一月。期間先生飲食、交通或自理或由鄰里蓮友送餐。

【案】早餐為先生調五穀粉等自理，中晚餐為游俊傑令堂周慧德送餐。鄰居為鄭勝陽家宅，其令堂李修碧、令姊惠文、以及尚在初中之令弟勝榮，亦分擔燒開水、接電話等事務。[1]

十月一日（六），朱鏡宙來函，為先生辭退救濟院職務事進言，應繼續領導，不宜半途而廢。[2]（《圖冊》，1966 年圖 29）

朱鏡宙，〈朱鏡宙來函〉（1966 年 10 月 1 日）：雪老賜鑒：彼此雖在臺中，惟以南北睽違，至經年未晤。昨淨空師夜過承賜不老之胼，感何可言！倘因此多活數年，得渥讜論，何幸如之。前聞足下棄眾生而高蹈，不禁悵惘，累日為之不歡。眾生望公猶大旱之于雲霓。今者菩提醫院百事草創，雖規模略具，而內容空虛，急待充實以利醫務而便病人，使成為一名實相符之醫院。此皆有待於足下之領導。今半途而廢，於心寧安？我不入地獄，誰入地獄？孔子有在陳絕糧之厄，釋尊有馬麥之報及醜女之誣，耶穌厄於十字架，三聖嘗不免於俗歎，公欲處處求全、人人說好，竊為公不取。王院長來去匆匆，頗予人以不良影像；徐君非習醫者，濫竽充數，更

---

[1] 鄭如玲提供，2022 年 8 月 12 日。
[2] 朱鏡宙：〈朱鏡宙來函〉，1966 年 10 月 1 日，台中蓮社收藏。信封郵戳為「五五年十月二日」。

1865

使人感到驚異。此事或易引近各方之誤解，不可不熟圖。竊思前此捐獻之人皆因公高望而來，為慰捐獻者之願望，公無法卸去仔肩也。我輩處世做事，祇求于心無愧，何世俗毀譽之有。八風不能動，雖不能至，心向往之，是以菩薩有忍度也。公將何以教之。敬頌

道安　　　　　　　　　　　弟朱鏡宙頓首　十、一

十月四日（二），晚，於中興大學「國學講座」講授〈曲禮〉。

是日，趙茂林來函，贊同先生規劃，認為救濟院董事會改組當可解決許多問題，前景看好。[1]（《圖冊》，1966年圖30）

　　趙茂林，〈趙茂林來函〉（1966年10月4日）：
炳公先進賜鑒：昨接寄下羅居士大作五本，拜領之餘，謹此謝謝。我公致董委員大函，日前承躬攜敝寓，茂林捧讀三復，益增欽遲之感。當與董委員談及，改組後第一次董事會似可解決許多問題，前途勢必好轉也。另寄上印順老法師著《上帝愛世人》兩本，收到祈轉寄《佛學問答》某君一本，俾知其教之實際情形。匆此，并叩

崇安　　　　　　同門後學趙茂林手稟　五五、十、四

十月五日（三），晚，於慈光圖書館週三講座宣講《大佛頂

1　趙茂林：〈趙茂林來函〉，1966年10月4日，台中蓮社收藏。

首楞嚴經》。

是日,世佛友誼會前副主席加爾德博士抵中訪問。晚間,至慈光圖書館參觀並參聽先生《楞嚴經》講座,講座後又拜會請示佛法約一小時。

　　曾為世佛友誼會副主席之美國佛教徒加爾德博士,偕美國大使館林先生,於十月五日上午蒞中,首先訪問本刊主編朱斐居士,加博士曾於八年前及前年兩度訪問中市,每次均由本刊編者陪同參觀,舊雨重逢歡談兩小時,下午訪慈明寺,晚間復由朱斐陪同前往慈光圖書館參觀並聽李炳南居士講《楞嚴經》,聽經後又拜會李老師請示佛法約一小時。按加德博士曾在日本各佛教大學講佛法,對三論宗頗有研究。[1]

十月六日(四),即日起三日,台中佛教蓮社舉行秋季祭祖。每天日夜念佛二支香,仰仗佛力超拔往生安養,存亡兩皆獲利。[2]

十月八日(六),本期《菩提樹》月刊第一六七期,為先生任社長最後一期。

　　【案】《菩提樹》月刊創刊時,先生撰有〈創刊詞〉並實際指導,但未有任何名銜。自一九五四年

1　〈新聞〉,《菩提樹》第 167 期(1966 年 10 月 8 日),頁 53。
2　〈新聞〉,《菩提樹》第 167 期(1966 年 10 月 8 日),頁 53。

五月第十八期起,擔任社長,至一九六六年十月第一六七期止。《菩提樹》月刊是年十一月一六八期,取消刊頭社長名銜,僅署「發行人兼主編:朱斐」。是年十二月一六九期起,社長署為:「Sakyamuni Buddha」。

十月十一日(二),晚,於中興大學「國學講座」講授〈曲禮〉。

十月十二日(三),晚,於慈光圖書館週三講座宣講《大佛頂首楞嚴經》。

十月十五日(六),至太虛紀念館參加菩提救濟院臨時會議。因應先生引退,辭卸菩提救濟院董事長,菩提救濟院為加強陣容,增聘考選部次長國大代表周邦道、立法委員董正之、周宣德、蔣俊義、徐灶生、張王彩雲等為董事;推選周邦道為董事長。附設菩提醫院院長王祖祥請辭,暫由救濟院院長徐灶生兼代。

　　臺灣省私立菩提救濟院第一屆董事會為加強陣容,作局部性人事改組,俾積極發展業務。

一、本會事務殷繁實有加強組織擴增人事的必要。經通過修改章程,增聘董事四人,連前共計十九名。

二、董事兼常務董事李炳南、朱斐、黃雪銀等三人均請辭本兼各職,經會議通過:李董事長以年事較高忙於法務應准辭去本兼各職,朱、黃兩常董准辭兼職,

1966年・民國55年 | 77歲

　　　請一本初衷共濟時艱，所有董事一職仍請留任。
三、董事張慶祝、鄧明香兩人亦請辭董事應准。
四、公推林看治、張慶祝、鄧明香三位擔任法務組事宜。
五、加聘周邦道、董正之、周宣德、蔣俊義、徐灶生、張王彩雲等諸居士為董事，公推周邦道、徐灶生、蔣俊義三人兼常務董事，周邦道為董事長。
六、附設菩提醫院長王祖祥以健康欠佳請辭，經多方挽留未果，暫由救濟院長徐灶生兼代，容另聘請專人擔任。

該院經改組後之董事名單如下：周邦道、徐灶生、蔣俊義、董正之、周宣德、張王彩雲、朱斐、黃雪銀、林看治、呂正凉、李繡鶯、林慧繁、周慧德、郭阿花、張佩環、林進蘭、于凌波、池慧霖等居士。今後除將充實附設醫院設備外並將積極展開籌備該院第二部門安老院業務及另組一弘法機構，藉以展開法務活動。[1]

十月十七日（一），周邦道來函，為日前菩提救濟院董事會議事順利致謝，並討論院務及未來規劃。[2]（《圖冊》，1966年圖31）

　　　周邦道，〈周邦道來函〉（1966年10月17日）：
雪公夫子大人函丈：日前仗師威德，會議順遂，至為快幸。承破費厚貽則極不安也。院會如何聯繫、如何分工

1　〈新聞〉，《菩提樹》第167期（1966年10月8日），頁53。
2　周邦道：〈周邦道來函〉，1966年10月17日，台中蓮社收藏。

合作？如在規程中可以增訂之處，請指示俊義兄等斟酌加入。如已敘及則可不必。院長似須由灶生兄賡續兼至穩定階段。將來能覓聘一穩健醫師兼院長之名最為理想。若專聘僅負行政責任之院長，似欠經濟。先此肅達，容俟續陳。敬敏

崇安　　　　　弟子周邦道頂禮　五十五年十月十七日

十月十八日（二），晚，於中興大學「國學講座」講授〈曲禮〉。

十月十九日（三），晚，於慈光圖書館週三講座宣講《大佛頂首楞嚴經》。

十月中旬，撰有〈鍾張冰如居士紀念錄書後〉。鍾張自一九五〇年起即為先生經筵常隨眾，今夏往生，臨終瑞相見得成辦大事。

　　民紀歲庚寅，同寓台中，余之講座，居士曾無虛席。其布施修福，更不人後，余導以正助雙進，後遂專修淨土。今夏突接居士夫駢百公書，附居士傳略，見之愀愴。既讀至臨終瑞相，釋然曰：嗚呼！人生酬業耳，修短皆幻，夫何幸不幸之有哉。然亦可曰，有不幸者，惑厚覺薄，無學無勸，負此一生，從去頭出頭沒，眾人是矣。可曰亦有幸者，惑薄覺深，善思齊，智發省，靈光獨耀，一生成辦大事，居士是矣。余讀畢，俯而思，仰而歎，曰：入乎世，敦倫盡分，仁人利物，是人中之

善者,出乎世,悟無生法,不受後有,是人中之智者。既善且智,故來有所為,去有所歸,為人若此,尚何言哉,尚何言哉。居士世系俱詳錄中各傳,此不贅。

中華民國五十五年九月上浣　稷門李炳南謹識[1]

十月二十一日（五）,前往臺中路參加普濟醫院開幕式。普濟醫院係由菩提醫院前院長于凌波醫師開設,於菩提救濟院附設菩提醫院落成之前,即於菩提醫院門診部附近,購建三層樓屋一幢,命名「普濟聯合醫院」,於七月初先行開業。是日正式開幕,請省黨部主委薛人仰剪綵,張啟仲市長啟鑰,並舉行雞尾酒會,招待來賓。[2]

（見《圖冊》,1966年圖32）

卓遵宏、侯坤宏、周維朋,〈朱斐居士訪談錄（二）〉:醫院院長起初是禮聘于凌波大夫,李老師平日跟中國醫藥學院有聯繫,因為醫藥學院的董事山東籍的很多,他們那裡有個醫師,是蘇州人,醫學碩士,當過南京衛生司司長,本來在中國醫藥學院當院長,他們那邊要換人,要求李老師介紹給菩提,做我們的院長。他學歷高、資歷深,他當院長自己不必看病的,只是做行政方面的工作,年紀雖大也無妨。

凌波本來是想做院長的,不過以他的資格當院長還差一

---

[1] 李炳南:〈鍾張冰如居士紀念錄書後〉,《雪廬寓臺文存》,《全集》第14冊之2,頁95-97;落款據【數位典藏】手稿。

[2] 〈新聞〉,《菩提樹》第168期（1966年11月8日）,頁53。

點，因為他是國防部的軍醫，是屬於國防部醫務署（後來才有國防醫學院的設立），不是正式的醫學院畢業的。于凌波很能做事，人也很活絡，醫德、醫術方面也蠻好，我自己害病也常常找他，他開的藥也都很有效。事與願違，沒有輪到他做院長，他心裡總是有一點不平衡，就自己到外面去開一家醫院，叫「普濟醫院」，菩提、普濟，音差不多的。後來他又去競選市議員，做了一屆市議員，第二屆就沒有當選了；之後又去辦學校，他好像很多方面都行的，如果他在菩提醫院做到現在的話，醫院會辦得更好，不會發生問題，但是他將沒有今日的聲望了。因為他不做醫院，後來在外面闖了一下，結果並不怎麼好，就回過頭來深入研究佛法，寫了很多佛學、佛教史的著作，如果辦了醫院，他會忙得不得了，因為當院長，什麼事務、醫務都要管，哪有時間投入研究，取得今日的地位？[1]

【案】于凌波於菩提救濟院附設菩提醫院成立時，自願屈居副院長，卻於醫院落成前自行開業，並於學佛有退轉之心，其中應有曲折。日後朱斐透露，關鍵在院長一職。然而據于凌波自述，屈居副院長是其自願，王祖祥院長也是于所推薦而非出於炳南先生授

---

1 卓遵宏、侯坤宏、周維朋：〈朱斐居士訪談錄（二）〉，《國史館館訊》第 3 期（2009 年 12 月），頁 149-181。另參見：朱斐：〈凌波兄與我——為追念于凌波居士往生二週年作〉，https://www.facebook.com/987184104625117/photos/a.987188164624711/1003483586328502/?type=3&theater

意。其所以退出主因是董事會因院長人事問題而有諍。詳見一九六六年七月九日譜文。當初極力向先生勸請開設佛教醫院，此時急流勇退，確實對菩提醫院之經營產生重大影響。

十月二十二日（六），重陽節，有詩〈詩味〉、〈九日憶故鄉登高〉。（《雪廬詩集》，頁351）

〈詩味〉：常教吟淚濕青衫，半是酸辛半是甘；滋味纔知人已老，爭能再作吐絲蠶。

〈九日憶故鄉登高〉：為客秋思莫不同，無家我亦悵西風；歷山攜酒少年事，魂夢宛然醒又空。

十月二十五日（二），周邦道來函，反對發給菩提醫院前院長十月份薪資。[1]

周邦道，〈周邦道來函〉（1966年10月25日）：雪公師座尊前：廿二日諭章敬悉。茂林兄云：時英日前住其家，曾再劃切勸戒，似已覺悟。王君已去正好節流，傳又欲貪索十月薪金，未免無恥。請屬執事切勿予以分文。如示禮貌，可云：容俟董事會決定。一拖半年，不了自了（彼常來選部開會，如貪心未戢，當予以適當之諷責）。耑此肅覆，並敬

崇安　　　　　　　　　弟子周邦道頂禮　十月廿五日

1　周邦道：〈周邦道來函〉，1966年10月25日，台中蓮社收藏。

十月二十六日（三），晚，於慈光圖書館週三講座宣講《大佛頂首楞嚴經》。

十月三十日（日），至菩提救濟院主持安老所動土典禮。安老所為救濟院第二期計劃設立之機構，日前已聘請張王彩雲女士為所長負責籌備。[1]

十一月一日（二），晚，於中興大學「國學講座」講授〈曲禮〉。

十一月二日（三），晚，於慈光圖書館週三講座宣講《大佛頂首楞嚴經》。

十一月八日（二），晚，於中興大學「國學講座」講授〈曲禮〉。

十一月九日（三），晚，於慈光圖書館週三講座宣講《大佛頂首楞嚴經》。

十一月十五日（二），晚，於中興大學「國學講座」講授〈曲禮〉。

十一月十六日（三），晚，於慈光圖書館週三講座宣講《大

---

1 〈新聞〉，《菩提樹》第 168 期（1966 年 11 月 8 日），頁 53。

1966年・民國55年 | 77歲

佛頂首楞嚴經》。

是日,印順法師回復太虛紀念館落成典禮舉行日期以十二月十五日以前為佳。(見《圖冊》,1966年圖33)

十一月二十二日(二),晚,於中興大學「國學講座」講授〈曲禮〉。

十一月二十三日(三),晚,於慈光圖書館週三講座宣講《大佛頂首楞嚴經》。

十一月二十九日(二),晚,於中興大學「國學講座」講授〈曲禮〉。

十一月三十日(三),晚,於慈光圖書館週三講座宣講《大佛頂首楞嚴經》。

是月,應邀至中國醫藥學院參加「大體解剖慰靈祭典」並演講,有〈丙午冬中國醫藥學院解剖慰靈祭講演〉講表。[1]

是月,參加中國醫藥學院醫王學社五十五學年度社員大會。[2]

---

1 李炳南:〈丙午冬中國醫藥學院解剖慰靈祭講演〉,《弘護小品彙存》,《全集》第4冊之2,頁410。
2 【數位典藏】照片/師生聚會/師生合影/〈醫王學社社員大會〉。

（見《圖冊》，1966 年圖 34）

是月，呂佛庭以〈長江萬里圖〉榮獲首屆國家中山文藝獎。

十二月六日（二），晚，於中興大學「國學講座」講授〈曲禮〉。

十二月七日（三），晚，於慈光圖書館週三講座宣講《大佛頂首楞嚴經》。

十二月十二日（一），上午八時，於菩提救濟院主持太虛紀念館落成典禮，禮請印順老法師剪綵，演培法師為大殿釋迦佛像開光、報告捐建因緣並主持典禮，樂觀、默如二位法師開示，救濟院院長徐灶生致謝詞。參加僧俗約五百餘人。太虛紀念館二樓為佛堂，中間供奉釋迦牟尼佛金身，右邊為太虛大師油畫像，左邊石碑刻〈太虛大師傳略〉，兩旁經櫥中有《大藏經》和《太虛大師全集》。

西方室改名「聖蓮室」亦同時落成，請周宣德代表施主詹勵吾剪綵，並恭請演培法師灑淨開光並上供。典禮中各位主持典禮法師，辭謝所有紅包，或轉作其他功德。
（見《圖冊》，1966 年圖 35）
〈新聞〉：十二月十二日（夏曆十一月初一日）於附設菩提救濟院內之太虛紀念館，舉行落成典禮、並為一尊釋迦牟尼佛像開光。這座二層宮殿式的建築物由當

代佛學論師印順老法師及演培、續明法師等三人樂捐淨資所建築者,他們為了紀念一代佛教領袖太虛大師,捐出了新臺幣五十萬元,建築在這自由中國唯一的佛教慈善機構,是為了可以使住院的老人和病患,精神上有所依歸。二樓全部闢為佛堂,中間供奉一尊釋迦牟尼佛的金身,右邊壁上懸著七尺高五尺寬為國立藝專游教授所繪的巨幅太虛大師油畫像(由黃陳世德居士敬獻)。左邊壁間嵌著一幅同樣大小的大理石碑,上面刻著〈太虛大師傳略〉,文係印順長老所撰、由政大章教授斗航書寫。佛座兩旁經櫥中有《大藏經》和《太虛大師全集》。一樓作為菩提救濟院辦公及醫院護士宿舍。館前石階可以直登二樓佛堂。

大典先請印公老法師主持剪綵禮再由創辦人李炳南居士主持啟鑰禮,觀禮者一擁而入佛堂,接著便請演培法師主持灑淨與開光大典,並請印海法師權任維那,率同諸法師依序進行,開光後接著就上大供。

法典圓滿後,續由維那師引導下樓,至紀念館右邊之西方聖蓮室,為西方三聖像開光。該一尖頂圓形蓮座方室的建築物,就是加拿大僑領詹勵吾居士捐獻新臺幣十萬元所建成的,專為該院病人、老人往生時臨終助念之用者,為一般醫院所無的設備,因此室內塑了西方三聖接引像。這用樟木雕刻的三聖像,係由泰國華僧修靜及妙蓮兩位法師捐施淨資新臺幣一萬五千元,在臺北盧山軒雕造。

聖蓮室落成請周宣德居士代表施主詹勵吾居士剪綵,並恭請演培法師灑淨開光並上供。修靜、妙蓮兩法師還另

以臺幣二百元紅包一封,囑代供養為三聖像開光的法師,以表敬意。但此次各項典禮中各位主持典禮的法師慈悲,對所有紅包一概辭謝,或轉作其他功德;不但如此,連來臺中的車資也均自行負擔,事後印公老法師還將此筆建館基金之餘息一萬四千六十元交由該院創辦人朱斐轉交徐院長捐充增設門燈及館內藏經書物之木櫥之用。如此財法兼施,聞者無不歎為稀有![1]

印順法師,〈太虛大師傳略〉:大師諱唯心,字太虛,籍浙江崇德。年十六,出家受具於天童,寄禪和尚深器之。嘗閱藏於慈谿,掩關於普陀,契悟日深,為教救世之悲心乃日切。時值國運丕變,世局紛亂,大師主復興中華佛教以救國救世。而此必先之以整僧,緣是興學院、議僧制,謀中國佛教會之建全,獻身心於佛教,終其身而未嘗貳焉。

大師本《楞嚴》、《起信》以啟化,善唯識之精密,得天台之融貫。初以中華大乘為量,謀八宗之平等發揚,及乎晚年,判攝一切佛法教之佛本,及三期三系理之實際,及三級三宗行之當機,及三依三趣,依人乘而趣菩薩行者,名「人生佛教」,上契佛之本懷,下適今之國情,大師於此反覆叮嚀,則其悲慧之所在也。

大師有見於護國乃能護教,護教則應聯合國際佛教,化彼西方,以是創開世界佛教聯合會於廬山,出席東亞佛教大會於日本,遊化歐美,闡揚大乘,率佛教訪問團訪

---

[1] 〈新聞〉,《菩提樹》第170期(1967年1月8日),頁53。

1966年・民國55年｜77歲

問緬、錫、印度，致力於國民外交。大師應機遊化及全國，而武漢之法緣為深，嘗應奉化蔣公請，主持雪竇寺。抗戰勝利，主持中國佛教整委會，過武漢、還京滬，備受緇素之尊禮，中佛會整理就緒而大師示寂滬濱，時民國三十六年三月十七日也，世壽五十有九。荼毗而舍利燦然，塔於奉化之雪竇。國府明令褒揚，以彰忠哲。嗚呼！僧界先覺。末世之護法菩薩，捨大師其誰歟！
中華民國五十五年八月[1]

一館一室落成開光完成後，至紀念館二樓佛殿，恭請諸位法師為大眾開示。演培法師與默如法師均特別指明：太虛大師人生佛教宗旨與救濟院宗旨完全合轍。

〈新聞〉：一館一室之落成開光完成後，再請諸位法師及來賓等回到二樓佛殿，恭請諸位法師為觀禮大眾開示佛法，印老因裝換牙齒不便講話，先請演培法師開示，開示前司儀者先請大家向佛像行三問訊禮，然後再向太虛大師遺像行三問訊，最後再向各位法師問訊，禮畢再請演培、樂觀、默如等諸大法師開示說法，最後由救濟院長徐灶生致答謝辭。這次典禮，雖然事前因決定日期匆促，不及宣傳及通知，但參加的來賓，除了隨侍各位法師前來的臺北諸居士外，尚有中天寺榮宗法師、慈明寺聖印法師及臺北趙茂林居士、朱鏡宙居士、翁茄

---

1 釋印順：〈太虛大師傳略〉，《華雨集》第5冊（臺北：正聞出版社，1993年4月），頁174-175。

苓居士等二百餘人,均由該院創辦人李炳南、院長徐灶生、常董蔣俊義、本刊編者朱斐等親自招待,可謂極一時之盛。蔣俊義居士為此次典禮中之總幹事,一切均圓滿完成。典禮後該院備有素筵招待遠賓、素齋供養蓮友,共結法緣。[1]

演培法師,〈開示〉:當一個人在衰老或疾病時,如何給與老者安慰、如何給與病者醫治,這同樣是佛教所應做的社會慈善事業之一。過去佛教徒側重個人的修持,對這方面是非常的忽略,現在由於時代的需要和人類痛苦的加重,佛教徒在這方面已知重視。病苦,世間醫生,都還可醫治;但生死大病,……唯有無上醫王的佛陀。所以佛教徒辦醫院,不特可以醫治人群的病苦,而且還可醫治人群的生死大苦,較之一般治病的意義尤為重大。……諸位這樣的護念病人,不特契合佛陀的慈悲精神,亦與太虛大師的人生佛教的精神吻合。……在人生佛教的大前提下,有關有益人生的佛化事業,在大師的悲願中,都要去逐步推行。[2]

默如法師,〈開示〉:李老居士在此提倡建立菩提醫院,其出發點是以人為對象的,原則上,是慈愍人的而救濟於人,這和大師人生佛教如出一轍。印公法師在此菩提醫院中又發心創建這大師紀念館,不忘其本,

---

[1] 〈新聞〉,《菩提樹》第 170 期(1967 年 1 月 8 日),頁 53。
[2] 釋演培:〈太虛大師紀念館落成典禮開示〉,《菩提樹》第 170 期(1967 年 1 月 8 日),頁 40-42。

報答師恩，我是衷心敬佩不已。……菩提醫院是病人生理上的調治，大師思想是病人心理上的攝化。生理心理能這樣雙管齊下的臻於美善境界，這便是人生佛教的表現，也就是大師願心的完成。[1]

樂觀法師，〈開示〉：佛說一切法的形成不外乎因緣，由於李炳南老居士、朱斐居士暨臺中諸位大心菩薩的發心，創設菩提醫院、救濟社會貧苦病人，因而才有印順老法師、演培法師、及已故續明法師三位的隨喜，合力資助五十餘萬元，在醫院旁建設這座空前未有美奐美輪莊嚴偉大的「太虛大師紀念館」，以陪襯這座自由中國佛教龐大的慈善機構。顯然地，李炳南老居士等諸大心菩薩發菩提心是因，才有印老及演培、續明法師為作增上助緣。這一盛舉，顯揚了佛法的偉大，也證明了發菩提心的重要，能發菩提心，能有救度苦惱人群的悲願，則可創造一切善行，成就一切功德。[2]

感於與太虛大師因緣殊勝，因撰〈承侍太虛大師因緣記〉，縷敘初受知遇於重慶長安寺、再受命於歌樂山雲頂寺、三奉派於金陵普照寺；今又得大師法嗣建堂於斯。與大師雖有私緣，而一一皆是為公眾而有緣。（見《圖冊》，1966年圖36）

---

[1] 釋默如：〈太虛大師紀念館落成典禮開示〉，《菩提樹》第170期（1967年1月8日），頁40-42。

[2] 釋樂觀：〈太虛大師紀念館落成典禮開示〉，《菩提樹》第170期（1967年1月8日），頁40-42。

〈承侍太虛大師因緣記〉（節錄）：中紀五十五年，季冬之月，臺中縣南郊，菩提救濟院溪前，太虛大師紀念館，於焉新成。剪綵啟鑰，像設開光，眾賓肅入瞻拜，予默然致慨焉。思夫人生遇合，果有夙緣耶？……予流寓臺中，十九載未敢怠法，近設救濟院一所，旨藉慈善弘佛法，亦以佛法資慈善，築廣廈，受樂捐焉。高僧印順法師者，師之法嗣也，施岑樓五楹，用紀大師。樓下作治事，上供佛像，旁懸大師遺容，圖書附之。容為彩繪，神峯如生時，理案牘得瞻之，集會議得瞻之，晝宵講筵得瞻之，開諸法會得瞻之，幾於朝斯夕斯，晤言一室也。斯事也，不期而然，難思可思，是又幻形永訣，幻影永接之奇因緣也。嗟夫，大師圓寂二十年，何始興建紀念，信眾遍三臺，何獨建於中部？誰實為之，無奈因緣，公因緣也，抑私也耶？溯憶渝州師友，來臺者，惟謝竹存氏，今已歿，是無私緣也。高僧順公者，實主斯舉，師予之舊，亦非素聞，其間無偏私，是誠公緣矣，然雖屬於公，而冥亦遂乎私，第斯文之記，本為私緣記也，觀其記私，而其間行止，思之思之，又曷一而非公也哉。[1]

至是，菩提救濟院初期工程大致完成。合計各界樂捐紀

---

[1] 李炳南：〈承侍太虛大師因緣記〉，原刊《海潮音》第48卷4期（1967年4月1日），今收入《雪廬寓臺文存》，《全集》第14冊之2，頁102-106。手稿見：【數位典藏】手稿／詩文創作／雪廬寓臺文存之一／〈承侍太虛大師因緣記〉。

念病房八十八室,樂捐建築基地六十六筆九百九十八坪。[1]（見《圖冊》,1966年圖37）

十二月十三日（二）,晚,於中興大學「國學講座」講授〈曲禮〉。

十二月十四日（三）,晚,於慈光圖書館週三講座宣講《大佛頂首楞嚴經》。

十二月二十日（二）,晚,於中興大學「國學講座」講授〈曲禮〉。

十二月二十一日（三）,晚,於慈光圖書館週三講座宣講《大佛頂首楞嚴經》。

十二月二十二日（四）,夏曆十一月十一日,即日起,靈山寺舉行丙午冬季佛七。禮請先生講開示。有〈丙午冬季靈山寺佛七第一次開示〉、〈丙午冬季靈山寺佛七第二次開示〉講表。有偈：
（一）裝金土木佛皆真,若到心誠轉法身；今日浮浮根不穩,莫將無效怨他人。

---

[1] 見：〈本家舊醫療大樓各界樂捐紀念病室功德徵信錄〉、〈本家舊醫療大樓各界樂捐建築基地功德徵信錄〉,《菩提家訊》第33期（1998年4月1日）,第2版、第3版。

（二）佛七無非入禪定，妄念飛騰總是病；倘若不能得一心，淨念相繼即感應。

（三）今宵明月正當頭，可惜陰雲障不收；若得放光心佛現，精誠只有兩朝求。[1]

十二月二十七日（二），晚，於中興大學「國學講座」講授〈曲禮〉圓滿。

十二月二十八日（三），晚，於慈光圖書館週三講座宣講《大佛頂首楞嚴經》。

是月，賴棟樑過世，世壽六十四歲。[2]

【案】一九四九年五月，先生初抵臺中時，賴棟樑即與法華寺主劉智雄共同禮請講經，先生施診時擔任助理，先生講經時擔任翻譯，又為台中蓮社發起人，為先生早年宏化時期非常倚重者。（小傳見1949年5月6日譜文）

---

1 〈丙午冬季靈山寺佛七第一次開示〉、〈丙午冬季靈山寺佛七第二次開示〉，《弘護小品彙存》，《全集》第4冊之2，頁470-471。第三首偈頌見：〈丙午冬季靈山寺佛七開示〉，《雪公專集：四、淨土詩偈》，http://www.minlun.org.tw/1pt/1pt-2-new/04.htm。釋普慧抄錄，蘇全正整理：「李炳南於臺中市靈山寺主持佛七開示法語一覽表」「1966年」同此三首。

2 妙慈（賴芹如）：〈爺爺與李老師〉，《明倫》第205期（1990年6月）。

1966 年・民國 55 年 | 77 歲

是年,山東同鄉孫陵偕友人柳絮自臺北至臺中拜候,開示法要兩小時。柳絮日後常為各佛刊撰稿。

　　記得二十年前,有一天,筆者與一位文藝作家孫陵兄,談禪論道;平日只知他精通國學,滿以為談論佛法將勝於他,想不到真人不露相,他對《六祖壇經》以及《金剛經》等經義,皆有其深一層次領解,使筆者不由得不佩服。孫兄則笑著說:「值不得佩服,只此『一手』而已,並無『全套』功夫;若是你要學佛修道,可以為你引薦我的一位同鄉雪廬老人,他有全套功夫,你可向他請益。」筆者深知孫兄為人,諸凡社會上一些虛有其名人士,從不輕言推許,甚而哼之以鼻。當時,雪廬老人大名,筆者早有所聞,但一直以為是一般佛學通家,未曾想及竟有佛法全套功夫。就以此一偶爾因緣,數日之後,便相約同往臺中拜訪老人。老人與孫兄很熟,二人平時常有詩作唱和,於是深受「愛屋及烏」之惠,在足足二小時的佛法請益中,可以說,他老人家知無不言而言無不盡,毫不吝嗇的開示傳授,真是「聞君一席話,勝讀十年書。」同時,平日對於若干佛書所說「當下悟道」故事,總覺得言過其實;自聞老人開示法要之後,方知尋師訪道,得遇大善知識,言下開悟因緣,並非虛言套語。[1]

　　【案】柳絮自一九五七年即在《今日佛教》等佛刊

---

1 柳絮:〈雪廬老人〉,《菩提樹》第 403 期(1986 年 6 月 8 日),頁 16。

1885

撰稿，一九七三年在《菩提樹》月刊連載《金剛經簡註》，於一九八六年慧炬出版社發行。從柳絮上文描述孫與先生互動情況，兩人應十分相熟。但二人交往情形則不詳。

【小傳】孫陵（1914-1983），山東黃縣人，十三歲隨父親至青島習商，十五歲從山東前往東北，適逢九一八事變，投身反抗殖民地下文學活動，一九三六年十月，前往上海。一九三八年，國共合作，武漢成立政治部第三廳，郭沫若為廳長，孫陵擔任機要祕書。抗戰時，孫陵不願退居大後方，進入第五戰區。一九四五年，逃難重慶，在中正學校擔任教員，抗戰結束。一九五〇年五月四日，在臺北提議籌創「中國文藝協會」，任卓宣邀撰寫〈保衛大臺灣〉軍歌，屢獲獎項。歷任《民族》副刊與《火炬》雜誌主編。因與文協齟齬、及禁書事件，淡出文壇，擔任三民主義研究所的研究員後，創作驟減外，以任教維生，七十歲時，肝病逝世。[1]

1　參見項永慧：《遷臺「東北」作家孫陵及其作品研究》，國立臺灣大學臺灣文學研究所碩士論文，2016 年 7 月。

1967 年・民國 56 年・丙午－丁未

78 歲

【國內外大事】
- 一月，馬來西亞寶松法師自焚。
- 二月，證蓮法師捨報。
- 三月，全國佛教代表緊急會議抗議《文素臣》在臺上映，邵氏公司試映邀請佛教界參觀結果多認不滿，立監委員向新聞局交涉已保證絕不在臺放映。
- 五月，佛光山東山佛教學院動土。佛光山開山。
- 八月，太虛佛學院開辦。
  水里蓮因寺舉辦第一屆齋戒學會。

【譜主大事】
- 一月，慈光圖書館週三講座宣講《大佛頂首楞嚴經》圓滿。計開講三年整。
- 三月，慈光圖書館週三講座，開講《大方廣圓覺修多羅了義經》。
  菩提救濟院附設醫院開幕以來，經營困難，負債五十餘萬元，醫院院長辭職，救濟院院長徐灶生兼代亦請辭兼職。
- 四月，至水湳機場空軍眷屬區，主持水湳佛教蓮社動土典禮。
- 五月，至省政府所在地中興新村，參加中興佛社佛堂落成典禮，請先生啟鑰。

- 七月，連續二十四日，於慈光圖書館舉行五十六年度暑期（第七屆）「慈光大專學術講座」。共二百多位學員參加。先生講授《心經》、《阿彌陀經》。
- 八月，成立「佛教善果林」，推舉周宣德為首任董事長。「善果林」係由太虛紀念館、靈巖書樓、功德堂、聖蓮室等四單位聯合組織，為菩提救濟院興辦弘法、助念等法務之組織。
- 九月，應聘擔任省立中興大學中國文學系國學講座，講授《禮記》。

  菩提救濟院第二屆董事會第一次董事會議。周邦道擔任董事長。

  菩提醫院經營陷入困境，暫停營業。
- 十一月，於省府中興新村中興佛社，宣講《金剛般若波羅密經》。

1967年・民國56年 | 78歲

一月四日（三），晚，於慈光圖書館週三講座宣講《大佛頂首楞嚴經》。

一月十日（二），晚，於中興大學「國學講座」開始講授〈樂記〉。

一月十一日（三），晚，於慈光圖書館週三講座宣講《大佛頂首楞嚴經》。

一月十七日（二），晚，於中興大學「國學講座」講授〈樂記〉。下週起，寒假暫停。

一月十八日（三），晚，於慈光圖書館週三講座宣講《大佛頂首楞嚴經》圓滿。計自一九六四年三月迄今開講三年整。[1]

一月二十一日（六），檀香山佛教總會住持知定法師創建之大雄寶殿舉行進火典禮。先生受邀觀禮，因遠隔重洋，不克前往，與菩提救濟院董事長周邦道、菩提樹雜誌社發行人朱斐等，聯名致電慶賀。該大殿預定於次年落成。[2]

1　《台中蓮社工作簡報（五十五年度）》（1967年2月），台中蓮社檔案，頁2。
2　〈新聞〉，《菩提樹》第171期（1967年2月8日），頁52。

一月二十五日（三），中國佛教會舉行全國會員代表選舉，先生獲選為山東省會員代表。（《圖冊》，1967年圖1）

一月二十九日（日），至大甲鎮，參加大甲鎮念佛會籌備會。會後與大眾攝影紀念。[1]（見《圖冊》，1967年圖2）

是年初，聘何玉貞擔任蓮社庶務，何從此長任蓮社「內當家」，義務服務四十三年。

> 謝嘉峰，〈一川流水送西歸——何玉貞老居士往生記〉：不到半年之間，家中單傳的男丁，相繼往生，頓使老居士不知所從，倍覺人生無常。五十六年初，蓮社的總務廖一辛居士，亦是其媳婦的親家，銜雪廬老人之命，聘請老居士擔任蓮社庶務。遂遵師命，進住蓮社。從此老居士「居蓮社、督中饋」，以蓮社為家，稱為「內當家」，並志願不支薪、為眾服務。
>
> 雪公在世時，老居士因蓮社事務漸形繁雜，而自己年老力衰，曾萌退意。有一回，見雪公座車停在蓮社門口，面見之後，雪公即摒退左右，鄭重告諭老居士說：「我沒有走，你不可以走！」「我為『了生死』而來，你也為『了生死』而來，你要走去哪？」老居士說：「可是我不會辦事。」雪公說：「我更不會辦事！」老居士又說：「我常辦錯事。」雪公也說：「我錯事更多！」老居士無語以對，便爾死心留下。之後，雪公要其媳婦前

---

[1] 【數位典藏】照片／道場活動／落成紀念／〈大甲鎮念佛會〉。

來，命其下跪，說：「妳要好好孝順媽媽。」媳婦點頭說好，雪公並為其加持。從此一諾千金，老居士常住蓮社四十三餘年。[1]

【小傳】何玉貞（1909-2010），學名冬青，生於臺灣省豐原市。早年就讀私塾，後來就讀日治時代女子學校（今居仁國中前身），十八歲與陳雲潭先生結褵，育有一子一女。一九五七年，跟隨炳南先生學習佛儒，依水里蓮因寺懺雲老法師皈依三寶。一九六〇年，蓮社舉辦「居家千人戒會」，即受菩薩戒。常年跟隨炳南先生聽講，慈光圖書館、太虛紀念館聽講經論；中興大學、蓮社，研習儒經、唐詩及古文等中國文化。早期參加炳南先生培養弘法人才之「通俗演講」班，認真學習，同時參與弘法，臺中霧峰、彰化社頭等，均常前往講說。一九七七年，蓮社重建落成後，奉炳南先生指示成立「十二光」班，正助雙修，護持蓮社。此後直至往生前，每月班會，均慎重準備開示，帶領十二光班。二〇一〇年夏曆九月十九日，觀世音菩薩出家紀念日，於家屬及蓮友念佛聲中，安詳往生。享嵩壽一百零二歲。

二月八日（三），為《菩提樹》月刊本期封面李奇茂所繪〈家家觀音圖〉題辭。（見《圖冊》，1967年圖3）

1　謝嘉峰：〈一川流水送西歸——何玉貞老居士往生記〉，《明倫》第409期（2010年11月）。

　　　　有念即應，悲願無差；綠楊甘露，千家萬家；碧天一月，徧印水涯；朝斯夕斯，普門法華。[1]

二月十四日（二），正月初六，即日起四天，由男女青年在蓮社講堂，舉行新春講演大會。[2]

春節期間，先生以「新春恭禧」為題，在慈光圖書館勉勵大眾：一年之計在於春，一日之計在於寅，一生之計在於勤。有〈新春恭禧〉講演講表。[3]

二月二十六日（日），先生率同台中蓮社等八單位蓮友百餘人，北上至新店竹林精舍參加證蓮老和尚封缸典禮。證蓮老和尚於二月六日捨報。先生率蓮友禮拜老人座缸，並有祭文。
　　　　〈台中蓮社等佛教單位念佛公祭證蓮和尚〉：中華民國丁未年夏曆正月十九日台中佛教蓮社等八單位代表李炳南等，謹以香燈花水致祭於上證下蓮老和尚之靈前曰：
　　善哉大師，娑婆應真，現比丘相，為度群倫，天寧法

1　李炳南：〈封面題詞：李奇茂家家觀音圖〉，《菩提樹》171期（1967年2月8日），封面。
2　《台中蓮社社務報告（民國五十六年）》（1968年），台中蓮社檔案，頁6。
3　李炳南：〈新春恭禧〉，《弘護小品彙存》，《全集》第4冊之2，頁385。

幢,塵剎咸欽,護國來臺,拯救沉淪,三施四攝,有相皆泯,初傳五戒,蓮社水濱,始聞正法,荒島歡欣;復開大戒,千眾傳薪,訥訥不言,化導以身,上日之照,下地之垠,凡有血氣,無不尊親;曷不久住,惑茲緣因,眾失依怙,世多波旬,寂光垂憫,來渡迷津,思之禱之,淚下霑巾,為法為眾,泥首上陳,靈光感格,鑒此葵忱,嗚呼哀哉,尚饗。[1]

證蓮老和尚為常州天寧寺退居方丈,二月六日示寂,世壽七十四,僧臘六十五,戒臘五十二。四十九年春,李老師禮請法師在臺中為千餘在家弟子授三皈五戒並菩薩戒,戒會中將諸弟子供養悉數捐充慈善事業。老人遺體於二十六日舉行荼毘。[2]

【案】證蓮老和尚一九五二年二月即受禮請蒞臨台中蓮社傳授三皈五戒,一九六〇年六月十日又受請蒞臨慈光圖書館開傳「居家千人戒會」。十餘年來,臺中蓮友有多人經先生推薦依證蓮法師證明皈依者(法師小傳見1952年2月9日譜文)。嗣後先生與周宣德等數位蓮友成立「證蓮獎學金」以紀念老和尚。(見1967年5月23日譜文)

三月一日(三),春正月二十一日,晚,於慈光圖書館週三

---

[1] 李炳南:〈台中蓮社等佛教單位念佛公祭證蓮和尚〉,《菩提樹》第172期(1967年3月8日),頁41。

[2] 〈新聞〉,《菩提樹》第172期(1967年3月8日),頁52。

講座，開講《大方廣圓覺修多羅了義經》（簡稱《圓覺經》），有〈大方廣圓覺經表記〉。[1]

三月四日（六），晚七時，應邀至慈光圖書館出席中部大專佛學社團負責人座談會。座談會另邀請指導者有周宣德、許祖成等教授。會議決定論文送達基金會期限。會後由先生及周宣德共同招待晚餐，九時許散會。[2]

　　【案】據《慧炬》月刊第五〇期報導，該座談會舉行時間為「三月七日」。唯該日同時間另有中興大學定期「國學講座」，見載於中興大學智海社《社史》，亦見於《慧炬》月刊第五一期報導。應是座談會報導時間有誤，改繫於週六是日。

三月七日（二），晚，於中興大學「國學講座」，接續上學期講授〈樂記〉。

　　智海學社為響應文化復興運動，舉辦國學講座，恭請李炳南教授主講「樂記」。即日起每週二晚七時於中興大學理工大樓視聽教室開講。參加同學極為踴躍，校外人士旁聽者亦極多。[3]

1　李炳南：〈大方廣圓覺經表記〉，《講經表解（上）》，《全集》第 2 冊，頁 161-198；開講訊息見：〈新聞〉，《菩提樹》第 171 期（1967 年 2 月 8 日），頁 52。
2　〈新聞〉，《慧炬》第 50 期（1967 年 3 月 15 日），頁 37-38。
3　〈新聞〉，《慧炬》第 51 期（1967 年 4 月 15 日），頁 25。

1967 年・民國 56 年 | 78 歲

三月八日（三），晚，於慈光圖書館週三講座，宣講《圓覺經》。

三月十四日（二），晚，於中興大學「國學講座」講授〈樂記〉。

三月十五日（三），晚，於慈光圖書館週三講座，宣講《圓覺經》。

三月十七日（五），北上參加是晚七時，詹氏獎學基金會假慧炬月刊社舉辦之餐會。餐會由基金會董事長周宣德主持，與會者為北部大專佛學社團負責人，來賓另有旅美學人呂傳化，教育部訓導委員會主委楊希震及考選部次長周邦道。[1]

三月二十一日（二），晚，於中興大學「國學講座」講授〈樂記〉。

三月二十二日（三），晚，於慈光圖書館週三講座，宣講《圓覺經》。

三月二十八日（二），晚，於中興大學「國學講座」講授〈樂記〉。

---

1 〈新聞〉，《慧炬》第 51 期（1967 年 4 月 15 日），頁 25。

三月二十九日（三），晚，於慈光圖書館週三講座，宣講《圓覺經》。

是月，菩提救濟院附設醫院開幕以來，經營困難，負債五十餘萬元，醫院院長前已辭職，由救濟院院長徐灶生兼代，徐亦已請辭兼職。朱鏡宙撰文呼籲教友支援。

〈新聞〉：菩提救濟院附設醫院自開幕以來，已閱八月，因地處郊外，而市內醫院林立，因此求醫者門可羅雀，住院者更寥若晨星。經營困難，月虧數萬元。如不速加強人事，增添設備，藉以號召，前途殊堪慮者。董事會將商訂計畫並增購設備，但非錢莫辦，希望教界大富長者能予有息貸款，以解危機。

菩院因經營不善，包括前購醫療設備應付未付之款及人事支出等在內，負債五十餘萬元。兼代院長徐灶生已請辭兼職，頃正物色適當人才中。[1]

【案】原院長王祖祥已於一九六六年十月十五日請辭。見前譜文。

朱鏡宙，〈菩提醫院〉：當菩提醫院開幕僅六個月，業務忽告停頓；我於朝夕禮誦之餘，為這個誕生方及半載的寧馨兒祝福。有幾次，竟淚流被面，泣不可抑。我認為菩提醫院，不是李炳老個人的，也不是幾個創辦人的。如果忍令自生自滅，我以為是中華民國全體

---

[1] 〈新聞〉，《菩提樹》第 172 期（1967 年 3 月 8 日），頁 53；第 173 期（1967 年 4 月 8 日），頁 53。

佛教徒之羞。我曾在佛前發誓,如果菩提醫院為著經費問題而夭折,我願做一次武訓,為菩提醫院乞命。同時,我也聲明,絕不擔任何一切名義。炳老與幾位創辦人,對於菩提醫院,總算已盡了很大的責任了。今後該如何充實設備,使成為一個最現代化而有聲有色的醫院,我認為該是全體佛教徒的責任,不能讓李炳老獨任艱鉅。我呢,只要菩提醫院認有做一次武訓的必要,仍隨時隨地準備應徵,絕不退讓。我們不是自誇是大乘佛法的國家麼?只此一座菩提醫院,尚且在風雨飄搖之中,究竟我們大在哪裡?如能各以經營小廟的精神百分之一來協助菩提醫院,那,我敢保險菩提醫院,必可成為東亞數一數二的佛教醫療機構。那才算是大乘的「利行」呀!佛教徒們!起來罷!大家一致努力,為菩提醫院祝福,奮鬥![1]

四月五日(三),晚,於慈光圖書館週三講座,宣講《圓覺經》。

四月八日(六),佛誕節。臺中市舉行三天活動。當天遊行於上午八時半起至十一時結束。[2]

---

[1] 朱鏡宙:〈夢痕記(22)〉,《菩提樹》第 198 期(1969 年 5 月 8 日),頁 36-41;收見氏著《夢痕記》,頁 610-611。

[2] 〈新聞〉,《菩提樹》第 174 期(1967 年 5 月 8 日),頁 52。

四月十一日（二），晚，於中興大學「國學講座」講授〈樂記〉。

四月十二日（三），晚，於慈光圖書館週三講座，宣講《圓覺經》。

四月十八日（二），晚，於中興大學「國學講座」講授〈樂記〉。

四月十九日（三），晚，於慈光圖書館週三講座，宣講《圓覺經》。

四月二十五日（二），晚，於中興大學「國學講座」講授〈樂記〉。

四月二十六日（三），晚，於慈光圖書館週三講座，宣講《圓覺經》。

四月三十日（日），上午九時，應邀至水湳機場空軍眷屬區，主持水湳佛教蓮社興建工程動土典禮。

　　此間水湳機場空軍眷屬區關黃毅居士等發起之水湳佛教蓮社，於五十四年開始籌備以來，已於西屯區大鵬國校附近購地二百五十餘坪（每坪三百元，共計七萬五千九百元）。上月三十日上午九時，該社董事長萬張佩環居士恭請李炳南老居士蒞地主持興建工程破土典

> 禮。是日前往觀禮者有臺中蓮友百餘人並本刊記者等，先由萬董事長致詞報告發起因緣，繼請地方首長及李老居士等相繼致詞指示後，即灑淨動土。最後攝影留念。將來蓮社落成，對淨化該一地區之居民，將發揮莫大功用，但善緣不足之處，該社希望中市蓮友多方協助以促早日完成云。[1]

五月二日（二），晚，於中興大學「國學講座」講授〈樂記〉。

五月三日（三），晚，於慈光圖書館週三講座，宣講《圓覺經》。

五月九日（二），晚，於中興大學「國學講座」講授〈樂記〉。

五月十日（三），晚，於慈光圖書館週三講座，宣講《圓覺經》。

> 是日，去函馬來西亞蔡榮華，詢問印經事，並嘉勉其在南洋弘法功德。稍後，再函復勉其於空有之教理、淨土之修持皆應自定日課，以求深造。[2]

---

[1] 〈新聞〉，《菩提樹》第 174 期（1967 年 5 月 8 日），頁 53。

[2] 香光編輯委員會：《李炳南老居士復蔡榮華居士書函輯》，頁 28、29。函文第五行「杜多」為「頭陀」意。

榮華賢弟鑒：久不通函，至想。憶及去歲曾言印經四種合訂，囑為作序，時限四月。淨空師今常住臺北，多不得見，不知此印經之事如何？尚須作序否？至希速賜一信以便遵辦。又聞弟在南口筆弘法，功德日增，至佩至喜。年富力強，勝吾社多矣。可賀。專此并頌

法喜　　　　　　　　　兄李炳南拜啟　五月十日

榮華賢弟台覽：信已轉淨空師矣。茲聞在馬作弘法事業，不勝欣喜。現雖發動初機，將來風氣一開，必須由淺而深，勢所必然，不能就此為止也。弟才聰敏，又在年富力強之時，於般若唯識之教義、淨土之行法皆應自定日課，或一二小時以求深造。昔日兄為諸人講者不過入門之階，不可以只知此即為滿足也。臺中諸務如常，勿念。順頌　淨祺　　兄李炳南拜啟　五月十九日

五月十六日（二）至十九日（五），夏曆四月初八起四天，於慈光圖書館舉行本年度夏季「台中蓮社女青年佛法演講大會」。圓滿日，與參加演講青年合影。[1]（見《圖冊》，1967年圖4）

五月十六日（二），應邀至中興新村，參加中興佛社佛堂落成典禮。典禮先恭請中佛會理事長白聖法師蒞臨剪綵，

---

1 【數位典藏】照片／道場活動／青年佛教講演大會／〈56年夏季演講大會〉，標記首行：「台中蓮社女青年佛法演講大會留念」，次行：「中華民國五十六年農曆四月十一日於慈光圖書館」。

1967 年・民國 56 年 ｜ 78 歲

再請先生啟鑰，進入佛堂後，禮請法師主持開光灑淨等。[1]（見《圖冊》，1967 年圖 5）

五年前，先生應邀每週至中興新村講授佛法概要，與會者均係省府各廳處公務員及眷屬，約百餘人，後即成立中興佛社，並開始籌建中興佛堂。

　　本村唯一由省府員工鳩資興建的中興佛堂已於五月十六日古曆佛誕佳節舉行落成典禮。恭請中佛會理事長白聖法師蒞臨剪綵，在炮竹聲中展開儀式，白老法師剪綵後，復請李炳南居士啟開佛堂智慧之鑰，然後來賓與該社社友魚貫進入佛堂，先請白聖法師主持灑淨儀式，由南投蓮光寺住持廣明法師率領該寺蓮友會同台中蓮社派來的男女蓮友二十餘眾，穿海青縵衣一同繞佛持咒、遍灑大悲淨水，祝願佛法興隆、人民安樂。然後再請甘珠活佛以密教儀式為佛像開光，開光後復禮請白聖老法師主持佛前上供，最後並舉行簡單隆重的落成典禮。典禮中致詞的有中佛會白聖理事長、李炳南居士、監察委員丁俊生、立委黃玉明等，最後由該社常務理事周錫祺居士報告該堂籌建經過同時感謝十方施主及蒞臨主持各種儀式的緇素大德。是日該堂並備有素席數十桌，招待來賓。[2]

1　【數位典藏】照片／道場活動／落成紀念／中興佛社／〈中興佛社落成紀念〉。
2　〈新聞〉，《菩提樹》第 175 期（1967 年 6 月 8 日），頁 53。

是日晚,於中興大學「國學講座」講授〈樂記〉。

五月十七日(三),晚,於慈光圖書館週三講座,宣講《圓覺經》。

五月二十一日(日),上午,至慈光圖書館,與周宣德共同主持中部地區大專學生第二屆佛學演講比賽。

上午八時,詹煜齋獎學基金會及慈光學術講座聯合舉辦演講比賽。參加競賽者計有中興大學、逢甲學院、中國醫藥學院、臺中師專等院校優秀同學計十二人,演講時間每人七分鐘,由李炳南、周宣德、劉霜橋、許寬成、朱斐、許炎墩、蔣俊義、鄭公僑、周家麟、游俊傑等教授居士擔任評判。大會開始,即公推李炳南教授報告開會主旨,隨後進行比賽。由中興大學周純華、中國醫藥學院李行雄、臺中師專洪鎮平、涂霞二、中國醫藥學院李仁傑等獲獎。[1]

五月二十三日(二),晚,於中興大學「國學講座」講授〈樂記〉。

是日,「證蓮獎學金」於慧炬月刊社頒發,共有陳春份等八位同學獲得。該獎學金係先生與多位佛友為紀念證

---

[1] 〈新聞〉,《慧炬》第 53/54 期合刊(1967 年 7 月 15 日),頁 54;另參見《菩提樹》第 175 期(1967 年 6 月 8 日),頁 53。

蓮法師而成立。

　　為紀念證蓮大師生前德行，戴柏林居士認捐五年長期獎學金二名，李炳南、周宣德、許炎墩、陳進德、黃雪銀五位居士及善果林亦各捐五年長期獎學金一名共八名。每名每年一千元。業經於五月廿三日晚七時半，假本社頒發。[1]

五月二十四日（三），晚，於慈光圖書館週三講座，宣講《圓覺經》。

五月三十日（二），晚，於中興大學「國學講座」講授〈樂記〉。

五月三十一日（三），晚，於慈光圖書館週三講座，宣講《圓覺經》。

六月六日（二），晚，於中興大學「國學講座」講授〈樂記〉。

六月七日（三），晚，於慈光圖書館週三講座，宣講《圓覺經》。

六月十三日（二），晚，於中興大學「國學講座」講授〈樂

1　〈新聞〉，《慧炬》第 53/54 期合刊（1967 年 7 月 15 日），頁 59。

記〉圓滿。

六月十四日（三），晚，於慈光圖書館週三講座，宣講《圓覺經》。

六月二十一日（三），晚，於慈光圖書館週三講座，宣講《圓覺經》。

六月二十八日（三），晚，於慈光圖書館週三講座，宣講《圓覺經》。

七月五日（三），晚，於慈光圖書館週三講座，宣講《圓覺經》。

七月八日（六），於《菩提樹》月刊刊載為高登海《修習止觀坐禪法要講義》撰〈序〉。高登海為山東籍國大代表，先生早年弘化屏東，高為重要助緣。此書係高登海任教屏東東山寺佛學院之講義，近日連載於《菩提樹》月刊。經董正之轉請先生撰序。先生肯定此書「是可傳者」，於學者之解行有裨益焉。

〈小止觀講義序〉：浩浩乎三藏煙海，難窮其際，但提綱判行與解，是能入矣。解則藏通別圓，十二分教，貴在聞義思維。行則禪淨密律，八萬四法，尚乎修習止觀。然必行解合一，偏之事或有不成，故十二分教，總期乎行，八萬四法，亦須有解也。止觀云者，遍

1967年・民國56年｜78歲

及教法，非於各教法外，別為一端。至專書而論者，自天台始，後則形成一學，以為修定之範焉。夫能成止觀，乃依於思維，能起修習，實由於聞義。則注疏之事，不容少忽者矣。

高開士注東者，魯國人也，深於禪那，兼修淨土，鑒於法運式微，修學機憝，嘗致慨焉。尤以止觀之學，為入道之基，恐望文謬解，貽誤孔多，遂起而疏之，曰《小止觀講義》。人見而善之，慫恿付梓，徵序於董生正之。生曰：吾能文章耳，止觀修未之精，胡不問諸吾師。因轉代徵。予讀之竟，曰，是可傳者也，義不懈古法已詳，文不聱牙理而顯，解無摸索之苦，行有轍跡之象。是知達乎變，契乎機，載乎道，應乎時者矣。

　　　　　中華民國丁未長夏　稷下李炳南識於臺中[1]

　　高登海，〈追思李鄉長炳南——回憶屏東念佛團成立經過〉：炳南先生不但是良師，也是益友。他在屏東屢屢勸告我：「教書之外，儘量減少外務，要一心念佛，多注重修持。」使我聽了，很受感動，終身奉為圭臬。此後，我在屏東東山佛學院，講授止觀法門，擬將十年來所寫講義，以「佛家靜坐方法論」[2]書名在臺灣

1　李炳南：〈小止觀講義序〉，《菩提樹》第177期（1967年8月8日），頁35；收見《雪廬寓臺文存》，《全集》第14冊之2，頁25-27。《菩提樹》原刊序文有落款標記日期。

2　高登海此書於《菩提樹》連載時標題為《修習止觀坐禪法要講義》，1973年由臺灣商務印書結集出版，書名改為《佛家靜坐方法論》。

商務印書館印行,我曾向一位學佛的朋友徵序。我那位朋友請炳南先生審閱,承炳南先生為我作序,並蒙獎飾鼓勵,勗勉有加。我自屏東遷居臺北後,甚少有機會南下,疏於向炳南先生致候,思之,甚為愧疚,也是遺憾。不過有朋友自臺北、臺中往返,有時也互帶「口信」。

> 【案】高登海為山東省國大代表,原住屏東。先生於一九五一年五月首度應邀至屏東東山寺弘化,高即助緣之一。亦因此而於東山寺成立「屏東念佛團」。詳見該項譜文。

《菩提樹》月刊同期,登載為金覺凡《長風沙集》所撰〈序〉,稱其外儒內佛,雖情發乎詩,而其詩正其所志之道。

> 吾友金子覺凡,坐臬比幾四十年,生逢亂世,行旅數萬里。卝角淹貫詩禮,斑白治內典,志方嚴,處世敦厚,其憂國憫人之志,俱發乎詩,輯得共二百餘首,曰《長風沙集》。發乎抑鬱之情,止乎中和之道,合乎哀而不傷,樂而不淫之旨。言尚質而黜纖巧,情尚真而去矯偽,讀之如見其人,如見其所抱。嗚呼,詩道如是而已。
> 詩至晚唐,玉谿長吉玉川閬仙之倫,皆稱傑才。夫玉谿之晦,長吉之詭,玉川之怪,閬仙之僻,論者故多病之,俱以其刻畫太過,斲喪真氣,反不若公勿渡河,魚戲蓮葉等作,妙造渾堅,此情至與偽之所係也。或曰文

1967年・民國 56 年｜78 歲

質彬彬，不益善乎？曰，孔子取乎禮樂，先進後進，則從先進，寧非之耶？況金子外儒內佛，別有修養，雖情發乎詩，而其詩正所志乎道也已。

歲丁未長夏中浣　穆門李炳南識於寄漚軒[1]

七月十二日（三），晚，於慈光圖書館週三講座，宣講《圓覺經》。

七月十三日（四），台中蓮社召開聯誼會，討論組織助念團。決議成立，並選出團長為董事長朱炎煌，副團長林看治，另有團員二十名。[2]

七月十八日（二），即日起至八月十日（四），連續二十四日，於慈光圖書館舉行五十六年度暑期「慈光大專學術講座」。各地大專院校參加人數，正式學員八十七人，旁聽學員一百一十六人，共有二百零三位學員參加。膳宿由臺中蓮友供給。此為第七屆慈光講座。（見《圖冊》，1967 年圖 6）

　　【案】第七屆慈光講座參加學員，旁聽生不計，正式生有：簡宗修、李榮輝（興大農教二）、吳庭烈

---

[1] 李炳南：〈長風沙集序〉，《菩提樹》第 177 期（1967 年 8 月 8 日），頁 35；收見《雪廬寓臺文存》，《全集》第 14 冊之 2，頁 82-84。

[2] 〈台中佛教蓮社聯誼會會議紀錄〉（1967 年 7 月 13 日），台中蓮社檔案。

（臺大電機三／馬來西亞僑生）、陳延輝、紀潔芳（興大農經三）、紀海珊（屏農專四）、翟本泰（北二女畢）等八十七人；各校人數為：臺大十五，興大十九，師大六，政大四，文化六，東吳一，北醫五，北工專二，世新專四，銘傳專二，北師專七，中醫院二，中山醫一，中師專三，嘉農專一，屏農專五，中一中畢二，北二女畢二。[1]

開設課程共有六門，分三階段：先上《佛學概要十四講表》、《八大人覺經》，再上《般若心經》、《唯識簡介》，最後上《阿彌陀經》、〈普賢行願品〉。先生講授《十四講表》、《般若心經》、《阿彌陀經》，許祖成講授《八大人覺經》，徐醒民講授《唯識簡介》，劉汝浩講授〈普賢行願品〉。每日上午四節課，晚上兩節課，有圖書館定期集會或繼續白天課程。下午兩節研討與問答時間。

　　簡宗修，〈沐浴在慈光裡〉：七月十八日晚上開座談會，首先由陳進德館長致歡迎詞。其次由慕名已久的李老師說話。李老師年高德劭，一身是勁，他希望大家不虛此行——老師不白教，同學不白學。翌日就開始了大多數同學正式學佛的第一天。

課程表上一共安排六項科目，每天同時教授兩科。先由

---

[1] 方萬全、徐天相、陳大雄、邱敏霞編：《暑期大專佛學講座同學錄⑦紀念冊》（臺中：慈光圖書館，1967年10月15日）。

1967年・民國56年 | 78歲

《十四講表》、《八大人覺經》等基礎的認識，進入《唯識簡介》、「般若大意」等較為深奧的理論，然後是真正發大弘願，要身體力行的〈普賢行願品〉和《阿彌陀經》。

《十四講表》由李炳南老師講授。表是老師編的，他說這是在佛法中打滾幾十年，經歷千辛萬苦，才理出來的一個頭緒。在浩瀚的經藏中，總算有提綱挈領的作用，可說是一部最好的「佛學概論」。讀完《十四講表》，大概就可以了解佛教是怎麼一回事了。與《十四講表》同時進行的是許祖成老師講授的《佛說八大人覺經》。前四覺旨在教人自度自覺，對外境要有「世間無常」的認識，對自身則念「常行精進」。後四覺著重度人覺人的悲願。繼《八大人覺經》後，由徐醒民老師教授《唯識簡介》。幾乎同時，《十四表》結束，李老師續講《心經》。週五晚，李老師講古文及詩。繼《心經》、「唯識」後為劉汝浩國大代表的〈普賢行願品〉及李老師《阿彌陀經》。[1]

【案】據是年課程表，「般若大意」由許祖成授課二十小時，[2] 唯據上引文，般若大意（《心經》）改由先生授課。

---

1 簡宗修：〈沐浴在慈光裡〉，方萬全、徐天相、陳大雄、邱敏霞編：《暑期大專佛學講座同學錄⑦紀念冊》，頁 1-6。
2 見：〈五十六年暑期慈光大專學術講座課程表〉（1967 年 7 月 10 日），台中蓮社檔案。

下午討論課,由各校同學輪流主持,負責複講當天課程重點,並解答同學提問。現場無法解答則彙報先生於上課時間解疑。討論課充分實現先生教導質疑辯難研究之求學態度。

　　方萬全,〈慈光學術講座側記〉:下午的討論課,完全由同學們自己主持,每天輪流從各校中推派一人為主席,負責複講當天課程重點,並解答同學們所提出的問題,遇有不能解答的,就交給一位黃同學,若是他還不行,就彙呈給李老師,由他在上課時間內作答。不明佛理的人,每以為佛經是不容懷疑的教條,其實這是很大的錯誤。依禪家的見解,佛法只不過是標月的指,只要能達成標月之用,儘可呵佛罵祖,乃至各持一說。李老師也一再指示我們:「不解而信,是為迷信。」他要我們去懷疑,去研究,而且希望我們〔不〕只是不違如愚。討論會上,正充分顯示了這種質疑辯難的精神。因此像「狗子,石頭,還有佛性也無?」「綠藻為有情抑無情?」到「宇宙之大,為有限還是無限?」等等奇奇怪怪問題,都被提了出來。[1]

七月十九日(三),上午,八時至十時,於慈光講座講授《佛學概要十四講表》。

---

[1] 方萬全:〈慈光學術講座側記〉,《慧炬》第 55 期(1967 年 11 月 15 日),頁 34-35。

晚,於慈光圖書館週三講座,宣講《圓覺經》。

七月二十日(四),上午,八時至十時,於慈光講座講授《佛學概要十四講表》。

晚,七時十五分至九時十五分,於慈光講座講授《佛學概要十四講表》。

七月二十一日(五),上午,八時至十時,於慈光講座講授《佛學概要十四講表》。

晚,七時十五分至九時十五分,於台中蓮社講授「古文及詩」。

七月二十二日(六),慈光圖書館附設托兒所舉行畢業典禮,慈光講座同學停課參訪附近道場,並拜訪朱鏡宙。

晚,七時十五分至九時十五分,於慈光講座講授《佛學概要十四講表》。[1]

七月二十三日(日),上午,八時至十時,於慈光講座講授《佛學概要十四講表》。

---

[1] 簡宗修:〈沐浴在慈光裡〉,《暑期大專佛學講座同學錄⑦紀念冊》,頁 1-6。

七月二十五日（二），上午八時至十時，於慈光講座講授《心經》。

七月二十六日（三），上午八時至十時，於慈光講座講授《心經》。

晚，於慈光圖書館週三講座，宣講《圓覺經》。

七月二十七日（四），上午八時至十時，於慈光講座講授《心經》。

七月二十八日（五），上午八時至十時，於慈光講座講授《心經》。

晚，七時十五分至九時十五分，於台中蓮社講授「古文及詩」。

七月二十九日（六），上午八時至十時，於慈光講座講授《心經》。

七月三十日（日），上午八時至十時，於慈光講座講授《心經》。

七月三十一日（一），上午八時至十時，於慈光講座講授《心經》。

1967 年・民國 56 年 | 78 歲

講座期間，有學員家長翟慕威，擬印行袁氏《了凡四訓》以贈學者，請先生推介，因撰〈重印袁了凡四訓序〉。

〈重印袁了凡四訓序〉：《朱柏廬格言》，為訓家子弟者，《袁了凡四訓》，亦訓家子弟者，惟朱之言傳廣，而袁之訓傳隘焉。或謂朱文簡而聞易，袁文繁而記難，因以暢滯異勢，然此尚是皮相論耳。儒曰：袁訓挾釋家因果，非吾子弟所宜習也。釋曰：袁訓僅有為漏法，非吾宗門之所急也。於朱之言，釋曰：世法固當如是也，儒曰：家政固當取法也，此傳廣隘之不同，乃其大者矣。然則一為人許，一為人擯，是許者達，而擯者塞歟？曰否，此非文之塞達，達於文益乎何有，塞於文損乎何有？是乃人心之枉直，治亂之分際也，故敢狎侮聖言，以遂自放。

《易》曰：積善餘慶，積不善餘殃。《書》曰：惠迪吉，從逆凶。知儒未嘗黜因果也。知福惟自召，不拘乎宿命，天定可回之。禍能消滅，不任乎因果，異熟可轉之。心造心轉，繫鈴解鈴，宿命因果，操之惟在我也。頑懦鄙薄之資，聞斯道也，得乎自拔之階，可變為廉立寬敦之器，而身世蹭蹬者，亦漸由鼎革而獲乎泰，袁文大用如是，又安可與擯之哉。且古今拂逆之人，以及振奮之士，而力行功過格者，實繁有徒，無不性德克明，世風歸厚，近淑乎人，遠善乎世，潛移默化之力，似非朱言所能方也。道不實踐，雖傳廣而奚為，道能實踐，雖傳隘而何傷。嗚呼，人能宏道，非道宏人，信乎文無

1913

蹇達,只心有危微而已。

丁未暑假,慈光講座六屆之初,有瞿子慕威者,具悲天憫人之願,擬印袁文,以贈來學,期乎人希堯舜,心悉菩提,輔翼文化復興,挽救世道沉溺,於人於世,善莫大焉。囑序於予,檢之舊有序,復有吾師印祖一篇,於袁訓之旨趣體用,已詳論之,讀終復始,難為言矣。茲特揭其世情異遷,群言隱怪,俾見袁文者,不苟合同狎侮,知其可止,是作序者之意焉。信其言之不欺,察其行之可儀,自當鑒果而溯因,惕心而踐道,辨微識機,其庶乎有所安立矣。

歲丁未長夏　穉下李炳南識於臺中慈光圖書館[1]

【案】先生於本文稱「丁未暑假,慈光講座六屆之初」,以本期為第六屆,然本期通訊錄封面為「暑期大專佛學講座⑦紀念冊」,次年以降之通訊錄亦以次列為第八、第九,是以該期應列為第七屆。

八月一日(二),上午八時至十時,於慈光講座講授《心經》。

八月二日(三),上午八時至十時,於慈光講座講授《佛說阿彌陀經》。

---

[1] 李炳南:〈重印袁了凡四訓序〉,《雪廬寓臺文存》,《全集》第14冊之2,頁50-53;落款據【數位典藏】手稿。

晚，七時十五分至九時十五分，於慈光圖書館週三講座，宣講《圓覺經》。

八月三日（四），上午八時至十時，於慈光講座講授《佛說阿彌陀經》。

晚，七時十五分至九時十五分，於慈光講座講授《佛說阿彌陀經》。

八月四日（五），上午八時至十時，於慈光講座講授《佛說阿彌陀經》。

晚，七時十五分至九時十五分，於台中蓮社講授「古文及詩」。

八月五日（六），上午八時至十時，於慈光講座講授《佛說阿彌陀經》。

晚，七時十五分至九時十五分，於慈光講座講授《佛說阿彌陀經》。

是日，於太虛紀念館二樓召開「佛教善果林」信徒大會，大會推舉周宣德為首任董事長。先生創設菩提救濟院時手訂「施診施藥、精神安慰、祈禱法會、助念往生」四種誓願，「佛教善果林」即其中興辦弘法、助念

等法務之組織。

　　周宣德，〈我崇敬的李雪廬老師〉：醫院在成立之初即得緇素四眾的響應，我首先捐建病房一間以紀念先師，取名為「智光上人室」，我也建議旅加僑領詹勵吾居士建「聖蓮室」一座。醫院對面則有印順導師和演培大法師等捐建大型的太虛紀念館，其右側又有人捐建的印祖紀念樓；在這兩建築物間有一溝渠，我為方便來往交通，特隨喜捐建一座橋樑。院方擬以我名泐石於橋頭墩上，我當即婉拒，而請改以「虛雲橋」為名。這樣一來，象徵著民國三位祖師毗鄰相接，足供後人式仰，雪公認此舉用意甚善，就宣佈在太虛紀念館成立了一個新機構，名為「善果林」，公推我為董事長。[1]

　　鄭振煌，〈善果林素描〉：佛教善果林是李雪公老人倡辦的聯體機構之一，包括有印順法師等捐建的太虛圖書館、詹勵吾居士捐建的聖蓮室、臺中蓮友捐建的靈巖書樓三幢建築物。善果林於民國五十六年八月五日，召開第一次信徒大會，選舉周宣德老居士為董事長。[2]

八月六日（日），中午，與慈光講座同學至霧峰佈教所午餐，而後參觀省議會、菩提救濟院、慈光育幼院，最後赴彰

1　周宣德：〈我崇敬的李雪廬老師〉，《慧炬》第 264 期（1986 年 6 月 15 日），頁 12-15。
2　蓮真（鄭振煌）：〈善果林素描〉，《慧炬》第 113/114 期合刊（1973 年 7 月 15 日），頁 96-97。

1967 年・民國 56 年 | 78 歲

化禮大佛。[1]

八月七日（一），上午，八時至十時，於慈光講座講授《佛說阿彌陀經》。而後舉行皈依及拜師禮。

> 簡宗修，〈沐浴在慈光裡〉：八月七日舉行皈依禮。男女各六位，另有四位因須提早離班，先已舉行。皈依師為本際老和尚，因法師遠處基隆，故由李老師代說皈依。皈依禮後為拜師禮，全體同學正式拜李老師為師，李師諄諄以四為三不相勸戒。全體同學各以新臺幣一元為贄禮，老師回贈各人一本《實用講演術要略》，並宣佈將各位贄禮買魚到日月潭放生，為各位增長福壽。

八月八日（二），上午八時至十時，於慈光講座講授《佛說阿彌陀經》。

晚，七時十五分至九時十五分，於慈光講座講授《佛說阿彌陀經》。

八月九日（三），上午，八時至十時，於慈光講座講授《佛說阿彌陀經》。

晚，七時十五分至九時十五分，於慈光圖書館週三講

---

[1] 簡宗修：〈沐浴在慈光裡〉，《暑期大專佛學講座同學錄⑦紀念冊》，頁 1-6。

座,宣講《圓覺經》。

八月十日(四),上午,八時至十時,於慈光講座講授《佛說阿彌陀經》。

晚,七時十五分至九時十五分,慈光講座舉行頒獎典禮暨座談會。先生勉勵學員研究佛學,當進求身體力行。典禮後師生合影。

簡宗修,〈沐浴在慈光裡〉:八月十日舉行頒獎典禮。頒獎前李老師講話,指出研究佛學和學佛的相異處。佛學與其他學說不同,必須依信解行證的步驟方能真正體會其中的勝妙境界。如果單單就理論上研究佛學,而不身體力行去學佛,永遠也嘗不到佛法的真味。不少人只在理論上打滾,無論對佛教是褒是貶,都難免說食數寶,斥糖為沙,離佛法本身總有一段距離。
另李老師指示:研究佛學可由《十四講表》下手,其次研讀唯識(《百法明門論》、《八識規矩頌》),其次參究般若(《金剛經》、《心經》),然後即可依次看《華嚴》、《法華》、《楞嚴》、《維摩詰》諸經。

慈光講座圓滿後,中興大學、文化大學、臺中師專、師範大學等校三十多位學員,結伴至南投水里蓮因寺靜修念佛一週。懺雲法師隨順此因緣,創辦大專學生「齋戒學會」。從此解門在慈光講座學習,行門在齋戒學會學習,各地大專學佛青年寒暑假期在中部兩道場解行並

1967年・民國56年｜78歲

重、系統學習。

懺雲法師，〈齋戒學會三十年感言〉：我先到臺中，中興大學的學生問我：怎麼念佛？怎麼打小木魚？咦！大學學生他不好高騖遠，還問我怎麼念佛、怎麼打小木魚兒？還要受八關齋戒。我感覺很奇怪喔！一般知識分子大學生都好高騖遠，談談佛法都要好高騖奇，他們不！都很踏實，我就很歡喜。第一次，到臺中給他們受八關齋戒、教他們念佛。第二次，他們放暑假就來了，成群結隊來到山上。……女學生住鄰居家，男學生就在蓮因寺裡。從那兒我五十二歲開始辦，到現在，辦到八十二歲，辦了三十年。[1]

〈新聞〉：中興、文化、師大、臺中師專等校同學三十餘人，於臺中暑期佛學講座結束後，至南投水里懺雲法師蓮因寺靜修念佛一週。女同學借住山下農舍。靜修生活紀律化，由各同學分任臨時之香燈、維那、悅眾等職，每日持八關齋戒，猶如出家生活一樣。除早晚課誦外，懺雲法師講解《四十二章經》、《遺教經》等，並遠自新竹請來交大李恆鉞教授演講科學與佛學之關係。[2]

八月十六日（三），晚，於慈光圖書館週三講座，宣講《圓覺經》。

---

1 釋懺雲：〈齋戒學會三十年感言〉，《蓮音》第12期（南投：蓮因寺大專學生齋戒學會，2009年），頁39-43。
2 〈新聞〉，《菩提樹》第178期（1967年9月8日），頁53。

八月二十三日（三），晚，於慈光圖書館週三講座，宣講《圓覺經》。

八月二十七日（日），至太虛紀念館參加「善果林」董事會議。會議由董事長周宣德主持，常務董事蔣俊義、許炎墩、藍文奎、洪城及董事林看治，黃火朝、黃雪銀、周家麟、傅益永等二十六人出席。「善果林」係由太虛紀念館、靈巖書樓、功德堂、聖蓮室等四單位聯合組織，業經臺中縣政府核准成立。（見《圖冊》，1967年圖7）

　　　　善果林由太虛紀念館、靈巖書樓、功德堂、聖蓮室等四個單位合併組織而成，以宣流大乘佛法、發揚本具道德、提倡慈益事業、厚培社會美俗，並協助菩提救濟院所辦之慈善機構順利發展為宗旨。會議通過重要事項如下：（一）聘定林長、副林長、祕書、總務、法務、慈務及助念團正副主任人選案。（二）五十七年度業務計畫及臨時預算案。（三）美化整理林內交通環境。（四）聘印順老法師為本林導師案。（五）籌組護法委員會案。李炳南、周宣德二居士為倡導起見，各年捐六百元以充該林經費。又該林聖蓮堂與靈巖書樓及功德堂中間有一溪溝，交通不便，當經周董事長自認捐建勵吾橋一座，以紀念詹勵吾居士多年來提倡佛學事業之功德。其設計圖樣及所需工料費將送請正副林長負責盡速辦理完成。[1]

---

[1] 〈新聞〉，《慧炬》第55期（1967年11月15日），頁43。

先生未任董事職,但為善果林之組織發展與經費籌措獻策,組織設法務部,下有弘法、宣傳與助念;財務則有三年計畫:先生自承第一年經常費,第二年起分由各員分募。法務與財務另訂有〈工作細則〉與〈辦事細則〉。
(見《圖冊》,1967年圖8)

〈善果林法務財務計畫組織貢獻〉:

(甲)法務部(須訂簡章遵守)

部中設三會如下:1.宏法會:擔任講演、領眾念佛、組織念佛班;2.宣傳會:擔任編纂、散發小冊傳單、音樂娛樂等事;3.助念會。

(乙)財政三年計畫:

一、經常費暫定每年兩萬肆仟元。第一年由李無名個人全認,第二年由呂正凉、林看治等十人分募,第三年林員收林費維持。

二、基金暫定拾萬元(或買房出租或存生息)。1.董事長、正副林長、常務四人(除董長)勸捐;2.李無名勸捐;[1]以上八人以本年起限三年內各勸得壹萬參仟元正。

〈善果林發展計畫貢獻〉:

(甲)工作負責(須訂細則張掛)

一、興革事項保管財產增減人員　　常董會主持

一、依議決案執行對內對外一切事項　　總務主持

一、林內伙食水電木器傢具柴米油茶　　內當家主持

1　案:以上兩處「李無名」應皆炳南先生自稱。

一、接待賓客接洽外事　　辦事員主持

一、收支經費編製概算　　會計主持

一、文書出納卷宗保管　　是否暫兼

一、法務諸事　　法務部主持

一、慈務諸事　　慈務部主持

（乙）法務分配（須訂辦事細則張掛）

一、常課在太虛館行之　　住林人員自作

一、定期念佛化眾太虛館行之　　趙錟銓陳金發輪流

一、定期講經太虛館行之　　宏法會主持

一、宣傳攝化印書送書　　宣傳會主持

一、助念事務　　助念會主持

一、功德堂祝福功德堂行之　　宏法會主持

附則 1.不動產速向官府登記；2.本林自製財產目錄簿。[1]

八月三十日（三），晚，於慈光圖書館週三講座，宣講《圓覺經》。

九月一日（五），本學期應聘擔任省立中興大學中國文學系國學講座。（見《圖冊》，1967年圖9）講授以《禮記》選讀為內容。上學期講授〈大學〉、〈中庸〉。有徐醒民

---

[1]【數位典藏】手稿／其他著作／各機構發展計畫／〈善果林發展計畫貢獻〉、〈善果林法務財務計畫組織貢獻〉。

1967年・民國56年 | 78歲

　　聽課筆記：《禮記大學講記》。[1]
　　【案】中興大學中文系大學部設立於一九六五年，由李滌生教授草創擘畫，招收大學部學生四十人，為全臺第五所成立中文系之國立大學。先生此時任教《禮記》是班為該系首屆學生，為大學三年級課程。

本學年，持續應聘擔任中國醫藥學院《內經》專課教授。

九月三日（日），召集菩提救濟院創辦人會議，與朱斐、黃雪銀三位創辦人，決定：與第一屆董事會相同，創辦人放棄依章程擔任常務董事及董事長之權益；並加聘推薦第二屆董事人選。
　　此間私立菩提救濟院創辦人李炳南等因該院第一屆董事任期已滿，按其組織章程，除創辦人為當然董事外，另再聘請熱心救濟事業及本院有關人士十六人擔任，因是創辦人李炳南、朱斐、黃雪銀三人，於上月三日舉行創辦人會議，決定：（一）聘請周邦道、董正之、周宣德、趙茂林、于凌波、蔣俊義、徐灶生、張佩環、林敬義、呂日新、何順亭、王彩雲、朱炎煌、陳進德、許炎墩、黃火朝等十六人為第二屆董事，任期仍為三年。（二）依照章程當然董事三人為常務董事，但創辦人等為尊重公意，

---

[1] 雪廬老人講，徐醒民記：《禮記大學講記》，題下標記「雪廬老人講于民國五十六年　徐自民老師記」。茲編《全集》中未收，見明倫月刊資訊網：http://www.minlun.org.tw/1pt/1pt-17-1/17-1.htm

仍自動放棄擔任常務董事及董事長,俟第二屆第一次董事會成立,再請各董事推舉常務董事三人,由常務董事中再推董事長一人。(創辦人李炳南、朱斐、黃雪銀等於第一屆董事會中,菩提醫院開幕後,即自動讓賢,辭退常務董事職務。)[1]

九月六日(三),晚,於慈光圖書館週三講座,宣講《圓覺經》。

九月八日(五),先生與中國醫藥學院部分教授、學生家長、校友等,聯名向教育當局陳情,要求該院董事長王德溥連任,以免影響院務之發展。

【報導】據陳情書稱:一、王董事長三年來兢業從事,償付前任債務,增建教室、添購院地、安定院務、大公無私,使中國醫藥學院由衰敗之餘,轉趨安定發展,此為有目共睹之事實。如王董事長一旦辭職,則前功盡棄,對學院前途影響過鉅,故吾人希望王董事長能繼續主持三年,使中國醫藥學院根基穩固後再卸仔肩,則蕭規曹隨,後任亦有循。二、陳情人等認為,中國醫藥學院若無健全而團結之董事會堅強領導,則必無前途可言,對學生學業前途影響至大。希望教育主管當局,在處理有關學院紛爭之時,能留意及此。三、翁大有博士為中國醫藥學院董事之一,熱心院務,品性高潔,望

---

[1] 〈新聞〉,《菩提樹》第179期(1967年10月8日),頁53。

1967年・民國 56 年｜78 歲

重社會，如能擔任董事長，各方極表歡迎。但董事會必須澈底整頓，先有健全的組織，然後能謀正常之發展。四、陳情人等態度向極超然，本不欲多言，然情勢發展至此，為學生及中國醫藥學院教育前途著想，又不敢當言不言。故特提出以上三點向鈞長呼籲，期能獲得最圓滿合理之解決，俾能安定院務，而息紛爭。[1]

九月十三日（三），晚，於慈光圖書館週三講座，宣講《圓覺經》。

九月二十日（三），晚，於慈光圖書館週三講座，宣講《圓覺經》。

九月二十三日（六），下午三時，至太虛紀念館參加菩提救濟院第二屆董事會第一次董事會議。會議首由先生為新舊董事一一介紹，並強調為加強組織，團結一致，本屆所聘董事，皆為熱心慈善公益事業者。繼即推選常務董事，公推周邦道、蔣俊義、許炎墩三人為本屆常務董事。並推請周邦道擔任董事長。會議決議救濟院院長、菩提醫院院長請速聘任，另由先生籌措三十萬元以充實設備。

　　該院第二屆董事會於九月廿三日下午三時成立，新

---

1 〈中國醫藥院董事長家長要求當局由王德溥連任〉，《民聲日報》，1967 年 9 月 8 日，第 4 版。（國立公共資訊圖書館）

任董事在太虛紀念館召開第一次董事會議，出席李炳南、周邦道、周宣德、董正之、趙茂林、于凌波、蔣俊義、徐灶生、呂日新、何順亨、朱斐、朱炎煌、陳進德、許炎墩（因事早退）、黃火朝等十五人，首由李創辦人為新舊董事一一介紹，並強調為加強組織，團結一致，本屆所聘董事，皆為熱心慈善公益事業者，今後對本院業務，貢獻必多。討論事項：

一、救濟院長人選交由本屆常務董事物色適當人士聘任之。

二、附設菩提醫院院長懸缺已久，應速遴選一主持醫務富有經驗與聲望之醫師充任。

三、暫由某老居士籌借經費三十萬元，以充實醫務設備所需，希望海內外慈善人士繼續布施經費或設備費。

四、創辦人朱斐臨時動議：有佛教徒徐仰齋老居士貧病請求濟助案，交由常務董事辦理。

據悉李創辦人與部分董事，曾於會後訪問某醫學界權威，初步洽談經過甚為融合，可能聘其主持醫院，為此佛教界第一所醫院樹立一新的規模，繼續為病者服務。[1]

九月二十七日（三），晚，於慈光圖書館週三講座，宣講《圓覺經》。

---

[1] 〈新聞〉，《菩提樹》第 179 期（1967 年 10 月 8 日），頁 53。案：籌借經費三十萬元之「某老居士」即指先生。

1967 年・民國 56 年 | 78 歲

九月二十八日（四），夏曆八月二十五日，即起三天，蓮社舉行秋季祭祖。每日凌晨三時誦《地藏經》，下午二時半起、晚七時半起，各兩小時念佛共修。

是月，菩提救濟院附設菩提醫院，經營陷入困境，暫停營業。[1]

> 印順法師，《平凡的一生》：五十五年農曆十一月初一日（太虛大師紀念館）落成，邀我去剪綵。我本著樂施──與人為善的觀念，所以從不問醫院的內務，與進行的程度。炳老有良好的風範，蓮社有眾多的社員，我抱著樂觀其成的心情。但起初鼓吹推動的于凌波，似乎漸漸的退卻了，多少引起我的疑問。菩提醫院建成了，正式開業。由於佛教界缺少（西）醫務人才，加上人事的不能和諧合作，陽光乍現的菩提醫院，就陷於低沉；不久，等於從佛教界消失了！[2]

是月，聖嚴法師於南洋《無盡燈》雙月刊第三十七期發表〈今日的臺灣佛教及其面臨的問題〉，盛讚先生能維持長期講座，從事講學與教學。對出家僧侶極其恭敬，其風格為「敬僧而不近僧」。

> 聖嚴法師，〈今日的臺灣佛教及其面臨的問題〉：法師們的各項事業較多，所以很少維持長期性的講座，

---

1 〈李炳南老居士年表〉，《全集》總目錄，頁 167。
2 釋印順：《平凡的一生（重訂本）》，《妙雲集（下編）》（臺北：印順文教基金會，2005 年 6 月，新版一刷），第 10 冊，頁 192-193。

倒是居士中的少數,則足致敬。其中以李炳南居士的功績最大,他在臺中一地組織蓮社,糾集知識青年,每週演講,他自己講,也要青年輪流著講;每年暑期,集中一批大專學佛青年,做數週的講習;他另辦有好多佛教的社會事業。他對僧寶極其虔誠恭敬,非以維摩詰自居而訶斥比丘,但他敬僧而不近僧,他的學眾均由他介紹皈依出家大德,但皆不會親近出家大德,故也有人以此訛病李老。然以我的看法,他也有其理由,他的思想和風範,均已自成一格,與其接近他人而難免摩擦之虞,不如獨守其方域以保持相敬。[1]

【案】炳南先生「敬僧」風格,不只對長老方丈法師恭敬禮拜,對年少僧侶也平等恭敬禮拜,此為來往四眾所親見共知,[2] 亦為教界一致肯定。至於是否「不近僧」,或者「不近僧」是褒是貶,則因性情或定義而有不同論斷。圓香居士解讀為「不常與緇德往返」,[3] 若然,則當代多位高僧大德尚且如此,「不近僧」並非貶義。如先生悼念斌宗法師時以「一士諤

---

[1] 釋聖嚴:〈今日的臺灣佛教及其面臨的問題〉,《無盡燈》第 37 期(馬來西亞檳城,1967 年 9 月),頁 18-24;今收見:《學術論考》,《法鼓全集》(2020 紀念版)第 3 輯第 1 冊,頁 236-237。取自:https://ddc.shengyen.org/?doc=03-01-010

[2] 請參見:希仁(吳聰敏):〈憶雪公恩師內佛外儒的風範〉,《明倫》第 263 期(1996 年 4 月)。

[3] 圓香居士(劉國香):〈敬悼炳公大德〉,《菩提樹》第 403 期(1986 年 6 月 8 日),頁 19。

諤」為題,稱其「不奔競豪貴,不貪眷屬,不入熱鬧場」,有人譏其寡合,先生則盛讚「此正為師德之高峻處」。

十月四日(三),晚,於慈光圖書館週三講座,宣講《圓覺經》。

十月十一日(三),晚,於慈光圖書館週三講座,宣講《圓覺經》。

十月十五日(日),今夏舉行之「慈光講座」,編輯《紀念冊》發行,請先生題辭。[1](見《圖冊》,1967年圖10)

以佛法繕心性,以倫常作經濟,以科學應事物,以藝術為遊戲。　　　　　　　　　　　　李炳南題

十月十八日(三),晚,於慈光圖書館週三講座,宣講《圓覺經》。

十月二十五日(三),晚,於慈光圖書館週三講座,宣講《圓覺經》。

1　原刊:方萬全、徐天相、陳大雄、邱敏霞編:《暑期大專佛學講座同學錄⑦紀念冊》,封面作「暑期大專佛學講座⑦紀念冊」(臺中:慈光圖書館,1967年10月15日),卷首;今收見〈題大專佛學講座紀念冊之一〉,《雪廬老人題畫遺墨》,《全集》第16冊,頁344。

是月,應邀至高雄佛教堂,為其落成舉行之講演大會助講慶賀。高雄佛教堂於二十五日臺灣光復節落成,連續四日舉辦演講大會。

　　本省南部唯一西式建築佛教堂大廈,在萬千信眾渴望下,歷盡滄桑,披荊斬棘,終於決定在十月廿五日臺灣光復節日舉行落成典禮。該堂董事長趙中秋居士,為了隆重慶祝此一大典,特專程北上恭請中國佛教會理事長白聖長老親臨該堂主持大典,並為釋迦佛陀聖像開光上供。

揭幕典禮以前三天,特恭請懺雲法師主持念佛消災法會。廿五日上午請高雄市長陳啟川先生剪綵揭幕,繼請白聖長老說法開光、佛前大供。是日下午開始講演大會,直至廿八日為止,恭請白聖、道源、南亭、道安、賢頓、隆道等諸長老法師及李炳南居士等緇素大德輪流出廣長舌,演說妙音。

該堂自民國四十三年起開始籌建以來,迄今一十三年始克功成。為一財團法人之佛教團體,全由在家居士(多屬高雄市工商界人士)組成。本屆董事長趙中秋為一篤實之佛教徒,常務董事有姜宏效、孫媽成,董事李慶雲、翁才吉、孔賜相、陳江智、蘇森松、張連成等居士。常務監事孫登山、監事周振瑞、李吉生等共十二人。信眾數千人,為本省南部一大教團。[1]

---

[1] 〈新聞〉,《菩提樹》第179期(1967年10月8日),頁53。

南下高雄時，曾因便至左營春秋閣遊覽，有詩〈秋日遊春秋閣〉，是年秋又有〈求韶〉、〈冷眼〉二首、〈醒〉、〈調習〉、〈玩石〉、〈誨書寓意〉、〈對菊〉、〈守身銘〉、〈秋山遠眺〉二首，等多首。（《雪廬詩集》，頁361-365）

〈冷眼〉二首：
今朝也是戲登臺，冷眼看君酒一杯；倘作傳人付優孟，縱橫粉墨畫眉腮。
汗漫春遊倦欲歸，羨龍潛海鶴高飛；回看原野生秋草，村舍牛羊各自肥。

〈醒〉：夜逐涼天永，曙窗餘月痕；山鐘殘客夢，檐鳥喚花魂。秋晚樨還吐，霜高菊獨尊；小庭多少事，倚枕細溫存。

〈調習〉：空堂滅燭坐，不使影成雙；孤僻莫須有，貪瞋如是降。正愁瓢在水，無賴月窺窗；照見久懸劍，幾番思勝幢。

〈誨書寓意〉：捉腕授他書，形具非其神；縱得幾分似，撒手全失真。心源不同處，宜笑未宜瞋；濡毫欲撥鐙，已近百年身。投之坐長歎，四顧誰傳人；春沼蝌蚪篆，秋空鴻雁賓。斯文尚有象，前路寧無鄰。閉門且養晦，智觀靜中因；豈能臨池後，積墨成水銀。

〈對菊〉：誰解賞籬下，天高霜已繁。品超清似瘦，香淡傲無痕。晚節看佳士，孤芳弔楚魂。歲寒終不謝，此意漸難論。

〈守身銘〉：爪髮須珍惜，心肝盡可捐；此身非我

有，分寸不宜專。

〈秋日遊春秋閣〉（潭畔有孤山，半側如削，土人言：多年崩去後，因名曰：半屏山。）：山繞芰荷堤，橋迴步欲迷；潭清煙自動，閣峻樹全低。望柳跨秋水，披雲攀絳梯；鳥歸霞色晚，明滅半屏西。

十一月一日（三），晚，於慈光圖書館週三講座，宣講《圓覺經》。

十一月五日（日），省立中興大學校長劉道元來函，為先生捐款壹萬元作為該校中國文學系優良學生獎學金致謝。[1]（《圖冊》，1967年圖11）

　　劉道元，〈劉道元來函〉（11月5日）：雪廬先生道右：承蒙惠贈臺幣壹萬元作為中國文學系獎助成績優良學生之用。先生對本校教學之貢獻及嘉惠後學之德意，亦云厚矣。拜領之餘，感激無似。專此順頌
道安　　　　　　　　弟劉道元拜啟　十一月五日
　　【案】劉道元任該校校長為一九六六年十一月二十一日至一九七二年七月三十一日。據來函落款「十一月五日」及信頭「省立」校名（1971年7月改國立），來函應為一九六七年至一九七一年間事。先生於大學任教，所得薪資皆捐作獎學或公益，如任教中國醫藥學院，第一學期所得捐該校為獎學金，第二學

---

[1] 劉道元：〈劉道元來函〉（11月5日），台中蓮社收藏。

1967 年．民國 56 年｜78 歲

期所得捐興辦中之慈光育幼院。（見 1959 年 2 月、6 月譜文）

十一月八日（三），晚，於慈光圖書館週三講座，宣講《圓覺經》。

十一月九日（四），晚七時半起，於中興新村中興佛社，開始宣講《金剛般若波羅密經》。中興佛社落成以來，六月至八月間，請許祖成每週一次，講《四十二章經》。[1]

十一月十四日（二），晚，於中興大學「國學講座」開始講授〈禮運大同〉。每週二晚於該校理工大樓視聽教室舉行。[2]

【案】《脩學法要》（《全集》第 9 冊，頁 354-361）有先生講，董正之記〈儒學要旨〉，為《禮記‧禮運》一段經文之簡述。

十一月十五日（三），晚，於慈光圖書館週三講座，宣講《圓覺經》。

十一月十六日（四），晚七時半起，於省府中興新村中興佛社，宣講《金剛般若波羅密經》。

---

1 〈新聞〉，《菩提樹》第 181 期（1967 年 12 月 8 日），頁 53。
2 〈新聞〉，《慧炬》第 56 期（1967 年 12 月 15 日），頁 39。

1933

十一月二十日（一），晚七時，至中興大學禮堂參加該校智海學社歡迎新同學大會。大會由社長李榮輝主持，宣讀《慧炬》月刊社長周宣德電賀文、禮請先生與該校周恆訓導長及與會教授致詞後，展開各式活動。[1]

十一月二十一日（二），晚，於中興大學「國學講座」講授〈禮運大同〉。

十一月二十二日（三），晚，於慈光圖書館週三講座，宣講《圓覺經》。

十一月二十三日（四），晚七時半起，於省府中興新村中興佛社，宣講《金剛般若波羅密經》。

十一月二十八日（二），晚，於中興大學「國學講座」講授〈禮運大同〉。

十一月二十九日（三），晚，於慈光圖書館週三講座，宣講《圓覺經》。

十一月三十日（四），晚七時半起，於省府中興新村中興佛社，宣講《金剛般若波羅密經》。

---

[1] 〈新聞〉，《慧炬》第 56 期（1967 年 12 月 15 日），頁 40。

1967年・民國 56 年｜78 歲

十二月五日（二），晚，於中興大學「國學講座」講授〈禮運大同〉。

十二月六日（三），晚，於慈光圖書館週三講座，宣講《圓覺經》。

十二月七日（四），晚七時半起，於省府中興新村中興佛社，宣講《金剛般若波羅密經》。

十二月十二日（二），晚，於中興大學「國學講座」講授〈禮運大同〉。

十二月十三日（三），晚，於慈光圖書館週三講座，宣講《圓覺經》。

十二月十四日（四），晚七時半起，於省府中興新村中興佛社，宣講《金剛般若波羅密經》。

十二月十六日（六），夏曆十一月十五日，即日起兩天，在臺中靈山寺丁未冬季佛七開示。有〈佛七開示：丁未夏曆十一月十五日夜月當頭時〉、〈丁未夏曆十一月十六日靈山寺結七後日開示〉兩開示講表，各有偈頌。

〈佛七開示：丁未夏曆十一月十五日夜月當頭時〉：十二知：知命無常、知輪迴長、知斷惑難、知往生易、知懈怠誤、知實行成、知家中學、知來此考、知放不

1935

下、知提不起、知攝六根、知念相應。偈曰:
年年結七步遲遲,再與言明十二知;今夜青天雲散盡,當頭無影月圓時。

〈丁未夏曆十一月十六日靈山寺結七後日開示〉:
最後警告——成功只餘今天,不一解脫無望,不可忽略因果。偈曰:
結七須融三際觀,前因後果事多端;一心經訓生西證,三福不修心一難。[1]

十二月十九日(二),晚,於中興大學「國學講座」講授〈禮運大同〉。

十二月二十日(三),晚,於慈光圖書館週三講座,宣講《圓覺經》。

十二月二十一日(四),晚七時半起,於省府中興新村中興佛社,宣講《金剛般若波羅密經》。

是日,回復文化學院慧智社社長陳清香有關武術健身是否犯戒問題。陳清香為一九六五年、一九六六年暑期慈光講座學員。

---

[1] 李炳南:〈佛七開示(在臺中靈山寺):丁未夏曆十一月十五夜月當頭時〉、〈丁未夏曆十一月十六日靈山寺結七後日開示〉,《弘護小品彙存》,《全集》第 4 冊之 2,頁 472-473。

陳清香，〈紀念李公雪廬老師往生二十週年〉：暑假慈光講座結束後回到臺北，九月學校新學期開學，我即被佛學社團選為社長，開始了長達一年的社團運作工程。……民國五十六年的初冬，因課業繁忙，身體轉虛弱，為了鍛鍊體魄，跟隨一位拳師練太極拳，就在練拳與學理間，衍生不少的疑惑，於是斗膽寫了一封信請教雪公老師。練太極拳等武術以健身，有違戒律否？道家在境界上與佛教有何不同？只念佛不練氣則無功夫，此言然否？很快的接到雪公老師的回信，工整的楷書，鉅細靡遺的，不厭其煩的逐項詳加解說：

清香具壽鑒：所詢各件謹復於後，

一、學必知理，知行合一，則是實學，說而不行，是為空談。

二、佛家學問分自利利他，內功外行必深明之，而力行之，布施持戒萬善齊修，此為利他外功。念佛專一乃係求定，此為自利內功。尤須內外自他合一，非可解修片面。

三、念佛乃內功之一，不可輕看，若言求進，並非再加他法，再念佛到一心，便可往生，事一心則伏惑，理一心則斷惑，大道成矣。

四、太極拳乃強身術不妨學之，與戒律無妨，惟彼與了生死無關聯。

五、修道者言念佛不練氣則無功夫，彼所言之功夫不過強身一端而已，彼不但不解佛法，且亦不解道也，切勿信之。

六、彼以練氣為定，更是大外行話。

七、佛家亦有強身術，誰不知少林武術壓天下，然不是成佛之要道，應知練身與見性為兩事，見性法非以練身可得也。

八、正式佛七，具壽功夫尚淺，且無人主持，不可妄求。謹復並頌學祺　　侍李炳南謹啟　十二月二十一日[1]

【案】中國文化學院於一九六三年八月成立學士班，旋於一九六四年一月七日在周宣德與首屆社長蕭信雄等人多方籌設下成立慧智學社。蕭信雄連任三屆社長，[2] 史學系陳清香係擔任第四屆社長。[3]

十二月二十四日（日），宏慈法師來函，感謝先生將於年假中前往神岡妙香林探訪。[4]

【案】宏慈法師，俗名游麗惠，為台中蓮社中慧班弘法團女青年，一九六三年出家，法號宏慈。先生有〈山寺〉、〈雜詠〉兩幀題贈，或有是時所作者。[5]（《圖冊》，1967 年圖 12）

1　陳清香：〈紀念李公雪廬老師往生二十週年〉，《慧炬》第 503 期（1986 年 5 月 15 日），頁 3-8。

2　〈報導〉，《菩提樹》152 期（1965 年 7 月 8 日），頁 56。

3　〈報導〉，《菩提樹》169 期（1966 年 12 月 8 日），頁 51。

4　釋宏慈：〈宏慈法師來函〉，1967 年 12 月 24 日，台中蓮社收藏。

5　李炳南：〈山寺之一〉、〈雜詠之二〉，收見《雪廬老人題畫遺墨》，《全集》第 16 冊，頁 58、79。

十二月二十六日（二），晚，於中興大學「國學講座」講授〈禮運大同〉。本學期最後一講次，俟下學期開學續講。

十二月二十七日（三），晚，於慈光圖書館週三講座，宣講《圓覺經》。

十二月二十八日（四），晚七時半起，於省府中興新村中興佛社，宣講《金剛般若波羅密經》圓滿。

十二月三十一日（日），丁未臘月初一，即日起七日，臺中蓮友於慈光圖書館舉辦佛七，禮請先生開示指導大眾念佛。有偈示七首。
  首日：眾生與佛本無差，一念真誠便到家；臘月纔交須早辦，莫教三十亂如麻。
  次日：大好光陰不早修，東鄰西舍去閒遊；招來口舌是非業，不了蓮邦得自由。
  三日：人生七十並非常，離合悲歡無事忙；一句彌陀今不念，空來這次太荒唐。
  四日：念佛聲中有法身，一心相應便相親；方知自有大圓鏡，我與彌陀非兩人。
  五日：散亂持名少善根，空將福報得溫存；暫時放下人間事，方入涅槃不二門。
  六日：念佛明朝最後天，還須後後勝前前；今宵更要加功念，預備一心開九蓮。

圓滿日：因緣結七已完成，處處猶聞念佛聲；難得明天逢臘八，後來極樂定相迎。[1]

是年，有詩〈蓬萊吳生詩學青蓮以其作見示訓之〉、〈又訓〉、〈題江上蓼花畫扇〉、〈偶得〉。（《雪廬詩集》，頁365-366）

〈蓬萊吳生詩學青蓮以其作見示訓之〉：百篇吟未半，搔首九迴腸；窮巷慚青眼，雄文是故鄉。定遭人厚詬，應鑿壁深藏；今世胡琴貴，誰堪問子昂。

〈又訓〉：山東李白謫仙才，歲歲花間獨把杯；空有文章無賀監，扁舟歸去臥蓬萊。

---

1 李炳南：〈丁未臘月慈光圖書館佛七偈示七首〉，《弘護小品彙存》，《全集》第4冊之2，頁474。

1968年・民國57年・丁未－戊申

79歲

【國內外大事】
- 八月，慎齋堂前堂主德熙尼法師捨報於臺中。

【譜主大事】
- 四月，於慈光圖書館週三講座開講《大方廣佛華嚴經》。此為先生經筵最長一部經，也是最後一部，歷時十八年，至一九八六年往生前一個月為止。
  菩提救濟院新聘附設醫院復業，先行試辦半年。
- 五月，至臺中商專參加該校佛學社團等觀學社成立大會。
  菩提救濟院新聘附設醫院院長陳江水醫師到任。
- 七月，連續二十九日，舉行五十七年度暑期（第八屆）「慈光大專學術講座」。先生講授《阿彌陀經》。
  菩提救濟院，召開第二屆董事第四次會議，籌款增加醫療設備，原有建築及藥款負債，由先生設法彌補。
- 九月，擔任中興大學中文系國學講座教授。
  教育部、內政部聘請學者、專家組成「祭孔禮樂工作委員會」，制定祭孔儀典。先生纂輯《闕里述聞釋奠選錄》提供委員參考。
- 十二月，赴臺中縣沙鹿弘光護理專科學校，參加該校佛學社團「覺苑學社」成立大會。
- 是年，推薦江逸子入奉祀官府掌文獻、社教、人事諸要職。

1941

一月五日（二），考選部政務次長周邦道來函。周目前兼任中華學術院中華佛學研究所所長，並擔任《中華大典》宗教類主編。擬將《印光大師文鈔》與先生大作編入，以為先生祝嘏。（見《圖冊》，1968 年圖 1）

　　周邦道，〈周邦道來函〉（1968 年 1 月 5 日）：雪公夫子大人函丈：洪維耆齡大慶，曲踊莫名，謹與諸同修商印尊箸暨印祖《文鈔》，藉以壽師壽世，其意義與禮節或與流俗稍稍不同也。《文鈔》四本，編入中華大典將成兩厚冊，敬乞函丈撰一序文，宣揚祖德，並略志祝嘏因緣及同修師承淵源。

另乞惠作一提要，將《文鈔》菁華攝舉鉤稽，俾閱者開卷即悉津梁。此為大典體例，鐸老為雲師《年譜》、倓師《回憶錄》曾作二篇，登《中國一周》雜誌，前者將由《樹刊》本月號轉載，請惠觀。

菩提醫院院長係炎煌所提，如有困難可作罷。仍請費神物色。安老、施醫二所，函丈面屬，庶可推動也。耑此肅陳，虔頌

光壽無量　　　　弟子周邦道頂禮　五十七年元月五日
王大任兄頃交來印書祝嘏金四百圓，順此奉聞

　　【案】先生「八秩祝嘏會」於是年三月成立，見後譜文。

一月六日（三），臺中蓮友於慈光圖書館舉辦之佛七圓滿。

一月十日（三），晚，於慈光圖書館週三講座，宣講《圓覺

經》。

一月十七日（三），晚，於慈光圖書館週三講座，宣講《圓覺經》。

是月中旬，中興大學舉行五十六年度第一學期期末考，先生於中文系任教《禮記》專課，出《禮記·中庸》試題考測學生學習情形。[1]（見《圖冊》，1968年圖2）

〈五十六年度第一學期期考禮記中庸試題〉：

（子）自「天命之謂性」句起，至「萬物育焉」止。默寫。
（丑）自「子路問強」句起，至「至死不變，強哉矯」句止。默寫。
（寅）「率性之謂道」解釋其義。
（卯）「天命之謂性」句之「天命」二字，按所授之注解答之。
（辰）雖曰「道不遠人」，但人多不明道是何，試舉何種行為違道不遠？
（巳）君子不陵下，不援上，但正己而不怨不尤。孔子有何警之言以警勸之？
（午）「中庸」與「中和」有何分別，按游酢之注答出。
（未）「君子胡不慥慥爾」，慥慥二字，鄭朱二家及經義述聞之解，各舉出。

---

1 【數位典藏】手稿／其他著作／大專院校授課試卷／〈五十六年度第一學期期考禮記中庸試題〉。

（申）「鬼神之為德」，鬼神二字，易繫辭及宋張子各講，分舉出。

（酉）舜大孝大德，孔子曰：大德必得者四，分舉出。

（戌）「壹戎衣」鄭朱二注大異，分舉出。

（亥）孔子稱「武王周公，其達孝矣乎。」試言其達孝維何？

【案】先生擔任中興大學中國文學系「國學講座」課程，與一九六五年三月應課外輔導組邀請設置之「國學講座」有別。洪錦淳彙整有先生「《禮記》選講的篇目、時間、地點」，[1] 其中徐醒民有一九六七年十一月至十二月之《大學筆記》、一九六八年一至二月之《中庸筆記》，對照上文期末考範圍為〈中庸〉，可推知：期中考前進度為〈大學〉，期中考後進度為〈中庸〉。洪錦淳所列該表中，徐醒民所記筆記未載明地點者，應皆即中興大學中文系「國學講座」所講授。

一月二十四日（三），晚，於慈光圖書館週三講座宣講《圓覺經》圓滿，共四十八講次。[2]

---

1. 見洪錦淳：〈雪廬老人《禮記》選講特色及其所涵蘊的價值〉附表「《禮記》選講的篇目、時間、地點」，《紀念李炳南教授往生 20 週年學術研討會論文集》（臺中：國立中興大學中國文學系，2006 年 10 月），頁 317-356。

2. 《台中蓮社社務報告（民國五十六年）》，頁 3；該項記錄圓滿日記為「五十六年一月廿四日（農曆十二月廿五日）」，「五十六年」應為「五十七年」。

1968 年・民國 57 年 | 79 歲

一月三十日（二），戊申年正月初一，至台中蓮社參加團拜。

二月九日（五），周邦道來函，說明菩提救濟院事務處置方式，並再度勸請先生將著作列入其主編之《中華大典》。[1]（《圖冊》，1968 年圖 3）

    周邦道，〈周邦道來函〉（1968 年 2 月 9 日）：雪公夫子大人尊鑒：七日諭示奉悉。元月份收支報表道等迄未接到，不知是江秀英抑何美枝所造？刻函秀英詢明並囑其如此款項必須注明清楚，作以後經費分開之基礎。無論董事會或救濟院與醫院一切事務均雜亂無章，且群龍無首。似此情形前途堪慮，道無法指揮、無從負責。雖提胡長蓁君暫時供作差遣，但不願其長久，以免其吃虧。至財產文卷移交手續不過是一種形式，將來道辭卸時在形式上庶可交代清楚，不致被人懷疑或怨詈也。郭阿花居士已去函慰謝，黃創辦人雪銀，請慰留，以免團體瓦解。

吾師著作請早日付印，並請以佛學部份交道印入「中華大典」，比諸「永樂大典」垂之奕禩。鐸老著作即是如此，分兩大部份。古人云：後世誰相知，能定吾文耶？願吾師勿過撝謙為禱。全部著作如炎墩預約付印，正好交與此與「中華大典」印，師及印祖文鈔著作可並行不悖。秀英所集之款當分一部份與炎墩，即代捐款者為之預約若干（免其再出錢），關于印吾師與鐸老著作及海峰承印雲師、

---

[1] 周邦道：〈周邦道來函〉，1968 年 2 月 9 日，台中蓮社收藏。

1945

俊師著作，擬在樹刊、覺刊發表消息。未諗尊意為何？
（聞史苑諸居士在師處看見大典目錄，以為道將老師印著
作之款移印其他法師之著作。如此訛傳真是冤枉，可見
做事之難，社會上亦不願有人做好事也。中華大典目錄
係道奉張曉峰先生之命而草訂者，如何印行全待多種因
緣，並非一人一財之力所能負荷。）
安老施醫兩所主任、副主任請囑其早日進行。上次會議決
定之款可早日領用。菩院規程所規定之名稱經查為主任、
副主任，而非所長、副所長。彼等恐聞此名稱或有不快，
請費神說明，是所至禱。日來忙甚，燈下肅此，敬敏
鈞安　　　弟子周邦道頂禮　五十七年二月九日十一時

二月十二日（一），周邦道來函，力主救濟院各單位應團結合作，不宜太早分家，以免陷於孤立困窘之境。[1]

周邦道，〈周邦道來函〉（1968 年 2 月 12 日）：
雪公夫子大人函丈：十一日諭示奉悉。俊義兄已請其以
常務身分監交。彼為人忠實肯負責任，乃董事會動力所
在。誘之掖之、匡之輔之，定可發生力量（此一力量如
失去，院長又不知動、不能動，則一切癱瘓矣）。時英
兄日前北來，已與正之、茂林諸兄，勸其聽候函丈計
畫，相與圓成。《樹刊》不登一切不利消息，外界捐款
存備移轉，彼能順從，自少障阻。刊物關係重要，《覺
世旬刊》之于東方佛學院，聲聲相應，有猶桴鼓可以徵

---

[1] 周邦道：〈周邦道來函〉，1968 年 2 月 12 日，台中蓮社收藏。

證也。〔如借重他人刊物，則困難滋多，信仰亦差。若干人與時英對立者（如陳許等），同時厭棄《樹刊》，必欲推倒而後已，此種見解竊不敢以為然。〕（今後似須設法化阻力為助力，如時英站在敵對方面，內部又是一盤散沙，前途岌岌輒為杞憂。）菩提救濟院事業財源以醫院為主，安醫二所只是消費而已。（二所為院中之二部分業務單位，恐不能單獨對外行文，——有限度的行文透過院長當然可以——如此時分家太早、劃界太嚴，恐將自隔于孤立困窘之境。婦人識短，斤斤獨立，輒亦為之擔心不已。經費問題大家均主分開，不可混用，但似不可此疆彼界，各不相謀。各方面只知救濟院，莫知有二所。而又直接捐款者恐為數有限。如醫院開門自可源源濟助，但此須院長有為有能，始可團結此一大家庭。）臺北同人意見，二所固須建立，（三請四催仍按兵不動，不知是何原因。有錢何以不用？有事何以不做？可疑可歎。）醫院必須復業，庶足以資號召，並振作同人精神，但規模不宜大，（如陳江水君昔堅持綜合大規模醫院，竊不敢贊同。）以免虧累太多。此點乞函丈誉裁。

至函丈北來，同人等咸感不安，現經商談，請函丈打消此意。本星期六晚，茂兄南來，翌晨晉謁，就癥結所在、圭刀所需，切實談商。並設法溝通幾方面意見，建立橋梁。安、醫二所剋日進行，醫院開門之人與錢預為計畫，俟月底開董事會作具體決定。如無法打開局面，道固不敢再居虛位，正之、子慎、茂林諸兄亦將共同請

1947

辭矣。

函丈著作,擬請參考鐸老計畫。鐸老聯作分成若干單行本,陸續印行。其中佛學著作四本(五乘佛法與中國文化、論地藏經、八大人覺經述記、維摩室賸語),另標一名稱交道影印(略放大合十六開版本),列入「中華大典」宗教類佛學部門。念生先生序文已寄來,容當呈閱。鐸老亦正在構思,道將來或作一跋尾之文,奉志緣起。肅此奉稟,虔敬

　　崇安　　弟子周邦道頂禮　　五十七年二月十二日晚十一時

二月十六日（五），周邦道來函，讚歎先生提出之〈整理院務計畫書〉。[1]（《圖冊》,1968 年圖 4）

　　　　周邦道,〈周邦道來函〉（1968 年 2 月 16 日）：
雪公夫子大人函丈：茂林兄決定明午南來,先後諭章悉已請閱。頃奉〈整理院務計畫書〉,慈心悲願,感仰無量。謠諑毀謗,昨函已證明子虛,乞予冰釋。道等共體尊旨而行。時英又已向茂兄表示「只做事不說話」,障礙消除,曙光在望。敢請澄懷朗照,是所至禱。虔敬

　　崇安　　弟子周邦道頂禮　　五十七年二月十六日下午七時

二月二十日（二），晚,於中興大學「國學講座」,接續上學期,講授〈禮運大同〉。

---

[1] 周邦道：〈周邦道來函〉,1968 年 2 月 16 日,台中蓮社收藏。

1968 年・民國 57 年 | 79 歲

是日，函復黃月蘭，勉勵其所創設之溪州安老院基礎已具，更當「百折不回」。[1]（見《圖冊》，1968 年圖 5）

〈黃月蘭之一〉：月蘭賢具壽台覽：溪州安老院事已奠基礎，甚喜。但辦事非一人之力，且不能一路康莊。尤其公益事人多觜〔嘴〕雜、此前彼後，非具大決心，難以成功。炳在台中所辦之事，皆有魔障，終經忍而推進得以完成，可作龜鑑。修德公畢返來時，望將此意轉告。以中興佛社而論，亦是數遭波折，始有今日也。炳事如猬，既不能常往談話，又無暇時時通信，甚感慚愧。謹以「百折不回」四字相贈，此成功之秘訣也。本星三圖書館恢復講經，又照常忙矣。專此并頌

淨祺　　　　　　　　　侍李炳南謹啟　二月廿日

二月二十四日（六），同鄉友靳鶴聲七十壽辰，得先生推薦刊印蕅益大師《阿彌陀經要解》、知禮法師《觀無量壽佛經疏妙宗鈔》，隋慧遠法師《無量壽經義疏》以報恩，因請先生撰〈淨土三經合刊序〉述其因緣。

〈淨土三經合刊序〉：鄉人靳君鶴聲，幼任俠，文章出桐城，解綬而後耽佛。昔客渝州，還建業，繼播遷臺島，無不與偕，朝夕二十年，論道相契而樂之。今

1　【數位典藏】書信／在家居士／黃月蘭／〈黃月蘭之一〉，收見《雪廬老人題畫遺墨》，《全集》第 16 冊，頁 311。黃月蘭時正於中興新村附近籌辦溪州安老院。信函日期經洪壬癸代詢黃月蘭確認（2024 年 1 月 7 日）。另請參見 1969 年 4 月 3 日、1989 年 4 月譜文。

1949

寅春,適君稀齡弧辰,友好議釀壽,比聞遜辭。趨而請之,君曰劬勞未報,其自壽也奚安,再辭。眾集婉陳其情,無以卻。報曰,請從儉,讌蔬食,移金刊梵經,以不殺禱延壽,以施經普獲福,不亦善乎?復咨刊要,曰正法戒成,象法禪成,今值末法,舍淨何所依哉。夫淨土三根普被,群經指歸,專說者為三經,第惜注繁增困。自《彌陀要解》出,靈巖歎為古佛不踰。《觀經妙宗鈔》出,雲棲贊為利鈍雙接。《無量壽經》注較寡,以隋小遠《義疏》稱備,合刊博施,則利生之道達矣。君欣然諾,囑為序文。遂不自譾陋,為記其刊經因緣,俾獲是刊者,知所益焉。

　　中華民國五十七年歲次戊申孟春　東魯李炳南敬序[1]

【案】靳鶴聲(1898-1998),山東省菏澤人,北京法政專門學校畢業後留學日本。歷任民國國民參政會第三屆會員(1942),制憲國大代表(1946),來臺後遞補為國大代表。小傳見一九四七年十月。

是日,周邦道來函,勸請保留菩提救濟院創辦人名義,以導師顧問身分作精神領袖。[2]

　　周邦道,〈周邦道來函〉(1968年2月24日):雪公夫子大人函丈:廿一日諭示奉悉。霜橋兄等請預

1　李炳南:〈淨土三經合刊序〉,《雪廬寓臺文存》,《全集》第14冊之2,頁16-19;落款據【數位典藏】手稿。
2　周邦道:〈周邦道來函〉,1968年2月24日,台中蓮社收藏。

洽,以便下星期六或星期日開會。函丈萬流仰鏡、多士景從,以導師顧問身分作精神上之領袖,並無若何牽累。僉擬請俯察此意,保留創辦人名義,容俟面陳一切。至道德薄能鮮,未能負荷,決不敢拜承尊命也。耑此肅達,虔敬

鈞安　　　　　　弟子周邦道頂禮　五十七年二月廿四日

二月二十七日(二),晚,於中興大學「國學講座」講授〈禮運大同〉。

本學期,持續為中國醫藥學院醫科講授《內經》專課,為中興大學中文系講授《禮記》專課。

三月五日(二),晚,於中興大學「國學講座」講授〈禮運大同〉。

三月十日(日),上午,菩提救濟院董事會舉行第二屆第三次會議,會議決議安老所、施醫所工作人員之派與經費之籌措事宜,並請救濟院院長加速商聘負責醫師,籌備復業事宜。

　　一、安老所推王主任彩雲、李副主任繡鶯、于董事凌波、胡主任長蓁、會商剋日興工建築。二、施醫所推呂主任正涼、黃副主任雪銀、林副主任慧縈,計畫進行。三、兩所經費,在董事會及救濟院監督下,暫時先行自籌,至會院能撥濟款項為止。四、菩提醫院推救濟

院徐院長灶生,商聘負責醫師,在最短期間內,賡續診療業務。[1]

該次會議並通過接受朱鏡宙預捐身後互助賻金作為菩提救濟院濟貧施醫基金。

　　朱鏡宙昨以書面致臺中菩提救濟院創辦人李炳南及董事長周邦道,作如下鄭重表示:光復大陸設計委員,向設有一項互助賻金,凡該會同仁身後均可得為數約十餘萬元的互助賻金。他現年八十,子孫均已成人,這筆款項收入擬撥付周濟貧病醫藥費基金,即以其利息全部撥充臺中菩提救濟院對貧病者施醫施藥之用,徵求院方同意。聞周董事長昨已提出董事會討論,決議通過,敬謹接受,並照朱氏意旨,與其訂立合約一式二份,各存一紙,共同信守。[2]

三月十二日(二),晚,於中興大學「國學講座」講授〈禮運大同〉。

三月十六日(六),即日起,每週六、日晚七時十分至九時,於慈光圖書館舉辦「佛學講座」,初級班聘請許祖成、徐醒民主講,以先生編著之《佛學概要十四講表》為教

---

[1] 〈新聞〉,《菩提樹》第185期(1968年4月8日),頁53。另參見:周邦道主席,劉步瀛記錄:〈臺灣省私立菩提救濟院第二屆董事會第三次會議紀錄〉(1968年3月10日),菩提救濟院檔案。

[2] 〈新聞〉,《慧炬》第59期(1968年3月15日),頁44。

材。高級班則請周家麟主講，以《般若心經》為教材。[1]

三月十九日（二），晚，於中興大學「國學講座」講授〈禮運大同〉。

三月二十三日（六），周邦道來函，說明先生著作列入《中華大典》之印行方式與體例。[2]

  周邦道，〈周邦道來函〉（1968 年 3 月 23 日）：雪公夫子大人函丈：印祖《文鈔》四本，印成廿五開式兩本（各以一千本計），約需三萬元左右。擬即與臺北平陽印刷所洽談。景印吾師全部著作，擬請交瑞成，以廿五開式陸續排印、陸續出版。關于佛學部分之數本，將來合併成為一大本，定一書名列入「中華大典」（大典封面格式及字體均有規定，容當奉上）。鐸老著作似在臺中排印，已同時去書，請其照此辦法，以期一舉兩得（即將封面改印，不必在臺北另印「中華大典」本）。印祖文鈔依例須請惠作一簡明「提要」，即將全書內容鉤玄提要，使讀者一展卷即可知其梗概（不必如鐸老所作二篇之詳——雲師年譜法彙、倓師回憶錄）。另請冠一序文，略提「中華大典」及學佛同仁為師祝嘏報恩之緣起。耑此肅懇，諸維賜照，順頌

  鈞安   弟子周邦道頂禮 五十七年三月廿三日

---

1 〈新聞〉，《慧炬》第 59 期（1968 年 3 月 15 日），頁 46。
2 周邦道：〈周邦道來函〉，1968 年 3 月 23 日，台中蓮社收藏。

三月二十六日（二），晚，於中興大學「國學講座」講授〈禮運大同〉圓滿。[1]

三月三十日（六），旅加僑領詹勵吾令郎志一，經周宣德介紹，與桃園郵局局長程天爵令媛程雯公證結婚。男女雙方家長及新人皆為佛門弟子，力從節約，以一千元助印《慧炬》月刊，另一千元助印先生《中華大典》之著作，以為祝嘏。[2] 助印之外，詹勵吾又題字以為先生耋齡慶祝。

〈詹勵吾題字祝李炳南耋齡慶〉：詹勵吾居士以李炳南老居士，學德廣大；今值耋齡大慶，除匯賀賻千元助印其著作外，殊非再撰詩語可表祝嘏之忱，特權選金剛經語各補一句，以真空妙有之義頌之，當獲十方諸佛之所護念云。茲覓得其原句，特刊如下：
無我相，有我相；無人相，有人相；
無眾生相，有眾生相；無壽者相，有壽者相。[3]

先生亦有賀詞祝福新人。

〈嘉禮賀詩一〉：祇園明月杏壇風，澈悟如如萬法融，智慧靈光澄海印，文章精氣貫天虹；燕山桂樹連科茂，須達蓮花並蒂紅，且喜後昆俱跨竈，慈施禮讓述前

---

1 智海學社：〈社史〉，《智海卅週年紀念專刊》，頁 129-198。
2 〈新聞〉，《慧炬》第 60 期（1968 年 4 月 15 日），頁 44。
3 〈詹勵吾題字祝李炳南耋齡慶〉，《慧炬》第 61 期（1968 年 5 月 15 日），頁 46。

1968 年・民國 57 年 | 79 歲

功。[1]

是月,先生經再三勸請,允將著作付印流通,並將佛學部分,列入周邦道主編之中華學術院《中華大典》宗教類。

　　中國文化學院董事長中華學術院院長張其昀,仿明《永樂大典》,創編《中華大典》,計分二十大類。宗教一類由考選部政務次長周邦道居士主編。其中佛學部門已選定當代法師居士之著作五十種,將陸續印列大典,藉以宣揚佛法,垂諸久遠。李老師正值耋齡大慶,群謀祝嘏,而謙讓未遑。經周邦道居士等再三勸請,始勉允將平生著作付印流通,並將佛學部分,隨同《印光法師文鈔》列入《中華大典》之宗教類佛學門,藏之名山,傳之奕禩。[2]

是月,為吉隆坡僑領趙忍菴重印《大乘止觀述記》撰〈序〉。該書係諦閑法師一九二一年夏在上海講述,江味農父子及友人筆記,再經江味農反覆修訂並經諦閑法師確認後於一九三一年印行。因首次印行不多,今擬採精製新紙、線背古裝精緻重印。

　　〈大乘止觀述記重印序〉:南嶽宿尊,起於陳末,受普賢摩頂之瑞,悟慧文觀心之密,遂有《大乘止觀》

---

1 李炳南:〈嘉禮賀詩集錦(詩一)〉,《慧炬》第 60 期(1968 年 4 月 15 日),頁 35。

2 〈新聞〉,《菩提樹》第 185 期(1968 年 4 月 8 日),頁 53。

1955

之作，衍成天台教義，各宗因之，各有所闡也。實則無論禪淨之行，經論之解，總歸精一，開則萬殊。明乎一殊非異，止觀不二，悟群經一如，專宗一如，推而知群專一如，諸法無二如矣。是諸解不離止觀，諸行不離止觀，習乎止觀，深乎止觀，則禪也、淨也、密律也、華嚴也、天台也、三論唯識也，無不可通，無不可入矣。第教義玄微，非說莫解，唐宋諸疏，奧衍閎深，習今文者，嘗感讀無所會。諦閑長老出，道承臺統，慈憫末世，以時言重演之，得江味農開士，常隨述記，草討修潤，八年成書。讀其記，思所演，契於心，暢乎義，每當據案咿唔，興會淋漓，幾疑法音洋洋左右，獅子座如在其上者矣。惜書僅刊一版，藏之者寡，歲月遷流，正懼其湮也。吾友趙忍菴居士，僑吉隆坡，精修大悲陀羅尼，多應，好布施，尤喜印送經像，不能記其萬千，南州化之。茲復重印此書，萬二千部以施。其夫人慧如，及女公子琪瑛，均施淨財隨喜。欲其莊嚴也，則採線背之古裝。必使光潔也，專製桑楮之新紙。可謂誠於意，敬於事，能宏其道，能利其眾者矣。

中華民國首次戊申仲春　東魯李炳南敬序[1]

【案】趙忍菴印贈佛書多而且精，一九六五年五月二十二日，先生於慈光講座開講《金剛經》，所用教

1　李炳南：〈大乘止觀述記重印序〉，《雪廬寓臺文存》，《全集》第 14 冊之 2，頁 22-25；落款據【數位典藏】手稿。

1968 年・民國 57 年 | 79 歲

材：江味農《金剛經講義》即為趙忍菴所贈。[1]

四月二日（二），金山江天寺前住持太滄老和尚捨報，世壽七十五，法臘五十二。太滄法師多年前曾到訪，與先生合影於菩提樹雜誌社前。（見《圖冊》，1968 年圖 6）

四月七日（日），上午九時三十分，至慈光圖書館參加中部大專同學佛學演講比賽，擔任評審。演講比賽由詹煜齋獎學基金會與慈光圖書館聯合舉辦，參加者有六校院選出優秀同學十四人。擔任評判師長另有周宣德、許祖成、陳進德、史宏亮、朱斐、徐醒民、周家麟等多人。講題為「佛學與三民主義」、「佛學與中華文化」及「佛學與身心健康」。[2]

四月八日（一），佛誕節，臺中市佛教界於中山堂舉行慶典，典禮前佛教團體於市街慶祝遊行。[3]

　　游青士，〈菩提樹下慶佛誕〉：兒時的佛誕節遊行現場：祖母周慧德老居士和她義結金蘭的十姊妹在四十八願大隊裡，家父俊傑公與他本省、外省籍師兄弟在天樂隊中演奏，家母林菊蘭女士與師姑、師姨，在公

---

1 黃宏介：〈臺中金剛經講座側記〉，《慧炬》35/36 期合刊（1965 年 7 月 15 日），頁 37-38；〈新聞〉，頁 46。
2 〈新聞〉，《菩提樹》第 186 期（1968 年 5 月 8 日），頁 53。
3 〈影畫版：慶祝遊行在臺中〉，《菩提樹》第 186 期（1968 年 5 月 8 日），頁 2。

園路口石階邊準備分發便當,家姊式鈺與誼姊妹在浴佛花車裡當飛天小仙女,筆者和社區幼稚園同學,穿著維吾爾的民族服飾在慈明寺的卡車上,《菩提樹》雜誌社的朱斐老居士,在隊伍中時而領隊、時而攝影地穿梭著,當時還在中興大學讀書的紀潔芳大姊姊(現已教授退休),隨著大專學生聯絡中心的各校同學,沿途幫忙發放家父協助編輯的「慈光佛誕特刊」,大眾在台中蓮社雪公李炳南老居士的親自帶領下歡歡喜喜地繞行臺中市區,前往參加佛誕節慶典。[1]

【案】此為游青士上小學以前記憶,依其年歲繫於是年。

四月十四日(日),周邦道來函,說明先生著作出版徵求樂助附印之動機。[2]

周邦道,〈周邦道來函〉(1968 年 4 月 14 日):雪公夫子大人函丈:醫院已經復業,咸共欣慶。函丈調度,蓋煞費苦心矣。關于祝嘏印書事,因臺中蓮友未看明緣起,傳說訛誤令人煩惱,故在樹刊登一消息(上月曾函吾師略表此意)以期瞭解,兼予束手旁觀者以參與機會(去信無回,秀英與談,亦多冷淡,如果出書,恐又嗟怨,做人之難,難以細說)。(臺中風氣,凡內地

---

[1] 游青士:〈菩提樹下慶佛誕〉,《慧炬》第 611 期(2018 年 4 月 15 日),頁 9-18。

[2] 周邦道:〈周邦道來函〉,1968 年 4 月 14 日,台中蓮社收藏。

1968年・民國57年 | 79歲

人發起之事,均作壁上觀。地域觀念如此牢固,殊非學佛人之所應有也。)除時英加「周邦道等」四字外,均係道之原稿。昨由時英轉示尊箋,萬分惶悚,已函秀英綜計數目作一打算,並將于樹刊下期登一消息,云款已籌好,請勿另有所樂助(大意如此,文字待酌)。《覺世旬刊》轉登樹刊文字,自亦當同樣寄稿也。謹此奉稟,諸乞恕罪為禱。順敬

崇安　　　　　　弟子周邦道頂禮　五七、四、十四晚

四月十七日(三),即日起,於慈光圖書館週三講座開講《大方廣佛華嚴經》。此為先生週三經筵最長一部經,也是最後一部,歷時十八年,至一九八六年往生前一個月為止。每週開講時,南北各地來眾坐滿講堂近千人座位。
(《圖冊》,1968年圖7)

　　慈光圖書館之講經盛會,每次約將近千人聽講,講堂內、閱覽室、停車場,甚至附設幼稚園的教室裡都坐滿了聽眾。有公務人員、大學教授、中小學老師、大學生、家庭主婦、販夫走卒、不識字的老人、學佛多年的老蓮友、從未聽聞佛法慕名而來的在家人等等。心中常思索著,雪公老師要怎麼講,才能令大眾受用、滿意,每週帶著歡喜心分別從臺北、高雄等地前來聽經,且十幾年來從不間斷,這真是不簡單的事![1]

---

1 紀潔芳:〈研讀《佛學問答》經驗分享〉,《慧炬》第576期(2012年6月15日),頁52-60。

開講〈十門玄談〉[1]時先說明：打開胸襟學佛，須看《華嚴》；聽此後，可了解佛法整體，不致互相矛盾。世尊說法四九年，《華嚴》成其始，《法華》成其終，《華嚴・普賢行願品》導歸極樂，《法華・觀音普門品》偈讚彌陀，二經皆指歸淨土。

〈聽華嚴開胸襟〉：學佛，須對整個佛法教體認識，如認人，若只看大的輪廓，詳細部分如手紋、毛髮、皮骨皆無法了解。今講《華嚴經》後，對佛法可認識個大概，不至於對各宗互相批評，宗與宗間如身體各部分，皆是一身部分。不了解此，就會妄分貴賤。又如世界，古時只知天圓地方，上學後始知有太陽系，銀河系，看過《華嚴經》，則銀河系便微不足道，如一根汗毛而已，聽了《華嚴經》，則知世界重重無盡。儒家〈中庸〉說：「語大，天下莫能載焉。語小，天下莫能破焉。」蘇東坡在〈赤壁賦〉也說：「惟江上之清風，與山間之明月，耳得之而為聲，目遇之而成色，取之無禁，用之不竭，是造物者之無盡藏也。」故欲打開胸襟應學佛，須看《華嚴》，聽此經後，可注經，可了解三藏十二部，不致互相矛盾。臺中同修，注重教義者，可研究其中的教義，注重行門者，也可依此修淨土法門。此經最後，普賢菩薩修十大願王，導歸極樂。《法華

---

[1] 李炳南：《大方廣佛華嚴經講述表解》，《全集》第1冊之2，頁1。篇題下注記「民國五十七年四月十七日」，徐醒民「華嚴經聽講筆記」（未刊本）亦始於是日。

1968年・民國57年 ｜ 79歲

經》亦有念佛。故釋迦佛最初說的《華嚴》，最後講的《法華》，自始至終皆重淨土。[1]

〈華嚴講前開示〉：戊申之春，師開講《華嚴》，語眾曰：世尊說法四十九年，《華嚴》成其始，法華成其終，二經皆指歸淨土。《華嚴・普賢行願品》，以十大願王導歸極樂，學者多能知之。《法華・觀世音普門品》，亦有偈讚彌陀。英國學者克爾恩氏，依梵本譯成英文之《實法蓮華經》，復由中國呂碧城居士譯為華文，篇末多偈七首，皆讚揚彌陀之功德，其最後二偈云：「至尊阿彌陀，寶座蓮華上，花中放光明，照耀最無量。讚彼功德藏，三界無能比，彼為宇宙師，我輩速依倚。」呂居士曾謂為蓮宗有力之證，不亞於《華嚴》之〈普賢行願品〉。故知釋迦如來一代時教，自始至終皆重淨土。而《華嚴》義理，汪洋沖融，廣大悉備，非有大因緣，尤不可得而聞也。臺中同修今得而聞之，實由二十餘年聽經之功德而然，甚願珍重，求其畢聽，得其指歸，心開意解，往生也，成佛也，皆利賴之。[2]

【案】呂碧城譯文，見〈妙法蓮華經觀世音菩薩普門品筆記〉，《講經表解（下）》，《全集》第三冊，頁一一四四。（可參見1959年2月25日譜文）

---

1 李炳南講，徐醒民記：〈聽華嚴開胸襟〉，《明倫》第466期（2016年7/8月合刊）。
2 李炳南講，徐醒民記：〈華嚴講前開示〉，《雪廬述學語錄》，《全集》第10冊之2，頁149。

1961

每週三宣講《華嚴經》時,全天於慈光圖書館閣樓閉關,依清涼國師《華嚴疏鈔》編製《大方廣佛華嚴經講述表解》。[1](見《圖冊》,1968年圖8)先生常言:「彌陀經為小華嚴,華嚴經為大彌陀」,人因稱其「教在華嚴,行在彌陀。」

〈華嚴講表・摘要〉:先生常言:「彌陀經為小華嚴,華嚴經為大彌陀」。《大方廣佛華嚴經講述表解》,乃先生為令淨土行者,深入教理,信心堅固,自民國五十七年四月十七日起,至民國七十五年三月十九日止,歷時十八年,宣講《華嚴經》期間所編寫。經本用唐譯八十華嚴,先生自〈世主妙嚴品第一〉,講至〈十迴向品第二十五〉第十迴向之初,尚未圓滿而往生,故講表亦止於此。《表解》依照清涼國師之《華嚴疏鈔》編製,綱目井然,講表外又有先生之旁注與眉批,或提示要旨,或匯歸淨土,可見先生於華嚴用功之深。《華嚴講表》之手稿共二百九十九張。(吳毓純編撰,張清泉審訂)[2]

朱鏡宙,〈李雪廬先生九秩簽名祝嘏弁言〉:平居於《華嚴》《彌陀》二經,致力尤勤,數數講解,字字珠圓,皆從性海中流出。有親炙門下者,能得其髓,分化一方,聲譽藉甚,然後知此老教在《華嚴》,行在《彌陀》。夫「彌陀」,華言「無量壽」,師當住壽無

---

[1] 李炳南:《大方廣佛華嚴經講述表解》,《全集》第1冊之2,頁1-379;手稿見:【數位典藏】手稿/佛學講授/華嚴講表。

[2] 【數位典藏】手稿/佛學講授/華嚴講表/〈華嚴講表〉摘要。

1968 年・民國 57 年 | 79 歲

量、與眾生同遊華嚴果海,寧可以干支數論域之哉?[1]

四月十八日(四),周宣德夫婦陪同加拿大僑領詹勵吾三公子志一新婚夫婦,來臺中拜訪先生,並參觀菩提救濟院,該院在太虛紀念館設宴款待。周、詹一行當晚並參加逢甲學院普覺學社晚會。[2]

四月二十一日(日),馬來西亞檳城菩提小學校長陳少英,隨華校僑團返國觀光。是日經臺中市往日月潭,特請朱斐引見訪候先生。[3]

四月二十四日(三),於慈光圖書館週三《華嚴經》講座,續講〈十門玄談〉。[4]

四月二十七日(六),加拿大詹勵吾來函,為日前先生接見其令郎致謝,並撰賀詞為先生祝壽。[5](《圖冊》,1968 年圖 9)

---

[1] 朱鏡宙:〈李雪廬先生九秩簽名祝嘏弁言〉,《詠莪堂文錄內外篇》卷 6,頁 323-324;朱此文原為號召諸友簽名祝嘏,但未果。文末附誌:「太虛堂簽名申敬,因雪老堅拒,故未舉行。」
[2] 〈新聞〉,《菩提樹》第 186 期(1968 年 5 月 8 日),頁 53。
[3] 〈新聞〉,《菩提樹》第 186 期(1968 年 5 月 8 日),頁 53。
[4] 李炳南:《大方廣佛華嚴經講述表解》,《全集》第 1 冊之 2,頁 2-3。
[5] 詹勵吾:〈詹勵吾來函〉,1968 年 4 月 27 日,台中蓮社收藏。

詹勵吾,〈詹勵吾來函〉(1968年4月27日):
雪廬老居士賜鑒:小兒志一此次來臺成婚,囑其代學人瞻拜座下。乃荷款接,並蒙厚賜,何以克當。喜聞耄齡大慶,恭書祝詞,並託子慎先生代撥千元,敬作大著刊費,使眾生廣沾法益。肅此叩祝

鈞安　　　　　　　　　　　　　　學人詹勵吾頂禮
無我相有我相無人相有人相無眾生相有眾生相無壽者相有壽者相
雪廬李老居士耄齡大慶　　　　　　　學人詹勵吾拜祝

是月,於中興大學中文系《禮記》專課講解〈曲禮〉、〈樂記〉。[1]

是月,菩提救濟院附設醫院復業,聘有臺中醫院內外婦三科醫師,擬先行試辦半年。
　　〈臺灣省私立菩提救濟院第二屆董事會第三次會議紀錄〉:
討論事項四、菩提醫院如何復業案。
決議:
1. 醫院暫由徐院長聘妥臺中醫院內外婦三科籌備復業,每月開支三萬二千元。試辦六個月共須二十萬元。挪

---

[1] 徐醒民:《曲禮筆記》(1968年4月－1968年4月)、《樂記筆記》(1968年4月－1968年5月);見洪錦淳:〈雪廬老人《禮記》選講特色及其所涵蘊的價值〉附表「《禮記》選講的篇目、時間、地點」。

用施診所十萬元,徐院長及黃創辦人共借出十萬元。每月營業收入扣還。其擬還借款辦法:第一個月先撥三萬二千元,第二月一日由醫業收入之款全數交由李老師保管,次日即將第二個月經費三萬二千元撥發,以下類推。

2. 宣傳部分,由李炳南老居士與朱董事斐負責。
3. 醫院以前虧欠款項俟董事會有財源時另案償付。
4. 醫院現在藥品應請藥劑師清查。
5. 醫院添建廚房由李創辦人炳南願貸款二萬元興建。[1]

五月一日(三),於慈光圖書館週三《華嚴經》講座,宣講〈世主妙嚴品第一〉。[2]

是日,菩提救濟院新聘附設醫院院長陳江水醫師到任。另聘救濟院院長徐灶生夫人徐林冬柑為附設醫院副院長,已於四月到職。

因醫院業務經營維艱,一度呈現困境,前任院長副院長相繼辭職,不得不暫停營業,乃於五十七年五月一日起改組,另聘留德胸腔外科專門陳江水醫師為院長負

---

[1] 周邦道主席,劉步瀛記錄:〈臺灣省私立菩提救濟院第二屆董事會第三次會議紀錄〉(1968年3月10日),菩提救濟院檔案。
[2] 李炳南:《大方廣佛華嚴經講述表解》,《全集》第1冊之2,頁4-5。

責醫務，徐林冬柑女士為副院長負責行政。[1]
　　新任醫院院長陳江水醫師，已於五月一日到任。蒞任以來，醫院業務，已有轉佳趨勢。陳院長現年四十七歲，臺中人，民國三十九年臺大醫科畢業，歷任臺大醫院外科醫師、臺北仁濟醫院外科主任、西德武魯茲堡大學醫院外科醫師。現任中山醫專教授兼附屬醫院外科主任。[2]

五月八日（三），於慈光圖書館週三《華嚴經》講座，續講〈世主妙嚴品第一〉。

五月十五日（三），於慈光圖書館週三《華嚴經》講座，續講〈世主妙嚴品第一〉。

五月中旬，為中興大學中文系第三屆學生出版《新蟬四集》題辭。
　　〈新蟬四集題辭〉：柳院書齋夏日長，竹簾蒲扇近端陽；絃歌四壁蟬吟樹，都是絳帳流翰香。[3]

1　朱斐：〈炳公老師與我——兼述臺中早期建社弘法的經過〉，《菩提樹》第 403 期（1986 年 6 月 8 日），頁 23-32。

2　〈新聞〉，《菩提樹》第 189 期（1968 年 8 月 8 日），頁 51。

3　國立中興大學中文系第三屆編印，《新蟬四集》（無版權頁）。該系第三屆為 1967 年 9 月入學，大一修詩選後有此集則端午是 1968 年 5 月 31 日；若大二修詩選後有此集則端午為 1969 年 6 月 19 日。此首《全集》未見收。

1968年・民國 57 年 | 79 歲

五月十八日（六），下午一時，至臺中商專圖書館，參加該校佛學社團等觀學社成立大會。學社指導教授為呂佛庭。[1] 日後，先生為該社作有〈等觀社社歌〉。

〈等觀社社歌〉：法性無差別，平等乃天然。博施濟眾從今應荷起仔肩。我相人相，一例棄捐。老吾老，幼吾幼，萬物並育，不害不殘，是我文化心傳。天下公，世界同，橫窮豎遍，恆沙大千，努力盡莊嚴。勉乎哉，吾青年。勉乎哉，吾青年。[2]

五月十九日（日），於慈光圖書館受託主持智光大師國際文化詹氏獎學金頒獎典禮。[3]（見《圖冊》，1968 年圖 10）

五月二十二日（三），於慈光圖書館週三《華嚴經》講座，續講〈世主妙嚴品第一〉

五月二十九日（三），主持慈光育幼院擴建院房動工儀式，請省社會處長傅雲剪綵。[4]

是日晚，於慈光圖書館週三《華嚴經》講座，續講〈世

1　〈新聞〉，《慧炬》第 62/63 期合刊（1968 年 6 月 15 日），頁 56。
2　李炳南編詞，王鑼錕作曲：〈等觀社社歌〉，《弘護小品彙存》，《全集》4 之 2，頁 583。
3　【數位典藏】照片／教育研習／大專佛學講座／〈獎學金頒獎〉。
4　〈新聞〉，《慈光》第 215 號（1967 年 7 月 31 日），第 1 版。

1967

主妙嚴品第一〉。

五月三十一日（五），為舊友現任中國醫藥學院教授唐湘清新著《難經今釋》撰〈序〉。

〈難經今釋序〉：數千年言語文章，遞相更始，無師承，惟依乎訓詁考據，以求其通，此讀古書之難也。文以載道，言以言道，言與文有其跡，道藉跡象以會心，若梗於跡象，何由而見乎道，此求道於古書，尤為難者也。《難經》者，文惟古而道乃醫；訓詁家、考據家、文藝家、醫術家，咸稱難讀，遂各以其專業說之，自不免各是其是，紛爭興焉，紛爭益甚，大道益隱，所謂《難經》之難，不獨在於彼而又在於此矣。相傳歧伯授之黃帝，而伊尹授湯，太公於文王，秦越人於華佗，後至於黃公曹元，是皆師資所親承，曹後未有聞，亦惟有四家是賴也。能息四家之訟，而匯四家之知，如物見六方，可得其中矣。文古，從賴訓詁，文藝以注；道醫，從賴考據，醫術以研。夫如是，而有心斯道者，歷代實不乏焉。所有注疏，亦多可觀，足範後世，復何言哉？於戲，今日宇宙，乃鼎革造極之時也，風俗移，文藝丕變，言語新，中醫之道湮塞，有起治難經者，而觀前人注疏，不幾荊棘滿目，滿口嚼蠟也哉。是《難經》之難，不惟難於經，而又難於注疏矣。余友唐君湘清，古吳人也，精邃中醫，淹貫群籍，通西學，任中國醫藥學院教授。慨是經前人之注，而窒於時，致中醫復興迺遭難進，遂應乎時習，而有今釋之作。今釋者，非同前

人也,非異前人也,只以時代言文,宏乎先聖之道,暢乎前人之文也。俾其難者而不難,隱者而不隱,庶乎師承不緒之世,而是經猶得乎彰耳。仁心仁術,啟迪後昆,能得重施於人也。著將梓,徵序於余,曰:願聞作者之志。君為述上言。畢其辭,欣然而為序之。

中華民國五十七年戊申端陽　稷下李炳南識於臺中[1]

【案】唐湘清,一九五四年六月任臺中監獄教化科長,一九六二年應聘至中國醫藥學院執教《難經》及《內科學》。(小傳見1949年7月3日譜文)

是月,《中華大典》宗教類主編周邦道,將《印光大師文鈔》編入,請先生撰序。先生特指出印光大師之文為聖賢文章,即立言、即立功、即立德。

〈中華大典印光大師文鈔序〉:觀夫古今之文,古嘗一而今嘗異。一者聖賢之文,異者文人之文。文人之文只為文,聖賢之文是為道。文者不必有道,而道者必茂乎文也。文者何?藻辭而已。道者何?立言是也。言有立乃據於德,能宏乎道,道成於功,淑於人善於世者也。屈宋班馬,文之文者,鮮乎道,而其文故可仿與議,因其異乎醇也。三藏六經,文之道者,辭尚達,而文自不可仿與議,惟其精於一也。淨宗十三葉祖,印光大師者,數閱藏而不注經,能文章而不著書,於儒有近

---

[1] 李炳南:〈難經今釋序〉,《雪廬寓臺文存》,《全集》第14冊之2,頁43-44;落款據【數位典藏】手稿補。

乎顏李，於釋有比於飲光也。度生遍震旦，開示無虛時。人得其示，不約而同皆寶藏焉。有心者蒐眾藏而薈之，名曰文鈔。無雕琢，去陳言，閱之醒於目，讀之動乎中，如聞雷音騰於紙，如飲甘露潤諸喉，曩所聞真語者如語者，今始知之矣。凡天下之修淨者，莫不度藏一函，由放逸而警惕，悔懈怠而精進。不知佛者，初聞見而起信，繼信增而皈依，從而持戒修福，終成願行佳士。於戲！未見顏色能傾心，未聆言語而自化，此文鈔之謂文，立言乎，立德乎，抑立功乎？信乎聖賢之文，道而已矣。

吾友周子慶光，德純學邃，祖之再傳弟子也，適國家倡興文化，受聘於文化學院，主編《中華大典》，采而入之，俾與龍藏並耀乎世。開眾生之慧目，彰淨宗之正範，此一因緣，功德亦逾須彌矣。又復徵資廣刊，冀得流通靡遺，所作所興，迴向朽躬，並囑序之，朽不之辭焉。倡興文化也，利濟眾生也，推闡佛法也，顯揚師德也，布施迴向也，無一而非夫道。以有道之士，流通有道之文，道在斯矣，道在斯矣。宜與其道故不辭，且不以難為言而不序。至祖之行業，及文鈔之結集，各詳原序中，茲不贅。

中華民國五十七年夏　受業弟子李炳南謹序[1]

---

1 李炳南：〈中華大典印光大師文鈔序〉，《雪廬寓臺文存》，《全集》第14冊之2，頁31-33；落款據【數位典藏】手稿。

是月,於中興大學中文系《禮記》專課講解〈樂記〉、〈學記〉。[1]

六月五日(三),於慈光圖書館週三《華嚴經》講座,續講〈世主妙嚴品第一〉。

六月七日(五),周邦道收得先生〈中華大典・印光大師文鈔序〉後,函復回報,並及菩提救濟院人事。[2]

  周邦道,〈周邦道來函〉(1968年6月7日):雪公夫子大人函丈:手示暨提要奉悉。《文鈔》正景印,尊序及提要當另行排印。同人合印一千部(上下二冊),善導寺附印三百部,獅山放生會附印三百八十部(附印者只算紙張,裝訂費逕與平陽印刷所洽辦)。希望七月初出書。尊著標名為何,乞垂示。鐸老定名「詠莪堂佛學著述四種」可備參考。茂林兄言菩院收入頗佳,聞之欣快。胡君想能多抽空來院工作。此外覓人比較不易,未諗藥籠中有此人選否?道目疾除用藥物外,遵囑常以淡鹽水洗滌,刻下大致痊可,請紓慈注。耑敬
  崇安   弟子周邦道頂禮 五十七年六月七日

---

1 徐醒民:〈樂記筆記〉(1968年4月-1968年5月)、〈學記筆記〉(1968年5月-1968年6月);見洪錦淳:〈雪廬老人《禮記》選講特色及其所涵蘊的價值〉附表「《禮記》選講的篇目、時間、地點」。
2 周邦道:〈周邦道來函〉,1968年5月7日,台中蓮社收藏。

六月八日（六），先生編寫之《常禮舉要》，由王烱如插畫，自本期《菩提樹》月刊開始連載八期。《常禮舉要》十年前即已編成，發行文字版。此次連載為插圖版。

六月十二日（三），於慈光圖書館週三《華嚴經》講座，續講〈世主妙嚴品第一〉。

六月十八日（二），與中興大學智海學社應屆畢業同學合影於蓮社。[1]（見《圖冊》，1968 年圖 11）

六月十九日（三），於慈光圖書館週三《華嚴經》講座，續講〈世主妙嚴品第一〉。

六月二十二日（六），夏至後，為江逸子所繪觀世音菩薩坐像〈清淨自在〉錄寫《法華經》偈。[2]

六月二十三日（日），吉隆坡趙忍庵繼印贈《大乘止觀述記》後，擬印贈《楞嚴經》；請教注疏本之抉擇，並請撰〈序〉。先生特述《楞嚴經》之繙譯、入藏、流通、注疏，緣會獨異於各經，並建議印行《楞嚴經指掌疏》。

〈楞嚴經指掌疏序〉：《楞嚴》一經，於吾國之緣

---

[1] 【數位典藏】照片／師生聚會／師生合影／〈智海學社畢業紀念〉，注記：「中興大學智海學社五十七年畢業同學留念 57.6.18」。

[2] 李炳南：〈清淨自在〉，澹寧齋編著：《雪廬老人題畫遺墨輯》（新北：大古出版，2016 年再版），頁 21。落款為「歲戊申夏至後」。

奇矣。未之見而先騰其名，未往求而突如其降，未詔集譯，成於私翻。或眾生之福善，有所感召，可謂緣合之順者也。然大藏唐迄於明，皆未收載，真偽之諍，轟然蠭起，學者臨歧徬徨，因增困惑，又轉緣違之逆者也。自唐而後，代有注者。《閱藏知津》出，稱此為宗教司南，性相總要，一代法門之精髓，成佛作祖之正印。而持偽論者始見蹶，持真論者始見振。學者困惑漸破，眼路得燭，此亦緣之順者也。

善閱古人之注者，先觀其旨趣，視其所由發，察其所以指，闡性者非不有相，宏淨者非能泯禪，扞格則生死異乎涅槃，圓解則妄境即是真智，圓解在人，扞格不在乎注也。考古所注，近七八十家，今人不與焉，力薄者，或畏帙繁，或畏文澀，得流通之廣者，《會解》、《合轍》、《正脈》、《指掌》而已。先是予為人述是經，即取參於《正脈》，丙午臘圓滿。逾歲，吉隆坡趙忍庵居士印送《大乘止觀》畢，復發心流通楞嚴，飛簡以《正脈》、《指掌》下問，取決所擇焉，且聞之，其法施處，首在三臺。予喜曰：此其感召耶？胡不速而來臨，感必有所因，益信乎前之順逆諸緣，在心不在經矣。既而思之，施法者，為利乎眾也。以難易言，宜宏其易。以多寡論，應益乎寡。《正脈》言繁辯邃難也。《指掌》簡要易也。《正脈》新述，冊儲家戶多也。《指掌》未述，間遇經坊寡也。夫如是，則《指掌》尚矣。忍庵報曰：諾。徵序。予以此經之來震旦也，繙譯也，入藏也，各地流通也，各家注疏也，其緣莫不異乎

各經,故作因緣觀以述諸緣。

中華民國歲次戊申夏至後　李炳南識於臺中[1]

六月二十六日（三），於慈光圖書館週三《華嚴經》講座，續講〈世主妙嚴品第一〉。

是月,為中國醫藥學院《內經》專課期末考及補考出試題。[2]
（見《圖冊》,1968年圖12）

是月,為中興大學中文系《禮記》專課講授〈學記〉。[3] 期末考考試範圍即為五月、六月講授之〈樂記〉、〈學記〉。[4]（見《圖冊》,1968年圖13）

七月三日（三）,於慈光圖書館週三《華嚴經》講座,續講〈世主妙嚴品第一〉。

---

1 李炳南:〈楞嚴經指掌疏序〉,《雪廬寓臺文存》,《全集》第14冊之2,頁19-21；落款據【數位典藏】手稿。

2 【數位典藏】手稿／其他著作／大專院校授課試卷／〈五十六年二期期考補〉。

3 徐醒民:《樂記筆記》（1968年4月－1968年5月）、〈學記筆記〉（1968年5月－1968年6月）；見洪錦淳:〈雪廬老人《禮記》選講特色及其所涵蘊的價值〉附表「《禮記》選講的篇目、時間、地點」。

4 【數位典藏】手稿／其他著作／大專院校授課試卷／〈五十六年第二學期期考試題〉。

1968 年・民國 57 年 | 79 歲

七月五日（五），復函蔡榮華，歡迎其擇期返臺學習。旋又接其匯款支持辦理講座，寄回收據並道謝。[1]

> 榮華老弟道鑒：多時不見，正深馳念，忽獲惠翰，敬悉一切。台端深具善根，天資聰慧，不忘道念，隨處弘法，實深欽佩。若能繼續精進，不疲不厭，大有可為。若欲回臺，無任歡迎。本年暑期講座近即開始，報名人數約二百多，兄將更忙矣。淨空法師之址為臺北市木柵區木柵路八十五巷十五號。佛學講座同學會已交勝陽登記矣。謹復，並頌時祺　兄李炳南謹啟　七月五日

> 榮華老弟道覽：七月五日寄上之函諒已收到。昨獲惠翰及港幣壹佰元已照囑分辦矣。謹附上明細單收據等，請查收。所購之書另郵寄上。講座已開始，未能多敘，甚歉。謹復，並頌

> 道祺　　　　　　　　　　　兄李炳南謹啟　七月十七日

【案】歷屆慈光講座暑期皆自七月十八日以後舉行，僅第八屆一九六八年自七月十四日舉行。該期學員正式生一百一十四人。函文「報名人數約二百多」應是包括旁聽學員。後期慈光講座旁聽生人數與正式生人數大約相當。若函文確指為正式生，則歷屆只有一九六九年七月第九屆人數超過二百人。

七月十日（三），於慈光圖書館週三《華嚴經》講座，續講

1　兩函俱見：香光編輯委員會：《李炳南老居士復蔡榮華居士書函輯》，頁 37。

1975

〈世主妙嚴品第一〉。

七月十四日（日），即日起至八月十一日（日），連續二十九日，於慈光圖書館舉行五十七年度暑期「慈光大專學術講座」，此為第八屆慈光講座。各地大專院校有一百一十四人參加為正式學員，旁聽人數約略相當。開設課程共有六門，先生主講《佛學概要十四講表》及《阿彌陀經》、許祖成講《八大人覺經》、周家麟「般若大意」、徐醒民《唯識簡介》，郝恩洪講授〈普賢行願品〉。先生另加每週一次，講古文及詩。每日上午四節課，晚上兩節課，有圖書館定期集會或繼續白天課程。下午兩節研討會或文康活動。（見《圖冊》，1968年圖14）

〈新聞〉：五十七年度暑期大專學生佛學講座，仍由李炳南教授主持，在慈光圖書館，業於七月十四日起，至八月十一日止，為期二十九天專講佛學，每天上午授課四小時，午後自由活動，晚間授課兩小時。
參加聽講的大專學生，多由各大專學社推介優秀社員，計臺大十九名，政大十二名，中國文化學院六名，師大十二名，海洋學院九名，工專二名，屏東農專五名，高醫五名，嘉農、東吳、成大、銘傳各一名，北醫二名，中興二十名，中師十二名，中醫三名，輔大二名，共計一一四人。
每天下午，因為正值盛暑，天氣炎熱，停止授課。但青年人好動的個性，盡量利用這段時間，分作郊遊，參觀臺中

寺廟及佛教事業機構等活動,並舉辦講演比賽,由臺大翁定台同學,獲得冠軍。講學期間,供給膳宿,三餐一律素食,男同學住台中蓮社,女同學住慈光圖書館。[1]

【報導】慈光圖書館為協助政府進行社會教育,以闡揚中國固有文化,提高青年修養,特利用暑假期間,每年由全省大專學院有關學社保送熱心優秀大專在學學生到慈光圖書館來參加講座,今年係第八屆,已自七月十四日報到,七月十五日起開講至八月十一日止,共報到男女大專學生一百名,膳宿均由該館免費供給。陳進德館長親任總負責人,許炎墩院長任總務長,游俊傑祕書任總務幹事,照料講座期間一切事務。

該講座並奉臺中市政府、省教育廳、教育部、市警察局、中部警備總司令部、救國團總部等有關機關准予備查。為規劃講座期間學員之生活規律,男生由李榮輝同學任班長、游春仲同學任副班長;女生由紀潔芳同學任班長,涂霞同學任副班長,使德學並重,俾提高講座效率。[2]

【案】第八屆慈光講座參加學員正式生有:侯秋東(政大中研一)、楊政河(臺大哲研一)、王能傑(師大國二)、蕭武鏞(海洋造船一)、巫錦漳(中醫藥一)、吳碧霞(師大國二)、陳資織(興大會統

---

[1] 〈新聞〉,《菩提樹》第189期(1968年8月8日),頁50。
[2] 〈新聞〉,《慈光》第215(1967年7月31日),第一版。

1977

一)、翟本泰(臺大商一)等。[1]

七月十七日(三),於慈光圖書館週三《華嚴經》講座,續講〈世主妙嚴品第一〉。慈光講座學員並同聽講。

七月二十四日(三),於慈光圖書館週三《華嚴經》講座,續講〈世主妙嚴品第一〉。慈光講座學員並同聽講。

七月二十八日(日),菩提救濟院,召開第二屆董事第四次會議,追認新聘菩提醫院院長陳江水,籌款增加醫療設備,至於原有建築及藥款負債則由先生設法彌補。

〈新聞〉:菩提救濟院,於上月召開第二屆董事第四次會議,出席李炳南、周邦道、董正之、周宣德、趙茂林、于凌波、徐灶生、王彩雲、張佩環、黃火朝、朱炎煌、蔣俊義、朱斐等。通過重要提案如下:一、加聘陳江水醫師為菩提醫院院長,負責主持醫務;徐林冬柑女士為副院長,負責行政。二、菩院建築及藥款不敷赤字案,由創辦人李炳南設法籌足彌補。三、必須增加醫療設備,最低限度必先籌款十萬元。董事王彩雲首先自捐一萬元,經手台灣水泥公司捐出一萬元,將再另行籌款一萬元。餘由徐副院長林冬柑女士設法籌足。[2]

---

1 陳聰榮、徐天相、詹前善、紀潔芳編:《暑期大專佛學講座同學錄⑧紀念冊》(臺中:慈光圖書館,1968年10月15日)。
2 〈新聞〉,《菩提樹》第189期(1968年8月8日),頁51。

1968年・民國57年 | 79歲

朱斐，〈炳公老師與我——兼述臺中早期建社弘法的經過〉：醫院赤字由創辦人炳公老師設法籌足彌補。院務漸有轉佳趨勢。炳公老師雖然只負創辦人名義（後來連創辦人也讓給了周邦道居士），但事實上為菩院典賣私產、料理債務百餘萬元，這比擔任任何名義還辛苦，因為心理上的負擔更重。一直到財務委員會成立，醫院方面雖然又換過幾任院長，至今張靜雄擔任院長後已漸上正軌，可以略有盈餘而充作安老、施醫兩所及救濟院（今已改名為仁愛之家）的經費。辦醫院不比弘法道場那樣單純，大家又都是外行，因此困難重重，的確也難為了他老人家。

七月三十一日（三），夏曆七夕，輯唐大圓、繆鳳林唯識學各作，題名「唯識新裁擷彙」，並撰〈序〉推薦是書體格新異、語詞契時，為時需且罕缺者。

〈唯識新裁擷彙序〉：唯識之學，治者由來艱之。名相析之盡其細，術語表之極其嚴。前人有入海算沙之歎，窺師受嘔心吐血之困，可以想見其然也。近世科學興，哲學亦起而標競，釋門唯識，竟成為時尚之學。治佛學者，不述之以為陋，治哲學者，不習之未為博。夫如是矣，然其勢之興也時以暴，之輟也時以忽，仍以其尋繹繁密，文句聱牙，非有靜定之心，剛毅之力，未易深造。故雖趨之者眾，迄無暢達之象焉。曩年偶遊臺肆，敗書中睹唐繆諸作，檢歸，暇日涉獵，體格新異，語求契時，雖有紆折牽引，要不失其宗也，竊以為接引

1979

初機,頗得其旨焉。蓮友劉法三居士,好印經以結緣,今歲,復以印經事徵詢,余曰:以質言,應取其時需,以量言,宜廣其罕缺,遂以唐繆之作告。居士曰:是作於經乎何有?曰經賴人弘,弘必有所言,因指見月,指之功德,豈不重且大哉。不觀夫今之學風,矜崇唯識,鑽堅仰高,半途而廢,倘得斯作階梯,引登極峰,五更三竿,先見旭日,昂昂峻天之陟,寧非階梯之功耶,善巧方便如之何?居士喜,編次而重梓之,為序其因緣,並擬之名。

中華民國五十七年夏曆七夕　稺下李炳南識[1]

【案】《唯識新裁擷彙》輯唐大圓〈唯識講演集〉、〈唯識研究述要〉、〈唯識易簡〉、〈唯識科學方法〉及繆鳳林〈唯識今釋〉五種,鉛印一冊。一九六八年由臺中慈光圖書館所屬慈光雜誌社出版。

是日晚,於慈光圖書館週三《華嚴經》講座,續講〈世主妙嚴品第一〉。慈光講座學員並同聽講。

是月,慈光育幼院第五屆董事會改組,董事長為陳進德,常務董事為許炎墩、黃火朝,董事有先生、許克綏、朱炎煌、劉汝浩、周榮富、顧世淦、李繡鶯、周慧德、張佩

---

1 李炳南:〈唯識新裁擷彙序〉,《雪廬寓臺文存》,《全集》第14冊之2,頁27-28;落款據原書序。

1968年・民國57年 | 79歲

環、郭秋吉、徐灶生、趙鋑銓等居士。[1]

八月七日（三），於慈光圖書館週三《華嚴經》講座，續講〈世主妙嚴品第一〉。慈光講座學員並同聽講。

八月十日（六），本年度暑期慈光講座舉行結業晚會，周宣德撥冗南來參加並致辭勉勵。先生亦勉勵同學敦倫盡分，隨緣修持。

  侯慧初，〈五十七年暑期慈光講座結業晚會小記〉：
八月十日的結業晚會——慈光之夜。詹氏基金會董事長周宣德老師，專程撥冗參加，一則為頒發獎品給測驗成績優異的同學，二則特為同學加菜慰勞；三則為勉勵同學發心弘法度生，共同改良社會風氣，扭轉世道人心。他在會中剴切陳辭，流露出他對我們特別關愛的慈悲心懷。繼而炳公老師以簡短的詞句，勉勵同學要敦倫盡分，隨緣修持，念念以淨土為歸，離苦得樂。
餘興節目開始前，由游琦同學代表全體同學致謝師詞，並一一向各位老師頂禮。目睹這虔誠的一幕，我們由衷地泛起一股不可壓抑的崇敬的心情。誠然，我們未曾遇見這熱誠的老師，他們每一句言辭，自然流溢一種無條件的慈愛與高潔的情操。[2]

---

1 〈新聞〉，《慈光》第215號（1967年7月31日），第1版。
2 侯慧初：〈五十七年暑期慈光講座結業晚會小記〉，《慧炬》第64期（1968年11月15日），頁46-47。

【案】五十七年度暑期慈光大專佛學講座，收入現款共計二萬零五百五十七・二元，先生經手之部分一萬一千元。支出共計二萬零五百五十七・二元。另有實物如白米、水果、招待午餐等。[1]

八月十二日（一）起至二十六日（一），南投蓮因寺懺雲法師舉辦第二屆暑期齋戒學會。先生囑臺中師範畢業學長黃宏介，帶領三十多位大專同學於慈光佛學講座圓滿後，上山進修，期貫徹慈光講座解行並進之宗旨。

黃宏介，〈薪傳長憶老恩師〉：民國五十七年夏天，奉師命由我當班長，率領台中蓮社各位師兄弟，到南投縣水里「蓮因寺」晉謁懺雲法師，參加第一屆大專學生「齋戒學會」為臺灣有短期出家的開始。[2]

【案】蓮因寺大專營隊修學活動起始於一九六七年八月，唯當時並無「齋戒學會」之名。以「齋戒學會」為名始於一九六八年，此後追述以一九六七年為第一屆，一九六八年為第二屆。

慧初，〈蓮因寺修行半月記實〉：為期四週的大專暑期慈光佛學講座圓滿結束後，我們三十餘名同修又冒著暑氣上山來過一段類似叢林的修行生活。如今短短十四個晨昏一晃即逝，但這個印象是永恆而深刻的。這

---

1 〈新聞〉，《慈光》第216號（1967年9月31日），第1版。
2 黃宏介：〈薪傳長憶老恩師〉，《慧炬》第569期（2011年11月15日），頁61-64。

種生活超乎塵寰，外於時流，使我們每一份子沐浴於古昔的、莊嚴的、光明的、究竟的宗教情操之中，暫時捨離一切，眼之所接，無非青山綠水，耳之所聞，盡皆鳥囀蟬鳴，簡直是一種超級的享受。尤其師父上懺下雲法師慈悲精神的感化，更令此次齋戒學會做得十全十美。

齋戒學會的目的在於貫徹慈光佛學講座的宗旨，使我們在求解佛學之餘，再嘗一番真實修持的滋味，以期行解並進，免於說食數寶之弊。近世佛學者，十之八九專務講論，怠於實踐，失去原始佛教的精神，只把它放在口舌上掉弄，於自他利益皆無裨補。師父有鑒及此，特發大心，接著去年一期，續舉辦第二期齋戒學會。使我們這些求法若渴的佛教青年普霑法益。在中國佛教史上實在是件創舉。人數雖少，期限又短，但它的意義是深重的，影響是廣遠的，如一燈傳百千燈，相續不絕，無窮無盡，這是何等偉大的事業！

十八日有一件大事，就是跟隨師父上日月潭參加台中蓮社的放生儀式。據說這是檀香山的僑胞，寄了美金八十二元給朱斐居士，指定要商懇懺公法師代說皈依。當天由趙錝銓居士從臺中共買了七千餘元的活物如野鴿、麻雀及魚類。[1]

中部地區慈光講座舉辦多年，近兩年且又有齋戒學會之

---

1 慧初（侯慧初）：〈蓮因寺修行半月記實〉《菩提樹》第 190 期（1968 年 9 月 8 日），頁 36-37。

舉辦,遠在臺北之南亭法師多有聽聞,極表欽讚。南亭法師為最早支持周宣德提案成立國際佛教獎學基金會者,並成立有智光大師獎學基金會。

  南亭法師,〈一個好現象,一個新希望〉:這是好幾年的事了。每年的暑假,都有一大群大專在學的男女青年,自動自發地擁到臺中慈光圖書館,接受李炳老暑期佛學講習會的佛學灌輸和佛化生活的薰陶。近兩年來,他們對於慈光圖書館的期限還嫌不過癮,又大夥兒擁到南投水里坑崁頂村蓮因寺,跟懺雲法師度叢林生活。叢林生活,就是早起、晚睡、朝暮課誦、講解、修持、勞作、飲食,皆有劃一而整齊的時間和規律。然而這都是受李炳老自身的德學和誨人不倦的精神所感召。而懺雲法師,戒律精嚴,生活清淡,可謂行解兼優的大德。蓮因寺是一個偏僻的地方,人跡罕至,而能引動這一群知識青年,跟著他度苦生活,絕不是偶然的事。[1]

同道好友,亦有提供各種資源支持贊助者,如臺灣印經處創辦人朱鏡宙每屆致贈佛書數百本。

  朱鏡宙,〈夢痕記(22)〉:近三年來,炳老每逢暑期,必集大專院校學生,開佛學講座。我以因緣殊勝,每次致送佛學著述數百本隨喜。炳老復謝,有:

---

[1] 釋南亭:〈一個好現象,一個新希望〉,《世學類:教育、評論(一)》,《南亭和尚全集》第 10 冊,頁 333-338。臺北:華嚴蓮社:http://nanting.dila.edu.tw/main.html

「鐵肩擔道義,辣手著文章」句,這是楊椒山先生的得意聯語。椒山正氣磅礡,我何人斯,敢當此譽?不過我自踏進佛門以來,未嘗拿佛法來做人情,差堪自信耳。[1]

八月十四日(三),於慈光圖書館週三《華嚴經》講座,續講〈世主妙嚴品第一〉。

八月二十一日(三),於慈光圖書館週三《華嚴經》講座,續講〈世主妙嚴品第一〉。

八月二十六日(一),周邦道來函請示《印祖文鈔》排印事。
(見《圖冊》,1968 年圖 15)

周邦道,〈周邦道來函〉(1968 年 8 月 26 日):雪公夫子大人函丈:印祖文鈔敘及提要,今交平陽印刷所排印。提要「印祖圓寂後二十有八年」一句移至敘文第三段。印祖傳略如已撰就,請即賜下;如萬一無暇,從闕亦可。如何?乞示。吾師著作末葉署編者、著者,或編著者?道擬「編次者」一欄無此必要,可刪除。耑肅敬敏
崇安　　　　弟子周邦道頂禮　五十七年八月廿六晚

【案】是年一月五日,周邦道勸請將《印祖文鈔》及先生大作編入《中華大典》。

---

1 朱鏡宙:〈夢痕記(22)〉,《菩提樹》第 198 期(1969 年 5 月 8 日),頁 36-41。

八月二十八日（三），於慈光圖書館週三《華嚴經》講座，續講〈世主妙嚴品第一〉。

旅加拿大僑領詹勵吾令慈洪雲秀太夫人，於八月十四日在故鄉往生。二十八日起，每逢七期，於太虛紀念館誦經超薦，並將靈位安置於善果林中聖蓮室內供奉。

> 旅加拿大僑領詹勵吾居士之令慈洪雲秀太夫人，於八月十四日在故鄉往生，享壽八十有九。詹居士接港電獲悉噩耗後，除在加寓設靈遙祭外，立即飛函臺北託周宣德居士為其在臺中假太虛紀念館延請高僧及受菩薩戒弟子七、八人諷誦《金剛經》，自二十八日「二七」日起至「七七」日止，每逢七期，均作超薦佛事。並已將靈位安置於聖蓮室內供奉。[1]

八月三十日（五），臺中市慎齋堂為退居堂主德熙尼法師（俗名張月珠）舉行告別典禮，禮請為其剃度之東初老法師主典，悟一、成一等法師十二人誦經，並於前一日施放瑜伽燄口一堂以資普濟。參加致祭者甚眾。德熙尼法師於八月二十五日往生西方。世壽六十六歲，戒臘四夏。[2]

1　〈新聞〉，《菩提樹》第 191 期（1968 年 10 月 8 日），頁 53。
2　〈新聞〉，《菩提樹》第 190 期（1968 年 9 月 8 日），頁 53。

1968 年・民國 57 年 | 79 歲

是月，為江逸子所繪〈紫氣東來圖〉題辭。[1]（見《圖冊》，1968 年圖 16）

〈紫氣東來圖〉：猶畫當年函谷姿，東來消息少人知；朝朝觀壁尋玄竅，恍惚豁然得象時。

歲戊申長夏觀於綠川之畔稷下李炳南題

是月，應中華學術院院長張其昀敦聘，擔任該院佛教文化研究所顧問。[2]

九月一日（日），受聘擔任中興大學中文系國學講座教授。

九月四日（三），於慈光圖書館週三《華嚴經》講座，續講〈世主妙嚴品第一〉。

九月十日（二），教育部邀集內政部等相關單位，聘請孔廟奉祀官孔德成先生等多位學者、專家組成「祭孔禮樂工作委員會」，制定祭孔儀典。先生因有《闕里述聞釋奠選錄》之纂輯提供委員參考，有〈跋〉指出，禮樂政刑，因時制宜，後代因循，皆有損益，要在得中應時。

〈闕里述聞釋奠選錄跋〉：禮樂政刑，因時制宜，先聖始作規矩，後世用在損益，非墨守其成，謂善學

---

1 李炳南：〈紫氣東來圖〉，《雪廬老人題畫遺墨》，《全集》第 16 冊，頁 23。
2 〈中華學術院聘書〉（1968 年 8 月），（57）華院佛研字第 16 號，台中蓮社收藏。

1987

也。擇時宜者而循之,其不宜者而變之,通權達變,是善學也。殷因於夏禮,周因於殷禮,皆有損益,皆有因也,循不盡循,變不盡變,要得乎中,應乎時,此聖人有立有權,不可不知也。然行權必有所依,俾不忽原旨之趣,故孔子遠訪柱下,問禮老聃,知乎夏殷之禮,又復求徵杞宋,入乎太廟,每事必問,林放問禮之本,許之以大,始能不離乎宗,百變盡善,從心所欲,不踰其矩,是以純冕則從乎眾,今拜則從乎下也。

釋奠先師之禮,代有損益,每因封制而異,勢使之然。迨至有清,時近而易考,方策詳者,《闕里述聞》其要者也。政府維護民族,復興文化,惟是行都文物,未能周備,《闕里述聞》采載較廣,謹檢其有關釋典者,選錄八種,轍鑑前代掌故,聊供臨時參擷。但先聖之道,本無古今,行祭之人,儀有時代,若錄中衣冠跪叩,自係前代之法;此則祭服未制,體僅鞠躬,今之視昔,顯有不同。惟典章所存,自應實錄,倘值國家制作,斯乃可徵文獻,若為承乏暫借,亦當權變得宜。庶免於臨祭徬徨,違依無主,影響心念不專,失乎如在感格之誠耳。[1]

  祭孔禮樂工作委員會,《祭孔禮樂之改進》:總統於民國五十七年二月廿二日手諭,對於孔廟雅樂,祭孔之樂器、舞蹈、服裝之製作與研究,應加以注重,以

---

1 李炳南:〈闕里述聞釋奠選錄跋〉,《雪廬寓臺文存》,《全集》第 14 冊之 2,頁 93-95。

1968年・民國57年 | 79歲

恢復我國古有禮樂之基礎。教育部文化局層奉指示，乃遵諭積極辦理。首於民國五十七年九月十日，邀同內政部、臺灣省政府民政廳、教育廳、臺北市政府民政局、教育局、孔奉祀官德成及專家莊本立先生、辜偉甫先生等組成「祭孔禮樂工作委員會」，推請中山博物院蔣院長復璁擔任主任委員，由教育部文化局及臺北市政府民政局撥款共策進行。[1]

【案】「祭孔禮樂工作委員會」，由蔣復璁先生擔任主任委員，分別成立禮儀、服裝、樂舞、祭器四個研究組，由方豪、王宇清、莊本立、孔德成四位先生為各組召集人，進行研究規畫工作。經過兩年研討改進，於一九七○年定案，而由內政部公布實施。[2]

九月十一日（三），於慈光圖書館週三《華嚴經》講座，續講〈世主妙嚴品第一〉。

九月十八日（三），於慈光圖書館週三《華嚴經》講座，續講〈世主妙嚴品第一〉。

---

1 祭孔禮樂工作委員會：《祭孔禮樂之改進》（臺北：祭孔禮樂工作委員會，1970年9月）；收錄於「內政教育兩部會呈『祭孔禮樂之改進』工作報告」（1971年9月16日），〈行政院第1239次會議議事錄〉，《行政院》，國史館藏：【數位典藏】號：014-000205-00395-002，頁80-105。
2 臺北市孔廟儒學文化網／釋奠典禮／起源與變遷：https://www.tctcc.taipei/zh-tw/C/about/ceremony/1/9.htm

1989

九月十九日（四），晚七時三十分，至台中蓮社參加念佛班聯誼會。聯誼會於蓮社聯誼會功德堂舉行，由董事長朱炎煌主持，念佛班各班正副班長四十六人與會，討論秋季祭祖日期及工作組織。先生致詞，勉勵大眾為蓮社發展，當和合相處；自修則應加緊念佛。[1]

九月中旬，臺中善果林董事長、菩提救濟院董事、慧炬月刊發行人、詹氏獎學基金會及國際文教獎學基金會主持人周宣德暨德配胡安素七秩雙壽，先生與董正之、周邦道、錢思亮、張其昀、余紀忠、趙恆惕⋯⋯等社會名流、教友親朋發起為其祝壽。周宣德則以各方所贈禮金，移助《慧炬》月刊。[2]

九月二十五日（三），於慈光圖書館週三《華嚴經》講座，續講〈世主妙嚴品第一〉。

九月二十八日（六），教師節，與諸生出遊溪頭，觀賞千年神木。（見《圖冊》，1968 年圖 17）
　　　徐醒民，〈戊申教師節從師遊溪頭山觀神木記〉：南投之高山，曰溪頭。有古檜一株，世稱神木。年輪僅次阿里山者。然彼株已枯，慕之者惟此是觀焉。

---

1 〈台中蓮社聯誼會會議紀錄（五十七年度）〉（1968 年 9 月 19 日），台中蓮社檔案，。
2 〈新聞〉，《慈光》第 216 號（1967 年 9 月 30 日），第 1 版。

戊申教師節,東魯雪廬門徒,無以表敬於師,乃請從遊溪頭,觀神木,師欣然允之。

晨八時,專車發臺中。近午,抵半山,惟曲徑。俯瞰雜樹,仰望松杉,山景呈異。眾易步行。師雖耄,而登山不策杖。今以偶病足,乃易小車,徐驅而上。

先集右山之大學池,賞林泉。檜柏參天,氣清水冷。師坐林間,仰觀俯察,色怡然。諸學子亦從而樂之。

午後,循左山折而上,訪神木。長林蔽日,邃谷生風。回轉一時許,神木在焉。睥睨一山長林,如灌木矣。旁有標誌,推年約二千八百之數。仰其梢,枝葉繁蔭摩雲。察其基,洞然若門。趨於前,微俯首可入。進探空空然,由下至上,宛如深井。底可容十餘人,上有穴,雲煙縹緲。眾皆歎為奇觀。出度其圍,合十六人之抱。

師曰:諸子盡志所見。於是畫者畫,詩者詩。各抒所懷,歸而獻之師。余無所長,乃記其盛以獻之。噫:木無知者也,而有神名,豈非以獨得天地之厚,自高其春秋乎。然則人如得聖功之厚,浩氣塞乎天地,自壽而能壽人,又當何名哉。[1]

是月,獲胡念祖繪贈扇面。(見《圖冊》,1968年圖18)

【小傳】胡念祖(1927-2019),字心原,號石牛老牧,又號桃江遊子,山水畫家;生於湖南省益陽縣。一九四八年於南京拜黃君璧為師,次年追隨黃氏來臺;

---

[1] 徐醒民:〈戊申教師節從師遊溪頭山觀神木記〉,《明倫》第507期(2020年9月)。

一九七一年赴美國定居,一九八八年自紐約返臺。

十月二日(三),於慈光圖書館週三《華嚴經》講座,續講〈世主妙嚴品第一〉。

十月九日(三),於慈光圖書館週三《華嚴經》講座,續講〈世主妙嚴品第一〉。

十月十日(四),下午三時三十分,於正氣街寓所邀集菩提醫院院長陳江水、副院長徐林冬柑,召開「菩提醫院業務計劃座談會」。對近來六個月醫院復業試辦表示滿意,並對第二階段工作提出計劃。

李炳南主席,胡長蓁記錄:〈菩提醫院業務計劃座談會議紀錄〉:

甲:報告事項:很快就過了六個月,這六個月的醫院業務是試辦的,在此試辦期間成績尚好,以業務來講可說已奠下基礎。現在進入第二期的階段,今後的責任是陳院長和林副院長與本人共同負責的,所以今天的會非常重要。有幾點意見提出來,請各位來研究。

乙:創辦人李炳公建議事項

  1. 醫院一切事項應遵照規定辦理,公法公守,不得任意行事。
  2. 財務公開,一切收支列表提院務會議報告,向全體同仁公佈。
  3. 職員薪水及人數應在預算內編列,以一年度計算。

如業務發展必須增用人員時，得由正副院長酌情處理，報請李老師轉董事會審議。
4. 正院長負醫務方面之全權責任，副院長負事務及其他方面之全權責任。如有交辦事項，交由林祕書與紀主任辦理，分別執行。
5. 業務盈餘金之分配，以十分之四作員工獎金，十分之三作醫院預備金，十分之三繳董事會充作各種經費之用。
6. 購藥方面由正副院長負責處理。[1]

十月十三日（日），下午三時，至善果林太虛紀念館，列席參加「菩提救濟院第二屆董事第五次會議」，應聘擔任醫院等機構監察人，監督經費使用。[2]

　　董正之主席，胡長蓁記錄：〈菩提救濟院第二屆董事第五次會議紀錄〉：

乙、討論事項

四、敦聘李炳公為醫院業務監察人，並請籌借新臺幣貳拾柒萬元，仍請自行保存，每月付交醫院肆萬伍仟元，照議定經常費內開支案。

　　決議：照案通過。

五、自五十七年十月一日至五十八年三月底，計六個月

1　李炳南主席，胡長蓁記錄：〈菩提醫院業務計劃座談會議紀錄〉（1968年10月10日），菩提救濟院檔案。

2　董正之主席，胡長蓁記錄：〈菩提救濟院第二屆董事第五次會議紀錄〉（1968年10月13日），菩提救濟院檔案。

為一期。醫院業務收入不拘多寡,全部送請業務監察人李炳南老居士保存,備將籌借新臺幣貳拾柒萬元清償案。

決議:修正通過。

六、上列六個月期間,醫院、施診所、安老所三機構收入捐款,全部送請業務監察人李炳南老居士分別保管案。

決議:修正通過。

七、如醫院業務收入有盈餘,及三機構捐款至六個月期滿經會議決定作周轉或急需支用之部門,但在此期中,如有必要之支用,請業務監察人李炳南老居士審查屬實得支出以應急需案。

決議:修正通過。

十月十五日(二),為中興大學智海學社發行之《智海特刊(第八屆)》題詞。(見《圖冊》,1968 年圖 19)

〈題智海學社學刊之一〉:不興則廢,振以發陳;譬如金鏡,弗拭生塵;光斯晻曖,無可照人。磨之磨之,新矣又新。東峰旭日,爽氣清晨;敦品好學,白雪陽春。

中興智海學社　　　　　　　　　　　　李炳南敬題[1]

---

1 李炳南:〈題智海學社學刊之一〉,《雪廬老人題畫遺墨》,《全集》第 16 冊,頁 351。日期據:《智海卅週年紀念專刊》,頁 46。

1968 年・民國 57 年 | 79 歲

是日，第八屆大專佛學慈光講座學員發行《通訊錄》，先生題詞勉勵。[1]（見《圖冊》，1968 年圖 20）

〈題大專佛學講座紀念冊之二〉：篤信久敬，幹國棟家；敦於五倫，行乎三慧。精神有契，道德攸同；力儒之仁，啟佛之智。　　　　　　　　　李炳南敬題

十月十六日（三），於慈光圖書館週三《華嚴經》講座，續講〈世主妙嚴品第一〉。

十月二十三日（三），於慈光圖書館週三《華嚴經》講座，續講〈世主妙嚴品第一〉。

十月三十日（三），菩提救濟院董事趙茂林，與先生同為印光大師門弟子，得《印光大師文鈔菁華錄》善本，擬重印行，先生撰序推介。

〈重刊印光大師文鈔菁華錄序〉：淨宗十三葉祖印公，以今文時言，宏此當信易行之道；被化者廣，得度者眾。人集其言，曰《文鈔》，篇短簡要，已風乎海內外；而鈍根猶畏其繁，不能受之，寧非憾事耶？有先進淨通開士，摘其簡者之簡，擷其要者之要，彙而刊之，曰《菁華錄》。契機矣，利生矣！而流通之量，又有感

1　李炳南：（題詞）《慈光大專暑期佛學講座⑧紀念冊》（臺中：慈光圖書館，1968 年 10 月 15 日），卷首；收見〈題大專佛學講座紀念冊之二〉，《雪廬老人題畫遺墨》，《全集》第 16 冊，頁 345。

1995

乎不足者矣。古吳趙居士茂林者，亦祖之高足也，淨業專一，願切宏揚；偶得是錄善本，喜之，集同好而模刊，以期紹述祖德，而普濟乎末世也。此其願，此其緣，而不系乎福德，深有助於利生流通矣。原錄有序，備言其旨，仍存之，可窺而詳焉。予與居士，為同門友，囑為新序，雖不敢辭，避剿說，不再及前義；謹就重刊因緣而述，聊復隨喜云爾。

一九六八年戊申重陽日　弟子李炳南謹識[1]

【小傳】趙茂林（1903-1981），江蘇鹽城人。二十歲就任上海大江南飯店經理，皈依印光法師。曾任江蘇省軍政各界，並任公司廠長、董事等職。一九四九年來臺，任職臺灣省羽毛工會總幹事，致力於佛教事業，以居士之身，佈教弘法不遺餘力。一九五二年，南亭法師與周宣德、鄭崇武居士等借民本電臺開闢「佛教之聲」節目，後由趙茂林居士經營，主持佛學問答十餘年。先後在各監獄佈教二十年，經常講經說法於救濟院、寺院及大專佛學社團，並常印行佛書及念佛唱片分贈教界人士。公職退休後，對佛教事業仍甚為關心，護持各道場，並曾任中國佛教會弘法委員之職。一九六七年九月菩提救濟院董事會改組時，炳南先生特別邀請其擔任董事，倚重其經營經驗與弘法熱誠。趙茂林住臺北，炳南先生常合稱其與周邦道、

---

[1] 李炳南：〈重刊印光大師文鈔菁華錄序〉，《雪廬寓臺文存》，《全集》第14冊之2，頁33-34；落款據【數位典藏】手稿。

董正之、周宣德為「臺北四董」。

是日晚,於慈光圖書館週三《華嚴經》講座,續講〈世主妙嚴品第一〉。

是月,為中國醫藥學院醫學系二年級、三年級兩班期中考試分別出試題各十題。[1](見《圖冊》,1968 年圖 21)

十一月三日(日),晚,至中興大學參加該校智海學社舉行之迎新晚會。晚會由社長游春仲主持,指導師長另有許祖成、楊祖植、朱斐等老師及訓導處楊總教官與陳教官參加。[2]

十一月六日(三),於慈光圖書館週三《華嚴經》講座,續講〈世主妙嚴品第一〉。

十一月十日(日),是日起,每週日晚,於中興大學「國學講座」開始講授《禮記・曲禮》,地點在該校交誼廳。徐醒民有筆記《禮記曲禮選講講記(一)》。開講首日聲明:此講座「非受政府聘請,純為講學。」並指明禮本於道德仁義,重在實踐、知行合一。

---

1 【數位典藏】手稿／其他著作／大專院校授課試卷／〈中醫二五十七年第一期中考試題〉、〈中醫三五十七年度第一期中考〉。
2 〈新聞〉,《慧炬》第 65 期(1968 年 12 月 15 日),頁 39。

　　　　禮不是講外表，必須誠於中，形於外。若禮僅講外表，只是演戲。前幾年政府提倡禮，成效不著，社會風氣更惡劣，如今提倡國學，重在知行合一。

　　今天這個講座為課外學科，希望大家當正課學，學了以後能去實行。同學學其他的學科多有理論，今天所講的禮記，事實較多。

　　今天先聲明，在此講禮記，並不是受政府的聘請，目的純為講學。[1]

十一月十三日（三），於慈光圖書館週三《華嚴經》講座，續講〈世主妙嚴品第一〉。

十一月十五日（五），《慧炬》月刊創刊七週年，先生發表〈慧炬創刊七週年感言〉，盛讚創辦人周宣德將佛法傳播至大專院校學生，對改善社會風氣有極大作用。篇末撰有四偈祝賀。

　　〈慧炬創刊七週年感言〉：《慧炬》月刊是宣傳佛學之刊物，它的目標，是要運用佛學慈悲喜捨之精神，來協助國家復興民族文化運動，加強倫理科學等之力量，發揚仁慈文化，消滅黑暗心理，希望全民得到平等幸福。這類月刊，全臺灣總算起來，大概不下十四、五

---

[1] 李炳南：《禮記曲禮選講講記（一）》，此篇《全集》第12冊《禮記選講》中未見收，據明倫月刊資訊網：http://www.minlun.org.tw/1pt/1pt-20-1/20-1.htm。講授時間據智海學社：〈社史〉，《智海卅週年紀念專刊》。

種之譜,以鯤島之偏小,佛刊如是之多,佛化似應普及民間,家弦戶誦。實地考察,卻是大謬不然。

除寺廟以外,對白衣來觀察:以皈依論,女多於男;老多於壯;受低級教育者,多於受高級教育者。以純雜論,信多神者多,專一佛者少;求世福者多,求正智者少。以行化論,研究學理者多,持行戒定者少;當自了漢者多,行菩薩道者少。就這樣敷衍下去,一年復一年,十年復十年,佛化既不昌盛,國家民族也得不到協助,不是我們工作不努力,就是方法不契機。

《慧》刊的創辦人卻是別具慧眼,看破社會之弱點,要向新生力方面下種。大專學生是青春之壯苗,是受高等教育者,遂將慧炬之光,向他們照;遂把生花之筆,向他們寫。他們具有科學之頭腦,當然能接受佛典之科學,他們受過倫理之教育,當然了解佛典中之倫理。可以說其他佛刊是普通物品,《慧炬》月刊是專門物品。試想青年人學佛,受高等教育者學佛,這樣一年增多一年,十年增多十年,佛化前途如何?國家民族團結如何?社會淫妄殺盜之風俗變否?恐怕可以預知吧!

算來這支慧炬,已燃燒了七年,可以稱七年之艾,自然能醫五十年之陳病,七年慧炬,能同慧日七彩之光,《慧炬》主持人有七十而耳順功能,並能使一般學子心發七覺之芽,從此七日復七日向前進,諒不必再到七週,我國一定高樹七丈勝幢,蔚成七寶淨土。意猶未盡,作四偈如後:

聖火徒遊戲,何如慧炬明?照心光自滿,不使一塵生!

般若托文字，青衿多善財，洛陽纔紙貴，已結聖賢胎。
七星瞻北斗，七日證彌陀，七寶莊嚴地，七重行樹多。
人與文同壽，恆沙未可量。知君不疲厭，永放玉毫光！[1]

《慧炬》月刊同期，有吳萬谷撰，孫毓芹書之〈周宣德居士、胡安素夫人七秩雙壽序〉，歷數周氏十年來鼓舞青年學佛風氣之成效。〈序〉後有千人列名同賀，先生與趙恆惕、屈映光、謝冠生、李子寬、姜伯彰等領銜申賀。[2]

十一月十六日（六），即日起晚七至九時，慈光圖書館「慈光佛學講座」週六班開課，初級班由許祖成講授《佛學概要十四講表》，高級班由徐醒民講授《唯識簡介》，共一百四十名報名。中興大學智海學社參加人數眾多，備有交通車於校門口接送。[3]

【案】週六之「慈光講座」自一九六一年五月開辦，迄今為第八年。一九六五年先生仍親授《阿彌陀經》、《金剛經》。一九六六至一九六七年兩年間文獻無徵，未知開辦情形，本期起由先生弟子分勞授課。

---

1 李炳南：〈慧炬創刊七週年感言〉，《慧炬》第 64 期（1968 年 11 月 15 日），頁 31。
2 吳萬谷撰，孫毓芹書：〈周宣德居士、胡安素夫人七秩雙壽序〉，《慧炬》第 64 期（1968 年 11 月 15 日），頁 36-40。
3 〈新聞〉，《慧炬》第 64 期（1968 年 11 月 15 日），頁 41；《慈光》第 217 號（1968 年 11 月 30 日），第 1 版。

十一月十七日（日），晚，於中興大學「國學講座」講授《禮記‧曲禮》。

十一月二十日（三），於慈光圖書館週三《華嚴經》講座，續講〈世主妙嚴品第一〉。

十一月二十四日（日），晚，於中興大學「國學講座」講授《禮記‧曲禮》。

十一月二十七日（三），於慈光圖書館週三《華嚴經》講座，續講〈世主妙嚴品第一〉。

是月，為中國醫藥學院醫科二年級、三年級《內經》專課，各出一份期中考試題。

十二月一日（日），晚，於中興大學「國學講座」講授《禮記‧曲禮》。

十二月四日（三），於慈光圖書館週三《華嚴經》講座，續講〈世主妙嚴品第一〉。

十二月八日（日），晚，於中興大學「國學講座」講授《禮記‧曲禮》。

十二月十一日（三），於慈光圖書館週三《華嚴經》講座，

續講〈世主妙嚴品第一〉。

十二月十五日（日），晚，於中興大學「國學講座」講授《禮記‧曲禮》。

十二月十六日（一），訂製「佛心聖手」銀杯致贈菩提醫院院長陳江水及主治醫師林茂柏，祝賀其實施頭骨大手術成功，並勉繼續救人濟世。

　　十二月三日，患者李堅實因車禍倒地，由於沒有安全帽，導致頭蓋骨陷落。骨折約二十公分。右邊上下肢均告麻痺。經長時間手術清理復原，至十五日脫險。患者母親昨天下午到菩提醫院探望兒子時，向院長陳江水表示恩同再造。菩提醫院創辦人知悉後，於昨日下午到醫院接見院長陳江水和主治醫師林茂柏，以及助手護士。李老師對這件救人事情引為自豪，因為腦部手術近年來，除臺大及榮總醫院，很少醫院肯去這樣救人，所以李老師特別訂製了「佛心聖手」銀杯，送給兩位醫師紀念，並慰勉他們繼續救人濟世。[1]

十二月十八日（三），於慈光圖書館週三《華嚴經》講座，續講〈世主妙嚴品第一〉。

---

1 〈（轉載）臺灣日報新聞〉，《菩提樹》第 194 期（1969 年 1 月 8 日），頁 52。

十二月十九日（四），應邀參加中國醫藥學院醫王學社舉辦之佛學座談，與該校課外活動指導組主任馬天驥教授共同指導，以問答方式回應同學提問。參加同學達八十九位之多，對佛學諸般問題深入探討，並強調大專同學學佛與尋常信徒不同，應講求佛學學術性。

問：我人學佛，是否可以不帶宗教色彩？

答：絕對可以。我佛說法，重在應機，有喜宗教者，有不喜宗教者。就知識分子言之，不喜愛宗教形式者，似多於喜愛宗教形式者。盡人皆知，佛學之唯識，科學中之心理學也；佛學之空觀，哲學中之本體論也。以學術文化觀點研究、履行佛學，其所得遠比以宗教觀點出發者為豐富。

佛學有理論部分，也有實踐部分，正如物理學、化學……有理論，有實驗。或有經論滿腹，徒資口談，甚或殺盜淫妄，無所不為者，此非謂學可以離行而學，只是學有未到，所以行有偏頗。若是真學佛者必是即學即行，劍及履及。知即是行，行即是知。學佛而有得，則必兢兢業業，奉「諸惡莫作、眾善奉行」為圭臬。[1]

十二月二十一日（六），下午二時半，赴臺中縣沙鹿弘光護理專科學校，參加該校佛學社團「覺苑學社」於該校禮堂舉行之成立大會。應邀與會大德另有許祖成、朱斐，

---

[1] 〈新聞〉，《慧炬》第 68 期（1969 年 3 月 15 日），頁 39；〈醫王學社佛學座談會特寫〉，頁 33-35。

該校祕書、訓導主任、課外活動中心主任等；周宣德特自臺北專程前來與會，該校百餘位社員，連同中興大學智海學社李榮輝等諸學友，共計兩百人參加盛會。[1]

十二月二十二日（日），晨七時半，與許祖成及朱斐率同中部七所大專學校佛學社同學百餘人，搭火車至后里名剎毘盧禪寺郊遊。抵山後開示勉勵大眾：研究佛學重在實踐，方能獲其法益。並對佛學與科學吻合加以闡明。

　　一百多位來自七所中部大專院校的同學，一清早就齊集臺中車站，因為要趕七點半的火車。最難得的是大家素所景仰的李炳南、許祖成老師及朱斐居士也都來參加。鐘鳴十響，同學們齊集大雄寶殿內，恭請李炳南老師開示。他說：佛法中有很大一部分涉及哲學問題，而且有比世間凡百哲學更高明的解答，又有些地方與科學相脗合或更超出科學以上，科學不知要經多少年代的努力才能證明的。如何破迷啟悟，乃是我們學佛的目的。特別要提醒各位的是：學佛不單是要了解佛理，了解以後，更要身體力行，親身證驗。

老師宣講法音完畢，休息一會，便「無功受祿」，吃起寺中招待的素餐。然後開始團體遊戲。先進行「尋寶」，其次是「有獎徵答」，最後恭請師長和我們合攝了一張

1　〈新聞〉，《菩提樹》第 194 期（1969 年 1 月 8 日），頁 53。

照片，留作日後永遠的回憶。[1]

是日晚，於中興大學「國學講座」講授《禮記·曲禮》。

十二月二十五日（三），於慈光圖書館週三《華嚴經》講座，續講〈世主妙嚴品第一〉。

十二月二十六日（四），題詩賀許祖成六十生辰。[2]（《圖冊》，1968年圖22）

〈卓立堅貞〉：卓立堅貞道自尊，如君始不愧乾坤；詩書回味心湛水，桃李春芳士滿門。壽相早泯忘歲月，斑衣歡舞任兒孫；隨緣周甲重開泰，還與羣萌種善根。

寬成老棣　正　　　　　　兄李炳南未是草

【案】許祖成生於一九〇八年夏曆十一月六日，是日為其六十生辰。

十二月二十九日（日），晚，於中興大學「國學講座」講授《禮記·曲禮》。

---

1 〈新聞〉，《菩提樹》第194期（1969年1月8日），頁53；林順中：〈毘盧寺記遊〉，《慧炬》第66期（1969年1月15日），頁33-34。
2 李炳南：〈卓立堅貞〉，《雪廬老人題畫遺墨》，《全集》第16冊，頁44。

十二月三十日（一），夏曆十一月十一日，靈山寺戊申年佛七開始。先生應邀開示，有偈三首。

一、須知妄念魔食糧，降魔惟接彌陀光；倘若此次不成就，魔力以後更加強。

二、茫茫大海欲沉船，隔岸人持救生圈；麥克高撐呼不斷，尋聲提手得安全。

三、祖師授我祕密訣，四十年來纔悟徹；世智辯聰人不信，空到急時抱佛腳。[1]

是年，先生推薦江逸子入奉祀官府掌文獻、社教、人事諸要職。[2]

---

1 李炳南：〈戊申年靈山寺佛七開示偈〉，明倫月刊資訊網：http://www.minlun.org.tw/1pt/1pt-2-new/04.htm；釋普慧抄錄，蘇全正整理：「李炳南於臺中市靈山寺主持佛七開示法語一覽表」同。

2 孔垂長：《孔門聖賢畫像冊·弁言》（臺北：大古出版社，2014年6月），頁8-9。

1969年・民國 58 年・戊申－己酉
80 歲

【國內外大事】
- 一月，中華佛教居士會成立。
- 四月，屏東東山寺圓融法師捨報。
- 七月，佛光山舉辦第一屆大專佛學夏令營。

【譜主大事】
- 一月，元旦應慎齋堂禮請，演講〈徹悟禪師轉變因果開示〉。
- 一月，先生八十壽辰。門下弟子組成「李炳南老居士八秩祝嘏委員會」，纂輯《雪廬述學彙稿》八種：一、阿彌陀經摘注、接蒙及義蘊，二、大專學生佛學講座六種，三、佛學問答類編，四、弘護小品彙存，五、內經摘疑抒見，六、內經選要表解，七、詩階述唐，八、雪廬詩文集。
- 四月，應《海潮音》雜誌「紀念太虛大師八十誕辰專輯」，發表〈紀念太虛大師說今昔因緣〉。
於善果林太虛紀念館大殿開設定期佛學講座。先有五日通俗演講，而後每週四，宣講《四十二章經》。
菩提救濟院董事會組建財務管理委員會，請先生出任主任委員。菩提醫院重興一年來，醫務漸見起色；財務方面經先生暨諸董事極力籌還債務一百餘萬元，亦趨穩定。
- 五月，台中蓮社第十八期國文補習班開辦，擔任「國文」

課程教師。

- 七月，於慈光圖書館舉行五十八年度暑期（第九屆）「慈光大專學術講座」，為期二十一天。共有二十五所大專院校二百一十人學員參加。開設六門課程。先生講授《佛說阿彌陀經》及《佛學概要十四講表》。
- 九月起，受聘為中興大學中國文學系夜間部二年級開設「詩選」課程，主要授課內容為《詩階述唐》。此一課程持續十二年，至一九八一年七月六十九學年度結束。

1969年・民國58年 | 80歲

一月一日（三）至三日（五），應臺中慎齋堂禮請，演講〈徹悟禪師轉變因果開示〉；闡釋「轉業與業縛」、「因果定而不定，不定而定」之理，強調心能轉業，勸勉同修發大心，發大願，精修淨業，以免退墮。先生特將此次弘化功德盡迴向去年八月往生之故堂主德熙尼師。

〈徹悟禪師轉變因果開示隨聞記〉：今天所講，係採淨宗十二代祖師開示其學子之一段，取其注重因果。因時下學佛通病，在甫學佛時，因果還相信，後隨時間進步，反致漸忘因果，甚至輕視因果！俗云：「因果怕」，因果反倒怕他。到此程度，則無所不為！似此情形，縱令學佛百年，又有何用。即使其解文並勝，與明心見性則毫無關係，現藉此機會，提倡因果，乃有此次因果開示之選講，剋實說來，釋迦牟尼佛自始修行，以至涅槃，所有開示，無一而非因果，學人忽之，實為大錯，今先說明因果要義。

天地間無論何事，皆有開頭和結果，開頭即因，結果即果，此因果之理，儒家之四書五經，佛家之三藏十二部，大而言之，只凡是正式宗教，所倡皆不外因果，由此可見得禍得福，成佛作祖，皆因果所成，禍與福、佛與祖是所得之果，得果必有前因，故云不出因果。再者因果通三世，事不論大小巨細，有前因，必有後果，欲知過去因，現前所受即是，欲知後來結果如何，現前所作即是。吾人明日是禍是福，多不能自知，但可以三世因果之理推求。

學佛講心，心造萬法，善惡皆心造，既能造，就能有主

權去變化他,這是別教所無。心造惡因,心能轉變,除轉心外,作善事不能消惡,作萬善消不了百惡,善與惡各報各。明白了這個道理,以前罪可以不受,懂得了心的方法,即可消滅。

第一、總因:是說事的總根在那裡。「心能造業」。

第二、轉業與業縛:心何以能轉業?心與道合、心與佛合,即能轉業。

第三、因果定與不定:凡事有因就有果,因果原有一定,但可以使他不一定,因他是唯心所現的原故。

第四、定而不定之理:惡業蓋覆本性要受報應時,忽然發廣大心,修真實行,使妄念不起,則心能轉業,這就是定而不定。

第五、不定而定之理:心固然能轉業,但將要受報,而大心忽退,惡業又把心纏縛住,這就是原來沒有一定,現在又成了一定,又要受報了。

第六、轉機在己:因果的轉變,其主動力,誰也不依靠,全操在我人自己。

心如何與佛合與道合?發心念佛,不要妄念,專有佛念,做到了極處,則心與佛合,合之又合,合之其極,

1969 年・民國 58 年｜80 歲

則心能轉業。[1]

一月五日（日），晚，於中興大學「國學講座」講授《禮記・曲禮》。

是日，中華佛教居士會於臺北召開成立大會。大會由發起人李謇任主席，選出理事三十一人，監事十一人。先生獲選為理事，其他理事有南懷瑾、王天鳴、周邦道、李恒鉞、朱斐、周宣德、董正之……等。[2]

一月十二日（日），晚，於中興大學「國學講座」講授《禮記・曲禮》。

一月十五日（三），於慈光圖書館週三《華嚴經》講座，續講〈世主妙嚴品第一〉。

---

[1] 〈徹悟禪師轉變因果開示隨聞記〉，《慈光》第 219/220 號合刊（1969 年 1 月 1 日）、223 號（1969 年 2 月 17 日）、224/225 號合刊（1969 年 4 月 1 日）、226 號（1969 年 4 月 15 日）；《全集》未收，明倫月刊資訊網收錄文字，但未收錄圖表：http://www.minlun.org.tw/1pt/1pt-2-new/02.htm。【數位典藏】錄音／佛學講授，注記為「1969 年 1 月 02-03 日，慎齋堂元旦開示之七：徹悟禪師轉變因果，開示二日。」開示教材為：《徹悟禪師語錄》卷上：「心能造業，心能轉業；業由心造，業隨心轉。……可弗惕然而警，奮然而發也哉。」

[2] 〈新聞〉，《菩提樹》第 195 期（1969 年 2 月 8 日），頁 52。另據台中蓮社收藏，李謇〈致李炳南居士函〉（1968 年 12 月 18 日），先生亦為發起人。

2011

一月十九日（日），晚，於中興大學「國學講座」講授《禮記・曲禮》。下週起暫停，俟下學期開學後續講。

　　【案】中興大學智海學社〈社史〉載此次講座時間為一九六八年十一月十日至一九六九年五月二十八日；郁英、弘超〈雪公與智海的一段緣〉則錄載為一九六八年十一月十日至一九六九年一月十九日。[1]

一月二十二日（三），於慈光圖書館週三《華嚴經》講座，續講〈世主妙嚴品第一〉。

一月二十四日（五），夏曆十二月初七日，為先生八十壽辰。門下弟子周邦道、許祖成、朱時英等人，組成「李炳南老居士八秩祝嘏委員會」，集當時著述，包括佛學、醫學、文學等為《雪廬述學彙稿》，全書計八種，分訂十餘巨冊：一、阿彌陀經摘注、接蒙及義蘊，二、大專學生佛學講座六種，三、佛學問答類編，四、弘護小品彙存，五、內經摘疑抒見，六、內經選要表解，七、詩階述唐，八、雪廬詩文集。（見《圖冊》，1969年圖1）

《雪廬述學彙稿》全書有蔡念生〈序〉，歷述先生蒞臺十八年來，以居士身樹法幢、建機構、導群蒙，比於宋

---

[1] 智海學社：〈社史〉，《智海卅週年紀念專刊》，頁129-198；郁英、弘超：〈雪公與智海的一段緣〉，《智海卅週年紀念專刊》，頁67-71。

之王龍舒、清之周安士、彭紹升，毫不遜色。

　　蔡念生，〈雪廬述學彙稿序〉：自佛教東來，二千年中，現居士身，以淨土法門鼓舞當時，沾溉後世者，吾得三人焉，曰宋之王龍舒、清之周安士、彭二林。若夫傳記所載，遠者如宗少文、劉遺民，近者如袁中郎昆仲，乃至並世之楊仁山、丁仲祜諸公，何啻千百人。然或勤於自修而疏於接眾，或富於著作而簡於講說。即龍舒、安士、二林三大老，其於自行化他，信今傳後亦有未若今日之盛者，則李公雪廬之高樹法幢，接納群品，其為不可及已。公，濟南人，居近聖人之鄉，嘗入衍聖公幕，於周孔遺教習之熟矣。而獨能舍儒從佛，遍研各宗，皈心淨業。遘難南來，稅駕臺中，最初偶假寺廟靜室披演梵筴，寖假而從如歸市，建立台中蓮社，建立菩提樹雜誌社，建立慈光圖書館，建立保護動物會，建立慈光托兒所，建立慈光育幼院，建立菩提醫院，而最後匯為菩提救濟院。舉臺灣遠及港澳南洋各地，無不知有李老師者。公於各慈濟機構一一精心擘劃，務底於成，逮規模既備，則轉付他人主持，於己若無所與者，而惟以講經說法為事。因聽眾職業不同、根器有異，分為數地，各有定時。公往來其間，雖風雨寒暑，不爽晷刻。其說融合性相，導歸安養。座下千指，戶限為穿，及門高足，亦各分座、分時，以廣法施，拈珠數息者相望於道，更於《菩提樹》雜誌特闢答問一欄，問者雖猥瑣支離，亦必委曲詳盡，務釋其疑。又憫晚近學者，迷於唯物謬說，特於大學專科學生寒暑假期中，在臺中設講習班，給其膳宿，為之講解佛法，凡來學者莫不如醍醐

灌頂，悔向者所見之不廣也。又精醫理，定期施診，全活無算，此特其餘事耳。信眾多請皈依，公以白衣不傳皈戒，則為介紹名德，通信接引。又兩次禮請天寧堂上證下蓮和尚啟建戒場，第二次得皈戒者千餘人，因名之曰「千人戒會」，余亦幸與其列。則公之益我，不亦多乎？

以上偶有一端，足徵其為乘願再來，而公以一身兼之，迄今蓋十有八年，此十八年中公無一時一刻不殫心於弘法利生，雖眠食不得從容。客有問者，則曰：「忙！忙！」夫世人所忙者，官爵、利祿、妻子、田宅、飲食、遊樂，而公不與焉。公寄身斗室，無眷屬之奉，日中蔬食，賴及門弟子輪流供養，雖苦行頭陀不是過也。則公之所謂忙者，豈不以三界未空、眾生多苦，有以使之然耶？凡公所行，雖求之於龍舒、安士、二林三大老，容有未逮，遑論其他。蓋修己或由勝行，而度人兼須福報。公之遠業輝煌，亦其體力有以副之，迄今年登八十，起坐便捷，步履輕利，望之如五十許人，則天之降大任於是人也，豈偶然哉！

今年夏曆十二月初七日，為公八十整壽，高足弟子周慶光邦道、許慎獨祖成、朱時英斐、徐醒民、周家麟、江秀英諸居士，發起裒集公之生平著述，包括佛學、醫學、文學等，為「雪廬述學彙稿」，刊刻行世。慶光方任考選部政務次長，兼主中華學術院中華大典宗教類編纂，將更精選其中有關佛學之專著及詩文，顏曰：「雪廬闡佛彙稿」，列入《中華大典》，以介眉壽。夫以公之體道觀空，於身外之名，豈復置意？惟此二編，大則宏經衛道，小則化民

成俗,與紀述遭逢,流連光景之辭,迥乎異趣。從此壽之梨棗,使百世之下,聞者莫不興起,於公救世之心,寧不稍愜!余於公所為文章,未能盡讀,然已稍窺端倪。而居同里閈,又嘗濫廁法筵,因於公之立身行道,就所聞知者,略書梗概。蓋惟有是人而後有是文,他日書萬本而誦萬徧者,大有人在,又豈以余言為輕重乎!
中華民國五十七年戊申十一月之吉　國民大會代表滿分優婆塞念生蔡運辰法名寬運謹識[1]

【案】蔡念生(1901-1992),名運辰,時任《中華大藏經》總編纂、國大代表。(小傳見 1955 年 6 月 17 日譜文)

《雪廬述學彙稿》之一:《阿彌陀經摘注接蒙及義蘊》為先生最早完成之佛學著述,初撰於一九三九年。此後陸續講說增訂,一九五〇年四月於臺中付印發行,出版前曾寄呈蜀中如岑法師鑑定。同時於《覺群》、《覺生》等佛刊連載《義蘊》一書。[2](各詳見該年月譜文)

《雪廬述學彙稿》之二:《大專學生佛學講座六種》,係先生特為大專生而編製之六種教材:《佛學概要十四

1　蔡念生(蔡運辰):〈雪廬述學彙稿序〉,《菩提樹》第 194 期(1969 年 1 月 8 日),頁 14;今收見《弘護小品彙存》、《詩階述唐》、《雪廬詩集》,《全集》第 4、13、14 冊之 2,卷首。

2　現編為《全集》第 1 冊,佛學類之一:《佛說阿彌陀經摘注接蒙義蘊合刊》。

講表》、《佛說八大人覺經》、《唯識簡介》、《般若波羅密多心經》、《佛說阿彌陀經》、《華嚴經·普賢行願品》，經文教材均含自編之表解，方便理解經義。六種教材以佛法之總綱起始，益以佛學概論之專經、性相教理、淨宗教理，殿以普賢願行之開闊。[1]

【案】大專講座發軔於一九六一年五月六日，於學期間每週六開講兩小時，當時即編有《佛學概要十四講表》為教材。爾後開辦寒暑假期密集講座，依教學需要，逐漸增加教學時數，至一九六六年七月，六門功課定型，此六種根本教材始見完具。

《雪廬述學彙稿》之三：《佛學問答類編》，係彙集《覺群》、《覺生》、《菩提樹》等佛刊「佛學問答」專欄內容而成書，是時發行共有：上冊、下冊、續集三冊。「佛學問答」專欄係四方大眾就聞法、自修等疑難，乃至教外人士質問，先生應機而答，有破迷啟悟之功。該專欄深受讀者愛閱，刊行時間甚長。[2]

【案】《佛學問答類編（上、下冊）》由陳慧劍編輯，一九六二年六月出版；《佛學問答類編（續集）》為此時新編，由徐醒民編輯。係接續前書，彙集《菩提樹》月刊該專欄至一九一期（1968 年 10 月）者。

---

1 現編為《全集》第 4 冊，佛學類之四：《大專佛學講座初級教材》。
2 後又增加後續專欄未刊部分，全書統一整編，現為《全集》第 5、6、7 冊，佛學類之六：《佛學問答類編》。

（詳見 1951 年 6 月 20 日譜文）

《雪廬述學彙稿》之四：《弘護小品彙存》，為先生來臺早期弘法、護法之小品文集，多發表於各佛刊，亦有單冊發行者；由徐醒民編輯，先生題名。編者有〈序〉述其旨。[1]

徐醒民，〈弘護小品彙存序〉：東魯雪廬老人，悲心無盡，早歲師靈巖，善承師志，駕慈航，巡苦海，驅鯨救溺，援往樂土。嗣以行都在臺，浮海來扈，乃於臺中建淨業道場，益勤驅救，世法內典，循循然，盡其口宣筆述，寢餐無時，積二十載，群魔辟易，眾生知津矣。由是道風遠被，諸方參訪日多，其於老人著述，尤奉為匡時圭臬，故凡梓行之者，輒為請索一空。常隨學子，慮時久而文逸，遂議輯印雪廬叢書，以利後世。惟以卷帙浩繁，不能猝就，茲蒐毛角易逸之簡，皆為誘掖初機所發，輯為一編，先付鉛鑄，呈訂老人，顏曰《弘護小品彙存》。

是編所收，都十二類，文短閱不厭疲，語警深搔癢處，出門問道者，此即其山川藍圖，有志法將者，此實其堅甲利兵。體采時言，可誘中下，義原內典，兼攝上根。有緣而獲者，毋以淺近忽之。嚴佛魔，契正道，援沉溺，登彼岸，蓋有之矣。且開而廣之，匯藏海而不盡，

---

[1] 後又增訂，現編為《全集》第 4 冊，佛學類之五：《弘護小品彙存》。

合而一之,悟無生於微塵。小知大用,莫非在人。法無正末,亦知見所趨而已。嗚呼!得讀是編,而尚有不識所趨者耶?吾不信也。

中華民國五十七年戊申臘月上浣　受業弟子徐醒民敬敘[1]

〈弘護小品彙存‧摘要〉:《弘護小品彙存》是先生在臺中早期弘法、護法之小品文集,精簡而警策,無論初學問道者,或有志弘法者,皆能從中獲益。分為十二類,以「弘法類」居多;「護法類」則包括駁外道之毀謗佛教,與據教理嚴辨佛、魔的內容。(一)小宣傳集錦。(二)兩箇世界的味道。(三)佛誕節宣言。(四)叩鳴集。(五)逆耳言。(六)佛學常識課本。(七)當生成就之佛法。(八)通俗講演講表暨佛七開示講表。(九)內典講座之研究。(十)實用演講術要略。(十一)為廣元法師集聯。(十二)佛歌。[2]

《雪廬述學彙稿》之五:《內經摘疑抒見》、之六:《內經選要表解》,兩書係先生任教中國醫藥學院為醫學系學生講授《內經》時所編製講義。[3]

〈黃帝內經選講‧摘要〉:先生能治岐黃之術,亦

---

[1] 徐醒民:〈序〉,《弘護小品彙存》(臺中:李炳南老居士八秩祝嘏委員會,1970 年),頁 5-6;今收見《弘護小品彙存》,《全集》第 4 冊之 2,序頁 5-6。

[2] 吳毓純編撰,吳碧霞審訂:《弘護小品彙存‧摘要》,【數位典藏】全集 / 第四冊 /《弘護小品彙存》。

[3] 現編為《全集》第 15 冊,醫學類:《黃帝內經選講》。

1969 年・民國 58 年 | 80 歲

為有執照之中醫師,民國三十八年抵臺後,亦曾在臺中市法華寺設「施診處」行醫接眾。民國四十七年,中國醫藥學院成立,聘先生教授《黃帝內經》,而《黃帝內經選講》即當時所撰之講義。先生認為,《內經》之價值在於揭示養生之道,提出天地人相通之身境關係,其中無論「疾病診斷」、「醫治原理」各方面,皆為百家所宗,是中醫之淵源。《黃帝內經選講》內容分為二類:一為「素問表解」,以簡明扼要之講表解析《內經》諸論。二為「內經素問摘疑抒見」,分別就各篇各論某些文句段落,摘出疑點,梳其義理,而自抒己見,往往一解古注之疑,是十分難得的著述。[1]

《雪廬述學彙稿》之七:《詩階述唐》,係先生多年古典詩教學所編製之教材。先生教學講究方法規矩,此篇題名「詩階」,蓋將研習唐詩之次第法度,整理列舉,使學者得一進階之梯。先生指點:學詩,當先朗吟文辭,詳解義旨,以動發雅興,意會境界。故選詩百首,近體八十四,古體十六首,對平仄、格局、要旨、取境等略加標注與講解。有〈學詩先讀求味介言〉述編撰要旨。[2]

〈學詩先讀求味介言〉:中國之饌,稱冠全球,珍

---

[1] 吳毓純編撰,張清泉審訂:〈黃帝內經選講・摘要〉,【數位典藏】全集/第十五冊/《黃帝內經選講》。
[2] 李炳南:〈學詩先讀求味介言〉,《詩階述唐》,《全集》第 13 冊,頁 41-44。

錯具備，烹調萬殊，色香味養，無一不精。而各地名廚，且各有其專擅作品，雖昔王侯之尊，亦未能遍享其美。假使東西兩洋廚師，欲學中饌，自必先使朵頤飽餐，領略其味，果能辨得酸鹹之度，許為知味之人，然後始可言鼎鼐火功，刀俎切技，鹽醬次序，生熟時間。是烹調之道，必以解味為基也。

詩學一端，為文章之特品，既講四聲，復論多韻，雖嵌對仗於頸頷，要當因勢而轉變，嚴立調譜於補借，仍可隨文以權宜。有風雅頌之章，有興賦比之體，備五七長短之言，別古近絕律之格，結構奇詭，幻化無窮，幾同中國之饌，莫可方也。初步學詩，宜設方便，正不必談聲韻，說格律，應先導之朗吟文辭，詳解義旨，俾助動幽思，發雅興，誠能眼識氣象，意會境界，則是已得精魂，猶食已知其味矣。而後再陳法度，當不畏難，故言學詩，尚乎先讀。

詩已學，味已知，眼漸臻高，意漸及遠矣。然或探旨不達，落筆猶窘，過在徒知而未嘗行，學而未及思也。夫思不離乎吟與觀，諷詠千遍，其義自現，是吟之要也，批郤導窾。賾隱出焉，是觀之效也。行則積於仿與作，讀千賦，能作賦，惟仿之功，以氂懸蝨，望若車輪，久作乃成。如是矣；則學始進邃，知益入深，有見必思，有思必行，忳忳欣欣，有不能遏止之勢焉。斯境也，斯人也，始可言能學詩，亦可謂真知味。

選詩百首，可以取模，近體八十四首，分二十一類，有五七絕律，近體畢其事。古體十六首，首各一格，舉一

反三，古體畢其事。排律不過展長排比，易知不列。為便自修薰陶，每首皆標平仄，並敷陳格局，講解其要，至其取境用典，亦加略注。選量雖隘，可以知津，津固彈丸，洪濤萬里之所由也。

【案】台中蓮社講堂落成不久，便於一九五二年四月二十二日開設國文補習班，先生擔任詩學課程並編有教材。至一九六一年五月六日，開辦慈光大專講座週末班，講授詩學時編發「詩學宗唐」講義；一九六二年四月出版《詩階宗唐》，皆係此書之前緣（各見該年日譜文）。日後本書另題《學詩先讀求味》，與此後陸續編製之《吟誦常則》（1975年4月）、《聲調舉隅》（1975年12月），以及〈詩惑研討隨筆〉、〈鱗爪概談〉，編為《全集》第十三冊，詩文類之一：《詩階述唐》。

《雪廬述學彙稿》之八：《雪廬詩文集》，包括《雪廬詩集》及《雪廬寓臺文存》。《雪廬詩集》收錄五本詩集：《爇餘稿》、《蜀道吟》、《還京草》、《發陳別錄》、《浮海集》，分別記錄歷經軍閥割據、日人侵華、避難四川、戰後還京、浮海來臺不同階段之見聞與心境，係先生自少年以迄當時尚存詩稿九百五十二首。《雪廬寓臺文存》所錄則是為印行經書、各家新著所作序說。先生有〈例言〉說明，亦有周邦道所撰〈雪廬詩文集序〉。

〈雪廬詩文集·例言〉：

一、予平生所言，在左右者，僅寓臺之作耳。蘆橋戰克返里，見爇稿殘碎，臨行偶意攜之，遂與戰興流離諸作合訂之。地遷事異，故所訂不一其名，曰爇餘稿，曰蜀道吟，曰還京草，曰發陳別錄，曰浮海集。

二、爇餘稿，皆四十歲前之所作，前非是名，其中字句，亦不盡如其舊，名乃克日後易，字句亦由是重加修飾也。

三、舊序兩篇，僅序爇餘以前之作，不及餘篇，雖屬往事，存紀念也。

四、爇前居莒，隨莊太史心如同修志書，太史長予三十歲，師事之。凡經所疵，或易或刪，特檢其所批，附於爇餘之殿，以誌其誨。

五、稿多自鈔，亦有煩友代鈔者，茲付影印，非自鈔者，特於題上加代鈔以別之。

六、是集延續，積六十年，其分類異名，自有其意。國祚人情，成壞幻化，蒿目多艱，感而不已之言也。集首各冠小引，俾有覽者，知時風尚，可備史跡采實。

七、爇餘稿其辭多憤，蜀道吟其辭多怨，還京草其辭多憂，發陳別錄辭無類，浮海集其辭多哀而放，溫厚云乎哉，勢所然也。

八、諸作或就正有道，或經師友閱覽，輒獲眉批，亦有加圈點處，皆曾有所借鑑，未敢刪之，用銘翰緣。

九、友朋唱和，稿未遺者，並刊卷次，俾徵雪鴻。

1969 年・民國 58 年 ｜ 80 歲

十、寓臺文存，概為各家經書，重印新著之序。凡涉時事之作，多采語體，各依其類，分而輯之。[1]

周邦道，〈雪廬詩文集序〉：吾師李雪廬先生，菲枕載籍，著書滿家，於經學、史學、文學、法學、佛學，乃至醫學，莫不淹貫。而戴仁以行，抱義以處，栖栖皇皇，席不暇暖；是誠博綜淵懿，瑰琦儁偉，堅苦卓絕之耆碩矣！師於佛，初從南昌梅擷芸大士學唯識，次學禪，次學淨，次學密，而最後皈依印光大師，崇修淨業；意謂三根普被，九界同歸，契引群萌，度登彼岸，未始有勝於此匡廬遺躅者也！當代弘揚淨宗在家大德，屈指推江易園、丁仲祜、許止淨、夏蓮居、范古農、江味農、李圓淨、聶雲臺、黃涵之、徐蔚如、王博謙、戰德克、朱鐸民、蔡念生、毛惕園、方心五諸氏。師聲應氣求，嚶鳴其間，東渡瀛壖，勇猛精進，遂為靈巖龍象。二十年來，講經說法，廣作佛事，幾無虛時虛日。不特沾溉蓁眾，即如創設蓮社、圖書館、幼稚園、托兒所、育幼院、救濟院、醫院、施診所、安老所、大專學生暑期佛學講座，亦胥為各方所景仰、所則效。識者譽之為金粟前身，維摩乘願，詎偶然哉！

師文宗兩漢，詩紹盛唐。於文章矩矱，篇什格律，嘗極深研幾，而又益以少治申韓之學，故法度謹嚴，氣象奇

---

[1] 此時出版之《詩集》，題為《雪廬詩集（上）》，與此後詩作輯成《雪廬詩集（下）》收入《全集》第 14 冊之 1，詩文類之二：《雪廬詩集》；《文集》部分，後又增訂，編為《全集》第 14 冊之 2，詩文類之三：《雪廬寓臺文存》。

2023

崛，不屑尋常平淡語，亦不落前人窠臼。綜計文凡六十有二篇，多屬佛法佛事之序、跋、傳記。詩凡五卷：一曰爇餘稿，為師艾前之作，軍據盜橫，外侮洊至，感懷家國，不平則鳴，故其辭悲而多憤。二曰蜀道吟，政府播遷，師隨孔奉祀官間關入川，瑣尾流離，輒攄鬱勃，故其辭怨而多思。三曰還京草，抗戰八年，終於勝利，而邱墟遍處，痌瘝在抱，故其辭痛而多憂。四曰發陳別錄，束裝待發，故紙拾遺，鴻爪雪泥，存資紀念，故其辭感而多逸。五曰浮海集，版圖易色，乘桴避秦，匡復神州，信誓旦旦，故其辭激而多放。噫嘻！以一代之宿儒大德，寫一代之情懷、景物、遭際、因緣，與夫變亂史實，允堪珍若瑰寶，雖誦久遠而不替矣！

邦道承中華學術院張院長曉峰先生屬，主持中華大典宗教類編纂事宜，方蒐采當代佛學著作。爰就師闡佛詩文，別裁一編，列於大典。俾覽讀者，於好樂文字般若之餘，得以領略無上甚深微妙之佛法；而無上甚深微妙之佛法，藉文字般若善巧方便之敷演，自較易引人入勝，從而悟入深入，訢合無間也。區區之意，質之吾師，以為何如乎？

中華民國五十八年己酉十二月初吉　弟子瑞金周邦道敬識於臺陽[1]

【案】八秩祝嘏會原訂出版《雪廬述學彙編》八

---

[1] 周邦道：〈雪廬詩文集序〉，《雪廬詩集》，《全集》第14冊之1，序12-16。

1969年・民國58年 | 80歲

種,唯其中《大專佛學講座初級教材》、《內經素問摘疑抒見》、《內經選要表解》、《詩階述唐》四種尚未尋得,未知當年是否出版。今僅見於《全集》。

是日晨,江逸子攜近年全國國畫比賽連續三年第一名獎狀為先生壽。先生歡喜讚歎並點化,江逸子悟知當不再參加藝壇賽事。

江逸子,〈木鐸春風三十載:四方會談〉:老師生日是臘月初七。我聽說過去當夫子的人,學生有成就比他兒子成就更高興。那時候我連續三年全國國畫比賽第一名。於是我就把三張獎狀捲一捲,一早七點鐘,騎著單車,到老師正氣街敲門。老師開門,「進來!進來!」我說,今天老師大壽,我來給老師磕頭拜壽。他說:「好,應該的!」老師坐著,我跪著恭恭敬敬磕三個頭,把三張獎狀呈上。我跟老師開玩笑:「老師,秀才人情紙一張,我學生不才紙三張。」老師接過一看,「太好了,太好了,這個很難得!」老師就泡茶,師徒兩個人坐那裡。老師把獎狀看了又看:「不簡單,不簡單,著實不簡單啊!連中三元,又是蟬聯。古人也不多欸!」他還一直讚歎。後來把這三張獎狀還給我,說「獎狀你留下來,可以光宗耀祖。」我把獎狀收下,老師喝了一口茶說:「著實不簡單啊!」又說,據他所了解,唐杜甫、李白、宋蘇東坡、王安石……,都沒拿過獎狀的!我馬上跪下來:「老師,我懂了!」臘月天,汗流浹背。老師說:「不不不,只是比喻比喻而已,沒

什麼！」我說：「弟子懂了！」從此退出藝壇。[1]

一月二十九日（三），慈光圖書館週三講座戊申年講經圓滿，《華嚴經》第一冊第四卷講畢。[2]

是月，為中興大學中文系《禮記》專課出期末考試題，考試範圍為〈大學〉。題型有默寫、問答，共十二題。[3]

〈中興大學國文系五十七年第一學期考試題〉：

（辰）「慎獨」，「絜矩」，此二名詞，解釋其義。

（巳）「以財發身」與「以身發財」不同之義，分釋出。

（午）「君子不出家，而成教於國」者有三，曰孝，曰弟，曰慈。試按書中所言，此三於治國何關？

（亥）「舉而不能先命也」之命字，有鄭、程、陸等各解，能舉出否？

是月，馬來西亞僑領趙忍庵來臺中訪問，參觀太虛紀念館、附設醫院、安老所。先生親自接待。[4]

---

1 江逸子：〈四方會談〉，社團法人臺灣企業精英孝廉文化聯合會主辦：《木鐸春風三十載　李炳南老教授圓寂三十周年紀念——雪廬老人學誼道風論壇》，https://www.youtube.com/watch?v=g3WLoSYpAb8&list=PLuikqSTbabQib9R4ZcgF5drp6sHHxfiWn

2 〈新聞〉，《慈光》第 221/222 號合刊（1969 年 1 月 31 日），版 1。

3 【數位典藏】手稿／大專院校授課試卷／〈中興大學國文系五十七年第一學期考試題〉。

4 謝嘉峰：《雪公與菩提》。

【案】趙忍庵近年印贈佛書多部：《金剛經講義》、《大乘止觀述記》、《楞嚴經指掌疏》，與先生多有書札來往。

是月起，《慈光》半月刊開設「慈光大專講座同學見聞錄」版面，係為歷屆慈光講座學員而設之園地，登載學員聽講筆記、學習心得，有《雪廬示學語錄》、《詩法研究》，亦有前屆學員如蔡榮華、李相楷等之學習紀錄。
（見《圖冊》，1969年圖2）

【案】《慈光》半月刊第二二六號（1969年4月），編者於〈生活花絮〉說明：「自慈光講座舉辦以來已歷八屆，為能將歷屆慈光同學精神融匯於一起，方有『慈光見聞錄』之發刊，故熱切盼望同學們能多來函聯繫。」[1] 該期及前後期第二版皆標識「慈光大專講座同學見聞錄」，刊載先生授課之聽講筆記有完整講演紀錄，亦有單則紀錄之《雪廬示學語錄》及《詩法研究》；另有學員學習心得。據推「慈光大專講座同學見聞錄」首期當刊載於《慈光》二一九／二二〇號（1969年1月1日）。唯該期缺損，未能確證。

二月四日（二），至臺北慧日講堂參加太虛大師八十誕辰紀

---

[1] 編者：〈生活花絮〉，《慈光》第226號（1969年4月15日），第4版。

念法會。[1]

二月十七日（一），己酉年春正月初一，上午十時，台中蓮社舉行團拜。

是日，《慈光》第二二三號《詩法研究》專欄登載先生詩學授課聽講筆記：柳宗元，〈江雪〉、王維，〈秋夜獨坐〉。

《詩法研究》：柳宗元，〈江雪〉：「千山鳥飛絕，萬徑人蹤滅，孤舟蓑笠翁，獨釣寒江雪。」
師曰：以「江雪」二字命題，主題卻在一「雪」字。詩文皆須造境，讀此詩，尤須注意及之。

首句暗含雪景，伏結句之寒字。鳥逢雨，自不出飛，如云飛，則為廢辭。但於落雪之際，仍可飛翔，既可飛翔，而云飛絕者，則必有不可飛之緣故在。

次句萬徑對首句之千山。雪日，亦有行人，此云萬徑不見行人者，亦有不見之緣故在也。題為江雪，此二句卻云千山萬徑，與題有何關聯？試思千山萬徑，飛鳥行人，皆告絕跡，只是何等境界？否則雪之精神如何表現？讀此二句，可知於嚴寒之中，萬物沉寂，特具靜態之美。

三句「孤舟」二字，突破前此沉寂之境。如無前二句之烘托，則孤舟無從安立矣。

結句「獨」字不可少，蓋三句之孤舟，並未限定一人

---

[1] 〈新聞〉，《菩提樹》第 196 期（1969 年 3 月 8 日），頁 52。

也。江雪點題，寒字貫穿全篇之意，前云千山萬徑，不見飛鳥行人，皆因畏寒而然。釣者，指此穿簑戴笠之老翁，既非詩人，亦非為娛樂，乃為生計而來也，全詩精神，在此一釣耳。

　　王維，〈秋夜獨坐〉：「獨坐悲雙鬢，空堂欲二更；雨中山果落，燈下草蟲鳴。白髮終難變，黃金不可成；欲知除老病，為有學無生。」

師曰：王摩詰通佛學，所云獨坐，自必異於常人。如李太白之獨坐，惟懷人不我知而已。王摩詰之獨坐，在求解脫，是為修道也。起聯首句即點題，為開門見山之法。悲雙鬢者，雙鬢已白，道業尚未成就，故云悲也。道業為何？求了生死也。生死之事，知之難，了之尤難。子路問死，孔子猶答以「未知生，焉知死」，何況常人？然世俗之人，無不究詰生自何方，死歸何所？詰之不得，復見生滅無常，乃感茫然，是為至悲之事。故李太白云：「夫天地者萬物之逆旅，光陰者百代之過客。」王羲之亦云：「死生亦大矣，豈不痛哉！」此皆是人生悲痛之語。惟常人雖有生死之悲，而不知求解脫之道，是悲之至也。次句空堂，特指禪堂，為摩詰參修之所。二更者，山村之人，入夜即眠，至二更時分乃入極靜之境，獨坐至此忽感工夫不進，生死未了，而鬢已白，與上句悲字呼應。

領聯上句山果落，下句草蟲鳴，皆點秋夜之景。「山」字為詩眼，山果秋熟，逢雨而落，堂中至靜始能聞之。草蟲如蟋蟀，鳴於秋葉草間，益增冷清氣氛。作詩異於說教，

應有詩之韻味,此二句時實寫秋景,生動而有韻味。

脛聯上句「白髮」映前「双鬢」,下句「黃金」指仙家煉丹而言,所謂黃白之術是也。世人苦於生命無常,乃修神仙,以求長壽。仙家修法派別甚多,煉丹是其中之一,俟其仙丹煉成,吞之白髮變黑,返老還童。此聯之主意,在明仙道之不可從。一則煉丹成就極難,丹未成而壽命已盡者,自古以來不知凡幾。再者,縱令丹成,得還童年,然就自然之理言之,有生必有滅,此身縱得存在億萬年,終有毀滅之一日。是故修仙,非究竟之道。結聯上句之「老病」,指生老病死之苦;下句「無生」,即是無生法忍,亦可為佛法之代稱。此聯主意,明示唯有學佛,始能了脫生死。詩文固然不可說教,但求眾生了知大道,亦不可拘泥常規也。[1]

二月十八日(二),為籌措經費償還菩提醫院債務,將呂佛庭所作畫寄請董正之裱褙處理。[2](見《圖冊》,1969年圖3)

〈董正之之一〉:正之老弟鑒:呂兄佛庭聞係維持醫院之事,已將畫漏夜趕出,竟打破文藝界之架子習氣,其情可感。臺中裱工不及北部,已將畫掛號發郵,希弟在臺北探詢好工,用全綾裝池,以美觀為準,價之多少

---

[1] 李炳南:《詩法研究》,《慈光》第223號(1969年2月17日),第3版。

[2] 【數位典藏】手稿/書信/在家居士/〈董正之之一〉;收見:李炳南:〈復董正之居士書(六)〉,《雪廬老人題畫遺墨》,《全集》第16冊,頁290。

1969年・民國58年｜80歲

示知立寄，不須爭較錙銖也。諸眾因緣，日日好轉，此皆吾弟旋轉乾坤之力感召。畫寄到查收辦理為感。并頌
道祺　　　　　　　　兄李炳南拜啟　二月十八日
日昨寄上趙士瑛居士畫一幅，諒已收矣。

　　【案】是書落款「二月十八日」，未詳何年，然「維持醫院之事」當指先生自一九六八年七月，於菩提救濟院第二屆董事第四次會議承當彌補債務，至一九六九年四月，一年間「典押私產，力極籌還債務一百餘萬元」（詳見各該項譜文），因繫是年。

二月二十二日（六），夏曆正月初六，即日起一連五天，每晚七時半至九時，台中蓮社舉行新春佛法演講大會。

三月八日（六），慈光圖書館舉辦「大專學生慈光學術講座」始業式，初級班由許祖成講解《佛學概要十四講表》，高級班由徐醒民講授《金剛經》。[1]

三月十二日（三），於慈光圖書館週三《華嚴經》講座，續講〈世主妙嚴品第一〉，己酉年第一講次，自第二冊第五卷起。

三月十六日（日），晚，繼續上學期，於中興大學「國學講座」講授《禮記・曲禮》。

---

[1] 〈新聞〉，《慈光》第224/225號合刊（1969年4月1日），第1版。

三月十九日（三），於慈光圖書館週三《華嚴經》講座，續講〈世主妙嚴品第一〉。

三月二十三日（日），晚，於中興大學「國學講座」講授《禮記・曲禮》。

> 是日，佛教界於臺北市十普寺舉行惟悟老法師追悼法會。惟悟老法師駐錫印尼棉蘭蘇島佛學社三十一年，日前捨報。教界大德：白聖、南亭、道安、悟一……等法師，趙恆惕、楊森、劉泗英、李子寬、李炳南……等居士，共同發起追悼法會。先生有輓聯致悼。
> 〈追悼惟悟法師〉：琴劍棲巴山空願難申參塵尾，文章化綠島有緣已度歸蓮池。[1]

三月二十六日（三），於慈光圖書館週三《華嚴經》講座，續講〈世主妙嚴品第一〉。

三月三十日（日），晚，於中興大學「國學講座」講授《禮記・曲禮》。

是月，應呂佛庭請，為其同事友人臺灣省立師範專校附屬小學校長王清河撰寫碑記。王校長清河為臺中師範學校副

---

[1] 〈新聞〉，《菩提樹》第 197 期（1969 年 4 月 8 日），頁 52；李炳南：〈追悼惟悟法師〉，頁 20。

教授，出任附屬小學校長十一年，積勞成疾，得年五十歲。[1]

四月一日（二），應《海潮音》雜誌發行「紀念太虛大師八十誕辰專輯」，發表〈紀念太虛大師說今昔因緣〉，歷敘與大師五段因緣：初於重慶長安寺奉派至監獄弘法、再受命於歌樂山雲頂寺演講、三於金陵普照寺每週演講、四為得大師法嗣建紀念堂於臺中，五則是重印大師著作《彌陀淨土法門集》。

　　學人已經八十歲了，又患血壓高，文章是不能再寫的了。那知整理箱籠，發現了在重慶抗戰時期，印刷的一本大師著作：「彌陀淨土法門集」，紙張排版印刷俱不見佳，又經過了這二十年，已經破碎蟲蛀，不能翻閱。正在躊躇，忽有李居士來，徵求意見，預備印經結緣。當時靈機一動，就把這本破書，交他去翻印，經他同意了以後，自不免為他作篇序，書是一經排版了，大約半個月就可普遍贈送。正在這時，又接到海潮音社的信，為紀念大師徵文，想來想去，還是與大師的緣分，這總算是第五段了。這文不得不寫，但是虛贊不如寫實，說寬泛話，不如敘交情，所以把簡人的關係寫出來，纔是符合紀念。至於近日翻印的這本書，也得算是

1　李炳南：〈王校長清河墓碑〉，《雪廬寓臺文存》，《全集》第14冊之2，頁100-102；落款據【數位典藏】手稿／詩文創作／雪廬寓臺文存。

奇緣，先把書的序發表出來，使大家知道，還有一件新出土的法寶，大概幾天以後，誰有緣就會得的到。[1]

太虛大師《彌陀淨土法門集》係先生於抗戰勝利後在重慶獲讀，攜來臺灣者。先生重印，並有〈序〉述其因緣。

〈重印彌陀淨土法門集序〉：竊聞性空不變，起用隨緣，心合道者，其行藏可以知矣。顧其事若顯，而其機實微，至有思未能及，言輒有過也。不觀夫月乎？甲見其朏則呼生，乙見其朓則呼滅，見其弦望則又呼之為圓與缺。於戲！月果有生滅圓缺耶，抑無之耶？月體性空不變，人不之察，月用相有隨緣，眾皆仰之。謂之生滅圓缺者，是滯顯之常情，謂無者，必體微而妙悟。太虛大師者，乃一代之高僧，圓解三藏，權行四攝，其自證也，非空非有，其弘法也，亦教亦宗。親炙之徒，得聞半偈，則貿然曰：師相宗也，或曰：是三論也，亦有謂禪者、密者，惟鮮有聞稱之淨者。久而杯弓蛇影，竟曰師不弘淨。此只窺月相一好，便謂得月，實則相尚未能廣測，而月體更何從得及之也。

丁丑蘆橋之役，避兵渝州，親師于長安寺，嘗以淨請益，輒得循循講，不厭，並誨之曰，聖教量不須疑也。

---

[1] 李炳南：〈紀念太虛大師說今昔因緣〉，《海潮音》第50卷3/4月合刊（1969年4月1日），頁56；今收見：《雪廬寓臺文存》，《全集》第14冊之2，頁228-233。

是時各方庶士，咸聚於渝，往參者各有問，性也、相也、天台也、賢首也，雜然而前陳，師皆莊而答之。如七弦在几，扣宮聲宏以舒，則應以黃鐘，挑商聲散以明，則應以南呂，於角徵羽絲，莫不皆如所應，不鼓者不鳴，第同余所鼓者鮮耳。戰結後，以舟車少，又羈渝一年，於友人處睹斯書，喜而索之，獲其贈，篋而來臺，將漫濾矣。蓮友李樹德居士欲印經結緣，就商於余，忽憶及，遂出授之曰：此三根普被之法，曠世希有之緣，可流通之，福德當亦異眾。居士愕眙曰：師不宏淨，無得假託者也。余笑而述其因，渙然而喜。又曰，書中補白所取甚雜，曷刪之。余曰：此乃戰時物乏，剞劂者有苦心焉，權存其舊，可見前人之惜物，為可法也，故仍之。

　　中華民國五十七年戊申梅月上浣　李炳南謹識[1]

是日，《慈光》第二二四／二二五合刊號《雪廬示學語錄》刊載〈世出世法〉、〈真了生死〉兩則先生佛學授課聽講筆記；《詩法研究》專欄登載一則詩學授課聽講筆記：韋應物，〈寄李儋元錫〉。

　　《雪廬示學語錄》：〈世出世法〉：佛法不離世法，世法之不通，而能通佛法者，未之有也。以言世

---

[1] 原文附見〈紀念太虛大師說今昔因緣〉文末，《海潮音》第 50 卷 3/4 期（1969 年 4 月）頁 56；今收見《雪廬寓臺文存》，《全集》第 14 冊之 2，頁 40-42。

法,須明因果之理,而後從違有道,禍福無憂。惟因果之理,非聖賢不足以知之,中人以下,不讀聖賢之書,不足以明之。不明因果之理,惟知希求善果,而不種其善因,何異不事布穀,而求嘉禾。世間善果,為人所希求者,依儒經所分,約為五類:一曰壽,二曰富,三曰康寧,四曰攸好德,五曰考終命,即得善終之謂也。此為世間五果,必種五因,始能得之。一曰仁,其要為不殺生。二曰義,其要為不盜。三曰禮,其要為不邪婬。四曰智,其要為不飲酒。五曰信,其要為不妄語。此五者,儒謂五常,佛謂五戒,學者行之有素,不惟可得富貴康寧壽考,更可為聖賢之徒,而能進學出世大道。蓋修世法,縱得富有四海,貴為天子,壽如彭公,若以出世法觀之,惟如溺者出頭喘氣而已,一轉瞬間,又沒於無邊苦海矣。故欲解脫生死輪迴,必修出世法而後可。

若修出世法,必於世法徹底覺悟,一者覺悟世間五果,未得患得,既得患失,所受無非是苦。二者覺悟此身,乃四大五蘊之和合物。三者覺悟人心念,變幻無常,念念變幻,即是念念生死。四者覺悟內心外境,無一法得稱為我者。如此四覺,即是佛云觀身不淨,觀受是苦,觀心無常,觀法無我。苟能持念此四者,即是四念住。凡夫不知住此四念,以苦為樂,以穢為淨,以無常為常,以無我為我,是為四顛倒。佛法住此四念,而有離苦、居淨、證常、得我之法,此為四淨德。

諸生志求出世法,然須奠基於世法。先於世法行持清淨,而後乃能修持出世法。印公祖師有云:「世有真

儒,而後有真佛。」諸生三復斯言。[1]

〈真了生死〉:佛陀應世之因緣,在了眾生之生死大事。諸生學佛,直承此一因緣,方不辜負佛恩。惟生死大事,凡夫不解,故為不了。二乘但了分段,故為半了。必俟大乘行滿,無明盡去,二死永亡,方為真了。此依通途法門,循序漸進,須經三僧祇劫。若修淨土法門,一經帶業往生,即了分段生死,行持不退,繼了變易生死,是為特別法門。今值末法時期,惟修此一法門,當生始有成就。

淨土之法,上智下愚,甚易起信,中根之人信之甚難,故為難信之法。今之學者,多為中根,於此須具三信。一信佛語不虛。二信極樂實有。三信我修決成。如是信已,須發三願。一者生死心切。二願當生成就。三願廣為人說。淨土大法,自了之人不得往生,是以學者必須就其所知,普宣彌陀法音,以期自行化他,同生極樂。淨土學人,既具信願,尤須行持。行有正助,念佛是謂正行,行善持戒是謂助行。正行持念「南無阿彌陀佛」,即是總持法門,輔以助功,堅持信願,無始以來,輪迴之苦,即可了脫於當生。諸生勉之。[2]

---

[1] 李炳南:〈世出世法〉,《慈光》第 224/225 號合刊(1969 年 4 月 1 日),第 3 版;今收《雪廬述學語錄》,《全集》第 10 冊之 2,頁 37-39。

[2] 李炳南:〈真了生死〉,《慈光》第 224/225 號合刊(1969 年 4 月 1 日),第 3 版;今收《雪廬述學語錄》,《全集》第 10 冊之 2,頁 39-41。

《詩法研究》：韋應物，〈寄李儋元錫〉：「去年花裡逢君別，今日花開又一年。世事茫茫難自料，春愁黯黯獨成眠。深多疾病思田里，邑有流亡愧俸錢，聞道與來相問訊，西樓望月幾回圓。」

師曰：韋蘇州平生交遊甚寡，然所交必厚。時為蘇州刺史，與老友李、元二人離別甚久，嗣得二人書，聞約期遠來相晤，甚歡，即答以此詩。友誼之厚，可於詩中見之。首聯上句「花」字表春時。四時雖皆有花，然春天乃開花之始季，故以花表春。此句七字敘四事，去年是一事，花裏是一事，逢君又是一事，別又是一事，可謂一句四折。且逢君是樂事，緊按一「別」字，又是愁事，一正一反，此一句四折，奠定全篇根基，下文皆應於此四折關聯，缺一不可。下句有三段意思，今日、花開、又一年，各為一事，上句追述往事，下去如再追述往事，即為合掌，故須變化。然變化無一定之法則，或一動一靜，或一反一正，此處乃就時間之對比而變化之，前句既言以往之事，故後句即言眼前之事。此二句是倒裝法，普通人覆信，大都由現在敘到以往，此詩是由以往敘到目前，是其與眾不同處。下句「又一年」三字，指分別之時間言，見今日花開，乃知與君分別又是一年矣，友情思緒由此引出。

頷聯上句「世事茫茫難自料」者，茫茫即是不可知者也，世事或可預料，加「茫茫」二字，即不可預料矣。「自」是自己，承自首聯二句，與君相逢，又相別，今又按來書，皆難自料也。下句「春愁黯黯獨成眠」者，

春愁承首聯二句，分別、來書，皆在春時。黯黯乃傷神之貌，狀似春愁，愁而推展不開，則精神不振，即告昏昏欲睡，故云「獨成眠」。「獨」字在此承上啟下。疇席與友離別，今按其書，約期來會，然數約期尚遠，由此引起春愁，而獨自成眠。此二句敘交情之深。

腔聯上句「身多疾病思田里」者，李、元二人之來信，必然問候近況如何？韋蘇州即以本身之事作覆。身多疾病，乃言不是次此病，即是彼病。自陳貧病老朽，乃詩人之通常習氣，所謂「無病呻吟」是也，故此處所言多病，恐未必然。〈韋傳〉謂其身多疾病，諒係據此而云然也。思田里，有辭官而歸鄉里之意，所以然者，為其多病也。此亦未必然，乃另有用意，讀下句可知。下句「邑有流亡愧俸錢」者，好處在此一句，此為主題，前句為客體。居官治事，必須為公，民為邦本，治民之事，使得其安，即是為公，如民不安，乃為官者之罪。此邑之民，或邀飢荒，流亡異地，為刺史者得其俸錢，皆是民脂民膏，能無愧乎？既是於心有愧，何不預先勤理政事以安其民？觀夫上句「身多疾病」之辭，可以辭其咎矣。因為多病，自於政事照顧不周耳。此二句開下文，意謂鄙況如斯，汝等欲來相晤，望即速來也。

結聯上句「聞道欲來相問訊」者，已將我之近況奉告如上，故即盼君之來也。此與「今日花開又一年」句相照應，敘其想念之情。下句「西樓望月幾回圓」者，古時交通不如今日之便，跋涉往來，費時甚久，且古時會親友，多在春秋時季，李、元之來書，如在二月間抵蘇

州,則造訪之約期或在八月間。由按獲書信之頃,屈指約期尚須半年之久,故云於西樓望月,由圓至缺,由缺至圓,盼此半年時間迅速離去。亂世離人讀之,意味尤深。此一句貫穿全篇之意。[1]

四月二日(三),於慈光圖書館週三《華嚴經》講座,續講〈世主妙嚴品第一〉。

四月三日(四),函復黃月蘭,勉勵其辦事以「忍、進、恆」三字為成功要訣。[2](見《圖冊》,1969年圖4)

〈黃月蘭之二〉:月蘭具壽鑒:世出世法,皆以「忍進恆」三字得以成功。有理智則不尚感情,有情緒應付諸理智。無理智是弱者,任情緒是愚人。應自知勉。　　　　　　　　　　炳南謹復　四月三日

四月六日(日),晚,於中興大學「國學講座」講授《禮記·曲禮》。

四月八日(二),佛誕節,臺中佛教界舉行慶祝會。台中蓮

---

[1] 李炳南:《詩法研究》,《慈光》第224/225號合刊(1969年4月1日),第3版;本文《全集》未收。
[2] 【數位典藏】書信/在家居士/黃月蘭/〈黃月蘭之二〉,收見《雪廬老人題畫遺墨》,《全集》第16冊,頁312。信函日期經洪壬癸代詢黃月蘭確認(2024年1月7日)。另請參見1968年2月20日、1989年4月文。

1969 年・民國 58 年 | 80 歲

社聯體機構遊行隊伍最為出色。

　　台中蓮社聯體機構以二十輛摩托車前導，依次為六十名蓮社樂隊、八名女青年恭抬浴佛亭、蓮社、圖書館、育幼院、雜誌社、佈教所、大專學生，甚為壯觀。遊行路線自蓮社附近復興路出發，經民權路過火車站入中正路，成功路轉五權路，再經中正路、繼光街、民生路、和平街、大公街，後經復興路轉建國路到中山公園。上午八時出發，十一時遊行完畢。[1]

是日，屏東縣佛教支會理事長，東山寺住持圓融尼法師捨報，享年六十四歲。四月十三日舉行殯禮，四月二十九日舉行追悼讚頌法會。先生受聘擔任治喪委員。

　　圓融法師於四月八日圓寂，於四月十三日上午九時隆重舉行殯禮。先由真華法師主持封龕，公祭後發引高雄市火葬場荼毘，由道源法師主持荼毘說法，全省各大寺院住持均前來執紼，善男信女二千餘人參加送殯，行列長達里許。二十九日，追悼讚頌法會在東山寺大殿舉行。屏東佛教支會具函敦聘治喪委員有：白聖、隆道、真華、開證、淨心、心田、菩妙、佛禪、素道等九位法師，陳恭炎、馮永禎、周邦道、董正之、黃玉明、高登海、李炳南、崔玉衡、朱斐、方倫……等居士十七人。[2]

　　【案】先生於一九五一、一九五二、一九五四年，

1　〈新聞〉，《慈光》第 226 號（1969 年 4 月 15 日），第 1 版。
2　〈新聞〉，《菩提樹》第 198 期（1969 年 5 月 8 日），頁 53。

三度應圓融法師邀請，南下屏東弘化。

四月九日（三），於慈光圖書館週三《華嚴經》講座，續講〈世主妙嚴品第一〉。

四月十三日（日），晚，於中興大學「國學講座」講授《禮記‧曲禮》。

四月十五日（二），《慈光》第二二六號刊載《雪廬示學語錄》六則：〈積而能散〉、〈安安而能遷〉、〈很毋求勝〉、〈分毋求多〉、〈禮不妄悅人〉、〈不辭費〉，《詩法研究》專欄登載先生授課聽講筆記一則：李䫆，〈宿瑩公禪房聞梵〉。[1]

　　《詩法研究》：李䫆，〈宿瑩公禪房聞梵〉：「花宮仙梵遠微微，月隱高城鐘漏稀。夜動霜林驚落葉，曉聞天籟發清機。蕭條已入寒空靜，颯沓仍隨秋雨飛。始覺浮生無住著，頓生心地欲皈依。」

師曰：此為寫聲之作，宜注意其特殊筆法。梵，是梵音，寺院例於清晨四時聚眾上殿，同作朝課，鐘聲唱讚，皆是梵音。

起聯上句「花宮仙梵遠微微」者，「花宮仙梵」讚非人

---

[1] 李炳南：《雪廬示學語錄》各則，《慈光》第 226 號（1969 年 4 月 15 日），第 3 版；今收見：《雪廬述學語錄》，《全集》第 10 冊之 2，頁 41-44。《詩法研究》，《慈光》第 226 號（1969 年 4 月 15 日），版 3；《全集》未收。

間之音,「遠微微」敘此梵音,微乎其微,似有似無。「遠」字為詩眼,聲音所以微微者,以其遠也,不遠則不如此。此「遠」字有双關之義,一則所寄宿之禪房,當不在大雄寶殿附近,故在清晨甦醒之時,聞其聲音,由遠而來,乃有微微之感。一則既讚其非人間之音樂,自當遠離塵世,非常人所得而聞,今幸聞之,仍有遙遠之感。下句「月隱高城鐘漏稀」者,敘聞梵之時也。「月隱高城」此見於自然界之時光,屬於靜態,「鐘漏稀」此聞於人間之時光,屬於動態。此約值清晨四時許,除聞稀疏之鐘漏,萬籟無聲,故能遠聞微微之梵音。

領聯上句「夜動霜林驚落葉」,動字指梵音而言。木葉一經秋霜,輒變乾枯,夜風動處,瀟瀟下落如雨。更深人靜之時,忽聞梵音,疑是霜林落葉。聲音抽象,至難描寫,惟可以實物狀之,然須比擬確切。歐陽永叔以波濤風雨賦寫秋聲,此以霜林落葉擬諸梵音,有異曲同工之妙。下句「曉聞天籟發清機」,「天籟」指惟是風聲,而無落葉之聲。「發清機」者,原曾驚為落葉之聲,頓歸沉寂,於曉僅聞風聲,忽見清淨之天機,而悟入妙理。此二句皆點情。

脛聯上句「蕭條已入寒空靜」,敘其聞聲不得,悟其已入寒空靜境,此點天籟發清機之句。下句「颯沓仍隨秋雨飛」,於不聞際,忽又聞見許多聲音,「仍」字指「驚落飛」而言,秋雨即形容落葉。此二句皆點景。

結聯上句「始覺浮生無住著」,是悟道之語,由聞梵音之忽有忽無,因感色即是空,空即是色,而浮生若夢,

應無所住,不應執著。下句「頓令心地欲皈依」,乃是發心皈依三寶。此方真教體,清淨在音聞。於斯可見。

四月十六日(三),於慈光圖書館週三《華嚴經》講座,續講〈世主妙嚴品第一〉。

四月十七日(四),即日起,每週四晚間,於善果林太虛紀念館大殿設定期佛學講座。本週先有連續五日之通俗演講,次週四起,開始宣講《四十二章經》。每次聽眾二百餘人,多為內新村附近新人。[1]

十七日至二十一日演講為〈佛法五講〉。先生於開講前說明新道場宜先介紹基本佛法知識,明瞭佛法大概,然後講經。五次演講即在介紹基本佛法,首日講「佛法大意」,先明佛為覺義,眾生受眾苦而不覺,此即是迷。佛法要在破迷啟悟、離苦得樂。其方法有三,戒:諸惡莫作、眾善奉行;定:自淨其意;慧:本性全彰。

　　「佛法大意」:善果林利益眾生,新開講經道場,要我學人來給諸位講佛法。首先有幾點要聲明:一、佛法二字,在臺灣雖甚普遍,但其實在意義,恐非常人所能明瞭。經云:佛法無人說,雖智不能解。何也,無論何種學問,皆有其專用語詞。不經講解,則不了然。其次,佛法與世間關係密切,某地佛法興盛,某地亦必

---

[1] 〈新聞〉,《菩提樹》第198期(1969年5月8日),頁53。

隨之興盛，衰亦如之。今日臺灣佛法呈現興盛氣象，亦是國運興隆之氣象。即就此一道場言，從今以後，常年不斷說法講經，自是諸位與地方之福。三者，此為新道場，開始不能講經，須作通俗演講若干次，介紹有關佛法知識，俾能明瞭佛法大概，然後講經，自較容易。

佛者何？此由梵文音譯而來，依中國字義，則為覺悟。眾生皆有佛性，皆可以成佛，何以釋迦牟尼是佛，而吾人不得稱為佛。實以吾人迷昧不覺故也。是以欲求成佛，必須破迷。

就佛法言，眾生無有不迷者，除佛以外，菩薩、羅漢，皆是迷昧之人，惟較凡夫為輕而已。至於天、神，迷之尤甚。世間凡夫更無論矣。所謂迷者，即是對一切事理不能徹知徹見耳。如果吾人不肯自認是迷者，今且設問，人在未生之前是何狀況？吾人能否悉知悉見？現前之處境為苦為樂，究其原因如何？人生世間之目的為何？人生所作所為將得何種結果？總而言之，吾人於一己之生命，無論過去、現在、未來之問題，能否圓滿解答，如謂不能，非迷而何？

學佛之要即在開悟，悟則不迷，凡夫痛苦無量，而不自知，此即是迷。世之迷人，以苦為樂者，無不皆然。是以人生無不眾苦交集。所謂眾苦者，約言之有三大類，一為苦苦，二為壞苦，三為行苦。上述諸種問題，佛法可予徹底解決。諸苦如病，佛法如藥方。病多，藥方亦多。約言之，有三類：一為戒，即三藏中之戒律，如國家之法律，要義為諸惡莫作，眾善奉行。二為定，如專

持戒,不易奏功,必須講求內心功夫,故須求定,要義在自淨其意,即控制心念,不使外馳。儒經云:克念作聖,罔念作狂,又云誠意正心,皆是指定功而言。三為慧,本性全彰,由於戒定行之既久,即見本性,是為開慧,本性全彰,即是成佛。既已開慧,雖尚未能成佛,實已得大受用。多開一分慧,即減一分苦。慧日開而苦日減,以至人身苦,環境苦,身後苦皆得破除,是謂離苦得樂。[1]

四月十八日(五),在善果林續講〈佛法五講〉第二講:「佛法不離世間法」,佛法須從眼前之事開解,眼前事即世間法,即得名位祿壽之福。

「佛法不離世間法」:佛法,須先說眼前之事,否則不能開解。眼前事者,即世間法也。法之要義,在乎因果。世事皆有開端與結果,此即因果。就果言之,世人無不知求福報,謂人在世間皆望得福。所謂福者,即位名祿壽也。欲得此福,依孔子言,須有大德;依佛法言,須行十善。欲得位名祿壽,須以大德為因,大德即是力行善事,行善事則謂之善人。善人可得而識者三,一為善身,二為善口,三為善意,是為三業皆善。身口

---

[1] 李炳南講,徐醒民記:〈善果林講經述紀‧佛法大意〉,《慈光》第 229 號(1969 年 5 月 31 日),第 2-3 版;後略去徐醒民之「弁言」及先生講前三點聲明,收見:〈佛法五講(一)佛法大意〉,《脩學法要》,《全集》第 9 冊,頁 78-90;講表〈佛法大意〉見:《弘護小品彙存》,《全集》第 4 冊之 2,頁 427-431。

意之善業,皆是因地行為——具是行為,即是大德,必得位祿名壽,否則無得福之理。

然尤須注意者,縱具前述之因地善行,亦是且顧眼前,皆不究竟;究竟之道,須求出世法,後當循次述之。[1]

四月十九日(六),在善果林續講〈佛法五講〉第三講:「世間真相火宅不安」,世間無常,多不究竟,須求出世。

「世間真相火宅不安」:前云位名祿壽之福,今問是誰享受?如云由此身享受,然須知此身非我,其待若干年後,必與我分離。佛法必須辨明身與我並非一事。此身存在世間,最多不過百年,百年之後,必然逝去,身命之短促既然如此,世間復能存在幾時耶?

世間一切動物,不出六道輪迴,不離無邊之苦惱,不論福報如何,皆是且顧眼前,而不究竟。為求究竟,必須求出世法,亦即必須離開六道輪迴。出世云者,非謂出家也,亦非謂入山也。出世之義,既非出家,亦非入山,而是使神識(其他宗教稱為靈魂)出此世間之界

---

[1] 李炳南講,徐醒民記:〈善果林講經述紀‧佛法不離世間法〉,《慈光》第 230 號(1969 年 6 月 15 日),第 2 版;收見:〈佛法五講(二)佛法不離世間法〉,《脩學法要》,《全集》第 9 冊,頁 90-99;講表〈佛法大意〉見:《弘護小品彙存》,《全集》第 4 冊之 2,頁 428。

限，使其獨立自主，得佛不生不滅之法。[1]

四月二十日（日），在善果林總講〈佛法五講〉第四講：「出要解脫」，從不究竟之世間法出離，是謂出世間。

「出要解脫」：前說世間法，已知世間一切皆不究竟，任何眾生皆受六道輪迴之苦，若欲免除此苦，必須設法出離。出離之道為何，今為闡明。離六道即謂之出世間。

出世法之義，一為解纏去縛，二為離一切苦。離苦之義，人或不免誤會。或以閻王為之王，或以天帝為之王，其實彼等亦在輪迴之中。佛學須明因果，不可迷信，出世全仗自己轉識成智。是義不能一聞即悟，但可先勉強信之。

何謂轉識成智？智者非世之所謂聰明，乃眾生之本性。眾生皆有本性，亦皆有此智，但變為神識（外道稱為靈魂），即失其全體大用，而有生死輪迴之苦。轉識成智，即破除迷顛之神識，以現本性，乃得大自由。轉識成智，即是求覺復本，由是可知，為迷為覺，一切操之在我。

出世法，亦即為解脫之法。惟有知解脫法，始可以言出

---

[1] 李炳南講，徐醒民記：〈善果林第三講・世間真相火宅不安〉，《慈光》第 230 號（1969 年 6 月 15 日），第 3 版；收見：〈佛法五講（三）世間真相火宅不安〉，《脩學法要》，《全集》第 9 冊，頁 99-108；講表〈世間真相火宅不安〉見：《弘護小品彙存》，《全集》第 4 冊之 2，頁 429。

世。

一為不知解脫者，究其故，首在不明因果之理。

二為誤認解脫者，是輩已信因果，能知善惡報應，但不明輪迴之理，意為成神，即可一勞永逸，或意為升天堂即得永生；是皆誤會。

三為半得解脫者，前者雖知修福，但不出輪迴，如求超出輪迴，必須修慧。修慧即是破迷啟悟，轉識成智。所謂半得解脫，即本性之光顯露三分之一，如月光之在初五者。惟現此三分之一光明，夜行者即能識路，不致迷途落坑，是即得羅漢果者也。

四為全得解脫者，此即佛果，羅漢之得六通，其力僅及此一世界，全得解脫者所得之六通，其力可及無量無邊之世界，是二通力之差，不可以道里計。證羅漢果，為時過長，成佛之期尤為遙遠，佛理至深，難以啟悟，諸法雖可聞知，而行之甚難，諸如此者，何以解脫？然佛法不離慈悲方便，於八萬四千法門外，尚有特別法門，可令學者當生成就。[1]

四月二十一日（一），在善果林三講〈佛法五講〉第五講：「門餘大道」，於通途之外，開淨土念佛法門。

「門餘大道」：佛法八萬四千，皆須啟發本性之智

---

[1] 李炳南講，徐醒民記：《慈光》第 232 號（1969 年 7 月 15 日），第 3 版；收見：〈佛法五講（四）出要解脫〉，《脩學法要》，《全集》第 9 冊，頁 108-116；講表〈出要解脫〉見：《弘護小品彙存》，《全集》第 4 冊之 2，頁 430。

光,是為通途法門,吾人今日修之,皆難成就。今講通途以外之法,謂之門餘大道。是法異於通途者,厥為不開本性之智光亦能有成。今聞如此法門,至希留意,過此時機不可得聞矣。

通途法門,無論修大小乘,皆仗自力,門餘大道,自力復加佛力,謂之二力法門,如步高樓,得人扶助,自較易也。或疑門餘可仗佛力,通法何以不得佛之助力?須知佛學不能迷信,修行必仗自力,不能求佛代修,如飢者必須自食,不能求替於人也。通途之法固須自行,門餘之法亦須自行,惟多佛力加被之殊勝因緣而已。是法不可思議,修行人未至成佛,皆不明其究竟,是以不惟常人,即飽學之士,或學多年者,亦多不易入信,是故謂之難信之法。今所講者,惟依歷代祖師之注釋,非敢師心臆說也。是法雖云不可思議,然行之不難,雖無學問之人,能行必能成,如不能行,縱然學富五車,亦無可成之望,故又謂之難信易行之法。

極樂之殊勝既是如此,當問如何往生彼處?極樂教主阿彌陀佛,於眾生之心聲悉見悉聞,吾人但能息心念「阿彌陀佛」,即與佛感應道交,臨命終時,阿彌陀佛即來接引往生極樂世界。然事雖簡單,行之尚須三訣。一為信,於以上所說,皆確信不疑。二為願,命終之時,不上天作玉帝;東方瑠璃世界,上方彌勒佛所,環境雖好,亦不願往,惟願往生西方極樂世界。三為行,將一句佛號念念不失即可。

「信願行」三者為修行要訣,亦為往生極樂之三種資

糧，此是正行，另須助行，即諸惡莫作，眾善奉行。正助雙修，如鳥兩翼，不可或缺。今日臺中之舊同修，正行力者，不過十分之七，而助行尤少，貪惑具備，如此修行，豈能成就。蓋念佛如掃地，貪惑如撒塵，隨掃隨撒，何能與佛感應道交，更何能明心見性，故必須正助雙修，始克有濟。[1]

四月二十三日（三），於慈光圖書館週三《華嚴經》講座，續講〈世主妙嚴品第一〉。

四月二十六日（六），中興大學中文系舉行期中考，先生為三年級《禮記》專課出十二道考題，範圍為〈中庸〉。

〈五十八年中興大學文學系三年級期中考試題〉
（五十八年四月廿六日舉行）（節錄）：
（辰）解釋。「天命」天謂何，道與教，各如何解？
（巳）解釋。「忠恕違道不遠」忠與恕，各作何解？
（午）問答。第十六章：「鬼神之為德」之德，孔疏與朱注，有何不同？
（戌）問答。第二十章「誠者天之道也，誠之者人之道

---

[1] 李炳南講，徐醒民記：《慈光》第 232 號（1969 年 7 月 15 日），第 3-4 版；收見：〈佛法五講（五）門餘大道〉，《脩學法要》，《全集》第 9 冊，頁 116-126；講表〈門餘大道〉見：《弘護小品彙存》，《全集》第 4 冊之 2，頁 431。

也」將誠者與誠之者二義,錄出。[1]

四月二十七日(日),晚,於中興大學「國學講座」講授《禮記・曲禮》。

四月三十日(三),於慈光圖書館週三《華嚴經》講座,續講〈世主妙嚴品第一〉。

是月,菩提救濟院召開第二屆董事會,組建財務管理委員會,請先生出任主任委員。菩提醫院重興一年來,醫務方面,積極發展增聘各科權威醫師,漸見起色;財務方面經先生暨諸董事極力籌還債務一百餘萬元,亦趨穩定。

　　我國第一所佛教徒創辦的菩提醫院,由於先天不足,後天失調,經營不善,一度停頓。幸經李創辦人暨各董事,力起挽救,重興一年以來,典押私產,力極籌還債務一百餘萬元,迄今始稍見起色。因救濟院業務至少應辦兩項:施醫、安老。今安老所已先建一幢大樓,可容納貧苦老人四十八人。欲求施醫、安老之穩定,必先發展醫院業務。菩提救濟院四月底召開之第二屆董事會,決議如下:
1. 為增強陣容擴展社會力量適應環境需要,增推朱斐、黃雪銀兩創辦人為常務董事。

---

[1] 【數位典藏】手稿／其他著作／大專院校授課試卷／〈五十八年中興大學文學系三年級期中考試題〉。

2. 徐院長推介聘請游俊傑為專任祕書。
3. 醫院復業後，為發展計，先行添置各種儀器，銀行貸款十五萬元、私人借款六萬九千七百九十一元。償還方式：銀行部分發動樂捐，私人借款俟醫院營業有盈餘時提撥償還。
6. 救濟院、安老所、施醫所、醫院等四單位，在董事會尚未正式撥發經費時，雖令其自由籌款，但應將所有收入開支，嚴格清楚。宜組織臨時財務管理委員會，負收支管理之責，以免再蹈覆轍，重遭虧累，並違背因果。決議由各單位分別推派一人為委員，另推請李炳南居士為主任委員，由五人組織委員會，另請朱創辦人草擬財務管理委員會簡則，報常務董事會會議通過後施行。

創辦人兼財務管理委員會主任委員表示：菩提醫院，本來就是海內外佛教徒一條心，共同創設，全國唯一的佛教醫院。同人等不過是受托為大家服務而已。最初，由於財、才兩力不足，辦理成績欠善，同人等深感內疚。今後一定只許成功，努力以赴。再度籲請海內外佛教大德，鑒此苦衷，齊發菩提大願，共同伸出慈悲金手，賜予援助，則佛教慈善事業之成功，各位也累積德業、廣培福田、行果增緣、佛天歡喜。[1]

---

1 〈新聞〉，《菩提樹》第 199 期（1969 年 6 月 8 日），頁 52；增聘各科權威醫師報導見：《菩提樹》第 197 期（1969 年 4 月 8 日），頁 53。

【案】先生承當菩提醫院債務，一年籌款償還一百餘萬元。典當私產部分不詳，但請友人贊助事，致董正之函略有消息。（見 1969 年 2 月 18 日譜文）

是年春，先生旅臺二十年，有詩〈客臺二十年憶故友莊太史〉，又有〈送別〉、〈綠川流水〉、〈大坑山遠望〉、〈柳川春色〉、〈全唐詩書後〉。（《雪廬詩集》，頁 367-368）

〈客臺二十年憶故友莊太史〉：昔日愁來詩百篇，曾勞硃墨定媸妍；欲焚新稿投君塚，孤客猶吟二十年。

〈送別〉：春燈欲暗曙窗寒，折柳橋頭別玉鞍；酒淚露華渾不省，日高襟上未曾乾。

〈全唐詩書後〉：江天碧峭梵鐘寺，塞月銀沙羌笛樓；天下無多好詩句，揚州唱罷是涼州。

五月一日（四），於善果林太虛紀念館開始宣講《四十二章經》，有《佛說四十二章經表注講義》。[1]

《佛說四十二章經表注講義・摘要》：表注乃先生民國五十八年講此經於太虛紀念館善果林時所編，由弟子徐醒民現場筆記整理而成講義。先生謂《佛說四十二章經》乃佛法傳入中國之初始。其傳播來華之因緣，是

---

[1] 李炳南講，徐醒民記：《佛說四十二章經表注講義》，《全集》第 8 冊，頁 1-192；另有〈佛說四十二章經表解〉、〈佛十二章經筆記〉手稿兩篇，見：《講經表解（下）》，《全集》第 3 冊，頁 875-912。

後漢明帝夜夢金人,後問群臣,知西域有佛法,遣諸臣前往尋求,請得高僧與梵文經藏而歸,當時於洛陽建白馬寺,最初即翻譯此經。由於初期翻譯,譯者為順中國民情機宜,取其簡要,但譯四十二章,各章文意獨立,採條列譯法,有如四十二條箚記。先生謂此經如佛法教育之「幼稚園教材」,學者既由此入學,成佛則可階次而進。先生亦為契合初機而講此經,故不講玄義,唯列表以注之,學者循講義而讀,當有如親臨經筵之感。(吳毓純編撰,張清泉審訂)[1]

【案】一九六九年四月十七日(四)起,連講五日通俗演講(見上譜文),五日演講記錄為〈佛法五講〉,篇末有「通俗演講,至此結束,下週開講《佛說四十二章經》,此經講畢,再講《佛說阿彌陀經》」。「下週」當為〈佛法五講〉圓滿日四月二十一日(一)之次週週四—一九六九年五月一日。

【又案】《佛說四十二章經表注講義》本文第四十一章有「余之學佛,歷四十年,備嘗艱苦」,當是以一九三二年(43歲)印光大師證明皈依起計。如以一九一四年(25歲)從學於梅光羲先生計,則學佛當已五十五年。

五月四日(日),晚,於中興大學「國學講座」講授《禮記・曲禮》。

---

1 【數位典藏】全集／第八冊／《佛說四十二章經表注講義・摘要》。

五月七日（三），於慈光圖書館週三《華嚴經》講座，續講〈世主妙嚴品第一〉。

五月八日（四），《菩提樹》第一九八期刊載先生為林看治所著《念佛感應見聞記》撰〈序〉並書題。（見《圖冊》，1969年圖5）林看治為台中蓮社弘法班十姊妹之二姊，二十年前先生最初弘化於法華寺起即常隨學習，並弘講於各地。此書記其弘講時念佛感應各事，或有疑者，先生澄清謂：因果者事之現相，感應者理之動態，善巧說譬喻，可進窺經史之堂奧。

〈林居士念佛感應見聞記序〉：三代書如何，遭秦火而不知，漢後之書猶存，合而觀之，經史子集，莫非因果，鑒之式之，世風淳焉。集部有小說稗史，遞衍至今不衰，而普及讀者，實駕乎經史之上。惟其品不齊，不列文獻，然歷史類、風俗類、武俠類、神怪類、寓言諷世、兒女柔情等類，類雖繁，無不以善惡懲勸，為其旨歸，以有輔翊經史之功，故名儒開士，皆不黜焉。但事有虛構者，有尺丈過甚其辭者，有恰如其分者，是以人有信不信，故孟子有不如無書之歎，惡其虛構過辭也。書則如是矣，而人心亦多不同，有信古書所載者，有信今人所言者，有信書不信人，信人不信書者，有信古不信今，信今不信古者，夫如是，非全信也，非全不信也。

是書記者為今人，今人所記乃今事，今人人多識之也，今事人多知之者，不虛構，不過其辭，如之何而不信，

1969年・民國58年｜80歲

信則培陰鷙淳世風矣。此記之作，為有信者作，亦為有不信者作，今不信，未必不信於他日，故作不唐捐。或曰：君所言者因果，未敢撥無，此所記者感應，不無疑耳？噫！因果者事之現相，感應者理之動態，事與理，動與現，若能離之為二，因果何有哉？又難之曰：因果經史詳矣，又焉用此為？曰：不聞乎法華之善巧歟？說法，則中下不契，說譬喻，則上中皆聞，說因緣，則三根通暢，而輔翊經史，此寧不勝，果信乎此矣，始能望經史之堂奧。　中華民國五十八年己酉暮春　李炳南識[1]

　　西蓮，〈林看治老居士往生記〉：林老居士於自行化他之餘，尚孜孜不倦著有《念佛感應見聞記》，叨蒙雪公恩師題字及賜序！自民國五十八年八月初版伍仟壹佰冊，迄往生前共出書五十六版，冊數達十餘萬冊，其他各處印行結緣及流通者，亦不計其數，其內容並有數則被收入淨土聖賢錄，並有依其內容製作錄音帶及電臺廣播而流傳者，可謂廣結西方數萬緣矣。閱該書而發心念佛者，時有所聞，甚至遠在國外，亦有因閱讀該書而特地來臺求見者，該書感人之深，由此可見一斑，遺著另有《佛說阿彌陀經淺講》、《勸修念佛法門淺講》等數冊。[2]

---

1 李炳南：〈林居士念佛感應見聞記序〉，《菩提樹》第198期（1969年5月8日），頁30；收見：《雪廬寓臺文存》，《全集》第14冊之2，頁86-88。

2 西蓮：〈林看治老居士往生記〉，《明倫》第225期（1992年6月），頁32。

《菩提樹》同期,登載〈菩薩戒蔣葛妙信居士八秩壽序〉。蔣葛居士移壽慶賀禮廣作佛事、印贈經論,先生嘉許其為學佛有得者。[1]

五月十一日(日),晚,於中興大學「國學講座」講授《禮記‧曲禮》。

五月十四日(三),於慈光圖書館週三《華嚴經》講座,續講〈世主妙嚴品第一〉。

五月十五日(四),《慈光》第二二八號「慈光大專講座同學見聞錄」,刊出《雪廬示學語錄》:〈為學之道〉、〈陳言務去〉、〈道與器〉、〈復性書〉、〈擇善固執〉;《詩法研究》刊出司空曙,〈經廢寶慶寺〉、孟浩然,〈春曉〉。[2]

　　《雪廬示學語錄》:〈為學之道〉:韓文公〈與鄂州柳中丞書〉,讚其同食下卒,既斬所騎馬,以祭踶死之士。

---

[1] 李炳南:〈菩薩戒蔣葛妙信居士八秩壽序〉,《菩提樹》第 198 期(1969 年 5 月 8 日),頁 30;收見:《雪廬寓臺文存》,《全集》第 14 冊之 2,頁 88-91。

[2] 李炳南:〈雪廬示學語錄:為學之道、陳言務去、道與器、復性書、擇善固執〉,司空曙〈經廢寶慶寺〉、孟浩然〈春曉〉兩詩講解,見《慈光》第 228 號(1969 年 5 月 15 日),第 2 版;《全集》俱未收。

師曰：余少讀孫子，先言道，而後始及兵法，不禁異之。後讀史籍，至明將戚繼光傳，始釋然。光所領之戚家軍，披堅執銳，攻無不克。初於某役，其姪犯軍令，將付斬，寡嫂求之曰：「爾少孤，撫育於我，茲不求他報，但乞赦我孤獨子。」光曰：「赦則無以治軍，不赦則無以報撫育之恩，勢不得已，吾為汝子可乎？」卒正法。自是令出必行，戰陣無不奮勇者。古之兵家，齊名孫子者，厥為吳起。起之為將，與士卒之最下者同衣食，乃深得士卒之心，臨戰不惜生死，屢建奇功。為將之道，故須如此，即治百事，苟欲董其成者，亦莫不由嚴於自律，而身先其勞。不然，何足以感人？諸子學文，要在達理，理達而後，尤須篤行的，斯得為學之道矣。

〈陳言務去〉：韓文公〈答李翊書〉，有云：「惟陳言之務去。」

師曰：是全篇之要語。為文之道，在乎創新，凡已出諸前人之口者，皆是陳言，不去不足以稱文。然亦不可故異其說，否則古人謂日出於東，我必謂出於西，新則新矣，其奈不符事實何？

〈道與器〉：師曰：文以載道，道者一體而萬用者也。亦即孔子所謂君子不器也。夫惟不器，故能允文允武，天下無不可為之說。否則敝帚自珍，故無取乎大用，縱得成為瑚璉，其用亦不越乎廟堂。是故學文，應求其道，既能求道，則能觸類旁通，豈拘於一藝之徒所可比擬。

〈復性書〉：師曰：探求心性之學，不惟佛徒，歷來儒士亦深致力於斯。惜俗儒力之所不及，既不明〈學〉〈庸〉所言之德性，尤昧於內典所詮之義理，竟致盲目謗佛，如韓昌黎者，甚為可憫也。然韓門之中，有名李翱者，文藝雖不及其師，而見識乃遠居其師之上。所為〈復性書〉三篇，辭高旨遠，外儒內佛，自孔子而後，儒家言性無與倫比之作，昌黎故無論矣，孟荀二子，亦是望塵莫及。惟此三篇，並未見重於歷代儒生，其於儒家，可謂明珠投暗。今為諸子講其前後二篇，期能察其為文之妙，辭盡採自儒，理盡合與佛典，可為習文者法矣。

〈擇善固執〉：師曰：為學求道，皆須擇善固執，始有成就之期。晉之王右軍嘗慕張芝，臨池學書，池水盡黑，終獲其成。學書，小技也，猶且如此，而何況學出世大道者哉？諸子皆有志於大道，或已受五戒，或已受薩戒，是已擇乎至善矣。然如不能固執，亦是徒然。固執之道，在學古人，名利不能移其志，如為仰事俯畜，不能致任，亦須自甘於下吏，以免覆餗之患。如此雖有損於目前，然必有益於日後，身或空乏而心必充盈，孰得孰失？至為顯然。

《詩法研究》：司空曙，〈經廢寶慶寺〉：「黃葉前朝寺，無僧寒殿開。池清龜出曝，松暝鶴飛回。古砌碑橫草，陰廊畫雜苔。禪宮亦銷歇，人世轉堪哀。」
師曰：讀此詩，可會萬法無常之理。
起聯上句「黃葉前朝寺」，定全篇之基。樹葉經霜，即

由青而黃，故云「黃葉」，此指深秋或初冬之時。佛寺之興建於前朝，其古老頹廢之情，可以想見。此五字表現一座破廟與其荒涼之景。下句「無僧寒殿開」，敘寺之無人。題云廢寺，故無僧人。「寒」字是詩眼，一片荒涼之景，盡攝於此一字之中。「開」之一字是靜詞，殿既荒廢，故無門扉，亦無人管理，任其洞開而已。

頷聯上句「池清龜出曝」，敘晝間見於平地之景。佛寺附近，多設放生池，此寺既廢，而放生池自然無人管理，故云「池清」。既然無人，池中之龜則無忌憚，故敢出曝。下句「松暝鶴飛回」，敘夜間見於空中之景。松樹與古寺陪襯，若云相思樹則不襯矣。寺雖廢，而松愈長愈高，黃昏之際，平地雖暝，而高松之上尚有微明，此云「松暝」，故為夜間矣。禽類癖愛無人之境者，以鶴為最，此處不見人烟之古松，正堪棲鶴，故云「鶴飛回」也。

脛聯上句「古砌碑橫草」，敘靜物。前二句之龜、鶴皆是動物，此處必須轉變，始合章法。古砌之「砌」字，指實慶寺之石階，加以古字，可見其殘破之狀。碑是碑記，樹立於地，年久而地變，遂橫倒於荒草叢中。下句「陰廊畫雜苔」，亦是敘靜物，惟前句敘寺外，此句敘寺內。廊，是寺中之兩廊，原有壁畫，以無人居，逢雨屋漏牆濕，地下積水，晴時依然潮濕，以致青苔叢生，雜入壁畫，故云「陰廊畫雜苔」也。

結聯上句「禪宮亦銷歇」，是弔古。禪宮通指佛寺，唐時佛法以禪宗最盛，故以禪字表佛法。「銷歇」與詩題

之「廢」字相映。「亦」字含意甚深，出世間之佛法道場，與生滅無常之世間法，應不可同日而語，然而前朝之寺，竟亦如此荒寒銷歇，則世間萬事萬物又如何耶？故下句云「塵世轉堪哀」也。此句意在言外，頗堪玩味。

孟浩然，〈春曉〉：「春眠不覺曉，處處聞啼鳥。夜來風雨聲，花落知多少？」
師曰：此詩傳誦最廣，然釋義甚為紛歧，且多有誤解者。普通注釋，首句次句皆能通順，惟三、四兩句不能貫通，因其為夜間之情況。曉時醒來，既聞啼鳥，何以又聞夜間風雨，又見落花？不知此詩章法特殊，前後倒裝，如先釋後二句，自必順理成章。

孟浩然愛花成癖，寧棄祿位，家居種花。某夜忽遭風雨，搶救不及，花落繽紛。長夜辛勞，直至風平雨霽，始得入眠。天明猶不之覺，乃為啼鳥所驚醒，醒時仍不忘念夜間紛落之花。四句信口拈來，清新易曉，不須種種附會。

五月十八日（日），晚八時，至蓮社參加國文補習班第十八期開學典禮。本屆課程與教師為：週二，盧志宏任教「珠算簿記」，由許鑽源翻譯；週三，王影真任教「國文」；週四，王志一任教《論語》，江寬玉翻譯；週五，先生任教「國文」；週日，蔣俊義任教「佛教常識」。[1]

---

1 〈新聞〉，《慈光》第 228 號（1969 年 5 月 15 日），第 1 版。

1969年・民國58年 | 80歲

五月二十日（二），許炎墩為紀念炳南先生與許克綏熱心公益，創設社福財團法人「瑞光基金會」，禮請炳南先生擔任董事長。[1]

五月二十一日（三），於慈光圖書館週三《華嚴經》講座，續講〈世主妙嚴品第一〉。

五月二十三日（五），晚，於台中蓮社第十八期國文補習班擔任「國文」課程教師。

五月二十五日（日），上午八時半，至慈光圖書館與周宣德共同主持詹氏獎學基金會與慈光圖書館聯合舉辦之中部大專學生佛學演講比賽，到有師長與同學百餘人。中部中興大學等七所大專校院十三位代表參加比賽。[2]

是日晚，於中興大學「國學講座」講授《禮記・曲禮》圓滿。
【案】中興大學由智海學社承辦之「國學講座」，自一九六五年三月二十三日啟始，宣講〈大學〉、〈中庸〉、〈曲禮〉、〈樂記〉、〈禮運大同〉、〈曲禮選述〉，歷時四年，至是日圓滿。據郁英、弘

---

1 許炎墩口述，許漱瑩記錄：《許氏家族略史》（臺中：瑞光基金會，2009年7月），頁99。
2 〈特寫五十八學年度中部大專學生演講比賽〉，《慧炬》第71/72期合刊（1969年6月15日），頁41-42；另參見：〈新聞〉，頁45。

> 超：〈雪公與智海的一段緣〉所列表，講座圓滿日為一九六九年五月二十八日，[1] 然該日為週三，今依第十屆慈光講座（週六班）圓滿日期修正為同週圓滿。

五月二十八日（三），於慈光圖書館週三《華嚴經》講座，續講〈世主妙嚴品第一〉。

五月三十日（五），晚，於台中蓮社第十八期國文補習班擔任「國文」課程教師。

五月三十一日（六），晚七時半，週六班第十屆慈光佛學講座圓滿結束，慈光圖書館與中部各佛學社團聯合舉行「慈光之夜及頒獎大會」，禮請先生頒獎並致詞勉勵。高級班前五名為：游春仲、林木根、林順中、黃成德、傅癸妹；初級班前五名為：謝嘉峰、許寶連、任可君、李魁文、葉錦珠。本屆自三月八日開始，初級班由許祖成講《佛學概要十四講表》，高級班請徐醒民講《金剛經》。[2]

是日，《慈光》第二二九號「慈光大專講座同學見聞錄」，刊出〈念佛斷障〉、〈禮儀之本〉、〈敬字之

---

[1] 郁英、弘超：〈雪公與智海的一段緣〉，《智海卅週年紀念專刊》，頁 67-71。

[2] 〈新聞〉，《菩提樹》第 200 期（1969 年 7 月 8 日），頁 52。

義〉、〈禍患之端〉、〈疑事毋質〉。[1]

〈念佛斷障〉：華嚴云：「摧重障山，見佛無礙。」眾生欲見佛身，必斷除障礙而後可。眾生之障，約有二名，一為煩惱，一為所知。所謂煩惱，即貪瞋癡等。煩惱障，可以四分言之。一為分別煩惱。二為俱生煩惱。三為種子煩惱。四為現行煩惱。所知障者，亦有分別、俱生、種子、現行之四種，乃指心理不淨而言，如念佛而起昏沉，即是所知障作祟也。此二重障，累世增進，愈增愈重。經文況之如山，尚是小而言之，實為彌滿性天。欲求斷除極為困難。

末法眾生，欲摧如此重障，而見佛身，談何容易，良以一切法門，皆是自力，惟淨土念佛法門，合自力與佛力，求其帶業往生，始有希望。是以臺中主修念佛法門，他人或譏臺中為老太婆念佛教。實則法無高下，以能當生成就者為佳，猶之藥無良窳，以能對症起疴者為上，華嚴會眾，尚須普賢十大願王導歸極樂，末法時代，如非大權應世之人，何能捨老實念佛而能成就。

《慈光》同期《詩法研究》專欄，登載先生詩學授課聽

---

[1] 李炳南：〈禮儀之本〉、〈敬字之義〉、〈禍患之端〉、〈疑事毋質〉，見《慈光》第229號（1969年5月31日），第4版；〈念佛斷障〉見第4版；俱收見：《雪廬述學語錄》，《全集》第10冊之2，頁16-18、44-46。

講筆記一則：趙嘏，〈江樓書感〉。[1]

《詩法研究》：趙嘏，〈江樓書感〉：「獨上江樓思悄然，月光如水水如天，同來玩月人何在？風景依稀似去年。」

師曰：唐時文人，常以赴試京師，室中女子奪於有勢力者，歸時傷感，遂之以詩。是題即屬此類感懷之作。

首句之「獨」字，為全篇之綱領，下文皆與此字有關。思者感也。悄然，憂之貌。獨上江樓，憂思感觸，全詩之精神顯矣。

次句「月光如水水如天」者，既上江樓，則不禁舉頭望月，低頭看水，俯仰之間，不免有孤獨之感。此句以月色水天三者點景。

三句「同來玩月人何在」者，語氣一轉，自問昔日同來此處玩月之人，今在何處？此為抒情。就其筆法言，是倒插筆。即眼前追思既往。

結句亦是倒插筆。位於江岸之樓，天邊之月色，江中流水，一切景物宛然如昔，故云「風景依稀似去年」也。「似去年」三字有味，如云：「風景依稀不見人」即俗不可耐矣。

是應注意者，篇中有二「月」字，似不合法度，然以次句有疊字，句法活，故三句可再用一月字。有此活句，不惟用二「月」字，即加三「月」字亦是合法。

---

[1] 李炳南：《詩法研究》，《慈光》第229號（1969年5月31日），第4版。本文《全集》未收。

1969年・民國58年｜80歲

六月一日（日），至蓮社主持蓮友王真桶追悼會。王真桶為鐵路局員工，長年茹素念佛，因腦瘤不治，臨終捐出左腎救人，遺愛人間。[1]

六月四日（三），於慈光圖書館週三《華嚴經》講座，續講〈世主妙嚴品第一〉。

六月六日（五），晚，於台中蓮社第十八期國文補習班擔任「國文」課程教師。

六月八日（日），以菩提救濟院創辦人兼財務委員會主任委員名義，具名刊載〈臺灣省私立菩提救濟院附設菩提醫院為增置設備接受樂捐緣啟〉，說明年來重興，彌平虧損百餘萬元，今為增置儀器估計約需一百餘萬元，呼籲大眾樂捐。

〈臺灣省私立菩提救濟院附設菩提醫院為增置設備接受樂捐緣啟〉：菩提醫院，是海內外佛教徒共同創立，國內唯一的佛教醫院，這是佛教的光榮，也是佛教為社會服務的表現。但在初辦之期，財力不足，人才缺乏。却遭了一次挫折，使我們痛心疾首，愧對三寶。為爭佛教光榮，為報四重厚恩，由同仁共發犧牲之心，一年來典賣私產，償清了百餘萬的虧賠，振奮恢復，冥蒙三寶加被，居然重興，並樹立了堅固基礎。

1　〈新聞〉，《菩提樹》第 200 期（1969 年 7 月 8 日），頁 53。

此次所聘的院長陳江水,是留德醫學博士,經驗宏富,具有善根;又聘了各科名醫,成為綜合性醫院。經過一年多的苦幹,醫好了許多難治之症,近悅遠來,譽滿全省。人人心目中,已知佛教有醫院,從此以後,或不致為他教獨擅其美。

同人等立定誓願,不為任何人圖謀私利,一切為佛,一切為眾。救濟院原附設有:一、安老所;二、施醫所。皆是救濟貧苦同胞,醫院業務倘有盈餘,除正當開支外,涓滴錙銖,都撥歸安老人、濟貧病,這是同人等發心,不敢背此因果,為求安老、施醫兩事之穩定,必先保持醫院之發展!

近來為承辦「勞工」、「公教」兩種保險,又承辦政府貧民施醫(非本院自設之施醫所)又擬辦鄉村巡迴義診等,勢必增加種種儀器,方合標準。為求醫療健全,這事卻是不能拖延的,似也不可甘居人後,比他教醫院減色。上項儀器,極端撙節,約需壹百餘萬元。

本院同人為重興此事,負擔已感力疲,竊謂佛教事業只不假公濟私,凡我同道,似是俱抱熱心。祈望海內外大德,鑒此苦衷,齊發菩提大願,共出慈悲金手,援老病眾生之苦,助佛教善業成功,累積德業,廣培福田,行果增緣,佛天歡喜。爰擬定接受祭捐辦法如后(略)

中華民國五十八年六月八日

　　菩提救濟院創辦人兼財務委員會主任委員李炳南敬啟[1]

---

[1] 李炳南:〈臺灣省私立菩提救濟院附設菩提醫院為增置設備接受樂捐緣啟〉,《菩提樹》第199期(1969年6月8日),頁9。

1969年・民國 58 年 | 80 歲

六月中旬,為中興大學中文系《禮記》專課出期末考試題,範圍為〈中庸〉、〈樂記〉。(見《圖冊》,1969 年圖 6)[1]

〈中興大學五十七年下度期考禮記試題〉(節錄):

(卯)樂記篇:「宮商角徵羽」及「金木水火土」「君臣民事物」三者,各有配合,試列表明之。

(辰)樂記篇:聲音樂三者之區別,治世、亂世、亡國等三者之區別分述之。

(午)中庸篇:「自誠明」「自明誠」有何不同?

(未)「尊德性」「道問學」其義如何?

(亥)測驗題:禮樂在今日社會,尚須要否?

【案】本件首行為「興大五十七年下度夏六月期考禮記試題」,「五十七年下度」為「夏六月」,當是指五十七學年度下半年度,而非五十七年下半年。學年度上半年始於八月,終於翌年一月;下半年始於二月,終於七月。因繫於是。

六月十一日(三),於慈光圖書館週三《華嚴經》講座,宣講〈如來現相品第二〉。[2]

六月十三日(五),晚,於台中蓮社第十八期國文補習班擔任「國文」課程教師。

---

1 【數位典藏】手稿／其他著作／大專院校授課試卷／〈中興大學五十七年下度期考禮記試題〉。
2 李炳南:「十偈十號」,《大方廣佛華嚴經講述表解》,《全集》第 1 冊之 2,頁 26。

六月十四日（六），菩提救濟院院長徐灶生長公子徐迺欣，罹癌逝世，於臺中市立殯儀館設奠舉行告別式。[1]

六月十五日（日），《慈光》第二三〇號，登載《雪廬示學語錄》七則：〈禮從宜〉、〈使從俗〉、〈禮所以定親疏〉、〈禮聞來學〉、〈出告反面〉、〈親在不許友以死〉、〈聖人之言〉；《詩法研究》專欄登載先生授課聽講筆記：杜甫，〈謁真諦寺禪師〉。[2]

　　《雪廬示學語錄》：〈禮從宜〉：師曰：禮非一成不變之物，故〈曲禮〉謂「從宜」也。宜者權變也。如友邦元首行嘉禮，特使往賀，即既至，而彼已喪，則宜改賀為悼。又如領兵伐敵國，而敵之元首新喪，則不待國命即宜退兵。是故不知從宜，不謂知禮。

　　〈使從俗〉：師曰：國際之交往，恒有餽贈，然須合禮。如為使節，出聘友邦，贈禮須為國產，否則物雖貴而禮失之，故禮云「使從俗」也。國交如是，私交亦莫不然，北人贈物南人，須為北地之特產，南人亦如之。如歸自國外，攜贈閭里之物，可為旅遊國所產者。今人足不出國門，往來相餽，莫不以洋產為貴，是不從俗矣。

　　〈禮所以定親疏〉：師曰：禮非拂人之性。人之性

---

[1] 〈新聞〉，《慈光》第231號（1969年6月30日），第1版。
[2] 《雪廬示學語錄》、〈謁真諦寺禪師〉講授筆記，俱見：《慈光》第230號（1969年6月15日），第4版；《全集》俱未見收。

由親而及疏,以言濟助,必先親而後疏,先國人而後異族,否則悖乎天性,謂之非禮。故禮者,所以定親疏也,親疏定矣,其禮遇自有準繩可守。孝敬父母,自不同於叔伯,慈愛子女,自不等於他人。是以孝服有五差等,無非順人之性而已。

〈禮聞來學〉:師曰:人非生而知之者,必從師以求之,是謂之學。學遇明師,可為君子,為賢者,為聖人;反之則為小人,為愚者,為不肖。以明師有道,而道非商品,不能叫售,必待學者之來求,是為尊師重道。古之傳道者,非其人不傳,故禮云「聞來學,不聞往教」也。蓋有往教,未必有學者在,非傳道者故為尊重也。

〈出告反面〉:師曰:為人子者,應知孝養親心。父母之念子女無時或釋,故為子女,出必告之,反必面之,以釋其念。遠行固須如此,即日常往返學校,此禮亦不可忽。今世死於途者多矣,或出車禍或遭害於流氓,皆為不測之事。出既告於親,若過時不返,親可尋之有方也。

〈親在不許友以死〉:師曰:友在五倫之中,友招危難,其有子孫者,可勿論矣,否則為其申冤,雖死義不容辭。惟父母存,不許友以死,禮有明文,不可背逆。蓋就五倫而論,父母尤重於朋友也。

〈聖人之言〉:師曰:聖人言簡而意賅,賢人以下,無能及之者。如孔子云:「性相近也,習相遠也。」孟荀以下,或主性善,或主性惡,言愈繁,而義愈失。

至若佛陀之言,一字而能演述九旬可,謂妙義無窮。中人以下,苟不自量,圖譯聖言為時語,何異片雲之欲囊括太虛。

《詩法研究》:杜甫,〈謁真諦寺禪師〉:「蘭若山高處,烟霞嶂幾重?洞泉依細石,晴雪落長松。問法看詩妄,觀身向酒慵,未能割妻子,卜宅近前峰。」

師曰:諸子皆學佛者,此詩當易於領,茲為講其要。

起聯上句「蘭若山高處」者,蘭若為梵語之「阿蘭若」,譯為「無諍聲」或曰「寂靜」,是比丘之住處,故為佛寺之總名。此特指真諦寺。下句「煙霞嶂幾重」者,乃形容真諦寺在山之高處,與人間隔,絕不易尋訪。

領聯「洞泉依細石,晴雪落長松」二句是傳神點景之筆。起聯敘在山下仰望真諦寺之景,此聯敘已上高山所見真諦寺之外景。

脛聯敘問法而後之觀感。上句「問法看詩妄」,謂問佛法於禪師之後,歸來自讀所作之詩,皆為塵妄矣。下句「觀身向酒慵」者,佛法「觀身不淨」曩時享身以酒,今知身乃不淨之物,於酒亦無趣矣。

結聯上句「未能割妻子」,敘其願意學佛,惟有妻子捨之不得,故未能出家。下句「卜宅近前峰」者,謂雖未能出家從學於禪師,然可移家近於真諦寺高山之前峰。

杜工部世稱詩聖,然一經親聞佛法,即自知所作之詩為塵妄,佛法之妙,不言可知。而世自高其詩其藝者,可以鑒焉。

六月十六日（一），前往參加振義木材公司董事長詹添丁故尊翁詹來成告別式。詹董事長體承父志，節省葬儀費二萬元，捐助慈光育幼院及臺中醫院社會服務室。地方首長、民意代表與各界人士近千人前往致祭。[1]

六月十八日（三），於慈光圖書館週三《華嚴經》講座，續講〈如來現相品第二〉。

六月二十日（五），下午三時，前往慈光圖書館，參加慈光講座學員應屆畢業同學舉行之「謝師茶話會」。

　　中部慈光大專學術講座學員，五十八年度應屆畢業生，傅癸妹、李榮輝、張水波、林順中、鄭皆達、魯雲龍、簡道南、周俊立、林碧玉、童梅妹、張樹福，共十一人。於六月二十日下午三時在慈光圖書館舉行謝師茶話會，與會師長有李炳南、許祖成、徐醒民、周家麟、朱斐、陳進德、許炎墩、紀潔芳、吳安福等。李炳南老師說「君子愛人以德，贈人以言」，諄諄贈言鼓勵。畢業同學購贈布鞋謝師。[2]

是日晚，於台中蓮社第十八期國文補習班擔任「國文」課程教師。

---

1 〈新聞〉，《慈光》第 231 號（1969 年 6 月 30 日），第 1 版。
2 〈新聞〉，《慈光》第 231 號（1969 年 6 月 30 日），第 1 版。

六月二十五日（三），於慈光圖書館週三《華嚴經》講座，續講〈如來現相品第二〉。

六月二十七日（五），晚，於台中蓮社第十八期國文補習班教授「國文」課程。

是月，與中興大學中文系教師共同參加該系五十七學年度畢業生合照。[1]（見《圖冊》，1969 年圖 7）

七月二日（三），於慈光圖書館週三《華嚴經》講座，續講〈如來現相品第二〉。

七月四日（五），晚，於台中蓮社第十八期國文補習班教授「國文」課程。

七月五日（六），孔德成先生自臺北來函。

七月八日（二），《菩提樹》月刊發行二百期，先生題詞紀念：[2]（見《圖冊》，1969 年圖 8）
　　　〈菩提樹月刊二百期紀念〉：拱把幾圍高幾尋，恆

---

1 【數位典藏】照片／師生聚會／師生合影／〈興大中文系畢業合照〉。

2 李炳南：〈菩提樹月刊二百期紀念〉，《菩提樹》第 200 期（1969 年 7 月 8 日），頁 8；收見《雪廬老人題畫遺墨》，《全集》第 16 冊，頁 150。

沙劫數覆清陰；培成多少菩提樹，天上人間林復林。

菩提樹月刊二百期紀念　　　　　　　　　李炳南敬祝

七月九日（三），於慈光圖書館週三《華嚴經》講座，續講〈如來現相品第二〉。

七月十一日（五），晚，於台中蓮社第十八期國文補習班教授「國文」課程。

七月十六日（三），於慈光圖書館週三《華嚴經》講座，續講〈如來現相品第二〉。

七月十八日（五），晚，於台中蓮社第十八期國文補習班教授「國文」課程。

七月二十日（日）至八月十日（日），於慈光圖書館舉行第九屆（五十八年度）暑期「慈光大專學術講座」，為期二十一天。此為慈光講座第九屆。各地共有二十五所大專院校二百一十人學員參加。開設課程共有六門，先生主講《佛學概要十四講表》十六小時及《阿彌陀經》二十小時，許祖成講授《八大人覺經》十二小時，周家麟講授《般若心經》十四小時；徐醒民講授《唯識簡介》十四小時，郝恩洪講授〈普賢行願品〉十六小時。先生另加每週五晚，講「古文及詩」。講座安排每日上午四節課，下午兩節有課程、研討會或文康活動。晚上

另有兩節課,為繼續白天課程,亦有圖書館原有長期講座。[1](見《圖冊》,1969年圖9)

〈五十八年暑期慈光講座學員須知〉:女學員住在慈光圖書館臥室六十人,住在慈光圖書館附設慈光育幼院廿五人,住在台中蓮社旁民意街臨時宿舍六人,共九十一人。男學員在台中蓮社七十人,蒙李公炳南老師向太虛大師館借用可住男生五十人,住在正氣街十五人,共一三五人。

住在本慈光圖書館、育幼院、蓮社、民意街、正氣街或太虛大師館學員,由慈光圖書館供膳,按照課程表時間由服務同學及男女正副班長引率,由各住處步行到慈光圖書館吃飯及上課。各住處學員到慈光圖書館早晚來回,及往太虛紀念館聽《四十二章經》,不分遠近,來回交通一律各自設法,不予接送。[2]

【案】《慈光》第二三一號(1969年6月30日)第一版、《菩提樹》第二○○期(1969年7月8日)頁五二新聞報導,皆明確記載是年夏舉辦之慈光講座為「第九屆」;是年十月,陳聰榮等十三人所編《慈光大專學術講座同學錄》有炳南先生題額,亦明確書

---

1 〈五十八年暑期慈光大專學術講座課程表〉,《學員手冊》(臺中:慈光圖書館,1969年7月),台中蓮社檔案。另參見:〈新聞〉,《慈光》第231號(1969年6月30日),第1版;第232號(1969年7月15日),第1版。

2 〈五十八年暑期慈光講座學員須知〉,《學員手冊》(臺中:慈光圖書館,1969年7月),台中蓮社檔案。

為「第九屆」。

【又案】第九屆慈光講座參加學員正式生有：陳伯璋（師大教育二）、簡金武（輔大化學畢）、謝嘉峰（興大化學一）、陳雍澤（中商專銀保四）、林麗貞（臺大中文三）、許文彬（臺中師專三）、黃潔怡（興大中文一）、沈妙姿（東吳法律二）等。二十五所大專院校中，臺大三十人、中興大學二十九人、師大二十二人、臺中師範十四人、文化學院十二人、中國醫藥十人、屏東農專九人、臺中商專六人、北師專六人、東海大學五人，其餘各校如政大、弘光、嘉農、海洋等各有一至四人不等。[1] 比較特別的是，本屆有應屆高中畢業生五人參加，東吳大學雖只有沈妙姿一人參加，但返校後翌年十月於該校創辦淨智學社，發揮能量可觀。簡金武則是大學畢業服役後來學，從此開啟對唯識學之深厚因緣。[2]

七月二十日（日），晚，至慈光圖書館主持第九屆慈光暑期大專學術講座開學典禮。典禮由陳進德館長介紹諸位主講老師、工作人員。先生致詞，以自身學佛四個十年不同歷程勉勵同學：面對盛衰苦樂，稱譏毀譽，應理智警覺，擇道固執，如此則能遇佛著佛，將來成佛。

---

1 陳聰榮、鄭全義、蔡坤坐等十三人編：《第九屆慈光大專佛學講座同學通訊錄》（臺中：雪廬大專學術講座同學會，1969 年 10 月）。
2 智果（簡金武）：〈唯識緣結《明倫》〉，《明倫》第 500 期（2019 年 12 月）。

〈慈光大專佛學講座第九屆開學講話〉：諸位同學，大家遠路、熱天、耗金錢、費時間，來臺中學佛，甚難希有，斷定大家資質優良，器材英俊，必能為國骨幹，為家棟梁。學佛是求覺悟不迷，真知灼見，不受感情衝動，注重理智觀察，了解宇宙祕密，了解人生缺陷，要憑所學所能，打破現在環境的困擾，解脫多劫的的纏縛。不但自己如此，還要同情眾生，把自己所知所能，使眾生皆知皆能，皆得打破環境，皆得解脫纏縛。這是佛法真實義，這是學佛正路線，若離開這個目標，便是走錯了路，那就是學外道，也就是入迷途。

學佛不是聽小說，不是鬥口頭，不是學迷信，不是閒言語，不是裝模做樣欺騙人，不是嘻嘻哈哈求熱鬧。要把所聞的理解，要把所解的實行，最後要有所得，有所證。若不如此去做，那是虛耗歲月，唐捐其功，欺人而又自欺，名曰學佛，等於不學，佛法難聞，聞而無解無行，無得無證，可惜、可惜！但末法時期，龍蛇混雜，初學之士，佛魔難分，遇佛自然增進，遇魔多有退轉。話雖如此，倘有學問，遇佛遇魔，皆能得益，否則迷頭轉向，俱是障礙。

學問就是不使感情衝動，要用理智觀察。盛衰苦樂，稱譏毀譽八件事，就是學問的試金石。有理智的遇著，起警覺，不搖動，擇道固執，樂來小心戒慎，苦來加忍精進，能這樣便是遇佛著佛，將來成佛。倘感情的遇著，起迷惑，心搖動，漸離開道，合意就貪戀染著，違意就心灰意冷，這樣便是遇魔著魔，將來成魔。

敝人學佛,四十餘年,善惡不分,真偽不明,鬼混了十年。略知大概以後,遠惡親善,是是非非,又鬥諍了十年。因為愛教護法,關外勸內,口爭筆戰,招來了堆堆累累的毀罵,幾至世人欲殺,又是十年。其間也曾憤怒、高興、心冷、痛哭,起了不少的感情衝動,萬幸,萬幸,幾乎退了道心。今日敝人明白了,眾生,眾生,就是如此,深愧學問不足,自起煩惱,既無理智,又不慈悲。諸位同學,千辛萬苦,來到臺中學佛,飲食起居,何能安適,功課又多,身心皆勞,還得千辛萬苦。若是毫無所得,或是走錯路,再染上惡習,戕害了慧命,那豈不是著了魔道。事不得不預防,心不得不警覺,惟一的預防警覺,就是感情抑制,理智觀察。[1]

七月二十一日(一),晨八至十時,於慈光暑期大專學術講座開講《佛學概要十四講表》。

七月二十二日(二),晨八至十時,晚七時十五分至九時十五分,慈光暑期大專學術講座講授《佛學概要十四講表》。

七月二十三日(三),晨八至十時,於慈光暑期大專學術講

---

[1] 李炳南:〈慈光大專佛學講座第九屆開學講話〉,《慈光》第233號(1969年7月30日),第2版;收見:《雪廬寓臺文存》,《全集》第14冊之2,頁233-236。

座講授《佛學概要十四講表》。

是日晚,於慈光圖書館週三《華嚴經》講座,續講〈如來現相品第二〉。慈光講座學員並同聽講。

七月二十四日(四),晨八至十時,於慈光暑期大專學術講座講授《佛學概要十四講表》;晚七時十五分至九時十五分,於善果林太虛紀念館宣講《四十二章經》。慈光講座學員並同聽講。

七月二十五日(五),晨八至十時,於慈光暑期大專學術講座講授《佛學概要十四講表》;晚七時十五分至九時十五分,於台中蓮社第十八期國文補習班講授「古文及詩」,慈光講座學員並同聽講。

七月二十六日(六),晚七點十五分至九點十五分,於慈光暑期大專學術講座講授《佛學概要十四講表》。

七月二十八日(一),晨八至十時,於慈光暑期大專學術講座講授《佛學概要十四講表》。

是日,高雄佛光山首次開辦大專佛學夏令營。為台中蓮社慈光佛學講座、蓮因寺齋戒學會之後,第三所佛教機構開辦大專佛學假期進修班隊者。此後各道場陸續興

辦，蔚為風潮。[1]

七月三十日（三），於慈光圖書館週三《華嚴經》講座，續講〈如來現相品第二〉。慈光講座學員並同聽講。

是日，《慈光》第二三三號，登載《雪廬示學語錄》六則：〈文學三境〉、〈知輕重〉、〈念佛妙法〉、〈偏去〉、〈念終始典于學〉、〈遊宦〉；《詩法研究》專欄登載先生詩學授課聽講筆記一則：李白，〈橫江詞〉。[2]

《雪廬示學語錄》：〈遊宦〉：師曰：古之為官不得在本籍，蓋本籍親友既多，處事難保不偏私也。是以南人居官則至北地，北人居官則至南方，以避嫌也，是為遊宦。後世官無大小，一律以在閭里為榮，官箴廢矣。

《詩法研究》：李白，〈橫江詞〉：「橫江館前津吏迎，向余東指海雲生，郎今欲渡緣何事？如此風波不可行。」

師曰：好文好詩，皆取其神。杜工部詩下一字，有扛鼎之力；李太白詩迥異其趣，遂招用字不精之評，不知已入神

---

[1] 〈新聞〉，《菩提樹》第201期（1969年8月8日），頁49；另參見：李世偉，王見川：〈大專青年學佛運動的初期發展（1958-1971）〉，《臺灣佛教的探索》（臺北：博揚文化，2005年7月），頁223-263。

[2] 《雪廬示學語錄》、《詩法研究》，俱見：《慈光》第233號（1969年7月30日），第3版；《雪廬示學語錄》之〈遊宦〉與《詩法研究》《全集》未收，餘收見：《雪廬述學語錄》，《全集》第10冊之2，頁47-49。

化之境,千古以來,無能及之者,亦少有知之者。橫江在今安徽境內,太白遭貶,過此江,有是作。字句淺顯如時語,而其飄逸神情,雖其〈山中答問〉,亦莫能及。

首句「迎」字,將自己之身份輕鬆托出。津吏約當今日之海關。迎於何處?不在海關之官廳,而在館前,宛如一般機關首長,親出衙門之外,迎接上級長官。遭貶過江,猶有如此神氣,實不同於凡響。

次句全是一幅畫境,向余之主語為津吏,七字敘三事,雖不見脈絡,而聯絡極其自然。謂津吏先向余而望,復轉望東,即刻衝出一「指」字,緊接「海雲生」三字,有勸止之意,以開下文。此句有顯明之意象,有響亮之聲音。

三句是津吏之問語,「渡」字表時間之速,自謂接受津吏之出迎即須渡江而去,不作停留,此中含語甚多。「緣何事」是疑問詞。

四句「不可行」三字,與「緣何事」有關,復與「海雲生」有關。意謂風波如此險阻,實不可行,究緣何事欲渡之耶?

全篇結構井然,三句映首句,四句映二句,一氣呵成。字如羽扇綸巾之飄逸,如換一重量字眼,即如壓以大石,不相襯矣。

七月三十一日(四),晨八至十時,於慈光暑期大專學術講座講授《佛說阿彌陀經》;晚七時十五分至九時十五分,於善果林太虛紀念館宣講《四十二章經》。慈光講座學員並同聽講。

1969 年・民國 58 年｜80 歲

是月，作有〈阿姆斯壯登月後述懷〉記二十一日登月事，前後又有〈曉別山寺〉、〈夜歸几上供曇花知鄭生貽也〉、〈思歸〉、〈讀詩評〉、〈聞籟〉。(《雪廬詩集》，頁 372-374）

〈阿姆斯壯登月後述懷〉：遺貌曾聞解取神，舉杯依舊兩情親；漢時關上秦時月，未減清光照世人。

〈曉別山寺〉：影滅霜橋杖，高僧送客還；朝暾上疏木，啼鳥遍空山。夜色禪中盡，鐙花磬後閑；重歸歌舞市，門欲晝常關。

〈夜歸几上供曇花知鄭生貽也〉：步月歸來睡已遲，忽聞香異見瓊枝；感君情好何由答，再煮新茶坐半時。

〈思歸〉：世道踟躕愁險峻，天閽微渺望雲霞；宗臣盡瘁終遭謗，國士精忠竟族家。自顧非材心早恥，人皆是聖物偏遮；龍鍾累足無能振，幾度思歸避虎蛇。

八月一日（五），晨八至十時，於慈光暑期大專學術講座講授《佛說阿彌陀經》；晚七時十五分至九時十五分，於台中蓮社第十八期國文補習班講授「古文及詩」，慈光講座學員並同聽講。

八月三日（日），晨八至十時，於慈光暑期大專學術講座講授《佛說阿彌陀經》；晚七時十五分至九時十五分，主持講座之「佛學問答」。

八月四日（一），晨八至十時，於慈光暑期大專學術講座講授《佛說阿彌陀經》。

八月五日（二），晨八至十時、晚七時十五分至九時十五分，於慈光暑期大專學術講座講授《佛說阿彌陀經》。

八月六日（三），晨八至十時，於慈光暑期大專學術講座講授《佛說阿彌陀經》。

是日晚，七時十五分至九時十五分，於慈光圖書館週三《華嚴經》講座，續講〈如來現相品第二〉。慈光講座學員並同聽講。

八月七日（四），晨八至十時，於慈光暑期大專學術講座講授《佛說阿彌陀經》；晚七時十五分至九時十五分，於善果林太虛紀念館宣講《四十二章經》。慈光講座學員並同聽講。

八月八日（五），晨八至十時，於慈光暑期大專學術講座講授《佛說阿彌陀經》；晚七時十五分至九時十五分，於台中蓮社第十八期國文補習班講授「古文及詩」，慈光講座學員並同聽講。

是日，《菩提樹》第二〇一期，登載先生為《重鐫觀世音菩薩普門示現圖證》所撰〈序〉。先生讚歎原書有經文，又依文引證、繪圖輔助，圓融名像，輔翼實義，契理契機，盡美盡善。而趙江二居士，摹書畫，使舊籍煥然，可謂善繼前賢偉業。

〈重鐫觀世音菩薩普門示現圖證序〉：佛法西來，普及閻閻。凡胸塞壘塊而不消，咽橫骨鯁快然吐，輒脫口屬稱彌陀，雖稱而不了其義。觀音之稱，未若是之率意，但家家供奉，咸謂其消災離難也。教主釋迦，反淡焉漠焉，只像設招提，傳於史書而已。何為其然也？或曰：鈍根狃於世福，智僅及此，不聞諸大道也。予不非其說，而惜其偏，毫釐千里之差，無以匡正其往也。博地凡夫，固多鈍根，弘法者不有權巧，被化者何入佛智，其機如此，過豈皆在彼，而此獨不有乎？彌陀人盡知稱，乃受淨宗普被之影響。觀音家皆供奉，基於白衣咒像之暢流。習諸耳，故發自然之稱。習諸眸，能成觀摩之供。釋迦出家之相，疑無涉於眾素。至口不稱、家不供也。是知三藏宣揚，不及淨土一經。經猶不及乎咒像，蓋有由矣。然則咒像有功於觀音乎？曰否。咒像人皆仰之，義亦由是而晦。觀音化蹟，詳載法華普門一品。近之奉觀音者，多知白衣咒像，少有能道及法華者。得非權章實亡，功於觀音何有哉。自普門品單行流通，出古德之權巧。後人復於卷之首，繡釋迦彌陀等像。使奉觀音者，從知助化娑婆，願承極樂。更於念力救苦，依文引證，各繪其圖，不解文者，獲覩像圖而正信。嗚呼，圓融名像，輔翼實義，契理契機，盡美盡善矣。惟以年遠版敗，字蹟像圖均有漫漶，恐不啟人觀感。今由菩提樹編者倡翻鐫。丐趙江二居士，摹書畫，緗縹煥然，法有興象，可謂善繼前賢偉業，亦有助於來者之發心焉。徵予增新序，覽而恍然曰：此像圖、似具重義焉。教必有其本，

應先釋迦。尋聲救世間苦,觀音為其時。後彌陀,示其歸宿也。原始要終,佛法大事畢矣。謂此是經之注疏也、固可。謂之是以此說法也、亦無不可。其不獨標來遊,則昭昭矣。前賢創,後人葺,其功各不思議,其福各不唐捐。予忻焉贊之,不辭為序。

中華民國五十八年夏六月觀音聖誕日　李炳南謹序[1]

【案】《觀世音菩薩普門示現圖證》一書於元至順年間已有流傳,民初,靜權法師請江味農印行,江於是重編並請專人寫經重繪,前有完整《普門品》經文,後有經句引文、事證以及繪圖,於一九二九年發行。有印光大師石印本〈識語〉。[2] 一九六九年,菩提樹雜誌社朱斐考量石印本墨色字跡均有不足,影印效果不佳,於是模仿該書形制發行,請江錦祥繪圖、趙水椿寫經,因稱是書為《重鐫觀世音菩薩普門示現圖證》。[3]

八月九日(六),慈光講座師生,前往谷關遊覽。[4]

---

1 李炳南:〈重鐫觀世音菩薩普門示現圖證序〉,《菩提樹》第201期(1969年8月8日),頁51;收見:《雪廬寓臺文存》,《全集》第14冊之2,頁13-15。落款據《菩提樹》。

2 〔晉〕鳩摩羅什譯,葉福慶插圖:《妙法蓮華經觀世音菩薩普門品圖證》(南京:出版者不詳,1929年6月);國家圖書館典藏,系統號:004427417。

3 江錦祥(江逸子)繪、趙水椿書:《重鐫觀世音菩薩普門示現圖證》(臺中:菩提樹雜誌社,1969年)。

4 〈新聞〉,《慈光》第234號(1969年8月15日),第1版。

1969 年・民國 58 年 | 80 歲

八月十日（日），於慈光圖書館舉行第九屆慈光講座結業典禮。頒發測驗成績最優之前十名，由周宣德代表詹氏基金會頒發獎金。[1]

慈光講座已辦九屆，學員每年增多，人力物力耗費不貲。雖有中部蓮友支持，然原承辦單位慈光圖書館不堪負荷，籲請其他單位承辦。

〈新聞〉：慈光圖書館財力人力有限，招待不周未滿足各種要求，歡迎他單位承辦大專講座，本份工作應充實有用書籍。慈光圖書館素不向外募捐，自身財源枯竭，每月職員薪給常傷腦筋，且以人手不足，此次推翻本來計劃，暑期學術講座，僅擬收容五十人左右，不料參加者超過二百，以致在住房、伙食、享受方面招待不周。人多要求多，絕大多數尚能了解該館之困難，但也有對館規多加批評者，令人遺憾。多年來圖書館，顧名思義，應該充實更多社會一般應用書籍才對，但卻與本份工作背道而馳。今後自應改變方針，名正言順，注重本份工作。免得苦心辦事，人家還不滿足，何苦為之。今後大專講座決由其他賢能單位自辦。該館無意承辦，亦不參與他單位云。[2]

〈新聞〉：慈光暑期大專講座之經費概算，白米約

1　〈新聞〉，《慧炬》第 73/74 期合刊（1969 年 11 月 15 日），頁 45；〈新聞〉，《慈光》第 234 號（1969 年 8 月 15 日），第 1 版。
2　〈新聞〉，《慈光》第 234 號（1969 年 8 月 15 日），第 2 版。

需三十五石，化算現金約值一萬六千元，另外柴、油、鹽、菜、印刷、文具、紙張、用品、雜費等約需四萬四千元，概略共六萬元。該館完全設立獨立會計，帳目清楚，不與經常費混雜。凡確實指定捐助做為「慈光講座」款項或物品，均已由該館開給收據，將來收支登本報以資徵信。現已收到周宣德居士一千元，李炳南老師經手九千元，鄭公僑居士二百元，與實際所需款額仍相差甚多。歡迎自動清淨布施。[1]

〈新聞〉：慈光暑期講座現金開支二萬五千五百九十九・四元，收入二萬零二百元，不足五千三百九十九・四元由慈光圖書館同人分擔。[2]

其後，又有某機構借大專講座名義向外募捐者，先生遂決定停辦行之有年之慈光講座。

〈李炳南老居士年表〉：（1969年）七月，舉辦第十期慈光大專學術講座，為期廿一天，公講授《佛學概要十四講表》《阿彌陀經》。其後，鑑於有佛教機構假借大專講座名義向外募捐，公遂毅然停辦已行之有年之慈光講座。[3]

1　〈新聞〉，《慈光》第233號（1969年7月30日），第1版。
2　〈新聞〉，《慈光》第234號（1969年8月15日），第1版。
3　〈李炳南老居士年表〉，《李炳南老居士全集總目錄》，《全集》總目冊，頁169。據〈慈光大專佛學講座第九屆開學講話〉（《慈光》第233號，1969年7月30日，第2版），是年7月舉辦之慈光大專學術講座應為第九屆。詳見是年7月20日譜文。

八月十三日（三），於慈光圖書館週三《華嚴經》講座，續講〈如來現相品第二〉。

八月十五日（五），《慈光》第二三四號刊載先生為瑞成書局印行《歷史感應統記》撰〈影印歷史感應統記序〉。該書一九三〇年前後由印光大師主持發行兩版，臺灣曾於一九五七年由臺北市蓮友念佛團印行，今瑞成書局再度影印流通。

〈影印歷史感應統記序〉：溯自丁丑中日戰前，吾魯省會，凡酒樓茶閣，及公共遊憩之處，好備書報娛顧客，是書亦得廁其間。默察之，率掉頭而弗顧。嘗深致慨，覘此微機，已識國風日澆，世運將替矣。於時思潮，多趨物競天擇之說，尚乎現實，先哲訓謨，概目之為進化障礙，因果尤斥為虛誕，而是書得免水火，豈非幸乎。然不十載而禍作，十數省淪為焦土。日人敗，俄禍繼起，兆民播遷，局一島，權喘息，國步阽危，未有極於今日者，因果非不可逆觀，烏得斥之為虛誕哉。夫水遇寒而凝冰，熱而蒸氣，何曾以人信斥，而或少變，因果不易之理，亦如是而已。諦觀吾人，誰不有禍福順逆耶？此即所酬之果也，誰不有動靜語默耶？此即所造之因也。徒悲酬果無盡，而不一省造因其端者，猶既惡煩熱，而仍坐諸爐火上也。

或曰，因果可得一省而轉變乎？曰，省則有悔，貴乎能新。釋典有之，無明緣行，乃至生緣老死，是凡夫之流轉也；生滅老死滅，乃至無明滅行滅，是聖眾之還滅

也。生死大事,尚可得而變之,況世果禍福,而不能轉變乎。至於居安思危,固非常人之智,若居危而知危,或無有不能者。知之而不能省其由,省其由而不知其可變,則實繁有之,此翻印是書之因緣也。

倡斯舉者,為閩中陳居士煌琳。居士為靈巖大師之高足,本師承之學,懷拯溺之志,集資設計,風雨寒暑,逾一載而底成。嗚呼,倘以是書流通,咸信乎因果不爽,人從悔禍,盡蠲損他之心,力行濟眾之願,明有感,必潛有應,保身興國,可立竿而影見。亡羊補牢,正有匡於來朝耳。古人云,六經皆史也,予曰,諸史皆因果也,更進之,宇宙森羅萬象,無不皆因果也。惟其皆因果,則知機其神,繫鈴解鈴,是又所望於吾人焉。[1]

是日,《慈光》同期有《雪廬示學語錄》刊載六則:〈性靜〉、〈論味〉、〈人化物〉、〈樂同禮異〉、〈大學示要〉、〈方便之門〉;《詩法研究》專欄登載先生詩學授課聽講筆記一則:李白,〈月下獨酌〉。[2]

《詩法研究》:李白,〈月下獨酌〉:「花間一壺酒,獨酌無相親。舉杯邀明月,對影成三人。月既不解

---

[1] 李炳南:〈影印歷史感應統紀序〉,《慈光》第 234 號(1969 年 8 月 15 日),第 4 版;改題〈重印歷史感應統紀序〉,收見:《雪廬寓臺文存》,《全集》第 14 冊之 2,頁 48-50。

[2] 俱見:《慈光》第 234 號(1969 年 8 月 15 日),第 3 版;《詩法研究》《全集》未收,餘收見:《雪廬述學語錄》,《全集》第 10 冊之 2,頁 50-54。

飲,影徒隨我身。暫伴月將飲,行樂須及春。我歌月徘徊,我舞影零亂。醒時同交歡,醉後各分散。永結無情遊,相期邈雲漢。」

師曰:是題以「獨」字為主,「酌」字次之,「月下」二字又次之。月下易作,「獨」字最難表現。

「花間一壺酒」,意含獨自苦悶,必須解之以酒,然飲於何處始相宜耶?遂覓於花間,蓋花亦能解悶也。

「獨酌無相親」,此為見景生情之語。諺云:「一人不飲酒,二人不賭博。」此乃獨酌,無可相親者,悶何能解?

「舉杯邀明月」,既無相親者,便曠觀宇內,明月在天,何不與之共飲?於是舉杯邀月,境界為之一新。此邀字是神來之筆,詩人之神情悉為表現。

「對影成三人」,既邀明月,復顧身影,忽成三人,不無矛盾之感。然成三人已,又當如何?且看下文之變。

「月既不解飲」,以「既」字貫穿前後脈絡。

「影徒隨我身」,前邀月對影,一時興趣盎然,此發現月與影終為無情之物,又歸寂寞矣。

「暫伴月將飲」,再變,飲以月影為伴,聊勝於無。

「行樂須及春」,春與花間呼應,如何行樂?下文敘之。

「我歌月徘徊,我舞影零亂」,是行樂也,表動態之美。下文又須變之。

「醒時同交歡,醉後各分散」,此二句力量大極。前句虛寫,後句實寫。

「永結無情遊」,月影雖皆無情之物,但願永結為友,

無情勝於有情,騷人之眼,不見天下之人。

「相期邈雲漢」,然月在雲漢,我在人寰,相期邈遠。全詩自始至終,惟表一「獨」字,茫茫天地,復有第二李白乎?

是日晚,於台中蓮社第十八期國文補習班教授「國文」課程。

八月二十日(三),於慈光圖書館週三《華嚴經》講座,續講〈如來現相品第二〉。

八月二十二日(五),晚,於台中蓮社第十八期國文補習班教授「國文」課程。

八月二十四日(日),至臺中教師會館為蔡運辰(念生)次子興安,與郝恩洪長女筠佛化結婚典禮擔任福證。禮成後新人以素宴款待親友。蔡郝兩府皆係佛化家庭,蔡念生為《中華大藏經》總編審,郝恩洪多年來到臺中監獄弘揚佛法又協助炳南先生擔任大專佛學講席。雙方子女亦多信仰佛教。[1]

---

1 〈新聞〉,《菩提樹》第 202 期(1969 年 9 月 8 日),頁 53;另參見:念生(蔡運辰):〈再談佛化結婚〉,《菩提樹》第 203 期(1969 年 10 月 8 日),頁 27、30。

1969年・民國58年｜80歲

八月二十七日（三），於慈光圖書館週三《華嚴經》講座，宣講〈普賢三昧品第三〉。[1]

八月二十九日（五），晚，於台中蓮社第十八期國文補習班教授「國文」課程。

是月，為演培法師《解深密經語體釋》撰〈序〉，自述師從梅光羲先生學習唯識之過程，並說明法相學對當今崇尚西學者有攝受力。

〈解深密經語體釋序〉：宇宙萬法，簡言可該之曰：法性真空，名相假有而已。惟其法性空，則言語道斷，冥濛湛寂，無由覓其所，以之開示於人，必藉名相以章之。觀夫浩浩三藏，旨在法性，而文句不皆為名相乎？欲得魚，必先筌也。顧其間而有通專，《解深密經》，是其專者，且為法相學之濫觴焉。經四譯，暢流以唐譯為廣，旨固深密，而文亦聱牙難讀。曩見內學院注，三復，不得消文義，遂並注而畏之。世之治法相者，每多趨於《規矩頌》，二十三十兩《頌》，《相宗八要》，《成唯識論》等，已云博矣，而少有務此經者，烏得謂之深植本也。求其法緣之障，似有格於文字者矣。

演培上人者，太虛大師之再傳法嗣，廣額豐頤，氣度沉

---

[1] 李炳南：《大方廣佛華嚴經講述表解》，《全集》第1冊之2，頁30。

默而溫。乘與戒俱急,行與解相應,錫鉢遍海內外,舌日講,筆日述,芒鞋蒲團無完者,佛法際闢諍之運,上人皆避不與焉。聞之,有德者不必有言,茲雖有言,仍是德也。其師順公經筵,多其所記,而自講自著者,幾等諸身。釋經,迥異乎己所欲言,行語體,自有其孔艱,勉行之,隨順風尚所知也。經無人說不解,亦非說已皆解,況義奧文深者,一聞能即解乎?此經語體之釋,罔非悲心之切也。

予壯歲,習法相學,受業於南昌梅大士,授以《解深密》、《入楞伽》二經,誨之曰:必由是而樹焉,若利小徑,終恐無根力。唯而拜,久讀,以根鈍,雖困無得。嗚呼,大士杳矣,解惑何人?倘是經釋早出,予或不皓首茫然也。今世崇西學,斥形上之道,縱宿根厚者,不乏向道之士,然必察所習,因其勢,方不掖其進、反致其退。彼信者,原子、邏輯、相對律、一元論等,而法相類括無遺,故凡來學者,每是宗之歸。果信乎阿賴耶識,能窮之,見性證道,已在其中矣。而攝折權巧,寧能捨文字般若耶?此釋也,可謂正應乎時。

中華民國歲次己酉孟秋上浣　李炳南敬序[1]

九月二日(二),第一屆慈光講座學員李相楷(蓮階),自

---

[1] 李炳南:〈解深密經語體釋序〉,《雪廬寓臺文存》,《全集》第 14 冊之 2,頁 10-13;日期據【數位典藏】手稿,及演培法師,《解深密經語體釋》。

1969年・民國58年｜80歲

僑居地香港來函，請教於中學任教「佛學課程」相關事宜。[1]

  李蓮階，〈李蓮階來函〉（1969年9月2日）：炳公吾師尊鑒：蓮階自本學期起，轉教於佛教大雄中學。該校為香港佛教聯合所新辦。蓮階除教中一文史外，並獲良機試教中一及中四之佛學。正是一則以喜一則以驚。喜者乃能上報師恩弘揚佛法，驚者乃感行解淺薄，何由化他。是以數度心中恍惚，神思不安，唯恐未能勝任致負吾師之殷殷期望也。呈上之目次乃中四中五兩年內之課程，謹請吾師加以指導。或增加或芟減或移前或置後或詳解或略說，第一學期以教何者為合？乃至第四學期以教何者為合，均請費神列出，俾作南針。事貴慎始，何況弘揚佛法。大德難逢，不能不煩吾師矣。若蒙速加訓誨，豈獨蓮階之福，亦吾校學子之大幸也。

九月三日（三），於慈光圖書館週三《華嚴經》講座，續講〈普賢三昧品第三〉。

九月五日（五），晚，於台中蓮社第十八期國文補習班教授「國文」課程。

九月十日（三），於慈光圖書館週三《華嚴經》講座，宣講〈世界成就品第四〉。

---

1 李蓮階：〈李蓮階來函〉，1969年9月2日，台中蓮社收藏。

九月十二日（五），晚，於台中蓮社第十八期國文補習班教授「國文」課程。

九月十七日（三），於慈光圖書館週三《華嚴經》講座，續講〈世界成就品第四〉。

九月十九日（五），晚，於台中蓮社第十八期國文補習班教授「國文」課程。

九月二十四日（三），於慈光圖書館週三《華嚴經》講座，續講〈世界成就品第四〉。

九月二十六日（五）至二十七日（六），艾爾西颱風侵襲，慈光圖書館及所屬慈光育幼院、慈光托兒所、慈德托兒所災損嚴重。[1]

九月二十六日（五），晚，於台中蓮社第十八期國文補習班教授「國文」課程。

是月起，受聘為中興大學中國文學系國學講座。另又於該系夜間部二年級開設「詩選」課程，主要授課內容為《詩階述唐》。此一課程持續十二年，至一九八一年七月六十九學年度結束。先生特別點名徐醒民隨班學習，徐

---

1 〈新聞〉，《慈光》第 236 號（1969 年 9 月 30 日），第 1 版。

1969年・民國 58 年｜80 歲

於是辭卸兼職專心聽課。

徐醒民口述，謝智光訪談記錄，〈《論語講要》筆記者徐醒民先生訪談錄〉：我（徐醒民）是民國五十三年初到臺中的，任職臺中圖書館。那時公務員薪水不多，於是到新民商工兼課。民五十八年，雪公開始在興大夜間部教「詩選」，於是跟我說：「你要去聽啊！」我跟老師說：「正好我在新民夜間部教國文呀！」老師說：「能不能把這個時間調整一下？」調整不容易啊，人家學校已把課程排好了，怎麼調整？但一想，哪個重要？學詩重要，於是我就把新民上課的課程辭掉，專心聽老師上課。[1]

徐醒民：老師教的課是「詩選與習作」，除了講解詩，還教如何作詩。學生把詩作出來，寫在黑板，老師當場改。改平仄、改失粘、改押韻。這當場改的功夫不得了。[2]

郁英、弘超，〈雪公與智海的一段緣〉：約在民國五十八年（1969）開始到七十年（1981），在（夜間部）中文系二年級開設「詩選」課程，主要授課內容為《詩階述唐》。

---

1 謝智光：〈《論語講要》筆記者徐醒民先生訪談錄〉（2011 年 1 月 17 日），《雪廬老人《論語講要》研究》（東海大學中文系碩士論文，2011），附錄十，頁 256-268。
2 徐醒民口述：〈當場在黑板上改詩的雪廬老人〉，《徐醒民先生專訪》，https://www.youtube.com/watch?v=S4Jw8ccd0OM&list=PLMMkSAjNoIqNHPU_O8CYBdR48zCj71tFp&index=10

以上日夜間部,每次太老恩師一上課,臺中附近的學佛學長均多人參加,常常座無虛席,甚至曾經站在教室外旁聽,我們智海學長亦多人隨喜參加,可以說智海人最有福氣。[1]

林品玲,〈緬懷與期許〉:有一次,在(興大中文系夜間部)教授「詩階述唐」這門課程時,要學生習作近體詩,出了「月夜柳川漫步」的題目,接著學生將詩作發表在黑板上,他就當場賞析,指出詩句的意境,評論是否扣題,以及平仄用韻是否合乎格律,且一一指引正確方向,但卻不更改原作的詩句。或有學生聽了講解後,當場上台更改詩句,他則讚許說:「這是你自己改的喔!是你的傑作。」這種教學方式令人歎為觀止。[2]

【案】今【數位典藏】收有〈五十八年中興大學夜間部二學期期末補考試題〉[3],當是「五十八學年度第二學期」補考試題,據知應有「期末考試題」。補考範圍為《詩階述唐》「寺廟、古跡、慰離」(見1970年6月譜文),推知應屬第二學期授課。則先生於中興大學夜間部中文系教授「詩選」應從此時起。中興大學中文系夜間部成立於一九六八年十月,先生此時任教科目為二

---

1 郁英、弘超:〈雪公與智海的一段緣〉,《智海卅週年紀念專刊》,頁67-71。
2 林品玲:〈緬懷與期許〉,《回首前塵二十春——雪廬老人示寂廿週年紀年專輯》(臺中:雪心基金會,2006年3月),頁110-112。
3 【數位典藏】手稿/其他著作/大專院校授課試卷/〈五十八年中興大學夜間部二學期期末補考試題〉。

年級課程,該授課班級為該系夜間部首屆學生。

【又案】「詩選」教材為《詩階述唐》,該書係是年初「李炳南老居士八秩祝嘏委員會」印行【雪廬述學彙稿】之七《詩階述唐》。據先生弟子轉述,先生為減輕學子購書負擔,該教材係油印講義發送。講義題名為「詩階述唐」,內容大致為今《全集》第十冊《詩階述唐》之〈學詩先讀求味〉。講授多首後,教授〈聲調譜〉(後改題〈聲調舉隅〉),亦為另冊油印講義。

本書前身為一九六一年五月六日開辦慈光講座週末班時編發之「詩學宗唐」講義、一九六二年四月,由瑞成書局出版《詩階宗唐》。本書與前著不同者有:一、增加「選古體」。二、類目略異:絕句類目同;律詩類目「氣候」類改「氣象」,「送別」改「慰離」,「山居」改「隱居」,另增「哀輓」類。三、選詩略異:絕句選詩同;律詩時令類:崔塗〈除夜有感〉,代以劉長卿〈清明後登城眺望〉;月夜類:趙嘏〈長安秋月〉、李群玉〈望月懷友〉;代以韓偓〈中秋禁直〉,白居易〈八月十五夜禁中獨直對月憶元九〉。四、箋注除原有「文法格局」,增加「講要、取境、參考」三部分。[1]

---

[1] 另參見:張清泉:〈雪廬老人《詩階述唐》析探〉,《紀念李炳南教授往生20週年學術研討會論文集》(臺中:青蓮出版,2006年4月),頁27-67。

該學年度起,吳聰敏、吳聰龍兄弟來從學。對先生恭敬三寶之態度深受震撼感動。

> 民國五十八年起,後學和舍弟聰龍開始拜學於雪公座下,除了週三、週四的長期經筵之外,也常旁聽在興大中文系日間部的《禮記》、夜間部的《詩階述唐》課,以及在蓮社「國文補習班」的《古文》、《論語》課。[1]

> 大約二十幾年前,那時後學方親近老恩師不久,心中是崇仰老恩師如活菩薩的,相信大部分的佛教徒也都是如此。有一回,大夥兒正在老蓮社的佛堂聽他講課,這時有一位住在鄰近的尼師進來禮佛,順便又走到講桌前,也向老恩師頂禮;這時候,突見老恩師急忙地步下講臺,「叺」一聲,也幾乎同時向她五體投地,且馬上吩咐旁邊的同學將她扶起,他老人家則恭肅一旁,一臉誠惶誠恐的神情,當時真是大大地震撼了後學的心靈;那時候,後學粗淺的想法,認為以老恩師的德學年齡和聲望地位,縱使對待一位有名望有身分且德臘具足的長老,尚毋須如此,而今竟只是一位鄉間來的普通尼師。以後,接觸久了、才知道老人家對任何一位只要是住持法道的僧相,也照例要平等恭敬的。[2]

十月一日(三),於慈光圖書館週三《華嚴經》講座,續講

---

1. 吳聰敏:〈永懷 會公上人——記有關蓮社天台教觀的播種與耕耘〉,《明倫》403 期(2010 年 4 月),頁 4-10。
2. 希仁(吳聰敏):〈憶雪公恩師內佛外儒的風範〉,《明倫》第 263 期(1996 年 4 月)。

1969年・民國58年 | 80歲

〈世界成就品第四〉。

十月三日（五），即日起連續三日，台中蓮社舉行蓮友秋季祭祖。

是日，晚，於台中蓮社第十八期國文補習班教授「國文」課程。

十月五日（日），芙勞西（Flossie）颱風，重創臺北盆地及蘭陽地區，死亡有一百零五人，失蹤四十一人。菩提醫院派人參與救災義診三天。

十月七日（二），立法委員董正之，現任台中蓮社社長、菩提救濟院董事，於立法院第四十四會期提出對行政院長施政報告之書面質詢，要求政府在革新聲中談施政應力求避免重物輕心觀念，毋漠視宗教潛在力量，請政府迅即修正監督寺廟條例善盡匡輔宗教。[1]

十月八日（三），於慈光圖書館週三《華嚴經》講座，續講〈世界成就品第四〉。

十月十五日（三），於慈光圖書館週三《華嚴經》講座，續講〈世界成就品第四〉。

---

1 〈新聞〉，《菩提樹》第204期（1969年11月8日），頁52。

十月十七日（五），晚，於台中蓮社第十八期國文補習班教授「國文」課程。

十月十九日（日），重陽節，前後有詩〈偶感〉五首、〈重陽前日野望〉、〈題漁家樂畫〉、〈新篁〉、〈題錢雋逵楓林圖〉、〈桀犬〉、〈金盞花〉、〈秋雨有思〉。
（《雪廬詩集》，頁 368-371）

〈偶感〉五首：
我正責人過，山僧低兩眉；只將因果理，直說不分誰。
鵬鳥入鴉林，鏘鏘無和音；羽毛猶未換，空說萬程心。
世間人不識，來去似顛狂；行到寒巖頂，忽聞松柏香。
莫話人間事，空山枕碧流；花開與木落，天地自春秋。
掛杖看囊者，憐他癖未消；今人廉似鬼，獨取紙纏腰。
（今用紙幣）

〈重陽前日野望〉：落木飛雲逐澗流，重陽天氣入高秋；菊花明日新霜降，應看山山插滿頭。

〈題漁家樂畫〉：秋水斜陽笛數聲，得魚沽酒醉還傾；一竿長在孤舟上，不釣王侯不釣名。

〈新篁〉：近宅何年種此君，龍吟時隔水涯聞；不抽直幹沖天上，安得長梢展蔭雲。

十月二十二日（三），於慈光圖書館週三《華嚴經》講座，宣講〈華藏世界品第五〉。

十月二十四日（五），晚，於台中蓮社第十八期國文補習班

教授「國文」課程。

十月二十五日（六），應台中蓮社青蓮、謙益兩念佛班禮請，以五小時宣講《楞嚴經・大勢至菩薩念佛圓通章》，有〈大勢至念佛圓通要義〉講錄。

〈大勢至念佛圓通章要義〉：歲己酉，臺灣光復節日，師應台中蓮社青蓮謙益兩念佛班之啟請，為講楞嚴大勢至菩薩念佛圓通章曰：學佛須知行解，由解而行，方能入道，解而不行，是為說食數寶。楞嚴佛問修行之法，二十五大士相繼應對，勢至為其中之一。此等大士，皆是證果位者。證果位即為圓通。汝等不知如何念佛，實由不圓通故也。圓者無偏，通者無礙也。例如無念而念一語，凡夫無能解之者，蓋「無念」一詞易解，「而念」一詞亦易解，合之則難矣。然若圓其理，自無矛盾之感。證圓通之法，就根塵識修之皆可，大勢至菩薩以念佛而得圓通，所念何佛，不敢斷定，而念佛之法，可以相通。汝等皆修彌陀淨土，學此章後，自知如何念佛，否則縱然念之，實為唱佛耳。此章詳述，需時甚久，今限於五小時，僅發其要義而已。[1]

十月二十九日（三），於慈光圖書館週三《華嚴經》講座，續講〈華藏世界品第五〉。

---

[1] 李炳南：〈大勢至念佛圓通章要義〉，《慈光》第239號（1970年12月31日），第2-3版；收見：《脩學法要》，《全集》第9冊，頁376-386。

十月三十一日（五），晚，於台中蓮社第十八期國文補習班教授「國文」課程。

是月，為中興大學智海學社發行第九屆《智海學刊》題詞。[1]
（見《圖冊》，1969 年圖 10）

> 大圓鏡智，海印三昧；虛空法界，無不照臨。
>
> 　　　　　　　　　　　　　　　　李炳南敬題

是月，為《第九屆慈光大專講座同學通訊錄》封面題額。（見《圖冊》，1969 年圖 11）[2]

十一月四日（二），復函蔡榮華，指點弘法應善巧，個人修持則須解行並重。[3]

> 榮華老弟道覽：頃獲惠翰，敬悉又闢道場，為教盡力，不勝欽佩與欣慰。弘法之要應善巧方便、觀機立說。個人修持亦須行解並重。處事勿過勉強，量力而為，觀察環境，謹慎進退，此必無憂也。所要月刊等已命勝陽轉辦矣。佛學問答續編俟催印出，另郵寄上。謹復，並頌　時祺　　　　兄李炳南謹啟　十一月四日

---

1 李炳南：〈題智海學社學刊之二〉，《雪廬老人題畫遺墨》，《全集》第 16 冊，頁 352。
2 陳聰榮、鄭全義、蔡坤坐等十三人編：《第九屆慈光大專講座同學通訊錄》（臺中：雪廬大專學術講座同學會，1969 年 10 月）。
3 香光編輯委員會：《李炳南老居士復蔡榮華居士書函輯》，頁 38。

1969 年・民國 58 年｜80 歲

十一月五日（三），於慈光圖書館週三《華嚴經》講座，續講〈華藏世界品第五〉。

十一月七日（五），晚，於台中蓮社第十八期國文補習班教授「國文」課程。

十一月九日（日），至中興大學參加智海學社第九屆迎新晚會。晚會於男生第一餐廳舉行，來賓、師長、學長及三百多位社員濟濟一堂。[1]

十一月十二日（三），於慈光圖書館週三《華嚴經》講座，續講〈華藏世界品第五〉。

十一月十四日（五），晚，於台中蓮社第十八期國文補習班教授「國文」課程。

十一月十六日（日），晚八時，至蓮社參加國文補習班第十八期結業典禮。[2]

十一月十九日（三），於慈光圖書館週三《華嚴經》講座，續講〈華藏世界品第五〉。

1　藍藍：〈記第九屆迎新晚會——智海之夜〉，《慧炬》第 75 期（1969 年 12 月 15 日），頁 26。
2　〈新聞〉，《慈光》第 238 號（1969 年 11 月 30 日），第 1 版。

十一月二十六日（三），於慈光圖書館週三《華嚴經》講座，續講〈華藏世界品第五〉。

十一月三十日（日），《慈光》第二三八號，刊載《雪廬示學語錄》十二則：〈天人合一〉、〈中和〉、〈時中〉、〈三達德〉、〈終日不忘彌陀〉、〈微塵〉、〈世界之義〉、〈造境〉、〈毛孔世界〉、〈須去險心〉、〈因地二力〉、〈莊嚴世界〉；《詩法研究》專欄登載先生授課聽講筆記二則：李白，〈過崔八丈水亭〉、劉長卿，〈碧澗別墅喜皇甫侍御相訪〉。[1]

　　《詩法研究》：李白，〈過崔八丈水亭〉：「高閣橫秀氣，清幽併在君。檐飛宛溪水，窗落敬亭雲。猿嘯風中斷，漁歌月下聞。閒隨白鷗去，沙上自為群。」
師曰：崔八丈何人未考，諒是當時民士。
起聯立全篇根基，以下皆由此發揮。上句「高閣」二字點題，「橫秀氣」者，秀氣加於高閣之上。全詩精神，在此三字。下句清幽屬之主人。亭雖秀氣，苟無主人之清幽，仍不足道。此二句，一讚亭，一讚人。
頷聯寫亭之景色。浣溪水如懸檐間，敬亭山之雲落於窗下。「飛」字顯檐之高，「落」字顯窗之雅，二句皆寫亭之秀氣。

---

[1] 李炳南：《雪廬示學語錄》，《慈光》第 238 號（1969 年 11 月 30 日），第 2 版；《詩法研究》，第 4 版。《雪廬示學語錄》各則收見：《雪廬述學語錄》，《全集》第 10 冊之 2，頁 59-67；《詩法研究》各則，《全集》未見收。

脛聯寫情,以猿嘯漁歌之聲,襯亭主之清幽。猿嘯出於敬亭山,漁歌來自宛溪水。一寫聲之靜,一寫聲之動,皆表清幽之美。王勃〈滕王閣序〉,有漁歌唱晚句,此處信手拈來,不著痕跡。

結聯將崔八丈擡之過高。列子謂有一兒至,日與群鷗遊,其父囑捉一鷗歸,明日此兒前往,鷗飛不近矣。以有心機,異類自知戒懼也。此以鷗擬崔之閒適,謂崔之水亭,無人過訪,縱有之,若別有用心,主人亦不之見也。

　　劉長卿,〈碧澗別墅喜皇甫侍御相訪〉:「荒村帶返照,落葉亂紛紛。古路無行客,寒山獨見君。野橋經雨斷,澗水向田分。不為憐同病,何人到白雲?」
師曰:是題「喜」字至為重要,別墅在山村,難得友人來訪,故喜也。詩文皆有感而發,無感不須作也。
起聯上句敘其時地,別墅位於荒涼山村,人跡罕至,又當落日返照之時,益增荒涼之感。但此語亦非憑空而發。別墅遠離城市,訪者來自城中,步行至此,故當落日時分。下句之意,非謂木葉紛紛降落,乃已落之葉,堆陳地上,極顯其紛亂之狀也。故「落葉」二字是靜詞。觀全篇結構應如此解。
頷聯之「古路」,承起聯之荒村落葉而來。「無行客」始引出「獨見君」,山之云寒且已薄目標,尤顯「獨見君」之不易。
脛聯上句野橋非斷於雨點,乃斷於雨水之橫沖。下句敘澗水到此,決向田間橫流,即斷橋之注釋。澗水既分流已,行人不免迂迴,足見來訪之不易,是皆描繪碧澗村

莊之荒涼，然荒涼處，不失山水林雲之美。

前三聯皆言皇甫之動態，與主人環境之靜態。結聯自感遭貶，復同情皇甫之遭貶，故之憐同病也。如非同病相憐者，何以到此荒寒之雲山？詩尚含蓄，言者無罪，聞者足戒。

此詩領聯「寒山獨見君」句，實為一詩之骨，亦是全章之脉。不曰寒，起聯之落葉堆紛，便無根據。必曰山，結聯之人到白雲，始有所出。前段時地荒涼之村，迥無行客之路。後段橋斷澗決之險，為有同病之憐。而以「獨見君」語，卓立其間。瞻前之境，皇甫之來也，可稱其獨；思後之情，皇甫之來也，益見其獨。且起處荒村，早為獨字之預伏，結處「何人」猶為獨字之總映。惟其獨獨，其喜乃真。一字一句，豈偶然哉？誦之流走一貫，了無迹痕。古人功夫，有不可及，如此。

是月，蓮友何清根膺選軍人楷模，先生題詩祝賀。先生另有題辭祝賀何父新第落成。[1]（見《圖冊》，1969年圖12）

〈賀新第落成〉：仁與違仁業不同，萬家樓閣碧雲中；從今亦起高門第，教育兒孫養老翁。

木已老棣新第落成誌喜　　　　　　　　李炳南敬贈

〈賀何居士膺選軍人楷模〉：倫理家庭子弟賢，丹心如日麗青天；晚涼洗馬朝磨劍，不許胡塵近漢邊。

---

[1] 李炳南：〈賀新第落成〉、〈賀何居士膺選軍人楷模〉，《雪廬老人題畫遺墨》，《全集》第16冊，頁123-124。

歲己酉冬賦詩一首賀　千根賢弟膺選全國第三屆後備軍人楷模　　　　　　　　　　　　　　東魯李炳南

【小傳】何清根（1931-1996），臺中人。台中蓮社附設國文補習班學員，為菩提救濟院（菩提仁愛之家）營造廠商何木已之令公子。何木已，殷實可靠，受任營造菩提仁愛之家園區內主要建築物，包括：菩提醫院、太虛紀念館及寶松和尚紀念大樓，工程品質備受肯定。何清根於工業學校畢業後，承襲父業，為營造公司經理。除菩提仁愛之家建築工程，台中蓮社如六吉樓等多處工程，亦均由何清根經手。炳南先生曾讚許：「何清根蓋的房子，我不用去監工！」

曾任臺中市北區後備軍人輔導中心主任十三年，臺中市政府北區調解委員連續二十五年，發起創辦中市何氏宗親會，並當選第一屆理事長。於炳南先生創辦之道場，護持尤深。除擔任蓮社顧問、慈光圖書館常務董事，一九七六年，擔任菩提仁愛之家第一、第二屆董事，及第三、第四屆常務董事，而後接任第五、第六屆董事長，承當菩提仁愛之家新醫療大樓及老人安養護大樓重建重任。

早在一九八八年，由於臺中縣大里鄉地方政府執行都市計畫，開闢仁愛之家接鄰道路，菩提醫院面臨拆除之危機，經多次陳情均無效果。何清根接手董事長之後，克盡職責，推動並主持整體規劃重建委員會，領導董事會及行政部門，承擔菩提醫院新醫療大樓重建工程。

於此期間，菩提醫院設立臺灣中部地區第一間安寧病房，在太虛紀念館擴大共修及講經活動，並舉辦中部大專院校佛學講座，籌備老人安養護大樓興建工程……，在諸多艱難困苦中，延續炳南先生在臺的弘法利生事業。新醫療大樓於一九九二年重建，一九九七年完工。老人安養護大樓於一九九五年改建，二〇〇一年完工。

何清根晚年為心臟病所苦，一九九六年六月於寓所發心疾往生，享年六十六歲。往生後，蓮友雲集助念，其最小千金得見其坐蓮花之瑞像，足證蒙佛接引。[1]

十二月三日（三），於慈光圖書館週三《華嚴經》講座，續講〈華藏世界品第五〉。

十二月八日（一），「李炳南老居士八秩祝嘏委員會」印行之《雪廬詩文集》出版。[2]

呂佛庭讀後，有詩紀感：〈拜讀雪廬詩文集欣賦七律一首兼呈雪公長者〉。（見《圖冊》，1969年圖13）

雪公道業世無匹，更有詩文驚海東；模水範山渾似

---

1 參見：治喪委員會：〈故何董事長清根老居士追思文〉，《何清根先生訃告》；台中市佛教蓮社暨聯體機構：〈何公清根居士生平事略〉，《何清根先生訃告》；謝嘉峰：《雪公與菩提》。
2 列為「雪廬述學彙稿之八」，《雪廬詩文集》（臺中：李炳南老居士八秩祝嘏委員會印行，明光出版社發行，1969年12月8日）。

畫，言情述志足移風。傳經當逾期頤壽，樂善應教萬慮空；抱節耽吟塵不染，上乘妙法佛儒通。

後學呂佛庭呈稿

【案】周邦道有〈雪廬詩文集序〉詳述編纂發行事，見一九六九年一月二十四日譜文。

先生生平無日記，曾自述《雪廬詩集》即其日記，所輯各詩集皆為生命不同階段之見聞與心境，先生特別珍重，不但加意抄錄編排，且於危急時優先護守。

〈函江逸子〉（3月19日）：逸子弟鑒：鄭對翠華堂如揭裱囑特別慎重。能為則為，不能為則罷。初次已造成大錯，萬不可再造成不可收拾之大錯矣。

李炳南拜啟　三月十九日

（江逸子案）是年春，霪雨不斷，師書齋陰濕犯潮，致使詩集嚴重脫頁，以及貼集詩箋散落。欲令勝陽送裱，故又恐不明順序，故致條于我。終將取回，我親自排序托裱裝訂，以慰。[1]（見《圖冊》，1969年圖14）

張式銘，〈鄭惠文師姑口述歷史訪談〉：有一次半夜，對面公賣局局長喊失火了，醒來後過去看老師，老師起來到外面，火勢很大，黑煙密布。老師看了一下說：「沒有法子了」，拿出一條大毛巾，把詩集包起來。由此了解，老師最重視的是自己做的詩，老師每二日就寫

---

[1] 李炳南：〈函江逸子〉（3月19日），著年不詳，江逸子提供。

一首詩，陸續結集成《雪廬詩集》。[1]

十二月十日（三），於慈光圖書館週三《華嚴經》講座，續講〈華藏世界品第五〉。

十二月十三日（六），中興大學智海學社舉辦「智海學術講座」，首場邀請先生於該校理工大樓視聽教室以「佛學與中華文化」為題演講，宣講《禮記》之〈大學〉篇。後續則有徐醒民於植病館講解《佛學概要十四講表》。[2]

十二月十七日（三），於慈光圖書館週三《華嚴經》講座，續講〈華藏世界品第五〉。

十二月十九日（五）至二十五日（四），臺中靈山寺啟建己酉年佛七法會，第三、第五日禮請先生開示修淨要義。[3]
　　〈己酉年靈山寺佛七開示偈〉：
妄心原是壞兒孫，眼耳引誘惹禍根；今日若留三害在，彌陀不到你家門。[4]

---

1 張式銘等：〈鄭惠文師姑口述歷史訪談〉（2017年4月10日、5月6日），《台中蓮社口述歷史》（臺中：台中蓮社，未刊本）。
2 〈新聞〉，《慧炬》第77期（1970年2月15日），頁34；智海學社：〈社史〉，《智海卅週年紀念專刊》，頁129-198。
3 〈新聞〉，《慈光》第239號（1969年12月31日），第1版。
4 李炳南：〈己酉年靈山寺佛七開示偈〉，明倫月刊資訊網：http://www.minlun.org.tw/1pt/1pt-2-new/04.htm

1969 年・民國 58 年｜80 歲

放下來過獨木橋，一根繩索把持牢；請君試向溝中看，屍骨為何累累高。（1969 年）[1]

〈放下念佛〉：己酉仲冬，臺中靈山寺佛七，師開示曰：修學淨土，須求往生極樂。極樂能否往生，端視念佛能否得一心。一心之不得，則不能往生極樂。不能往生極樂，則必墮落三塗。同修今與佛七道場，旨在求得一心，一心既得，則離道場之後，無論順逆境遇，皆不足以動其心，甚或遭原子厄，亦無害其往生。然則同修今得一心否？余不敢言得也。經云七日一心不亂，語實不虛。余在此道場，宣說已二十年，同修憶持一語，亦得一心，而今猶未者，蓋是馬耳東風也。今再為述一喻。某處，有一鴻溝，寬數丈，深萬尋，東岸有茂林叢舍，西岸乃松竹田池。一日，東林失火，風疾火烈，勢在燃眉。忽有善士，為架獨木橋，引之西岸，度難通過，又繫繩兩岸樹，以資手援。不意，災民不舍家財，手提背負，以過獨橋，竟皆失足，粉身溝壑。後繼者，進退不堪，忽見橋端樹偈曰：「放下來過獨木橋，一根繩索把持牢。請君試向溝中看，屍骨為何纍纍高。」有智者讀偈已，遂放財物，得以逃生。此喻為何？東林，娑婆火宅也。溝壑，三塗也。西岸，極樂世界也。災民，生死凡夫也。家財，五欲六塵也。獨木橋，往生極樂之道也。一根繩索，一句彌陀也。同修若問，為何不

---

[1] 普慧法師抄錄，蘇全正整理：「李炳南於臺中市靈山寺主持佛七開示法語一覽表」。

得一心。須自問：為何不放下五欲六塵？惟余所謂放下，專語於佛七場中，若求行諸道場之外，功淺者勢不能也。今但在此七中，放下萬緣，一心念佛，自得一心。爾後入世，自能放下，不復退轉，往生必矣。願諸同修，放下一切，一句彌陀，一直念下去。[1]

十二月二十四日（三），於慈光圖書館週三《華嚴經》講座，宣講〈毘盧遮那品第六〉。[2]

十二月三十一日（三），於慈光圖書館週三《華嚴經》講座，續講〈毘盧遮那品第六〉。

是日，《慈光》第二三九號《詩法研究》專欄登載先生授課聽講筆記一則：韋應物，〈秋夜寄邱員外〉。

　　《詩法研究》：韋應物，〈秋夜寄邱員外〉：「懷君屬秋夜，散步詠涼天，空山松子落，幽人應未眠。」師曰：韋蘇州癖好清潔，不與俗交，得其交者，則誼必厚。

詩中「幽人」指邱員外，然松子落何關於幽人之眠？師舉是問，諸生對之未中。

越一週，師注曰：此為寄丘之詩，自應分詠兩處。前聯

---

1 李炳南講，徐醒民記：〈放下念佛〉，《雪廬述學語錄》，《全集》第 10 冊之 2，頁 71。
2 見：《大方廣佛華嚴經講述表解》，《全集》第 1 冊之 2，頁 30。

1969年・民國 58 年 ｜ 80 歲

自況,是實述;後聯說丘,是設想。憶念故人,適於秋夜,所思不來,起而徘徊望之,久而沉寂,故詠歌以遣懷。此純以動境順寫,行其翹盼之態,是前聯之意也。次想丘於空山之夜,寥落寡歡,諒必希望跫音,但聞只有松子落聲,恐仍耿耿不眠,有所待耳。此變為靜境逆寫,形其審聽之情,是後聯之意也。有疑松子落與眠無關者,可釋然矣。[1]

是年,有詩〈知機〉、〈八十自嘲〉、〈書味〉、〈新曲〉。
（《雪廬詩集》,頁 371-372）

〈知機〉：漫道涼天夜,無傷甕牖貧;慵妻厭促織,名士習懸鶉。誰挽乾坤閉,不教霜雪頻;秋風爭似雪,雪後是陽春。

〈八十自嘲〉：已得八旬壯,伏波誠未欺;文章殘燭夜,車馬夕陽時。萬事襟常泰,千言筆不疲;壽康忙是藥,恨少古人知。

〈書味〉：老方書眼銳,每過字行遲;鼎俎道初解,鹽梅味漸知。驕盈名士慣,輕薄少年時;洛紙今文貴,淺嘗心已疲。

是年,少年摯友、修纂《重修莒志》之同仁趙阿南逝於臺南。先生往弔,哭之慟。

---

[1] 李炳南：《詩法研究》,《慈光》第 239 號（1969 年 12 月 31 日）,第 3 版;《全集》未見收。

〈重修莒志選序〉：丁丑日人入寇，蒸民離散，共黨乘之，莒成荒墟。余入蜀，山居八年，日降後，東遊金陵。逢趙子阿南，得莊太史卒於闕里之耗，往哭其墓。遍詢莒友，知修志諸子，或遇害，或不詳其蹤，時路猶梗，每遙望而弔之。徐蚌禍作狩臺，眾庶追隨，又逢阿南，倍相親。不數載亦作古，亟趨撫棺盡慟。噫！賈園盛集（注：重修莒縣縣志編輯處所），惟余一人矣。

【案】趙阿南先生（1887-1969）名子荗，後以字行，莒縣人，遜清附生，留學日本，曾任山東省政府顧問，山東省參議會議員，大學教授，國史館纂修等職。來臺後任臺南師專及成功大學教授，國學淵博，尤擅詩詞，著有《梧香念廬詩鈔》、《蓮浮集》等。（小傳見1921年譜文）

是年，有〈追悼鄉人戴鎬東教授〉詩一首。（《雪廬詩集》，頁392）

【案】戴鎬東一九二二年畢業於北平師範大學，抗戰時期曾擔任魯北軍區司令，[1] 一九四九年來臺，在臺中師範學校任教，一九六九年辭世。[2] 戴鎬東與呂佛庭同事，一九五二年六月呂佛庭邀請先生至其臺中師範住處賞曇花時，戴亦受邀在場。

---

1 山東省地方史志編纂委員會：《山東省志·大事記中冊（1919-1949）》（濟南：山東人民出版社，2000年12月）。
2 王靜珠口述，呂鍾卿記錄：〈本校國文教師戴鎬東遺孀仙逝告別紀實〉，《臺中教育大學校訊》第117期（2012年10月5日），第4版。

1969 年・民國 58 年 ｜ 80 歲

是年,應呂佛庭請,為其同鄉劉氏書誌,有〈葉縣太夫人劉氏墓碣〉。[1]

是年,為趙亮杰《歷史感應故事選譯》出版題詞。該書原於《菩提樹》連載。[2]（見《圖冊》,1969 年圖 15）

〈題歷史感應故事選譯〉：聖智拜昌言,愚庸惡逆耳；仁言藹甘露,暴語惟興戎。史書所有載,等作因果觀；古文讀艱深,能以淺出之。信自得驪珠,謗則倒持劍；言者與聞者,禍福各自取。　　八十老人李炳南題

是年,有小童隨祖母至《華嚴經》講座薰習,因遲到向上行禮,先生於法座上亦虔敬回禮。

一得,〈與雪公的「數面之緣」〉：二十多年前,末學大概只有國小一年級。那個時候,每個星期三晚上,照例是祖母的聽經時間,而我也都要「跟班」一下,因為覺得那兒有許多和藹可親的大人,還有其他同我一樣的「小跟班」,「氣氛」很好,不會「寂寞」。有一次,又興高采烈地跟著祖母,來到了柳川旁的「慈光圖書館」。講經已經開始,晚到的人,都向上問訊再走到位子上,我也好玩學著大人們的動作,向上不經意地一問訊。這時,講臺上那位七、八十歲的老人,突然

---

[1] 李炳南：〈葉縣太夫人劉氏墓碣〉見：《雪廬寓臺文存》,《全集》第 14 冊之 2,頁 171-173。

[2] 李炳南：〈題歷史感應故事選譯〉,《雪廬老人題畫遺墨》,《全集》第 16 冊,頁 338。

鄭重其事地向著這邊一合掌，誠敬專注的表情教我禁不住朝身後左右掃描了一遍。咦！除了我這小毛頭以外，並沒有其他什麼「大人物」啊！一瞬之間，我赧然了，對於剛才自己的輕忽舉動，感到後悔莫名。這是末學第一次和雪公的「一面之緣」，雖然年小，卻是印象深刻，感受到老人家那種一視同仁、平等恭敬的威儀，而深深地被攝受。[1]

是年，蓮友紀家夫人高燒數日不退。先生聞訊前往診治，一帖見效。

〈紀海珊口述紀錄〉：家母發高燒，經西醫診療數日，高燒仍未退。醫師囑咐，應住院進一步檢查。此為大事，因此在家母出發往醫院前，先往正氣街寓所稟報老師。老師聞訊，即至舍下探望家母。詳問病情並為診脈後，開了一方，叮嚀如何煎藥與服用。老師臨走時交代，服用後什麼情形，要馬上回報。記得就是簡單的幾味藥，只花了十八塊錢。煎好服用後，燒即退了。於是前往報告老師。老師聽到退燒，手掌一拍說：「對路了！」於是再開一藥方處置。老師說，「孩子，我跟妳說，第一帖藥是投石問路，第二帖才是對症下藥。」第二帖藥服用後，家母隨即病癒。[2]

---

[1] 一得：〈與雪公的「數面之緣」〉，《明倫》第193期（1989年4月）。

[2] 紀海珊口述，林其賢記錄，〈紀海珊口述紀錄〉，2024年4月18日，台中蓮社。

1970年・民國59年・己酉－庚戌
81歲

【國內外大事】

【譜主大事】
- 一月，應臺中市慎齋堂邀請，宣講《大乘伽耶山頂經》大意。
- 三月，因慈光講座停辦，各大專院校佛學社團同學進修無門，慧炬社周宣德來訪懇求恢復，先生乃設立「明倫社」，負責接引大專青年。
- 四月，慈光講座第一屆學員馬來西亞蔡榮華，帶領當地蓮友返回臺中學習。
- 八月，先生與新成立之明倫社諸友，經南投至廬山、梨山二日遊。
- 十月，明倫社同仁發行《明倫》月刊零刊號。先生撰有〈明倫發刊詞〉，闡述「明倫」在弘揚佛家五明之內明精微及推闡儒家的五倫法則。
菩提救濟院安老所落成典禮，先生簡報說明創辦緣起及未來各期規劃。
- 十二月，淨土宗第十三祖印光大師涅槃三十週年紀念，集會善果林之靈巖書樓，為大師法像舉行安座典禮。
- 是年起，每週六下午，先生常與弟子數人至游俊傑家觀賞電視國劇。授課時亦引介國劇劇情，稱賞其教忠教孝。

一月一日（四）至三日（六），應臺中市慎齋堂邀請，每日下午在該堂宣講《大乘伽耶山頂經》大意。先生指臺中學佛者眾，但前十年頗精進，後十年則退轉。此殆因深感去無明甚難。實則去無明有方，此經即世尊開示去無明之方法。

〈大乘伽耶山頂經選講記略〉：國曆五十九年元旦，師例於臺中慎齋堂講經三日，為契眾機，特選講《大乘伽耶山頂經》曰：臺中同修受菩薩戒者，至少有二千餘人。既學菩薩，自應與眾不同。普通眾生學佛旨在求福，菩薩重在求慧，以期自行化他。惟諸同修前十年頗精進，後十年則退轉。是何故耶？蓋以學佛必須去無明惑，而既用十年之功，深感去之甚難也。實則誠願去之，自有方法。此經即是世尊開示諸大菩薩去無明之方法。

釋迦牟尼佛示成正覺未久，遂說此經。爾時世尊自念已成正覺，出生死曠野，離無明，獲智明，然如何使眾生亦能去無明而成佛耶？文殊師利菩薩知佛所念，即為大眾條陳疑問，佛隨之解答，皆因眾生之病而與藥者也。

是經大意如此，今唯選講十種調伏行。

經文：「復次，善男子，菩薩摩訶薩，有十種調伏行，何等為十？一者，調伏慳嫉，捨施如雨故。二者，調伏破戒行，三業清淨故。三者，調伏瞋恚行，修習慈心故。四者，調伏懈怠行，求法無倦故。五者，調伏不善行，得禪解脫神通故。六者，調伏無明行，生決定善巧慧資糧故。七者，調伏諸煩惱行，圓滿一切智資糧故。

八者，調伏顛倒行，出生真實不顛倒資糧道故。九者，調伏不自在行，於時非時不自在故。十者，調伏著我行，觀察諸法無我故。善男子，如是名為菩薩摩訶薩十種調伏法。」

佛告大眾，大菩薩必修此十行。諸同修願望成佛，必須修行斷惑，若不能斷惑，亦須調伏，始得往生西方極樂世界。[1]

一月七日（三），於慈光圖書館週三《華嚴經》講座，續講〈毘盧遮那品第六〉。

一月十二日（一），復函蔡榮華，已將來稿轉《菩提樹》，但未便轉《慈光》。

榮華老弟道覽：頃獲惠翰，敬悉為弘法工作而努力，不勝欣慰。所囑稿件已交《菩提樹》刊去辦，《慈光》刊物近與同學有所齟齬，不便送登，請諒。兄近況如常，希釋念。謹復，並頌

道祺　　　　　　　兄李炳南謹啟　元月十二日[2]

【案】「《慈光》刊物近與同學有所齟齬」當指一九六九年第九屆慈光講座發生事。（見 1969 年 8 月 10 日譜文）

---

[1] 〈大乘伽耶山頂經選講記略〉由徐醒民筆記，原刊於《慈光》第 241 號（1970 年 1 月 31 日），第 4 版；然僅刊載約半篇，日後全篇刊載於《明倫》第 213 期（1991 年 4 月）。

[2] 香光編輯委員會：《李炳南老居士復蔡榮華居士書函輯》，頁 38。

是日,周邦道來函祝壽。[1]

　　周邦道,〈周邦道來函〉(1970年1月12日):
雪公夫子大人函丈:欣維嶽誕,未能摳衣晉謁謹郵呈韓
複一盒,聊申微悃,敬乞哂納。虔頌

康疆　　　　　受業周邦道頂禮　五十九年元月十二日

一月十四日(三),於慈光圖書館週三《華嚴經》講座,續講〈毘盧遮那品第六〉。己酉年講經圓滿。二月二十五日(春元月二十日)起續講。[2]

一月十五日(四),善果林講座,己酉年講經圓滿。二月二十六日(春元月二十一日)起續講。[3]

一月三十一日(六),《慈光》第二四一號,刊載《雪廬示學語錄》五則:〈轉業〉、〈探月〉、〈勿造殺業〉、〈論財〉、〈放下念佛〉;《詩法研究》專欄登載先生授課聽講筆記一則:孟浩然,〈宿建德江〉。[4]

　　《詩法研究》:孟浩然,〈宿建德江〉:「移舟泊

1　周邦道:〈周邦道來函〉(1970年1月12日),台中蓮社收藏。
2　〈新聞〉,《慈光》第240號(1970年1月15日),第4版。
3　〈新聞〉,《慈光》第240號(1970年1月15日),第4版。
4　李炳南:《雪廬示學語錄》,《慈光》第241號(1970年1月31日),第2版;《詩法研究》,第2版。《雪廬示學語錄》各則收見:《雪廬述學語錄》,《全集》第10冊之2,頁68-72;《詩法研究》,《全集》未見收。

煙渚，日暮客愁新，野曠天低樹，江清月近人。」
師曰：建德江在今安徽境。此題「宿」字重要，行旅宿於舟中，較諸家中臥床，其味迥異。

首句「移」字生動，渚為水中凸出之陸地，烟是暮靄。行旅者泊舟江渚，但見暮靄，不禁觸景生情。

次句須聯貫首句，又須變化，故首句寫景，次句即寫情。「日暮」二字映首句之「烟」。「客愁新」為詩人直抒其心情。「新」字為詩眼，新愁之前，必有愁在也。行旅非如居家，人事地物皆非順意，故有客愁。今逢日暮，漂泊荒江烟渚，又增一愁，故云新也。如在日中，而云新愁，則背理矣。

三句再寫景，然與首句不同。首句寫近景三句寫遠景。野無障物，其境界自闊，天低樹者，天低於樹也，此景意新而味永，但若四境皆山，亦云天低樹，則與事實不符，故須加以「野闊」二字。

四句之寫情，亦與次句不同。次句寫愁情之凝聚，四句則愁情有所消遣。江清者，時至夜間，暮烟消而明月出，江上之氣清也。月近人者，舟泊江渚，月照入江，其影即在舟旁也。亦可謂不對仗。惟月因江清而見影，天因野闊而見低，低則似天涯，不無鄉關愈遠之感，此景承次句之客愁新也。然至月近人句，情緒為之一變。行旅孤獨，得月為侶，詩之意境尤見高超。

是月，台中蓮社社長現任立法委員董正之就近日臺灣省民政廳訂定「寺廟管理辦法」，提案質詢行政院，指明該行

政命令與憲法、法律牴觸。[1]

【案】是年三月,《慈光》第二四三期報導,該「臺灣省寺廟管理辦法」,因「臺灣省民政廳自知理屈」,已由省府致省議會公函說明:「自動撤回」。[2]

二月六日(五),庚戌元旦上午十時,台中蓮社照例舉行團拜。

是日,函周邦道請其幫忙勸說《淨土叢書》主編毛凌雲。日前因先生著作列入《淨土叢書》一事引發該編輯間爭執,先生已函請主編毛凌雲將其著作抽出以息諍。今復函請周邦道電話勸導,切勿勉強。

〈復周慶光居士書一〉:慶弟:松山寺編《淨土叢書》,居士會李董事長編《居士傳》,均承老弟關懷,愛顧之深,五內早銘。

曾見《叢書》目錄,列有拙著數種。《居士傳》之履歷,始終未敢送出。近聞關於《淨土叢書》編輯,各方意見不一,爭執甚烈。正在醞釀風潮,且對我輩之稿著書冊,攻擊尤烈。

凡是非名利之爭,兄早厭之如毒。昨已函請毛凌雲公,懇其將拙著一律抽出。辭意肯切,恐毛兄姑息因循,不從下請,請弟急電話勸導。人各有志,不可勉強。閱牆

---

[1] 〈報導〉,《慈光》第240號(1970年1月15日),第2版。
[2] 〈新聞〉,《慈光》第243期(1970年3月15日),第1版。

之爭，概不參加。並聞對〈慧卿事略〉一卷，亦在指責之列，聞今已改附《淨土聖賢錄》後，是否好事者依然不諒，希詳查。

敝意若等如此，莫如涇渭分界，退離是非之場。由彼龍爭虎鬥，只有閉目塞耳守口以擯之。人心惟危，奈之何哉！至懇至懇！並頌春祺　　兄李炳南謹啟　二月六日[1]

【案】先生《阿彌陀經義蘊》、《阿彌陀經摘注、接蒙附名數表解》及《佛學問答類編》三部著述編入《淨土叢書》。另參見一九七一年十二月先生撰〈淨土叢書序〉。

是日，書舊作〈松竹坪〉兩幀題贈蓮友。[2]

二月二十三日（一），函復蔡榮華，因大專講座是否舉辦尚有變化，請其轉知已退還捐助大專講座匯票。

榮華老弟道覽：前言陳漢文先生擬二月初蒞臨敝處參觀，至今未來。又前蔡書雲居士捐助大專講座匯票一紙，因講期時間尚須半年，有無變化不得而知。款存手中，諸多不便，已用掛號璧還，未知收到否。請查明示知為禱。謹此，並頌

道祺　　　　　　　　　兄李炳南謹啟　二月廿三日[3]

1　【數位典藏】書信／在家居士／周慶光／〈周慶光之一〉。
2　李炳南：〈松竹坪之一〉，《雪廬老人題畫遺墨》，《全集》第16冊，頁109；〈松竹坪之二〉，頁163。
3　香光編輯委員會：《李炳南老居士復蔡榮華居士書函輯》，頁39。

二月二十五日（三），庚戌年講經開始，於慈光圖書館週三《華嚴經》講座，續講〈毘盧遮那品第六〉。

三月四日（三），於慈光圖書館週三《華嚴經》講座，續講〈毘盧遮那品第六〉。

三月八日（日），即日起每週日，應中興大學智海學社邀請主持國學講座，主講《禮記・大學》。[1]

三月九日（一），復函臺中省一中學生吳聰龍有關科系選擇與佛學關聯之提問，說明關鍵在嚴分賓主，則各學科之研究皆有助於佛學。[2]（見《圖冊》，1970 年圖 1）

　　〈吳聰龍之一〉：聰龍同學台鑒：接讀台函，甚佩立志高超！佛學者一切學術之覺悟學也，非離開一切而說。雖就一切立言，卻有其精到，此非他學能及所能知。故學校課門皆與佛學不似，又皆有助於佛學也，但看取用之心理若何耳！放下佛學研各學，皆無補於佛學；提起佛學研各學，皆有助於佛學。科哲文三系，有不利佛學者惟哲學為重，科文且為必要所修者。求學者求其助也，非求其喪志。以心為主，一切為賓；賓主顛倒，方是錯路。此為扼要之理。更應知科文路線少歧，

---

1 〈新聞〉，《慧炬》第 79 期（1970 年 4 月 15 日），頁 43。
2 【數位典藏】手稿／書信／在家居士／〈吳聰龍之一〉；收見：李炳南：〈復吳聰龍居士書〉，《雪廬老人題畫遺墨》，《全集》第 16 冊，頁 313-314。

哲則歧中多歧,且中外哲學因其環境傳統有大逕庭處,以故神經狂異之輩多出西哲、消沉玩世之流多出中哲。總結,入系不妨求性近助佛,要在嚴賓主。謹復并頌

學祺　　　　　　　　　　　李炳南拜啟　三月九日

【小傳】吳聰龍(1953-2021),臺灣雲林縣人。一九六九年高中時因兄長吳聰敏引薦,親近炳南先生學佛,旋即茹素。大學聯考,放棄臺灣師範大學國文系,選擇就讀中興大學中文系以親近炳南先生。大學四年期間,常隨先生聽課,幾無缺席。此外,曾參加懺雲法師舉辦之齋戒學會,依懺雲法師證明皈依,懺雲法師曾讚歎其天台學之宿根,聘為齋戒授課師長。一九八六年,依廣化法師受五戒;一九九一年,於道海和尚座下求受菩薩戒。

吳聰龍於高二參加明倫講座初聽先生講授《阿彌陀經要解》,即決心以《彌陀要解》及蕅益祖師著作為研學中心。一生謹遵炳南先生「廣學三藏教,不改彌陀行」宗旨。除研經看教,每天至少打坐二小時以上念佛。

吳聰龍長年在明倫講座《佛學概要十四講表》、「天台教觀簡介」和「淨土導言」等課程,擔任授課師長。退休後,出現「肺纖維化」病症,遂逐步退下講席,加強念佛。清楚交代後事,臨終正念分明。二十五小時助念後,全身柔軟如綿;火化後得十一顆白牙舍利以及多顆舍利子、舍利花。[1]

1　參見:望暉(吳旭真):〈吳聰龍居士往生見聞記(上、下)〉,《明倫》517、518期(2021年9、10月)。

三月十一日(三),於慈光圖書館週三《華嚴經》講座,宣講〈如來名號品第七〉。[1]

三月十六日(一),為中興大學智海社社歌作詞。五月,復為中興大學服務隊隊歌作詞。[2]

三月十八日(三),於慈光圖書館週三《華嚴經》講座,續講〈四聖諦品第八〉。

三月二十五日(三),於慈光圖書館週三《華嚴經》講座,續講〈四聖諦品第八〉。

是月,因慈光講座停辦,全國各大專院校佛學社團同學進修無門,臺北慧炬社創辦人周宣德先生來訪,一再懇求恢復講座,先生乃設立「明倫社」於台中蓮社,負責接引大專青年。[3] 先生作有〈明倫社社歌〉,說明社名係取自天竺五「明」、震旦五「倫」。[4]

---

[1] 李炳南:《大方廣佛華嚴經講述表解》,《全集》第 1 冊之 2,頁 31。

[2] 郁英、弘超:〈雪公與智海的一段緣〉,《智海卅週年紀念專刊》頁,67-71。

[3] 〈李炳南老居士年表〉,《李炳南老居士全集總目錄》,《全集》總目冊,頁 170。

[4] 李炳南編詞,吳榮桂作曲:〈明倫社社歌〉,《弘護小品彙存》,《全集》4 之 2,頁 581。「明倫」取義請參見 1970 年 10 月 31 日,先生發表之〈明倫發刊詞〉。

1970年・民國59年｜81歲

〈明倫社社歌〉：天竺五明，種智之根；震旦五倫，本於至仁。治平世間兮，賴禮樂之文化；超出惡濁兮，必心性之返真。外儀尼父，內念世尊；吹法螺，振木鐸，喚醒人群，喚醒人群，攜手出迷津。大同世，清淨土，樂無垠。庶不負固有覺性，堂堂乎黃帝子孫。

四月一日（三），於慈光圖書館週三《華嚴經》講座，續講〈四聖諦品第八〉。

四月五日（日），清明節，有詩〈庚戌清明〉，為《浮海集（下）》最後一首。此前又有〈春日山中重過友人故墅〉、〈陟峻〉、〈春園集讌〉、〈懷人〉。（《雪廬詩集》，頁374-376）

〈春日山中重過友人故墅〉：花發人何處，山春鳥有巢；一庭新草露，滿眼舊詩苗。記取條垂柳，依然罄折腰。踟躕未能去，搔首白雲飄。

〈春園集讌〉：桃李開如錦，天青柳絮飛；亭園觸興涉，絲管與人違。春醒黃鸝喚，泥香紫燕歸；臨風花亂落，笑看著誰衣。

〈懷人〉：此夜人千里，桐陰滿我階；相思在明月，明月照君懷。

〈庚戌清明〉：客舍歇朝雨，清明來莽蒼；新花圍粉黛，晴鳥度笙簧。斑鬢詩痕染，朱顏酒債裝；將心強逐物，聊得不思鄉。

四月八日（三），佛誕節。為臺灣大學晨曦學社《十週年社慶特刊》題詞祝福。[1]（見《圖冊》，1970年圖2）

　　五十九年四月八日為晨曦學社成立十週年社慶，由梁茂生繼廖文城為新任社長，編印《晨曦學社十週年社慶特刊》，由錢思亮校長親題「晨曦」二字為封面，內頁有李炳南大德親寫「一日之晨曦，一日新也；一歲之晨曦，日日新也；十年之晨曦，又日新也。日新期斷見思惑，日日新期斷塵沙惑，又日新則是期斷根本無明矣。夫如是，儒佛之大道盡之矣。」之墨寶，彌足珍貴。[2]

　　【案】該幀題名〈慧炬月刊十週年紀念〉，收於《雪廬老人題畫遺墨》；唯題名中之「慧炬月刊」，應更正為「晨曦學社」。〈慧炬月刊十週年紀念〉另有手稿刊見《慧炬》第九五期（1971年11月），頁四十五。（見1971年11月譜文）

是日晚，於慈光圖書館週三《華嚴經》講座，續講〈四聖諦品第八〉。

四月十五日（三），《慈光》第二四四號刊載《雪廬示學語

1　李炳南：〈慧炬月刊十週年紀念〉，《雪廬老人題畫遺墨》，《全集》第16冊，頁156；該幀題名編輯誤作「慧炬月刊」，應更正為「晨曦學社」。
2　劉勝欽：〈臺大晨曦學社之創立及其影響（二）〉，《慧炬》第535/536期合刊（2009年2月15日），頁38-53。

錄》五則：〈蝸角石火〉、〈自勝為上〉、〈行慈勝於事神〉、〈人命如流〉、〈詩之氣〉；《詩法研究》專欄登載先生詩學授課聽講筆記一則：李白，〈蘇臺懷古〉。[1]

《雪廬示學語錄》：〈詩之氣〉：郎士元，〈送麴司直〉：「曙雪蒼蒼兼曙雲，朔風煙雁不堪聞，貧交此別無他贈，惟有青山遠送君。」

師曰：此詩有窮酸氣。李太白既貧窮，又不仕，然詩中有「五花馬，千金裘」，自富一豪氣。

《詩法研究》：李白，〈蘇臺懷古〉：「舊苑方臺楊柳新，菱歌清唱不勝春，祇今唯有西江月，曾照吳王宮裏人。」

師曰：蘇臺地在今之蘇州，臺為吳王所建，亦即與西施醉樂處。詩人過此，懷想當年盛況遂發於詩。

首句寫景。舊苑即是吳王之苑囿，內有花木鳥獸，其大可知，惜乎今皆不見，可見者，舊址而已。荒臺即是蘇臺，亦不復見，惟見一片荒地而已。「舊苑荒臺」四字，讀之令人不勝荒涼之感，接以「楊柳新」三字，景為之一變。然全句意境依然寥落。楊柳新之「新」字有二義，一對舊荒而言，草木雖新，然非舊日矣；二者柳葉秋落春生，新即表乎春時也，依此義與下文有關聯。

---

[1] 李炳南：《雪廬示學語錄》，《慈光》第 244 號（1970 年 4 月 15 日），第 2 版。《雪廬示學語錄》〈詩之氣〉未見收，餘各則收見：《雪廬述學語錄》，《全集》第 10 冊之 2，頁 72-75；《詩法研究》，《全集》未見收。

次句是寫聲。菱歌為採菱女子之歌聲。採菱多為女子，隨採隨歌。然菱熟於秋，此當春日何為其然？蓋採菱歌為民謠之一，採菱時固可唱，不採菱時亦可歌也。清唱者，無奏樂器，但聞女子輕柔之唱聲也。不勝春者，昔日吳王宮庭歌樂，盛極於斯，今則春日菱歌，世事變遷，一至如此，故云不勝也。菱歌與秧歌，皆是唱於田野者，若唱於庭園，則忌禾黍之悲矣。

三句感懷。荒臺皆廢，惟有西江之月尚存。必曰西江者，夜至五更，天曉矣，月轉於西江之上，已至四更也。

四句追古興悲。四更月夜，吳宮猶在歌舞，足見其荒淫無度，亡國豈是偶然？

是日晚，於慈光圖書館週三《華嚴經》講座，續講〈四聖諦品第八〉。

是日，東海大學覺音佛學社成立。[1]

四月十九日（日），晚八時，至蓮社參加國文補習班第十九期開學典禮。

是日，為馬來西亞蔡榮華及諸蓮友開示淨土法門：伏惑

---

1 〈新聞〉，《菩提樹》第 210 期（1970 年 5 月），頁 49。

得一心、念佛憶佛、淨念相繼得往生等。[1]

〈依法不依人——為馬來西亞蔡榮華居士開示〉：諸位遠來臺中，跟本人見一見面。諸位通通是學佛，都很有根底的，也非常誠心，本人十分歡喜。再說，諸位學佛法，多半是從蔡居士談的，蔡居士的功德，也非常深厚，本人也非常佩服。蔡居士能在那裡領導諸位學佛，算來也有七、八年的光陰，這很不容易了。這個道場能有這個樣子很不容易，本人也十二分的敬佩。

以經典為憑

學佛第一個重點就是「依法不依人」，依法是什麼呢？就是經上有的話，我們遵照。經是什麼經呢？三藏經典上有，我們就可以遵照；三藏經典沒有，那麼說得無論多麼好聽，我們一概不能以聽從。

如人人都知道的釋迦牟尼佛、達摩祖師，這二位是一佛一祖。假若他說的話，經典上沒有，他說他有更好的法門，你們聽了可以再另改修。這個話我們也不聽！佛說的話，經上沒有，我們就不聽。祖師說的話，經上沒有，我們也不聽。其餘這些人說的話，更不聽。這是最要緊的一個關鍵。

易行難信法

大家都曉得念阿彌陀佛，要得一心不亂，念佛多少

---

[1] 李炳南：〈依法不依人——為馬來西亞蔡榮華居士開示（上、下）〉，《明倫》第534、535期（2023年5、6月）。日期據【數位典藏】錄音/佛學講授/開示/為馬來西亞蓮友開示。

年的,什麼叫事一心不亂?什麼叫理一心不亂?光「一心」二個字就夠講的,那就得講上十年。講解是這麼難,要不講解呢?不講解你就按著這個法子,教你怎麼得一心,這也是經上說的「易行難信之法」。這個法門只要有人教你怎麼做法,你就去做,就成功。

伏惑得一心

諸位都是修淨土的,要是不得一心,這往生可就出問題了。怎麼一心呢?伏惑,它起現行時,你把它壓住,不讓它往上起,一起就壓,一起就壓,壓住叫它不起作用,這叫伏惑。伏了惑,你就可以往生,這叫帶業往生。惑是什麼呢?打妄想大家都懂得,妄想,你怎麼壓它,怎麼伏惑啊?拿什麼伏啊?你不曉得它在哪裡,怎麼壓法?就是一句「阿彌陀佛」四個字。

譬如看到有人拿走這個毛巾,你心想:「不可以啊!」這就打妄想了,雖然沒拿走,這個種子有了,就得犯輪迴。起了妄想,趕緊念阿彌陀佛、阿彌陀佛、阿彌陀佛……,念阿彌陀佛,妄想沒了,這叫伏惑,壓著了。可是壓著不久,它又起來了;它又起來,它起你就念。念到妄念沒了,就完了。再起再念,這樣子日久天長的工夫,就習慣成自然。他將來再起來,一再念阿彌陀佛、阿彌陀佛的壓著。這是伏惑之法。

念佛與憶佛

〈大勢至菩薩念佛圓通章〉說的念佛跟憶佛,有什麼分別?念佛、憶佛,這是我妄作聰明了,我自己造出名字來,這是我分出來,給諸位說說。念佛的時候要

緊是「念茲在茲」。「茲」當「這個」，你的心裡念這個——阿彌陀佛，你這個心就在阿彌陀佛上，心在佛上，什麼也不丟。念佛，心就在佛上。你念一點鐘，心不走，那就了不起了。念二點鐘，念十點鐘，都能心在佛上？辦不到！為著辦不到，還有第二個方法，憶佛。「憶」當「想」，注解叫「明記不忘」。不忘不必在茲，你的心無論幹什麼，心忘不了佛，就行。譬如喝茶，我為著什麼喝茶？為了阿彌陀佛喝茶。我給諸位談話，我也不念佛，我在這裡憶佛了。要不是為憶佛，我跟你們說這個幹什麼呢？一切的動作，身口意一切的動作，忘不了佛，都是為了佛，明記不忘，這個力量很大了。無論你幹什麼事情，農、工、商、法你應該幹什麼，就幹什麼，我為著什麼而幹？甚至拿槍當兵，我為著什麼當兵？那是我為的佛，我在這裡護法。這就是憶佛。

經上還有一句話叫「淨念相繼」。相繼是接續不斷，一斷了，惑就又起來了，相繼這個力量大了。你光是念佛，要不斷很難，沒有這麼多時間念。憶佛要不斷，容易。

儒家說「道」，佛家講「本性」，本性就是道啊！「道也者，不可須臾離也。」「可離，非道也。」這也是「淨念相繼」。

能淨念相繼、憶佛，管保你往生。到了臨死時，能念著「我死也是為著佛」，有這個念頭，到時候有人來助念，幫助你，怕你忘了，問：「你為什麼死啊？」我為著佛死。你死時，存這個心就行了。

話再講多了，不勝其講，記住這一點就好，今天供養你

們遠來的諸位客人。

【案】蔡榮華為慈光講座第一屆學員，近日帶領當地蓮友返回臺中學習。蔡榮華又於一九八二年十二月、一九八四年十一月，共計三次返臺親近先生學習。

四月二十二日（三），於慈光圖書館週三《華嚴經》講座，續講〈四聖諦品第八〉。

四月二十九日（三），於慈光圖書館週三《華嚴經》講座，宣講〈光明覺品第九〉。[1]

是日，朱鏡宙來函說明捐款進行情形。[2]

朱鏡宙，〈朱鏡宙來函〉（1970年4月29日）：雪老惠鑒：手教奉悉。失件已由司機送回，世間自有不少好人，聞之欣慰。關於捐款事，初擬與慶世伴同進行，以彼現有地位，較易得力。且有交通工具，亦可省卻腳力不少。嗣與會談結果，不怎熱心，或係顧全地位之故。現擬與董正之一談，如何再聞。弟年來極少與多方接觸，故友零落殆盡，新進均不熟悉，不得不有人作伴也。知注敬先奉聞，順頌

籌安　　　　　　　　　　　　弟朱鏡宙叩上　四、廿九

---

1 李炳南：《大方廣佛華嚴經講述表解》，《全集》第1冊之2，頁34。

2 朱鏡宙：〈朱鏡宙來函〉，1970年4月29日，台中蓮社收藏。信封郵戳為「五九年四月三十」，封背郵戳為「59.5.1」。

【案】此當是先生為菩提救濟院籌措償還債務事。

四月三十日（四），周邦道來函，商討先生出版《詩文集》相關事宜。[1]

周邦道，〈周邦道來函〉（1970 年 4 月 30 日）：

雪公夫子大人函丈：尊示奉悉。《詩文集》附錄之件擬具目錄一紙，請裁定並請屬秀英估計數字。

大專講座全係宣揚佛法，可印專冊。附錄之件係對大典一冊而增加分量，與原定八大冊各自獨立之計畫不發生影響（詩文集及附錄均係抽出另排）。眼疾已瘥，乞釋慈系。耑此肅叩

鈞安　　　　　　學生周邦道頂禮　五十九年四月卅日

是月，為興大中文系三年級《禮記》課程出期中考題，範圍為〈中庸〉。（見《圖冊》，1970 年圖 3）

〈五十八年中興大學中文系三年級第二期期中考試題〉：

（甲）默寫。自「天命之謂性」起，至「萬物育焉」止。

（乙）默寫。第十四章：「君子素位而行」起，至「反求諸其身」止。

（丙）問答。天命之謂性，天與命如何解，分述出。

（丁）問答。第六章：孔子稱舜為大知，有何言語舉出。

1　周邦道：〈周邦道來函〉，1970 年 4 月 30 日，台中蓮社收藏。

(戊)問答。第十章:子路問強,孔子舉出「強哉矯」四種,試言之?

(己)問答。第十七章:「天之生物,必因其材而篤焉」如何篤法,試舉其言?

(庚)解義。「失之正鵠」如何解?

(辛)解義。「壹戎衣」漢鄭與宋朱異講,分別舉出?

(壬)解義。「旅酬」「燕毛」皆作何解?

(癸)測驗。「道也者不可須臾離也」試問君如行道,如何行法?[1]

五月六日(三),於慈光圖書館週三《華嚴經》講座,續講〈光明覺品第九〉。

五月十二日(二),夏曆四月八日浴佛節,亦為國際護士節,是日晚,參加菩提醫院舉辦之晚會並致詞。[2]

五月十三日(三),於慈光圖書館週三《華嚴經》講座,續講〈光明覺品第九〉。

五月十五日(五),即日起,連續五晚,於菩提救濟院內太虛紀念館講堂,舉辦演講大會,由佛教蓮社男女青年

---

[1] 【數位典藏】手稿／其他著作／大專院校授課試卷／〈五十八年中興大學中文系三年級第二期期中考試題〉。

[2] 〈新聞〉,《菩提樹》第 211 期(1970 年 6 月 8 日),頁 49。

二十人分別主講、翻譯。最後一晚圓滿，由先生致詞勉勵並一一頒贈紀念品。[1]

五月十七日（日），上午八時半，於台中蓮社參加中部大專學生佛誕節講演比賽，擔任評審並於比賽結束後講評並頒獎。講演比賽由詹氏基金會與台中蓮社聯合舉辦，「明倫社」承辦。明倫社方才成立，係由歷屆慈光講座學員組成。

　　上午八時半，中部大專佛學演講比賽在台中蓮社舉行。此為詹氏獎學基金會與台中佛教蓮社聯合主辦，中部六所大專院校代表十二名參加比賽，各校師長與同學一百餘人與會。講題有：如何實踐八正道，怎樣運用我們的法眼，怎樣做到淨化大眾傳播。比賽結果，由中興大學吳淑櫻、逢甲學院姚瀚生，東海大學洪湘彬及中國醫藥學院巫錦漳等獲獎。李炳南教授及周宣德董事長於比賽結束時先後講評，並主持頒獎。李教授勉勵同學勿忘今日所講，要好好去思考它、體驗它，以負起自度度他的責任。此次演講比賽籌備工作，由慈光畢業學長所組織的「明倫社」擔任，邀請李炳南、周宣德、呂佛庭、許祖成、郝恩洪、徐醒民、周家麟、蔣俊義、于凌波及江逸子等在學術界有德望的人士擔任，陣容浩大，堪稱一時之選。[2]

---

1 〈新聞〉，《菩提樹》第 211 期（1970 年 6 月 8 日），頁 49。
2 〈新聞〉，《慧炬》第 81/82 期合刊（1970 年 6 月 15 日），頁 53。

五月二十日（三），於慈光圖書館週三《華嚴經》講座，續講〈光明覺品第九〉。

五月二十二日（五），周宣德來函，轉述北部同學為暑期講座停辦深感失望，建請中部由明倫社大專同學社團主辦，以接續前九年輝煌成就。[1]（《圖冊》，1970年圖4）

  周宣德，〈周宣德來函〉（1970年5月22日）：雪公師座尊右：中市聆教歸來，又有此間同學來詢暑期講座之事。弟子僅暗示本年可能停辦一次，彼等聞之，深感失望，悲歎不已。頃忽奉祖成師兄惠示，設想周至，讀之令人感動！中部教師竟有如此發心者，非師座多年教化培養，曷克臻此。弟子除對祖成師兄表示欽敬，並告以此間亦將隨喜樂助肆仟元外，當懇吾師慈允所請，在蓮社可容納範圍內（日前據蓮友告之約可容卅人），續辦一次，不勝馨香感禱之至。又北部雖亦有仿效慈光前例設立講座之說，但現查尚無消息，亦可能不辦。但中部由明倫社——大專同學社團或由蓮社出面（實際仍由資深學生出個名）主辦，而吾師僅在精神上領導，則九年輝煌成就不至廢於一旦矣。如何？敬乞裁示！關於救院董會改組事，已轉告慶光兄，彼稱未來人選似可留待下次董會舉行再共同商討解決。併此轉呈。耑上虔敬法安 弟子周宣德頂禮 五十九年五月二十二日 祖成兄函附呈瑩閱

---

1 周宣德：〈周宣德來函〉，1970年5月22日，台中蓮社收藏。

五月二十七日（三），於慈光圖書館週三《華嚴經》講座，續講〈光明覺品第九〉。

六月三日（三），於慈光圖書館週三《華嚴經》講座，續講〈光明覺品第九〉。

六月六日（六），應聘擔任中國醫藥學院教材編審委員會委員。（見《圖冊》，1970年圖5）

六月十日（三），於慈光圖書館週三《華嚴經》講座，續講〈光明覺品第九〉。

六月十五日（一），《慈光》第二四六號刊載《雪廬示學語錄》三則：〈進化即是無常〉、〈破依止〉、〈一會遍一切處〉；《詩法研究》專欄登載先生詩學授課聽講筆記一則：崔顥，〈行經華陰〉。[1]

　　《雪廬示學語錄》：〈進化即是無常〉：師曰：名以表實。實體也，名相也，體一致而相萬殊。凡夫不察其實，恆執其名，契其所執則受之，否則排之。是以華嚴如來名號無窮，四諦名亦無盡，無非為解凡夫之迷執也。今人聞無常一詞，輒不入耳，余遂易以「進化」二字，聞者接受之矣。其實進化即是無常，進者前進也，

---

[1] 李炳南：《雪廬示學語錄》、《詩法研究》，《慈光》第246號（1970年6月15日），第2版。各則《全集》均未見收。

佛法謂之生;化者變化也,佛法為之滅。生滅豈非無常乎?不明佛理,縱讀破五車書依然迷昧之。發心度眾者,出於悲憫,何妨據實以變通其名哉?

〈破依止〉:《華嚴》四聖諦品,於歡喜世界,有名滅諦為破依止者。

師曰:依止是二物互要依而現其相,此界謂之因緣。世法無非因緣和合,破其因緣,則得清靜寂滅,故為滅諦。眾生不能解脫,咎在煩惱與色身,二者互為依止,由煩惱而生身,由身而益生煩惱,故謂因緣法也。然西域外道,有主萬法自然者,遂力非之,於是難佛曰:「若煩惱先於身,煩惱原住何處?若生身先於煩惱,云何煩惱生身?若二者一時有,又違佛法互生之義。」互生者,此生彼,彼生此,非同時生也。是三難題,皆非因緣。佛解依止為一時而有,其理則因煩惱而有身,然不應身終有煩惱,此「終」字大堪留意。質言之,有煩惱必有身,有身不必有煩惱,有餘依涅槃,其身尚有煩惱乎?三難一解全解,如三諦三觀,一中一切中也。理不易明,佛又設喻以曉之。古之油燈,以繩為柱,點火放明。試思人眼所見,先柱乎?先明乎?無先後也,若推其理,明因柱有,而柱不因明有。明喻身,柱喻煩惱,故煩惱不因身有,然既有煩惱,則必有身。雖有身,若去盡煩惱,即得解脫;反之,煩惱不斷,縱滅其身,仍在輪迴。是故修道,在夫乎去煩惱也。眾生皆有佛性,以有無明,則有煩惱。常人輒疑,性何忽起無名?依經解之,一念不覺也。然此一念何由而起耶?解

是疑者,當應機而異,若對初機說以高理,醍醐即成毒藥。今由佛解依止之難,亦得參而悟之。

〈一會遍一切處〉:師曰:《彌陀經》為難信之法,人多知之,《華嚴》之難信,亦有知之者乎?〈光明覺品〉云:「世尊放百億光明,照此三千大千世界。」此指娑婆而言,娑婆以外,十佛剎微塵數菩薩,亦共圍繞,此光亦照十佛剎乎?經云:「一會遍一切處」故佛光既照娑婆大千,則豎窮三際,橫遍十方,皆有華嚴法會也。然此理實為難信,故或解曰:「佛之化身遍一切處,喻如一屋,宴設十席,有十主人陪之。」此解實非經義。經文明言一會,是一宴席,惟四壁皆為明鏡,故見滿屋宴席。不惟此也,今時今地,即有由華嚴法會,然非吾儕之說聽,實為世尊之師吼,微塵菩薩之與聞。凡夫囿於時空,不此之見耳。隋智者大師,定中曾見「靈山一會,儼然未散」,後人多為迂解,盍思一會遍一切處哉?天台道場,住眾何止百千,惟智者見靈山法華,何也?眾生本性如大圓鏡,垢去始明耳。或問西方淨土何遙?祖師嘗答:「即在窗外。」是猶方便言之。垢去發明,何處不是淨土?由此可知,《彌陀》即是小本《華嚴》,《華嚴》即是大本《彌陀》,同為難信之法。

《詩法研究》:崔顥,〈行經華陰〉:「岧嶢太華俯咸京,天外三峰削不成,武帝祠前雲欲散,仙人掌上雨初晴。河山北枕秦關險,驛路西連漢畤平。借問路旁名利客,何如此處學長生。」

師曰：崔顥作詩不多，然寥寥幾首，皆傳頌千古之作。古體〈黃鶴樓〉，曾令李太白擱筆。此作由以氣魄見稱古今。

起聯首句「岧嶢」二字，仰看華嶽之雄峻，「咸」是咸陽，為始皇之京都，故稱咸京。太華、咸京相去甚遠，以一「俯」字連之則活矣，太華如凌空鳥瞰，咸京近在眼底。次句狀太華峰勢之顯峭。天外是天下義，天下高山，以太嶽最險，其峰有三，一名芙蓉，或稱蓮花，二為明星，三為玉女，皆峭壁如刀削。然「削不成」三字，是疑非刀所能削成者，尤見渾淪一氣，若曰削成，其味薄矣。

頷聯承寫嶽峰之景。峰有狀似巨手者，世稱「仙人掌」，漢武帝命名「巨靈」，建祠祭祀，故名武帝祠。祠名為時，時者祭壇也，以祭五方之地帝。此聯之景，寫往高處瀏覽。

脛聯之秦關漢時，是從平遠處懷想古蹟。北枕之「枕」字，即表遠之意。少近咸陽是潼關，再遠為函谷關，二關接在咸陽之東北，皆名「秦關」。或注秦關為函谷者，其實難以確指，如必指其一，當不能捨近求遠，惟函谷之名，勝於潼關，故難確定。漢時即是漢武帝所建之西時，漢京在西，故尊西時，以祭西方之白帝，此時建於西漢，時至於唐，不復在矣，故云「漢時平」。題之「行經」二字，已由頷、脛二聯表而出之。

結聯上句以人物點起聯之京都，下句以學道點起聯之華峰。來往京城，無非為名利，故云「名利客」也。結句

是勸釋名利心，學長生之道。後人有評此句為敗筆，然既有名利客以扣名都，苟無此句，何以扣華嶽？不察詩法格局，何能知之古人經營之苦？

【案】本號第二版刊出「慈光大專講座同學見聞錄‧第二十三期」，該「見聞錄」係刊載先生講演記錄及上課筆記：《雪廬示學語錄》、《詩法研究》。自《慈光》本號（二四六號）刊出後，至《慈光》二五二號（1970 年 11 月 30 日），皆未見續刊。以後各號則尚待尋覓，目前未寓目。

六月十七日（三），於慈光圖書館週三《華嚴經》講座，續講〈光明覺品第九〉。

六月二十四日（三），於慈光圖書館週三《華嚴經》講座，續講〈光明覺品第九〉。

六月二十六日（五），復函蔡榮華，提及暑假講座停辦一次，近日忙於安老所開幕及明倫社籌組。是年，蔡榮華任職新加坡，先生書贈對聯一副。

〈六月廿六日函〉：榮華老弟道覽：頃獲惠翰及匯票一紙，敬悉一切。今暑假為籌備安老所開幕等事極忙，且慈光同學前曾組織同學會無法立案，現已籌組明倫社及雜誌出版社等，只未批准。為使同學自己作主，不賴他人，此亦是好機緣。今年還未就緒，暫且停辦一次，明年則由明倫社主辦。匯票已遵交給朱居士矣。俟

後《菩提樹》月刊之事希直與聯絡。謹覆，並頌

道祺　　　　　　　　　兄李炳南謹啟　六月廿六日[1]

〈書聯〉：榮華賢棣雅正：直繹金經無四相，能開古史作群言。[2]

六月二十七日（六），周邦道來函表達董事長屆期希望另選賢能，並約南下拜訪時間。[3]

周邦道，〈周邦道來函〉（1970年6月27日）：雪公夫子大人函丈：諭章奉悉，經即轉致正、慎、茂諸兄共讀。董事會改組，極望發揮堅強效力，道愧無貢獻，董事長一席請另選賢能。最好以正之兄接替。詩文集印製格式已屬秀英請示，道十一日南來，當于午後五時頃晉謁，扼要奉談；七時北返。耑肅敬敏

崇安　　　　　　受業周邦道頂禮　五十九年六月廿七日

是月，於台中蓮社講授〈中庸〉。

【案】徐醒民錄有〈中庸筆記〉（1970年6月－1970年7月），聽講地點為「台中蓮社」。授課對象未詳，可能是「國文補習班」或「研討小組」。

是月，中國醫藥學院舉行期末考，為醫科二年級《內經》課

1　香光編輯委員會，《李炳南老居士復蔡榮華居士書函輯》，頁39。
2　香光編輯委員會，《李炳南老居士復蔡榮華居士書函輯》，頁47。
3　周邦道：〈周邦道來函〉，1970年6月27日，台中蓮社收藏。

程出期末考題及補考試題。[1]（見《圖冊》，1970年圖6）

是月，中興大學舉行期末考，為中文系《禮記》課程出期末考題，範圍為〈大學〉。[2]

〈五十八年中興大學文學系第二學期期末考禮記試題〉：

（甲）默寫。自「大學之道」起，至「致知在格物」止，默出。
（乙）默寫。自「物格而后知至」起，至「此謂知之至也」止，默出。
（丙）見解。大學之文，有主二綱三綱之別，將其主張不同處，分別舉出。
（丁）見解。「親民」「新民」此二說不同，舉出兩派主張之人。
（戊）見解。格物有幾種解釋，並舉出主張之人。
（己）見解。「舉而不能先「命」也」謂此字惧者，亦有不同主張，試舉出？
（庚）釋義。「明德」「止善」各作何講？
（辛）釋義。「慎獨」「絜矩」各作何講？
（壬）測驗。何謂拂人之性，舉出？
（癸）測驗。「聚斂之臣」「盜臣」君如當政，為國辦

---

[1] 【數位典藏】手稿／其他著作／大專院校授課試卷／〈中醫學院二年級五十八年下期期末考〉、〈五十八年第二學期補考試題〉。

[2] 【數位典藏】手稿／其他著作／大專院校授課試卷／〈五十八年中興大學文學系第二學期期末考禮記試題〉。

事，此二種人，究取何種？

是月，中興大學舉行期末考，為夜間部中文系《詩選》課程出期末考題及補考試題。[1]

〈五十八年中興大學夜間部二學期期末補考試題〉：
（甲）默寫。寺廟類：杜甫「禹廟」全首。
（乙）默寫。慰離類：王維「送梓州李使君」起全首。
（丙）畫平仄。「江城如畫裏，山曉望晴空」「巫峽猿啼數行淚，衡陽歸雁幾封書」平仄畫於左方。
（丁）指韻。「書」「舟」「生」「村」「松」各分舉出何韻。
（戊）聲調譜。仄起首句入韻式，五絕一首。
（己）解義。杜甫之明妃村「一去紫臺連朔漠」紫臺如何解？
（庚）解義。王維之送梓州李使君「千山響杜鵑」何解？
（辛）對聯。月是故鄉明，不可失粘。

七月一日（三），於慈光圖書館週三《華嚴經》講座，續講〈光明覺品第九〉。

七月八日（三），於慈光圖書館週三《華嚴經》講座，宣講

---

[1]【數位典藏】手稿／其他著作／大專院校授課試卷／〈五十八年中興大學夜間部二學期期末補考試題〉；「期末考題」未見，據推必然有。

〈菩薩問明品第十〉。[1]

七月十五日（三），於慈光圖書館週三《華嚴經》講座，續講〈菩薩問明品第十〉。

七月十八日（六），至般若寺參加第二屆董事會。（見《圖冊》，1970年圖7）

七月二十二日（三），於慈光圖書館週三《華嚴經》講座，續講〈菩薩問明品第十〉。

七月二十九日（三），於慈光圖書館週三《華嚴經》講座，續講〈菩薩問明品第十〉。

是月，於台中蓮社講授〈中庸〉。

八月一日（六）、二日（日），夏曆六月三十、七月初一，先生與新成立之明倫社諸友，經南投、霧社、廬山、梨山、谷關，二日遊。[2]（見《圖冊》，1970年圖8）

首日午後出發，經南投，上霧社，夜宿廬山，為大眾講

---

[1] 李炳南：《大方廣佛華嚴經講述表解》，《全集》第1冊之2，頁37-43。
[2] 合影照片見：《明倫》第504期（2020年5月），頁53；先生獨照時間據：謝智光：《雪廬老人《論語講要》研究》，頁222。

舊作〈廬山〉詩。翌日晨起，先搭車登橫貫路，再步行上武嶺。午後經大禹嶺抵梨山，上福壽農場後，從谷關東勢返還臺中。

徐醒民，〈明倫師生遊廬山〉：雪廬老人，樂登高山。庚戌季夏，門徒明倫社友，組登山避暑隊，請從二日遊。先濯廬山之泉，再沿橫貫公路，繞越諸高峰，下賞梨山之實，一悅師焉。

六月之晦，午後，專車發臺中，經南投，上霧社，達廬山。白日移西，梅林映紫，金風送爽，彩虹呈奇。俄而山色蒼茫，顧山澗濱，暮靄之裏，有木屋數家，書曰溫泉旅館，遂往投之。入暝，澡溫泉，聽清澗。泉白而甘，飲之滌塵思。前數年，師嘗遊此，為詩讚之，兼憶江西之匡廬，追想遠公之德業，於此佳山水，憾無所歸焉，故云：「空餘林壑無人主，安得高僧亦種蓮。」今求師析其義，然後共吟之。聲流館外，傳響山谷間，宿鳥為之和鳴，夜風為之輕拂，萬物似皆欣然有得。噫！如此佳山，又有如此盛事，以俟興乎來者，復何憾哉。

翌日寅晨，起登橫貫路。車盤旋而上，扶巖臨塹，如攀懸繩，累而病駛者再。師遂率步行，過翠峰，上武嶺之絕巔。朔風呼，而雲山會。仰觀之，天若明堂，日作火珠，俯察之，銀瀑飛幡，碧松獻蓋。耳乎天籟，始而寂，繼之洪然而鐘鼓鳴。於戲，造化之奇，有如是者，何向未之聞耶？今乃得於不意間，豈偶然哉！於是歡然相慶，頌師壽。

時過午，方依依自巔下。車經大禹嶺，抵梨山，轉上福

壽農場。黛峰四護,地廣土肥。遍植寒帶果木,垂實纍纍,有蘋果、水梨、水蜜桃,類多品上。其人皆榮民,與日作息,色熙熙然。場主見師,問年八十餘,讚之不已,敬以水蜜桃,引觀果林。見一蘋果樹,大而稱王,一時結果,達六千餘。叩其故,樹之十二年,乃有異於常者也。其餘嘉品,寓目不暇。辭,向達見,下谷關東勢,還臺中,已萬家燈火。暑氣復炎,而心地清涼自在。師怡然,問諸子之樂。門徒就所遊獲,各從其藝能,發於詩歌書畫,囑同窗徐子記其實,一歸於至仁。七月朔日,國曆八月二日[1]

八月五日（三）,於慈光圖書館週三《華嚴經》講座,續講〈菩薩問明品第十〉。

八月十二日（三）,於慈光圖書館週三《華嚴經》講座,續講〈菩薩問明品第十〉。

八月十九日（三）,於慈光圖書館週三《華嚴經》講座,續講〈菩薩問明品第十〉。

八月二十六日（三）,於慈光圖書館週三《華嚴經》講座,續講〈菩薩問明品第十〉。

---

[1] 徐醒民：〈明倫師生遊廬山〉,《明倫》第 7 期（1971 年 9 月）；第 504 期（2020 年 5 月）重刊。

八月三十一日（一），慈光育幼院經費用罄，緊急呼籲各方援助。

　　慈光育幼院至八月二十日止，一切經費殆已用罄，僅餘新臺幣六元六角（每月虧損二萬二千元，不含四十名院童就學所需每學期一萬五千元註冊費）。無以繳納學校註冊費，且瀕臨斷炊，亟需各方援助周急。[1]

八月起，為籌備安老所開幕，安頓人事。先後介紹霍雲龍、陳素貞、林惠美、簡月英、鮮純賢，分別任安老所辦事員或會計。（見《圖冊》，1970 年圖 9）

九月一日（二）起，擔任中興大學日、夜間部中文系兼任教授。日間部教授三年級《禮記》，夜間部教授二年級「詩選」。（見《圖冊》，1970 年圖 10）

　　同時，擔任中國醫藥學院兼任教授，教授醫科二年級、三年級《內經》各一班。（見《圖冊》，1970 年圖 11）

　　下午三時至七時，於佛教蓮社會議室參加蓮社董事會，補選趙鋑銓、廖一辛，二人係遞補林張鬮過世、施德欽病弱請辭之董事缺，另並成立「社務執行委員會」執行董事會決議，並從事社務計劃及推展日常事務。由先生

---

[1] 〈新聞〉，《慈光》第 249 號（1970 年 8 月 31 日），第 1 版。

領銜。[1]

九月二日（三），於慈光圖書館週三《華嚴經》講座，續講〈菩薩問明品第十〉。

九月三日（四），晚，於善果林太虛紀念館週四講座，開始宣講《佛說阿彌陀經》。

【案】善果林宣講《阿彌陀經》起止日不詳。一九六九年四月十七日（四）起，善果林講經開始，先連講五日通俗演講，〈佛法五講〉篇末有「通俗演講至此結束，下週開講《佛說四十二章經》，此經講畢，再講《佛說阿彌陀經》」。另據一九七一年一月一日（五）於慎齋堂開示〈《西方合論》修持門選〉，提及「余昨講《彌陀經》，至『聞是經受持者』」，已是《阿彌陀經》最後段落，該經當是於一九七一年一月十四日（四）夏曆年底圓滿。先生宣講《阿彌陀經》，大專講座及短期講經不論，長期講經者有一九五〇年於豐原龍意堂宣講四個月，一九五三年於台中蓮社宣講六個月，一九五八年於慈光圖書館宣講五個月。今姑取中間值以五個月計，則開講當起始於是年九月。

九月九日（三），於慈光圖書館週三《華嚴經》講座，續講

---

[1] 朱炎煌主席、魏柏勵記錄：〈財團法人臺灣省台中市佛教蓮社董事會會議紀錄〉（1970 年 9 月 1 日），《台中蓮社董監事會議紀錄》，台中蓮社檔案。

〈菩薩問明品第十〉。

九月十日（四），晚，於善果林太虛紀念館，宣講《佛說阿彌陀經》。

九月十三日（日），上午九時，應邀至臺中看守所，以「眼為明燈」講演，以教育為世間眼、佛法為三際眼。有〈眼為明燈〉講稿表。[1]（《圖冊》，1970 年圖 12）

九月十六日（三），於慈光圖書館週三《華嚴經》講座，續講〈菩薩問明品第十〉。

九月十七日（四），晚，於善果林太虛紀念館，宣講《佛說阿彌陀經》。

九月二十二日（二），晚七時，至中國醫藥學院參加醫王學社迎新大會，新舊社員二百三十餘人參加。先生致詞解釋「醫王」社名，並勉勵自度度人。有〈醫王學社社慶〉講詞手稿。[2]（見《圖冊》，1970 年圖 13）

〈醫王學社社慶〉：今天是本院同學，所組織的醫

---

[1] 李炳南：〈眼為明燈〉（講表稿），鄭如玲提供。
[2] 〈新聞〉，《慧炬》第 84 期（1970 年 10 月 15 日），頁 43；《菩提樹》第 215 期（1970 年 10 月 8 日），頁 47；【數位典藏】手稿／其他著作／其他著作／〈醫王學社社慶〉。

王學社社慶，本人參加，就是來慶賀，見到社員，一屆比一屆增多，甚為歡喜。足見歷屆社長負責做事，尤感欽佩。當知本院同學所學，不但是中國醫藥，同時並學西國醫藥，這已經是開闢新天地，高人一等。且又加學佛學醫藥，這更是奇之又奇，新之又新，在中外醫學界中，可以說前無古人，今無比倫。這樣作風，不但尚無人做，恐怕一般人還不了然。

說到學貫中西，或者有人知曉一二，若說佛學也是醫藥，那就非普通人所能了解。佛學有五種明學，集合而成。其中一種，曰「醫藥明」。這是醫療身病用的，又有一種，名曰「內明」，乃是醫療心病用的。應該知道，西醫長於治療身外有形之病，中醫長於治療身內無形之病，不過如此而已。所謂佛學醫藥，既能治療身所有病，更能治療心所有病，非同中西兩醫，只能治身，不能醫心可比，故佛稱為大醫王。本院醫王學社，很羨慕醫王的萬德萬能，必須博學廣識，纔能救眾生心身二苦，特再加研佛學。將中國醫藥，西國醫藥，佛學之「醫藥明」「內明」等，集為一體，可以稱曰：醫藥集大成！本社似乎當之無愧。這是學者應有的思想，應有的行為，應有的良心，應有的道德。

東方文化儒家有言：「君子務本」。這更要省察，同學的本責是什麼？不是執行醫業嗎？醫家的業務，是仁心仁術。同學不是學佛嗎？醫王的願力，是大慈大悲。將仁心仁術，大慈大悲，合攏起來，纔能濟人之苦，救人之命。發了仁心，起了慈悲大願，纔肯負責任，真心

濟人救命,那就得翻過頭來,問問自己的學術如何?能不能濟得人,救得命?儒家講天理良心,佛家講因果報應,那就得顧名思義,實事求是。同學是醫藥學院學者,是醫王學社社員,誓須要努力求學,真實有得,要成一個「醫國手」。成一個「大醫王」。濟世活人,萬家生佛。方不辜負今日這慶賀!本人是醫學院的教授,又是醫王學社的同人,慶賀以外,應該加上一番鼓勵。最後有一要求,請諸位社員,將來能滿本人的期望。

九月二十三日(三),於慈光圖書館週三《華嚴經》講座,續講〈菩薩問明品第十〉。

九月二十四(四),晚,於善果林太虛紀念館,宣講《佛說阿彌陀經》。

九月二十八日(一),晚,至台中蓮社參加「教師聯誼晚會」。晚會由中部大專佛學社團研習服務中心與明倫社聯合舉辦,多位教師應邀出席,參加同學有一百多位,分從南北各地趕來參加敬師盛會。

　　中部大專佛學社團研習服務中心和明倫社為感謝老師們多年來的教誨和指引,於教師節晚上假蓮社聯合舉辦「教師聯誼晚會」,表達對老師的謝意和敬意。邀請參加的老師有李炳南、周宣德、呂佛庭、郝恩洪、周家麟、許祖成、徐醒民與蔣俊義七位老師。參加同學非常踴躍,多達一百多位,分別從臺北、新竹、臺南、嘉義

及臺中等地帶著滿腔敬師熱忱趕來參加盛會。主持人林木根報告後,讀「教師頌文」,並敬呈師長每人紀念品一份,請師長致詞。餘興節目在滿堂「孔子紀念歌」聲中開始,節目精彩。[1]

九月三十日(三),於慈光圖書館週三《華嚴經》講座,續講〈菩薩問明品第十〉。

九月,題詩祝賀王志賢、蕭月娥新婚。

〈賀新婚之喜之二〉:詩朋法侶兩相親,調瑟添香韻出塵;不羨畫眉誇樂事,月圓花好自然春。
庚戌桂花時節　志賢老棣嘉禮　　　　　李炳南賀[2]

十月一日(四),晚,於善果林太虛紀念館,宣講《佛說阿彌陀經》。

十月七日(三),於慈光圖書館週三《華嚴經》講座,續講〈菩薩問明品第十〉。

十月八日(四),晚,於善果林太虛紀念館,宣講《佛說阿彌陀經》。

---

1 〈新聞〉,《慧炬》第 84 期(1970 年 10 月 15 日),頁 39。
2 李炳南:〈賀新婚之喜之二〉,《雪廬老人題畫遺墨》,《全集》第 16 冊,頁 164。

十月十四日（三），於慈光圖書館週三《華嚴經》講座，續講〈菩薩問明品第十〉。

十月十五日（四），晚，於善果林太虛紀念館，宣講《佛說阿彌陀經》。

是日，有〈明湖夢影錄小序〉，說明紀述體例。[1]（《圖冊》，1970年圖14）

明湖夢影錄，所取體裁，以著者年歲，親身閱歷者述之。或五年一紀、或十年一紀，以海禁一開，萬事更易。五年之中，則有大變易也；必此之寫法，否則記何時之夢耶？無沿革，則無掌故，不能興人之觀感也。

五九年十月十五日記

【案】該文稿無題，「明湖夢影錄小序」為筆者所擬。先生一九六一年有詩〈編明湖夢影錄自傷〉二首，是日又作此小序，應是先生自編生平紀事。唯尚未獲見。

是日，為中興大學智海學社第十屆《智海學刊》題詞。

〈題智海學社學刊之三〉：鯨濤湧月。雁行戾天。良朋雲集。以歌以絃。　　　　　　李炳南敬題[2]

1　李炳南：〈明湖夢影錄小序〉（1970年10月15日），台中蓮社收藏。
2　李炳南：〈題智海學社學刊之三〉，《雪廬老人題畫遺墨》，《全集》第16冊，頁353。日期據：《智海卅週年紀念專刊》，頁47圖片說明。

十月二十日（二），上午十時，菩提救濟院安老所及施醫所第一期工程舉行落成典禮，由省社會處長邱創煥剪綵，臺中縣長王子癸、臺中市長林澄秋分別啟鑰。先生簡報說明創辦緣起及未來各期規劃。（見《圖冊》，1970年圖15）

〈新聞〉：十月二十日上午，菩提救濟院附設的安老所及施醫所舉行落成典禮，由省社會處長邱創煥剪綵，臺中縣長王子癸、臺中市長林澄秋分別啟鑰。安老所由菩提救濟院創辦人李炳南、黃雪銀、朱斐及董事長、院長徐灶生所倡建，以期收容孤苦老人，俾能安享餘年。李創辦人表示，安老所院舍原預定興建二層樓房兩幢，如今僅完成一幢。第二幢院舍正設法增建中。後續第三期興建養心堂，收容在家孤苦蓮友清修，第四期興建耆德大廈乙幢，以自費信仰佛教年高德劭之在家二眾，開闢清修環境，第五期將興建康樂中心乙幢，完成整個擴建計劃。[1]

【案】先生手稿中有「民國六十三年浮記」，記載蓮友繳交「養心堂」訂金；以及手繪養心堂平面圖。當是將原計劃第三期興建養心堂，亦做為「以自費信仰佛教年高德劭之在家二眾」之大樓。（見《圖冊》，1970年圖15）

安老所第一期完成一棟大樓後，經由臺北四位董事感召

---

1 〈新聞〉，《菩提樹》第216期（1970年11月8日），頁47。另參見：〈新聞〉，《慈光》第251號（1970年10月31日），第1版。

南洋友人郭真如來訪，原擬捐助汽車，經先生勸導改建房舍。有〈菩院兩種事業之發動計畫及現狀〉述其事。[1]
（見《圖冊》，1970年圖16）

　　（甲）醫院肺病不隔離，恐影響他人住院，又陳院長長於治肺，已多次要求另建一房分離，因一時無款可籌，拖延至今。幸賴臺北四董福德感召，有舊友南洋郭真如居士，來參觀醫院安老所等。忽發心擬捐汽車一輛，紀念其師。炳南愚念一動，謂汽車十八萬，性不長久，莫如改病房永遠，如安老所之樓共六十萬，如平房僅卅萬，要求彼出廿萬，炳籌十萬，全作紀念彼師之名。彼考慮後，願卅萬全出。已經畫圖寄往南洋，倘無變化，卅萬寄到，炳又看出一種機會，或能再想出卅萬，一氣建成樓房。果成事實，是董事會一種成績，免去住院人之疑心，陳江水如願一償，可賣大力。（附圖及來信）

　　（乙）安老所僅樓一棟，上住女，下住男，終嫌不便。已向豐原縣政府及議會推動，上周由縣議員某，正式提案討論，空氣甚佳。大概再向社會處用力，便大有希望。（附某議員提案新聞）

【案】臺北四董指當時居住臺北之董正之、周邦道、周宣德、趙茂林四位常務董事。據〈古閩寶松和尚紀念療養院碑〉，郭真如「歲庚戌（1970）遊臺」來臺

1　【數位典藏】手稿／其他著作／各機構發展計畫／〈菩院兩種事業之發動計畫及現狀〉。

1970 年・民國 59 年 | 81 歲

中,所建樓為「寶松和尚紀念療養院」。(見 1971 年 6 月譜文)

十月二十一日(三),於慈光圖書館週三《華嚴經》講座,續講〈菩薩問明品第十〉。

十月二十二日(四),晚,於善果林太虛紀念館,宣講《佛說阿彌陀經》。

十月二十八日(三),於慈光圖書館週三《華嚴經》講座,續講〈菩薩問明品第十〉。

十月二十九日(四),晚,於善果林太虛紀念館,宣講《佛說阿彌陀經》。

十月三十一日(六),明倫社同仁發行《明倫》月刊零刊號。[1] 先生撰有〈明倫發刊詞〉,說明刊名「明」字表示要宏揚佛家內明精微,「倫」字表示要推闡儒家五倫法則;本刊宗旨即在提倡我國漢魏之後儒佛融合文化;立論則遵守「無諍」原則,不多是非,本聖言量而說,本經傳大義而說。先生並指示編輯方針:多用語體文以方便讀者,儒佛並弘但莫夾雜。

〈零刊辭〉:孔子說:「必也正名乎,名不正則言

---

1 〈新聞〉,《菩提樹》第 217 期(1970 年 12 月 8 日),頁 51。

不順,言不順則事不成。」這是說凡舉辦一件事,必然心有所為,這就得問你所辦何事?所為何心?本刊今日是新出世的一天,所標的名義,看著太熟,其實很生,所以有先解的必要。使讀者瞭解目標何在,使社員瞭解何所遵守,名正言順,循名求實,事可有成。

大家見了本刊之名,一定想到孟子書中「學則三代共之,皆所以明人倫也。」本刊惟恐大家如此看法,所以要先正名。本刊固然有此目標,但不如此單調,還有一半是佛家思想,我們是融合這兩種學術為一體,而自奉行,並向外推動,自然明倫之義,涵有兩家學術在內,待後說明。

我國自有史可查,固是五倫社會,到了漢魏以來,接受了五明佛學,起了求覺思想,五倫十義中羼入了很多佛家教理,因之相異體一,不但不生矛盾,反而更加上濃厚力量。從此我國普遍思想,多是內佛外儒,合成一家。教育本不普及,因之而學術普及,窮鄉僻壤,一字不識的愚夫愚婦,皆自命是忠孝的人,若有人說他是奸臣逆子,他勢必反目抵抗;而且不懂佛理,卻會念阿彌陀佛,曉得因果循環,三途六道。此後二千年來,無學校教育,無警察管理,竟然各守本分,互不侵犯。這實在是儒佛學術思想合一的力量。

什麼是五明?明是不昏昧,真徹知,五是有必須的五種學問,一聲明,即言語文字,二工巧明,即百工技藝,三醫方明,即醫藥診治,四因明,即考定真偽,辨析邪正的哲學,五內明,即心性理智。五倫十義在今日揚棄

已久,恐已生疏,也要大略介紹:一君臣,二父子,三夫婦,四昆弟,五朋友,各有所守一義。

本刊目標是希望得到國泰民安的果,這必須改革邪說僻行歪曲思想的因,這應該提倡我國純正文化,也就是漢魏後的儒佛融合文化。自己遵守更向大家宣傳,期待實現人間淨土,大同世界。目標如是,應定名義,取明字是表示要宏揚佛家的內明精微,取倫字是表示要推闡儒家的五倫法則。一個時代有一個時代的現實,有一個時代的弊病,有一個時代的對治,有一個時代的責任。化導人心,革除惡俗,正是現時的責任。儒佛融合的文化,這是對治的良藥,這是我們所要作的事。名是定了,言就要繼續發動,但事是否成功,還希望社會先進,指導我們,期待得到多少效果。

刊物是說話的工具,有說必有辯,有辯必有爭,佛家有「無諍三昧」,儒家也說「君子無所爭」,本刊是自當遵守,不多是非。但辦刊物不能不說話,要本聖言量而說,本經傳大義而說,只有勸勉為善,概不說人陰私,不過感時傷世,悲天憫人,過於激動時,言語不免直率,或覺逆耳;且在崇洋鄙華,歪言淆亂之今日,也許招些責難,那就聽其自然,「汝安則為之」,咱們各行其是,恕不奉辯。倘有不鄙本刊淺陋,肯以嘉言懿行賜教的,那是萬分感謝,頂禮頂禮。[1]

---

[1] 李炳南:〈零刊辭〉,《明倫》第 0 期(1970 年 10 月 31 日);今題〈明倫發刊辭〉,收見《雪廬寓臺文存》,《全集》第 14 冊之 2,頁 246-251。

鍾清泉，〈應教木鐸振春風——《明倫》發行五十年孔學回顧〉：《明倫》雖然是佛儒雙弘的刊物，然雪公不主張佛儒加雜。雪公也一再表示希望文稿多求語體文，讓讀者方便閱讀，不要太多文言文。[1]

編者，〈無盡的追思——師生緣不斷——編後語〉：記得當年參加慈光及明倫大專佛學講座同學，稟告雪公，希望辦一份儒佛兼弘的明倫月刊，藉以時時提攜彼此的道業。當時老人家沉吟甚久，深覺成事不易。但見年輕人們一團熱心，興緻勃勃，幹勁十足，於是說道：「孩子啊！你們不知天高地厚，空有熱心，只會碰得頭破血流。大家到時候要當作是增長閱歷，不要退了道心。」果然創刊不久，即遇到種種困難，大家辦得心力交瘁，苦不堪言。此時才體會到恩師所言：「辦事不能空有熱心。」[2]

【案】《明倫》月刊於一九七〇年十月發行零刊號。五個月後，於一九七一年三月發行創刊號。至一九七一年十一月發行第九/十期合刊後，經過八個月，於一九七二年七月才發行第十一期。

同期，刊有先生所作〈明倫社社歌〉及「詩階述唐」、「雪廬述學語錄」兩連載專欄。《詩階述唐》為先生自

---

1 三學（鍾清泉）：〈應教木鐸振春風——《明倫》發行五十年孔學回顧〉，《明倫》第 500 期（2019 年 12 月）。
2 編者：〈無盡的追思——師生緣不斷——編後語〉，《明倫》第 164 期（1986 年 4/5 月合刊）。

1970 年・民國 59 年 | 81 歲

著,本期刊出介言及全書第一首五七絕句登臨類,王之渙,〈登鸛雀樓〉。「雪廬述學語錄」為徐醒民筆記先生語錄,延續前已連載於《慈光》半月刊者,本期刊出〈一與多〉。[1]

〈明倫社社歌〉:
天竺五明,種智之根。震旦五倫,本於至仁。
治平世間兮,賴禮樂之文化。
超出惡濁兮,必心性之返真。
外儀尼父,內念世尊。吹法螺,振木鐸。
喚醒人群。攜手出迷津。
大同世,清淨土,樂無垠。
庶不負固有覺性。堂堂乎黃帝子孫。

「詩階述唐」〈登鸛雀樓　王之渙〉:
仄仄平平仄,平平仄仄平;
白日依山盡,黃河入海流。
仄平平仄仄,仄仄仄平平。
欲窮千里目,更上一層樓。

〔文法格局〕首句西望,從天而向低,寫叢山蒼蒼。次句東望,從地而向遠,寫大野茫茫。此聯皆屬實景,乃因登樓所見。三句承上所見,意猶未足。而啟下句更上一層。四句顯示身在二樓,其上仍有一層,點出樓之層

---

[1] 李炳南:〈明倫社社歌〉,《明倫》第 0 期(1970 年 10 月)。李炳南講,徐醒民記:〈一與多〉,《明倫》第 0 期(1970 年 10 月),收見:《雪廬述學語錄》,《全集》第 10 冊之 2,頁 94-98。

2165

數,極為巧妙。後聯寫情,乃係登樓所思。文須活看,不必一定再登也。

〔講要〕樓在山西永濟縣,傳建時有鸛止得名。前對中條山,下臨黃河,寫山河皆其實境,非泛言也。山河實為主景,口海皆其客體,聯中主客拗對,故作顛倒,而又於主客分重其一,首句以客日為幹,細味方知。再東來白日而沉山,遊已久也,西來黃河而入海,想當然也。惟其日盡不可留,河入不可見,始引出欲窮千里目之遠,更上一層之高。下聯流水,對似不對,兩聯成詩,屢變故不滯板,極盡綜錯,極為自然。

〔取境〕不言高,只言遠而高自見。不言登,卻言更上而已登昭然,且明樓有多層。

〔參考〕白日,曹子建詩「驚風飄白日,忽然歸西山」,依山之日日白,形容其轉移也。[1]

同期,刊有周宣德〈大專青年學佛運動的回顧及對明倫月刊的展望〉,稱許《明倫》月刊之創辦為大專青年學佛運動史又一新頁,並略述近二十年大專青年學佛歷史。[2]

是月,於台中蓮社講授〈中庸〉。

---

1 「詩階述唐」〈登鸛雀樓　王之渙〉,《明倫》第 0 期(1970 年 10 月),收見:《詩階述唐》,《全集》第 13 冊,頁 41-46。
2 周宣德:〈大專青年學佛運動的回顧及對明倫月刊的展望〉,《明倫》第 0 期(1970 年 10 月)。

1970 年・民國 59 年 ｜ 81 歲

【案】徐醒民錄有〈中庸筆記〉（1970 年 10 月－1970 年 11 月），聽講地點為「台中蓮社」。授課對象未詳，可能是「國文補習班」或「研討小組」。

是月起，明倫社分別派男女社員往臺中看守所弘法。

明倫社的部分社員，過去經常利用週五及週日的時間練習講演，最近在一次機緣中大夥兒同往臺中看守所弘法，在弘化組的安排下由淺入深有系統地介紹佛法，男看守所分四個工廠共八百多人，由八位男同學負責，女看守所由兩位女同學負責，現已進行五個多月，在那與外界隔絕的環境中，佛法已成了他們最佳的精神食糧。[1]

十一月四日（三），於慈光圖書館週三《華嚴經》講座，宣講〈淨行品第十一〉。[2]

十一月五日（四），晚，於善果林太虛紀念館，宣講《佛說阿彌陀經》。

十一月十一日（三），於慈光圖書館週三《華嚴經》講座，續講〈淨行品第十一〉。

---

1 〈明倫花絮〉，《明倫》第 1 期（1971 年 3 月），頁 62。
2 李炳南：《大方廣佛華嚴經講述表解》，《全集》第 1 冊之 2，頁 48-49。

十一月十二日（四），晚，於善果林太虛紀念館，宣講《佛說阿彌陀經》。

是日，《佛學問答類編》編者陳慧劍，以《弘一大師傳》獲得第五屆中山文藝創作獎。陳慧劍為虔誠佛教徒，曾於一九六〇年六月從花蓮赴臺中慈光圖書館在家千人戒會求受在家菩薩戒。[1]

十一月十八日（三），於慈光圖書館週三《華嚴經》講座，續講〈淨行品第十一〉。

十一月十九日（四），晚，於善果林太虛紀念館，宣講《佛說阿彌陀經》。

十一月二十五日（三），於慈光圖書館週三《華嚴經》講座，續講〈淨行品第十一〉。

十一月二十六日（四），晚，於善果林太虛紀念館，宣講《佛說阿彌陀經》。

是月，《慧炬》月刊創刊九週年，先生有詩祝賀。
　　〈賀慧炬創刊九週年紀念〉：匡廬峰下濂溪水，依

---

[1] 〈新聞〉，《菩提樹》第 217 期（1970 年 12 月 8 日），頁 51。

舊多載茂叔蓮；花似車輪光似炬，瓣香應頌九如年。[1]

是月，中國醫藥學院舉行五十九學年第一學期期中考，為醫科二年級、三年級《內經》課程出期中考及補考試題。[2]

是月，中興大學舉行五十九學年第一學期期中考，為中文系三年級《禮記》課程、夜間部中文系二年級「詩選」出期中考試題。[3]

〈興大五十九年第一學期期中考禮記試題〉：
（甲）默寫。自「曲禮曰：毋不敬」起，至「樂不可極」止。
（乙）默寫。自「夫禮者，所以定親疏」起，至「不好狎」止。
（丙）釋題。何謂小戴禮，小戴禮共若干篇？
（丁）釋題。曲禮如何解，禮有五種，試舉名。
（戊）問答。何謂禮之質，舉出？
（己）問答。人生十年何名，二十、三十各何名，並舉

---

1 李炳南：〈賀慧炬創刊九週年紀念〉，《慧炬》第 85 期（1970 年 11 月），頁 60；打字排版，非手稿。
2 【數位典藏】手稿／其他著作／大專院校授課試卷／〈中醫學院五十九年第一期期中考試題（醫三）〉、〈中醫學院五十九年第一學期期中考試題（醫二）〉、〈中醫五九年第一學期期中補考試題〉。
3 【數位典藏】手稿／其他著作／大專院校授課試卷／〈五十九年中興大學夜間部上學期期中考試題〉、〈五十九年中興大學第一學期期中考禮記試題〉。

出。
（庚）解義。有後入者，「闔而勿遂」何講？
（辛）解義。「接武」「布武」各如何講？
（壬）知行測驗。兩人同坐，汝之兩臂，應如何安放，坐時兩腿，應如何安放？
（癸）知行測驗。遇見兩人對面談話，自己應該如何行止？

〈興大夜間部五十九年上學期期中考試題〉：
（甲）默寫。王之渙登鸛雀樓五絕一首，全寫出。
（乙）默寫。張旭桃花溪七絕一首，全寫出。
（丙）默寫。將上下平聲，三十韻目，列出。
（丁）畫平仄。「燕子不歸春事晚，一汀烟雨杏花寒」將平仄畫在右方。
（戊）畫平仄。「山中相送罷，日暮掩柴扉，春草明年綠，王孫歸不歸」將平仄畫在右方。
（己）指韻。「流」「亭」「烟」「欄」「春」以上五字，各在何韻，分列出。
（庚）畫譜。平起首句不入韻五絕譜，畫出。
（辛）釋義。「遠聽江上笛，臨觴一送君」為何解釋？
（壬）格局。王維「相思」一首，即（紅豆生南國）五絕，四句相映如何說出。
（癸）對聯。采｜菊｜東一籬一下｜對出，不可失粘。

十二月二日（三），夏曆十一月四日，為淨土宗第十三祖印光大師涅槃三十週年紀念，先生與大師在臺弟子，集會

臺中菩提救濟院內對面善果林之靈巖書樓，為大師法像舉行安座典禮。（見《圖冊》，1970 年圖 17）

〈新聞〉：今年舊曆十一月初四為印祖涅槃三十週年，靈巖書樓已將藝專游祥池教授敬繪的巨幅印祖油畫像懸掛安座，由印祖在臺弟子李炳南、陳煌琳、趙茂林、余平書、夏真濟、朱斐等六人邀請該院同仁及吉祥班蓮友，參加淨壇安座上供典禮。[1]

〈新聞〉：庚戌農曆十一月四日，為淨土宗第十三祖印光大師涅槃三十年紀念，祖師在臺之弟子，集會臺中菩提救濟院內對面善果林之右靈巖書樓，為祖師法像舉行安座典禮，會後諸弟子率再傳弟子多人聚餐攝影留念，並祝祖師之遺風永垂於世。

靈巖書樓為台中蓮社吉祥班郭阿花班長等獻建，供養恩師雪廬老人，取名「德明樓」。師謙辭，後由師伯陳老居士煌琳婉勸受之，以供師祖，遂改今名。

祖師之法像，由名家恭繪，莊嚴而慈祥，遠近學人得瞻仰者，皆肅然起敬。師祖與師之翰札十餘封，亦供於樓上。抗日期間，師在陪都，祖在靈巖，烽火路塞，欲求法諭，唯藉郵傳，是以往還書信至夥。民國二十九年，祖師圓寂後，靈巖諸弟子向外徵文，擬編文鈔續集，師選有關論道者，悉數付郵，卒未寄達，湮沒於世，至為可惜。現存之十餘封，雖非專門論道者，然學者恭讀之後，道心已油然而發，實為希有之法寶。

---

[1] 〈新聞〉，《菩提樹》第 217 期（1970 年 12 月 8 日），頁 51。

書樓之鄰,為太虛紀念館,師每週四蒞此講經傳道,門人既聞法音,又瞻拜祖像,咸稱歡喜無量。[1]

是日晚,於慈光圖書館週三《華嚴經》講座,續講〈淨行品第十一〉。

十二月三日(四),晚,於善果林太虛紀念館,宣講《佛說阿彌陀經》。

十二月九日(三),夏曆十一月十一日,即日起,臺中靈山寺舉行庚戌年佛七,禮請先生開示三次。有〈庚戌年(五十九年)靈山寺佛七講話〉。

　　一、說與修持三種巧:諸位可發此大願,觀想此一道場是我請來的,一切負擔要以我所得之一心回饋,如此念佛,善根、福德兼而有之矣,此念佛方法一也。時時心存現在就是命終,彌陀即將來接引,看自己如同坐化,佛七大眾都是來為我助念的蓮友,諦聽眾人念的六字洪名,如一字聽不清,心即亂。若一直聽得清清楚楚,就是自己的福報,如此念佛可得一心。此念佛方法二也。如打電話時,別無他心,專心與對方說話。念佛也須如此,必須至誠一念將此聲音送入佛耳,當下就得救出。此念佛方法三也。最後說一首偈:
一心不得年復年,大願彌陀也枉然;

---

[1] 〈靈巖書樓簡介〉,《明倫》第1期(1971年3月)。

說與修持三種巧，能開極樂寶池蓮。

　　二、蓮邦建設為君忙：佛菩薩太慈悲，製造一個好地方，使眾生去得了。極樂如何去法？彌陀知眾生不易去，故阿彌陀佛四十八願中有一願說，眾生臨終只要念佛，彌陀就聽聞得到，無量無邊的化佛菩薩來到頭頂，壽命終了就接引往生到極樂世界。如何念佛能令佛得聞？念者與佛之間，必得無障礙，念佛不胡思亂想，就與佛沒有障礙。念佛時，一心專注不亂攀緣，彌陀就聽聞得到，這就是一心不亂的境界。最後說一首偈：
作繭纏身落沸湯，蓮邦建設為君忙；
如何不肯真心去，只在娑婆受禍殃？

　　三、無福不聞六字名：今天佛七圓滿了，現在是七天最後用功的時刻。在七天內，若得了一心固然歡喜，未得者也不必驚慌，在這最後一剎那，還有辦法。在佛七中，不能講佛理，只能講用功方法。諸位都聽過「一念相應一念佛」的話，在此鐘點後，還有一段時間念佛，至少有十句，十念相應，即是十念佛，只要其中有一句相應就好。所謂相應者，一心念佛，就感彌陀來應。果能一念相應，就能斷惑。念至一心不亂，就是斷惑。如不能一心，應當伏惑。若再不能伏惑，就必須念個「熟」字。如何是念到熟呢？不管遇到煩惱或歡喜的事情，事情一來，先提起一句佛號。若熟字也不能做到，要怎麼辦呢？淨土行人皆知往生須「信願行」三資糧，其中以「願」的力量最大，不論任何事，一舉一動，都提起往生西方的願力。遇到事情，心中雖亂，而往生極

樂的願力不斷,縱使不斷惑、不伏惑,也念得不熟,但是到了命終,四大分離之際,八識田中的願力就能帶你往生。最後說一首偈:
無福不聞六字名,七天何止萬千聲。
祖師教我發宏願,縱未一心也往生。[1]

是日晚,於慈光圖書館週三《華嚴經》講座,續講〈淨行品第十一〉。

十二月十日(四),晚,於善果林太虛紀念館,宣講《佛說阿彌陀經》。

十二月十一日(五),陳進德於《臺灣民聲日報》刊載〈陳進德已辭去慈光育幼院董事長及董事,並已奉創辦人李炳南老師,准辭各職啟事〉。[2]

十二月十六日(三),於慈光圖書館週三《華嚴經》講座,續講〈淨行品第十一〉。

十二月十七日(四),晚,於善果林太虛紀念館,宣講《佛說阿彌陀經》。

---

[1] 李炳南講,鍾清泉記:〈庚戌年(1970)靈山寺佛七講話〉,《脩學法要續編》,《全集》第 10 冊之 1,頁 12-19。

[2] 見:《臺灣民聲日報》,1970 年 12 月 11 日,第 1 版。

1970 年・民國 59 年 | 81 歲

十二月二十三日（三），於慈光圖書館週三《華嚴經》講座，續講〈淨行品第十一〉。

十二月二十四日（四），晚，於善果林太虛紀念館，宣講《佛說阿彌陀經》。

十二月三十日（三），於慈光圖書館週三《華嚴經》講座，續講〈淨行品第十一〉。

十二月三十一日（四），晚，於善果林太虛紀念館，宣講《佛說阿彌陀經》至「聞是經受持者」。
【案】〈《西方合論》修持門選〉有「余昨講《彌陀經》，至『聞是經受持者』。」（見 1971 年 1 月 1 日）

是年，為同鄉兼中國醫藥學院同事張拙夫《中國傷科學》撰〈序〉，讚其於本草、脈訣、針灸，以及推拿、正骨、人工呼吸，以及西法之解剖、繃帶、細菌、儀器等類，無不匯而提要，循循教之。虛心而寬宏，不囿於古今中外，有古哲風。[1]

是年前後數年，每週五，先生於蓮社講堂開放自由時間，個

---

[1] 李炳南：〈傷科學序〉，《雪廬寓臺文存》，《全集》第 14 冊之 2，頁 116-119；張拙夫：《中國傷科學》（臺中：中國推拿學會），1970 年。

別指點來眾。

　　民國五十幾年，蓮社講堂還小小的，每星期五，就陸陸續續有人來，雪公坐在靠門的上方，有一些拿著不同本子的或老或少，或男或女的學生，分別在請教雪公，後來才知道，他們所學不一，在正式上課前，都依所學請益，雪公也一一指點。[1]

是年前後數年，每週六下午，先生與弟子數人至游俊傑家觀賞電視國劇。觀賞劇目有：《鎖麟囊》、《四郎探母》等。先生上課時，偶爾亦會引介國劇劇情與唱詞，稱其為教忠教孝。十姊妹曾於游俊傑府宅為先生暖壽。[2]（見《圖冊》，1970 年圖 18）

　　張式銘，〈鄭惠文師姑口述歷史訪談〉：謝其性師伯的母親寬觀師姑為老師洗衣服，定期取回衣物。中餐原本由游俊傑的夫人準備好送過來，週六則直接到游家吃飯，下午一點半看國劇。勝陽去當兵，我就煮中餐，送過來給老師。後來勝陽的太太也幫老師煮中餐。也常有蓮友會送食物來給老師。老師喜歡看國劇，我也買了一臺移動式的電視，放在家裡，老師會過來看國劇，後

1　吳碧霞：〈雪廬風誼——俠骨詩情醇儒本色　悲心忍力菩薩真行〉，《明倫》第 363 期（2006 年 4 月）。
2　游青士：〈朱斐：我的外省丈公〉，《慧炬》第 595 期（2015 年 8 月 15 日），頁 37-43。

來就把電視機搬到九號,讓老師看。[1]

【案】游俊傑(1935-1982),為台中蓮社女子弘法團十姊妹四姊周慧德公子,居士自幼隨母信佛,長年擔任炳南先生祕書及講經語譯工作(小傳見1951年6月譜文)。據游俊傑公子游青士示知:「星期六下午在寒舍看電視國劇,晚上吃完餐走回正氣街,我們在二樓陽台目送。」「陪看有印象的是鎖麟囊、四郎探母這兩齣戲。」「敝宅改建前就已來家看戲了!改建是民國六十一年(1972)的事,當時還是日式宿舍。」[2] 游家改建為一九七二年五月至一九七三年五月,因繫是年。

1　張式銘:〈鄭惠文師姑口述歷史訪談〉(2017年4月10日、5月6日),台中蓮社檔案。
2　林其賢:「與游青士筆談」,即時通訊平台 Messenger,2020年4月19日。

李炳南居士年譜

2025年3月初版　　　　　　　　　　　定價：新臺幣全套6500元
有著作權・翻印必究　　　　　　　　（全套書共六冊，不分售）
Printed in Taiwan.

編　著　林　其　賢	
主　編　胡　琡　珮	
編輯委員　吳聰敏（召集人）	校　對　楊　俶　儻
吳碧霞、紀海珊、張式銘、張清泉、連文宗、郭惠芯、陳雍澤	內文排版　胡　常　勤
陳雍政、黃絜怡、詹前柏、詹曙華、賴建成、鍾清泉、林其賢	封面設計　李　偉　涵

出　　版　　者	聯經出版事業股份有限公司	編務總監	陳　逸　華
地　　　　　址	新北市汐止區大同路一段369號1樓	副總經理	王　聰　威
叢書編輯電話	（02）86925588 轉5305	總經理	陳　芝　宇
台北聯經書房	台北市新生南路三段94號	社　長	羅　國　俊
電　　　　　話	（02）23620308	發行人	林　載　爵
印　　刷　　者	文聯彩色製版有限公司		
總　　經　　銷	聯合發行股份有限公司		
發　　行　　所	新北市新店區寶橋路235巷6弄6號2樓		
電　　　　　話	（02）29178022		

行政院新聞局出版事業登記證局版臺業字第0130號

本書如有缺頁，破損，倒裝請寄回台北聯經書房更換。　ISBN　978-957-08-7614-7 (全套精裝)
聯經網址：www.linkingbooks.com.tw
電子信箱：linking@udngroup.com

國家圖書館出版品預行編目資料

李炳南居士年譜/林其賢編著．胡琡珮主編．初版．新北市．
聯經．2025年3月．年譜共3880面．圖冊516面．年譜14.8×21公分．
圖冊21×29.7公分
ISBN　978-957-08-7614-7（全套精裝）

1.CST：李炳南　2.CST：年譜

783.3986　　　　　　　　　　　　　　　　　　　114001345